코딩 없이 배우는
데이터 분석

No
Code
Data
Analysis

황보현우, 한노아 지음

No Code Data Analysis

코딩 없이 배우는

데이터 분석

AI 시대의 필수 역량

BM 성안북스

AI와 데이터는 이 시대를 이끄는 두 가지 키워드입니다.

AI 시대에 경쟁 우위를 갖기 위해서는 데이터를 잘 이해하고, 활용해야 합니다.

여러분께서 「코딩 없이 배우는 데이터 분석」을 통해 탁월한 데이터 경쟁력을 갖추기를 기대합니다.

◆ 이준기 / 연세대학교 정보대학원 교수 / 국가공공데이터전략위원회 위원장

데이터 사이언스의 1세대로서 데이터 분석의 새로운 프레임워크를 제시하는 책이 세상에 나와 기쁩니다.

이제 프로그래밍 스킬 없이도 데이터 과학의 본질만 잘 이해하면

AI 도구를 통해 쉽게 데이터를 다룰 수 있는 시대가 되었습니다.

보다 쉽게, 그리고 가장 효율적으로 데이터 사이언스를 익히고 싶은 분들께 본 도서를 추천합니다.

◆ 김혜주 / 롯데멤버스 대표이사 / 국가데이터정책위원회 생산개방분과 위원장

이제 인공지능과 데이터 없이는 비즈니스 혁신을 얘기할 수 없는 시대가 되었습니다.

현장에서 바로 활용 가능한 데이터 분석을 가장 쉽게 학습하고 싶은 분들께 이 책을 권장합니다.

이 책은 다양한 생성형 AI 도구를 활용해 데이터를 분석하고 싶은 분들께 유용한 길라잡이가 될 것입니다.

◆ 장홍성 / SK텔레콤 부사장 / 한국인공지능산업협회장

「코딩 없이 배우는 데이터 분석」은 No Code, Low Code 시대에 꼭 필요한 필독서입니다.

이 책은 누구나 쉽게 데이터 과학의 세계에 발을 내디딜 수 있도록 안내합니다.

SAS OnDemand for Academic (SoDA)는 SAS가 제공하는 무료 교육용 데이터 분석 솔루션으로 학생들이

클라우드에서 데이터 처리, 분석, 시각화를 경제적 부담 없이 경험할 수 있게 설계되었습니다.

SoDA와 「코딩 없이 배우는 데이터 분석」의 만남을 통해 보다 많은 학생들이 미래의 데이터 과학자로 성장하기를 바랍니다.

◆ 이중혁 / SAS Korea 대표이사

No
Code
Data
Analysis

금융업을 비롯한 모든 비즈니스에서 데이터 분석은 선택이 아닌 필수가 되고 있습니다.
더불어 다가오는 AI 세상에서 데이터 분석 역량을 갖추는 것은 여러분을 위해 너무나 중요한 일입니다.
「코딩 없이 배우는 데이터 분석」은 여러분을 데이터 전문가의 길로 이끌어 주는
훌륭한 인도자가 될 것입니다.

◆ 남기홍 / Mizuho Bank CIO(Chief Information Officer)

비즈니스 혁신을 위해서는 우리 주변에 흩어진 데이터를 스토리로 만들어 해석하는 것이 중요합니다.
노 코딩(No Coding) 데이터 분석 시대의 개막을 알리는 이 책이 반가운 이유도 누구나 자신의 분야에서
데이터 분석, 스토리 분석의 영웅이 되는 방법을 안내하고 있기 때문입니다.
이 책은 인공지능과 데이터, 당신을 연결하는 인생 전략서로도 손색이 없습니다.

◆ 류현정 / 조선비즈 콘텐츠전략팀장 / 『스토리테크 전쟁』 저자

생성 AI를 활용해서 어려운 코딩 없이도 데이터를 파고들 수 있는 능력을 갖추는 것은 다가올 AI 시대를
살아갈 사람들의 능력을 차별화할 요소가 될 수 있습니다.
이 책은 기존 데이터 분석을 위한 자세한 기본 개념 설명은 물론 생성 AI를 활용한 데이터 분석에 대한
핸즈온 예시까지 알차게 포함하고 있어 AI시대 데이터 전문가를 꿈꾸는 여러분들을 위한 필독서로
강력 추천 드립니다.

◆ 하정우 / 네이버클라우드 AI혁신센터장 / 바른과학기술사회 실현을 위한 국민연합 (과실연) 공동대표 및 AI정책연구소장

2022년 챗GPT의 등장이후 인공지능(AI)은 더 이상 우리의 관심 영역이 아니라 일상 생활의 한 부분으로 자리 잡았습니다. 더불어 '코딩 없이 배우는 데이터 분석'은 대세가 되었습니다. 다양한 인공지능 도구들이 데이터 분석을 위한 프로그래밍을 대신해 주는 시대가 되었기 때문입니다. 인공지능 시대에 적합한 데이터 분석을 학습하기 위해 이 책을 선정한 여러분은 벌써 절반의 성공을 거두었습니다.

많은 전문가들은 훌륭한 데이터 사이언티스트가 되기 위해 갖춰야 역량으로 분석(analytics) 역량, 비즈니스(business) 역량, 컴퓨팅(programming) 역량을 제시해 왔습니다. 이제 이들 역량 중 컴퓨팅 역량은 우리가 직접 갖추지 않아도 인공지능을 활용해 갖출 수 있게 되었습니다. 한편, 비즈니스 역량은 우리가 노력한다고 해도 쉽게 획득할 수 없고, 최소 5~10년의 실무 경험이 있어야 얻을 수 있는 시간과 경험의 산물입니다. 그렇다면 우리가 노력하여 갖출 수 있는, 그리고 현실적으로 획득할 수 있는 역량은 분석 역량입니다.

우수한 데이터 사이언티스트가 되기 위해 데이터 과학의 프레임워크를 이해하고, 다양한 데이터 분석 방법론을 학습해야 하는 이유입니다. 우리는 현실의 복잡한 문제를 마주했을 때 무슨 데이터를 수집하여 가공하고, 어떤 분석 방법론을 적용하며, 결과물을 어떻게 해석할 지가 중요합니다.

챗GPT를 비롯한 초거대 언어모형(Large Language Model; LLM)이 가장 잘 다루는 언어는 영어와 파이썬(Python)입니다. 파이썬 프로그래밍을 활용하여 데이터 분석을 할 수도 있지만, 우리는 여러 인공지능 도구로 보다 쉽게 데이터 분석을 할 수 있습니다. 이 책에서 다루는 SoDA(SAS on-Demand for Academics)는 여러 인공지능 데이터 분석 도구 중 하나입니다.

No
Code
Data
Analysis

이 책에서 SoDA를 선정한 이유는 간단하고, 명확합니다. 현재까지 출시된 무료로 사용가능한 데이터 분석 도구 중 가장 우수하고, 사용하기 쉽기 때문입니다. 독자들께서 SoDA를 잘 다룰 수 있다면, 앞으로 등장할 다른 인공지능 도구 역시 쉽게 사용할 수 있습니다.

데이터 과학에서 중요한 것은 결코 데이터 분석 도구가 아닙니다. 통계 학습(statistical learning)과 기계 학습(machine learning)을 망라한 데이터 과학의 프레임워크를 이해하고, 데이터를 가공-분석-해석하는 방법론에 대해 이해하는 것이 중요합니다. 본 도서는 총 7개의 파트로 구성되어 있습니다. PART 1에서는 데이터 과학의 프레임워크를 이해하기 위한 다양한 관점을 학습합니다. PART 2는 본격적인 데이터 분석에 앞서 통계 학습의 바탕이 되는 추정과 검정을 다루고 있습니다. PART 3에서는 변수 간 관계를 분석하기 위한 방법론을 학습합니다. PART 4와 PART 5에서는 지도 학습의 양대 축인 회귀와 분류에 대해 다루며, PART 6와 PART 7에서는 비지도 학습의 틀을 구성하는 차원 축소와 그룹화에 대해 배우게 됩니다.

여러분은 이 책 한 권만으로 데이터 분석을 꿰뚫는 거시적인 관점을 익힐 수 있고, 다양한 데이터 분석 방법론을 학습할 수 있습니다. 이 책에서 제시하는 이론과 실습 예제만 충실히 따라온다면 여러분은 훌륭한 데이터 분석가로 거듭날 수 있습니다. 부디 여러분께서 이 책을 통해 다른 사람보다 더 쉽게, 그리고 보다 효율적으로 데이터 분석을 배우고, 익힐 수 있기를 바랍니다. 데이터 사이언티스트로서 여러분의 앞날에 행복이 가득하시길 기원합니다.

2024년 10월   저자 황보현우, 한노아

PART 2
추정과 검정

1

왜 코딩 없이
배우는
데이터 과학인가?

보통 '데이터 과학'을 말하면, '코딩'을 먼저 떠올린다. 데이터 과학을 다루는 대부분의 교육과정과 서적이 코딩으로 학습을 시작하기 때문이다. 이러한 이유로 '데이터 과학'을 배우는 것을 코딩을 배우는 것과 동일하게 여기는 풍조가 생겨났다. 이 장에서는 '그럼에도 불구하고' 코딩 없이 데이터 과학을 배워야 하는 이유와 방법을 알아본다.

No Code Data Analysis

1

No Code Data Analysis

인공지능의
무서운 발전 속도

인공지능artificial intelligence은 이제 더 이상 전문 용어가 아니다. '알파고와 이세돌의 세기의 대결'을 시작으로 인공지능 스피커와 번역기, 자율주행 자동차 등 이미 인공지능과 함께하는 삶은 더 이상 낯설지 않게 되었다. 2022년 11월 말 출시된 OpenAI의 ChatGPT 서비스는 인공지능임에도 마치 사람과 대화하는 듯한 경험을 안겨주었다. 이 절에서는 인공지능의 무서운 발전속도와 인공지능이 가져올 미래에 대해 살펴 보자.

1 무어의 법칙보다 7배 빠른 인공지능의 발전

무어의 법칙Moore's Law은 마이크로 칩에 저장할 수 있는 데이터 용량이 18~24개월마다 두 배씩 증가한다는 법칙이다. 무어의 법칙은 주로 반도체 산업에서 사용하는 용어지만, 어떤 분야나 산업의 발전속도가 빠름을 말할 때도 자주 언급된다. 최근 인공지능의 발전속도는 더 이상 무어의 법칙을 따르지 않는다. 그 이상의 속도로 빠르게 진보하고 있기 때문이다.

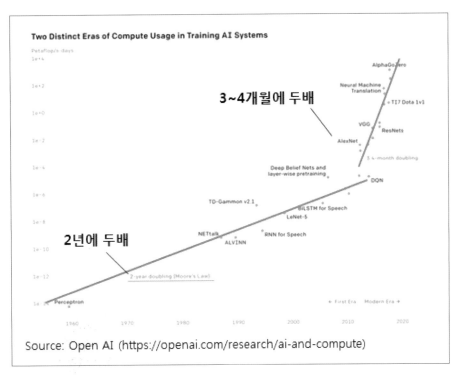

그림 1.1 | 인공지능의 급격한 발전 속도

<그림 1.1>은 ChatGPT를 개발한 Open AI의 보고서 중 일부이다. 이 자료를 살펴보면, 1960년대~2010년대까지만 해도 인공지능의 발전 속도가 무어의 법칙을 따랐다는 것을 알 수 있다. 하지만 2020년에 접어들면서 기울기가 가파르게 바뀌었다. 그리고 지금은 3~4개월에 두 배씩 발전을 거듭하고 있다. 이와 같은 인공지능의 발전은 우리 삶을 어떻게 바꿀 것인가?

2 범용 인공지능이 가져올 미래

모비데이즈 조사 결과에 따르면 한국인의 스마트폰에는 평균 102개의 앱이 설치되어 있다. 또한 한국인은 월 평균 39개의 앱을 사용한다. 널리 쓰이기 시작한 최초의 스마트폰인 아이폰 3GS가 2009년 출시되고 나서, 불과 13년만의 결과이다.

스마트폰은 더 이상 우리 삶에 없어서는 안 될 존재가 되었다. 하지만 스마트폰을 이용하는 데에도 불편한 점은 분명히 있다. 목적에 따라 앱을 설치해야 하고, 각각의 앱을 어떻게 사용하는지 그 방법을 익혀야 한다는 점이다. 앱에 익숙해지기까지 일정 시간이 필요하다. 하지만 ChatGPT와 같은 대화형 인공지능이 보편화된 미래에는 이러한 불편이 없어질지도 모른다. 다가올 미래를 상상해보자.

그림 1.2 | 대화형 인공지능이 가져올 미래

〈그림 1.2〉는 대화형 인공지능이 보다 진보한 가까운 미래이다. 사용자는 인공지능에게 사람의 언어('자연어'라고 부른다)로 지시한다. '어제 먹다 남은 떡볶이랑 같이 먹으면 좋은 음식을 찾아서, 배달 주문 넣어줘'라고. 그러자 인공지능은 '네, 식은 떡볶이랑 같이 먹으면, 좋은 음식을 배달의 민족으로 주문했습니다'라고 답한다. 사용자는 인공지능에게 '먹다 남은'이라는 힌트를 줬을 뿐 구체적이고, 엄밀한

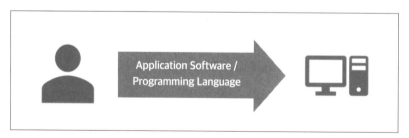

그림 1.3 | 인간과 컴퓨터가 소통하는 방식

지시를 하지 않았다. 시쳇말로 사용자가 '개떡 같이' 말해도 인공지능은 찰떡 같이 알아듣는 것이다.

과거에는 컴퓨터에게 일을 시키기 위해서는 '엄밀하고, 논리적인 지시'가 필요했다. 사용자는 프로그래머가 만든 응용 소프트웨어를 사용하거나, 사용자 스스로가 프로그래밍 언어로 컴퓨터에게 직접 작업을 지시해야 했다. 하지만 다가올 미래에는 이 일을 인공지능이 대신하게 될 것이다. 인공지능은 '예측'을 잘 하기 때문이다. 인간이 내린 지시의 논리적 공백을 과거 데이터와 주어진 문맥과 배경을 고려해 채워 넣는 것이다. 즉, 인간이 컴퓨터와 소통하는 방식이 보다 유연하고 쉬워진다는 말이다.

그림 1.4 | 인공지능을 이용한 소통

인간의 말 즉, 자연어natural language로 컴퓨터에게 작업을 지시할 수 있다는 점은 매우 큰 강점이다. 영화 〈아이언맨Iron Man〉을 보면, 토니 스타크는 자비스Jarvis라는 인공지능에게 프로그래밍 언어로 명령을 내리지 않는다. 마치 비서에게 지시하듯 자연어로 지시한다. 이 지시에는 논리적인 공백이 분명 존재한다. 하지만 이런 부분은 자비스가 상황과 맥락에 맞게 예측하여 채워 넣는다. 앞으로 다가올 미래의 모습이다.

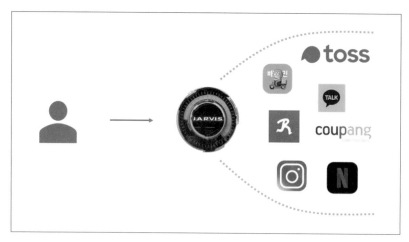

그림 1.5 | 모든 길은 AI로 통한다

인공지능과 인간이 인간의 언어로 소통하는 세상에서 어떤 앱을 설치하고, 이용해야 하는지 알 필요가 있을까? 이런 세상에서 인간과 수많은 IT 서비스의 접점은 인공지능이 될 것이다. 인간은 오직 인공지능에게 자연어로 지시하고, 인공지능은 그 지시를 다양한 서비스로 구현할 것이다. 그 결과 사용자는 어떤 앱을 설치하고, 이용해야 하는지 배울 필요가 없어진다. 즉, 어떤 작업을 위해 '도구'를 배우는 과정이 없어질 것이다. 도구를 배울 필요성이 없는 세상에서 데이터 과학을 배우는 방법은 어떻게 바뀌어야 할까?

2

No Code Data Analysis

'도구'에서 '분석'으로 패러다임의 전환

1 이제까지의 데이터 과학

이제까지 데이터 과학자는 주로 코딩을 이용하여 데이터 과학의 방법들을 구현했다. 대표적인 도구가 파이썬, R, SAS와 같은 프로그래밍 언어이다. 따라서 데이터 과학자는 데이터 과학을 활용하기에 앞서 도구를 배우는 데 많은 시간을 투자해야 했다. 데이터 과학을 배우는 목적은 데이터를 다루고, 특징을 추출하는 등의 과정을 통해 비즈니스에 대한 통찰을 얻는 것이다. 하지만 이 목적에 다다르기 위한 전 단계로 코딩을 배워야만 했다.

코딩은 분명 필요한 기술이다. 하지만 코딩은 배우기 어려운 기술이기도 하다. 특히 코딩은 데이터 과학자에게 특히 더 어렵다. 왜냐하면 데이터 과학에 필요한 작업들은 한 가지 언어로 해결할 수 없기 때문이다. 예를 들어 <그림 1.6>의 데이터 과학자가 수행하는 작업 중 'Data Handling'은 보통 SQL이라는 언어를 배워야 자유롭게 할 수 있다. 반면, 'Machine Learning'은 파이썬이나 R과 같은 데이터 분석에 적합한 언어를 사용해야 한다. 이 외에도 상황, 산업 그리고 언어의 핵심 기능에 따라 데이터 과학자는 수많은 언어를 배워야 한다. 또한 언어에도 트렌드가

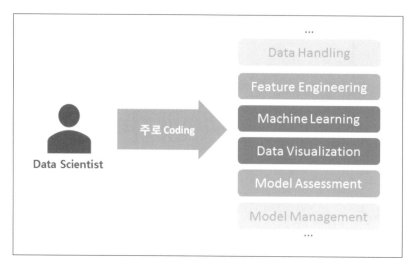

그림 1.6 | 데이터 과학자가 일하는 방법

있어, 시장을 주도하는 언어가 언제든 바뀔 수 있다. 이 경우 데이터 과학자는 다시 어려운 프로그래밍 언어를 익혀야 한다. 일례로 R과 파이썬이 그랬다. 불과 10년 전만 해도 R은 데이터 과학에서 지배적인 위치를 차지했다. 다들 'R = 빅데이터'라는 생각으로 열정적으로 R을 배웠다. 하지만 불과 5년 뒤 R은 데이터 분석 언어의 왕좌를 파이썬에게 넘겨주게 되었다. 그리고 지금은 파이썬의 자리를 위협하는 줄리아Julia라는 언어도 등장했다. 이처럼 프로그래밍은 한 번 배우기도 어렵지만, 한 번 익힌다고 학습의 여정이 끝나지 않는다.

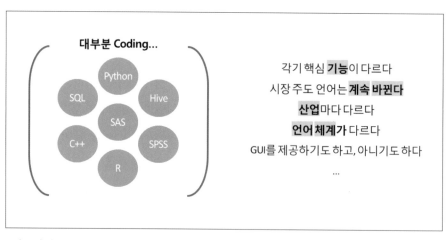

그림 1.7 | 데이터 과학의 도구들

데이터 과학의 도구들

그런데 정말 데이터 과학을 잘 하려면 꼭 '코딩'을 배워야 할까? 사실 그렇지 않다. 시중에 편리한 데이터 과학 도구가 많기 때문이다. 예를 들어 SAS Viya, SPSS, 데이터 로봇, Rapid Miner 등 다양한 상용 소프트웨어들은 별다른 코딩 없이, 쉽게 데이터 과학을 접할 수 있도록 만들어졌다. 그럼에도 불구하고, 왜 코딩을 배우라고 '강요'하고, '데이터 과학 = 코딩'이라는 인식 만들어진 것일까? 아마도 가장 큰 이유는 '비용'일 것이다. 편리한 데이터 과학 도구들은 대부분 유료로 서비스된다. 그 때문에 '한 번 해볼까?'하는 초심자들이 접근하기에는 그 장벽이 너무 높다.

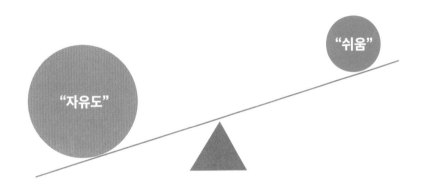

그림 1.8 │ 데이터 과학을 구현하기 위한 Trade-off

두 번째 이유는 지금까지 데이터 과학 교육은 '전문가'를 위한 교육이었다는 점이다. 기존 교육들은 데이터 과학의 쓰임을 깊게 생각하지 않고, 오직 알고리즘을 개발할 수 있을 정도의 '전문가'를 양성하는 것에 기준을 두었다. 그 결과 시중에 나와있는 수많은 편리한 도구들을 배척하고, 오직 '코딩'이 데이터 과학으로 가는 유일한 길인 것처럼 가르쳐 왔다. 하지만 이 교육 방법에는 큰 문제가 있다. 바로 '자유도와 쉬움'은 상충trade-off 관계에 있다는 점이다. 코딩으로 데이터 과학을 배우면 '거의' 모든 일을 할 수 있다. 하지만 입문자들에게 자유도가 그렇게 중요할까?

그리고 이렇게 복잡하고, 어려운 학습의 전 단계가 필요할까? 실상은 그렇지 않다. 입문자들에게 중요한 것은 당면한 문제를 좀 더 데이터 과학의 방법으로 쉽게 풀어내는 것이다. 즉, '배우기 쉬움'이 훨씬 중요하다. 이는 마치 이제 막 자동차 면허를 딴 사람에게 F1 레이싱 카를 운전하라고 강요하는 것과 같다. 정작 당사자는 그저 마트를 가고 싶을 뿐인데 말이다.

3 데이터 과학자의 핵심 역량 '파이썬'?

'코딩 = 데이터 과학'이라는 잘못된 인식이 가져온 폐단은 생각보다 심각하다. 실제로 한 기업의 데이터 과학자 인터뷰에서는 〈그림 1.9〉와 같은 질문이 이어졌다. 데이터 과학자를 뽑는다고, 채용공고를 내보냈음에도 불구하고, 온통 'Python, SQL, SAS'와 같은 도구에 대한 질문만 계속된 것이다. 이런 질문이 이어지는 이유는 'Python을 잘한다 = 데이터 분석을 잘한다'와 같은 인식이 쌓였기 때문이다. 물론 이 인터뷰 담당자의 질문에도 이유는 있다. 기업에서 데이터 분석을 하려고, 사람을 뽑았더니 '코딩'이라는 장벽에 가로막혀 분석을 시작도 못하는 광경을 수없이 목격했기 때문이다. 그렇다면 이런 일은 왜 벌어졌을까?

그림 1.9 | 실제 면접 질문

가장 큰 이유는 '첫 경험' 때문이다. 데이터 과학을 처음 접할 때, 보통 '코딩'으로 접한다. 그러다 보니, 데이터 과학을 하려면 코딩을 할 줄 알아야 한다고 생각하게 된 것이다. 그 결과 수많은 기업에서 데이터 과학을 비즈니스에 접목하기 위해, 코드 기반의 데이터 과학 플랫폼을 구축했다. 하지만 비즈니스 현장에서 데이터 과학을 활용해야 할 대부분의 사람들은 코딩의 '코'자도 모르는 비즈니스 전문가이다. 기업에서는 데이터 과학을 실무에 적용한다는 명목으로 '코딩'을 고과에 반영하고, 교육과정을 만들었다. 하지만 그 실효성은 묘연하다. 예를 들어 하루에 수백명의 고객을 만나 상담하고, 상품을 안내하는 영업사원에게 코딩은 어떤 의미가 있을까? 이 직원들이 과연 대학 4년간 전공으로 배워도 어려운 코딩을 그 짧은 교육으로 익히고, 실무에 적용할 수 있을까? 이에 대한 답은 '불가능하다'이다. 자동차를 만드는 일은 '자동차 만들기'를 전공한 사람들에게 맡기자. 그리고 자동차를 운전해야 하는 사람에게는 자동차를 운전하는 방법만 가르치자. 하지만 많은 기업에서는 자동차 운전을 해야 할 사람들에게 자동차 만드는 법을 배우라고 강요한다.

4   자동차 만들기의 폐단

어느 조직에나 뛰어난 사람은 있다. 그들은 자동차 운전을 위해 자동차 만드는 법을 익히곤 한다. 그리고 이들은 말한다. '자동차를 운전하려면 당연히 자동차를 만들 수 있어야 한다, 너희도 모두 자동차 만드는 법을 배워라'라고 말이다. 그 결과 많은 조직에서 자동차 만들기를 배우고 있다. 데이터 과학은 코딩이 되어 버렸다. 이에 따른 가장 큰 부작용은 〈그림 1.10〉과 같다.

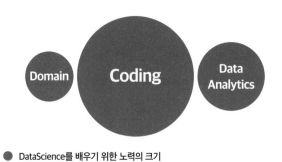

● DataScience를 배우기 위한 노력의 크기

그림 1.10 | 데이터 과학을 배우기 위한 노력의 크기

코딩에 모든 에너지를 쏟아 정작 배워야 할 산업 전문성과 데이터 분석을 제대로 배우지 못하는 것이다. 데이터 과학은 코딩으로 결과를 뽑는다고 되는 것이 아니다. 코딩은 데이터 과학을 위한 과정의 극히 일부에 지나지 않으며, 인공지능이 언제든 대신할 수 있는 영역이다. 반면 산업 전문성에 기초하여 데이터 과학이 필요한 문제를 찾고, 적합한 해결 방법을 설정하고, 필요한 데이터를 구성하고, 결과를 얻고, 결과를 해석하고, 성과를 분석하는 등 비즈니스 인사이트를 도출하고, 이에 기반한 과학적인 의사결정을 내리는 것이 진짜 실효성 있는 데이터 과학이다.

5 앞으로의 데이터 과학

인공지능이 일상에 들어오는 가까운 미래에 데이터 과학은 어떻게 바뀔까? 앞으로의 데이터 과학은 〈그림 1.11〉과 같이 인공지능과 인간이 인간의 언어로 소통하며 모든 작업을 수행하게 될 것이다. 앞으로의 데이터 과학에 '코딩'이 차지하는 자리는 거의 없다. 영화 아이언맨을 다시 떠올려 보자. 토니 스타크는 자비스에게 자연어로 모든 업무를 지시한다. 데이터 과학이라고 크게 다르지 않다. 하지만 이런 세상이 와도 '무엇을 어떻게 명령할 것인가'하는 문제는 여전히 남아 있다. 우리가 코딩이 아닌 데이터 과학을 배워야하는 이유가 여기에 있다.

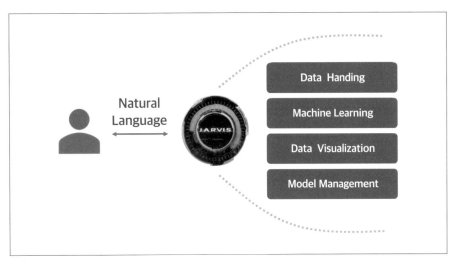

그림 1.11 | 앞으로의 데이터 과학

3

No Code Data Analysis

무엇을 준비해야 하나?

1 데이터 과학의 프로세스

다가올 미래에 대비하려면, 데이터 과학자가 지금 하는 일의 프로세스와 구성 요소를 먼저 살펴볼 필요가 있다. 데이터 과학은 보통 〈그림 1.12〉와 같은 프로세스로 수행된다. 데이터 분석에 앞서 분석 과제에 관한 지식을 수집한다 Gathering Domain Knowledge. 수집한 지식에 기초하여 주어진 문제를 데이터 과학 문제로 다시 정의한다 Defining Problem. 정의된 문제를 해결할 수 있도록 실험 또는 모형을 설계한다 Model Design. 그리고 필요한 데이터를 구성하고 Data Handling, 모형을 적합하거나 검정을 수행하고 Model Fitting, 모형을 평가하고 검증한다 Model Assessment. 최종적으로 적용할 모형이 정해지면, 모형을 배포하고 Model Deployment, 모형을 운영하고 관리한다 Model Operation and Management. 끝으로 일련의 과정으로 얻은 통찰과 모형에 대한 결과를 문서화하고, 보고한다 Reporting Results.

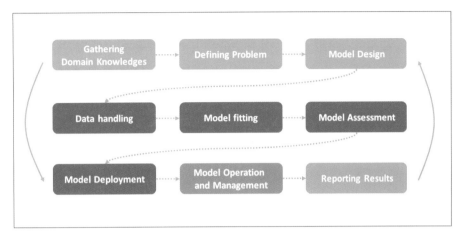

그림 1.12 | 데이터 과학의 프로세스

데이터 과학의 프로세스는 상당히 복잡하다. 또한 프로세스는 한 방향으로만 흘러가지 않으며, 되돌아오기를 반복하며 나아간다. 데이터 과학의 프로세스 중 일부는 도구로 쉽게 해결할 수 있다. 대표적인 예가 'Data handling, Model Fitting, Model Assessment, Model Deployment'이다. 이 네 가지 영역은 데이터 과학자들도 기계적으로 수행하는 경우가 많으며, 어느 정도 정형화되어 있다. 정형화되어 있다는 말은 패턴이 있다는 의미이고, 인공지능이 쉽게 학습할 수 있다는 의미이기도 하다. 실제로 'Model fitting ~ Model Deployment' 영역은 'AutoML'을 이용하면, 비전문가도 손쉽게 처리할 수 있다.

Process Components	Domain	Data Analytics	Coding
Gathering Domain Knowledges	✓		
Defining Problem	✓	✓	
Model Design	✓	✓	
Data handling		✓	
Model fitting		✓	
Model Assessment	✓	✓	
Model Deployment			
Model Operation and Management	✓	✓	
Reporting Results	✓	✓	

그림 1.13 | 프로세스별 필요 역량

공교롭게도 앞서 설명한 '인공지능이 할 수 있는 작업'들은 <그림 1.13>과 같이 코딩이 필요한 문제들이 대부분이다. 이 현상은 어쩌면 당연한 것이다. 코딩으로 해결할 수 있다는 말은 정형화되어 있고, 창의력을 크게 요구하지 않는다는 의미이기 때문이다. 반면, 'Domain, Data Analytics'를 혼합하여 수행해야 하는 작업들은 인공지능이 대체하기 어렵다. 즉, 가까운 미래에도 반드시 사람이 수행해야 할 가능성이 높다.

2 '코딩'을 대신할 도구

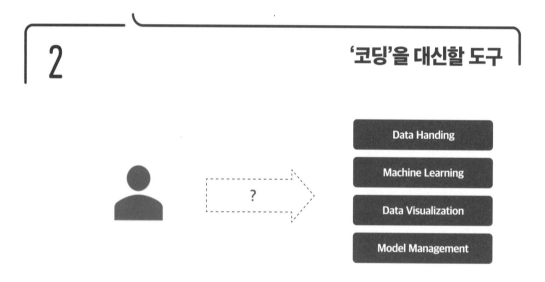

그림 1.14 | 빈 자리를 무엇으로 채워야 할까?

가까운 미래에 '코딩'은 'AI'로 대체될 것이다. 하지만 당장 데이터 과학의 프로세스에서 코딩을 제외하기는 어렵다. 아직 그 미래가 오지 않았기 때문이다. 그렇다면 이 빈자리를 우리는 무엇으로 대신해야 할까? 아마 ChatGPT를 경험해본 독자라면, 먼저 ChatGPT를 떠올렸을 지 모른다.

① Lack of common sense
② Lack of emotional intelligence
③ Limitations in understanding context
④ Trouble generating long-form, structured content
⑤ Limitations in handling multiple tasks at the same time
⑥ Potentially biased responses
⑦ Limited knowledge
⑧ Accuracy problems or grammatical issues
⑨ Need for fine-tuning
⑩ Computational costs and power

Source: Bernard Marr. (2023.03.03.). *The Top 10 Limitations Of ChatGPT*. Forbes. 2023.04.20.
https://www.forbes.com/sites/bernardmarr/2023/03/03/the-top-10-limitations-of-chatgpt/?sh=1a7469c88f35

그림 1.15 | ChatGPT의 한계

하지만 ChatGPT에게는 〈그림 1.15〉와 같은 한계가 존재한다. 특히 데이터 과학의 도구로써 신뢰성 문제는 그냥 넘기기 어려운 단점이다. 물론 ChatGPT도 마이크로소프트 검색 엔진 Bing과 결합하며 신뢰성 문제를 어느 정도 극복했다. 또한 나머지 한계들도 GPT-4가 나오면서 일정 부분 개선되었다. 하지만 여전히 데이터 과학을 위한 도구들과 직접 연결되기 어렵다. 아직은 시기상조인 것이다.

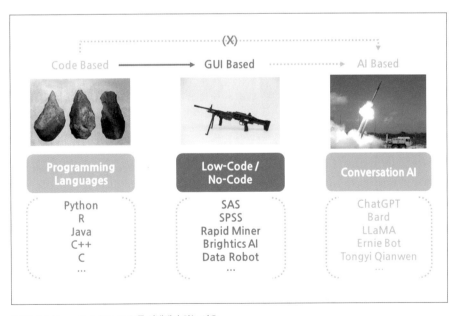

그림 1.16 | Low-Code/No-Code를 선택해야 하는 이유

프로그래밍 언어는 유연하고, 다양한 기능을 무궁무진하게 구현할 수 있다. 돌은 무기로도 쓰이고, 건물의 재료로도 사용되고, 농사를 짓기 위한 도구로 사용될 수도 있다. 하지만 전쟁터에서 상대방이 기관총을 들고 싸우는 데, 본인은 '유연성' 하나 때문에 돌도끼로 싸운다면, 100전 100패일 수밖에 없다. 실무에서 이런 장면을 많이 보았다. Low-Code/No-Code 도구를 사용하면 일주일이면 될 일을, 코딩으로 직접 개발하면 한 달, 길면 두 달이 넘게 걸리기도 한다. '생산성'이 현저하게 떨어지는 것이다. 다양한 기능을 구현한다는 이야기는 어느 한 가지 기능도 쉽게 구현할 수 없다는 말과 같다. 물론 인공지능이 보다 발전한다면, 생산성과 범용성을 모두 가질 수 있을지 모른다. 하지만 지금 데이터 과학을 배우는 사람이라면, '생산성'에 초점 둔 Low-Code/No-Code 도구를 선택하는 것이 현명하다. 보다 목적 적합한 도구를 통해, AI에게 무엇을 어떻게 시켜야 하는지를 명확히 익히는 것이 핵심이다.

4

No Code Data Analysis

코딩 없이 데이터 과학을 배우려면

데이터 과학적인 문제 해결과 의사 결정은 앞으로 보다 널리 쓰이는 기술이 될 것이다. 지금 데이터 과학자는 유니콘에 빗대어 표현될 만큼 되기에 어려운 직업 중 하나이다. 하지만 데이터 수집처가 많아지고, 데이터 시장이 활성화 됨에 따라 데이터 과학을 다루는 사람에 대한 수요는 크게 증가할 것이다. 하지만 모두가 다 슈퍼맨이 될 수 없다. 동네를 지키는 아이언피스트나 데어데블 같은 히어로도 필요하다. 데이터 과학자도 그렇다.

그림 1.17 | 데이터 과학자로 가는 방법

데이터 과학을 배우기 위한 과정을 나누는 방법은 매우 다양하다. 알고리즘을 중심으로 나눌 수도 있으며, 일반적인 교과과정을 차용하여 구성할 수도 있다. 하지만 데이터 과학을 다루는 목적에 따라 나누면, 〈그림 1.17〉과 같다. 이 절에서는 데이터 과학을 배우는 세 가지 단계에 대해 자세하게 알아보자.

1 데이터 문해력

데이터 문해력Data literacy은 데이터를 읽고, 쓰고, 해석할 수 있는 능력을 의미한다. 데이터 문해력은 수학이나 통계와는 조금 다른 개념이다. 예를 들어, 한글을 배운 사람이면 누구나 글을 읽을 수 있다. 하지만 글을 읽을 수 있다고, 이해할 수 있는 것은 아니다. 글은 누군가의 생각이나 정보를 기록해 놓는 수단일 뿐이다. 글을 이해한다는 말은 그 이면에 담긴 생각이나 정보를 이해한다는 의미이다. 단순히 텍스트를 읽는 것과는 차원이 다르다. 데이터 문해력도 이와 같다. 주어진 데이터를 단순히 읽어내는 것이 아닌, 데이터가 담고 있는 이면의 현상을 읽어내는 능력이 바로 데이터 문해력이다.

Step	Phase I	Phase II	Phase III
Purpose	데이터 문해력 Data Literacy	분석적 사고 Analytical Thinking	데이터 기반 문제 해결 Data-driven problem solving
Essential Skills	데이터 읽기	문제발굴 및 정의	'비즈니스 문제 → 데이터 문제' 전환하는 기술
	데이터 표현 (요약, 시각화 등)	데이터 분석 (확률과 통계 기반모형과 분석)	복합한 분석 기법 (머신러닝, 딥러닝 등)
	데이터 다루기	데이터 다루기	모형 운영 및 관리 (지속성이 요구되는 문제)
Target Group	조직 구성원 대부분 (74%)	과학적 의사결정이 필요한 모두 (25%)	데이터 과학 전문가 집단 (1%)

그림 1.18 | 데이터 문해력

데이터 문해력은 데이터베이스 속 테이블을 다루는 사람은 물론, 현장에서 고객을 만나 고충을 기록하는 사람까지 거의 모든 사람에게 필요한 역량이다. 다가올 미래에는 웨어러블 디바이스를 비롯한 수많은 데이터 장치가 보편화될 것이다. 그러면 주어진 데이터를 이해하고, 인사이트를 발견할 수 있는 사람과 그렇지 않은 사람의 생산성 차이는 점점 더 커질 수밖에 없다. 지금도 대부분의 조직은 '숫자'에 기초해 움직인다. 예상 영업이익과 목표 등을 비롯하여 수많은 숫자들이 오간다. 데이터 기반의 의사결정은 현재진행형이다. 이런 세상에서 데이터를 읽고, 이해하고, 표현하는 역량은 선택이 아닌 필수에 가깝다. 따라서 데이터 과학을 배우는 첫 단추는 '데이터 문해력'이어야 한다.

2 　　　　　　　　　　　　　　　분석적 사고

분석적 사고Analytic Thinking는 통계적 사고의 확장팩 정도로 생각하면 좋다. 데이터 문해력이 데이터로 소통하는 역량이라고 한다면, 분석적 사고는 나아가 문제를 발굴하고 정의하는 것을 의미한다. 분석적 사고부터는 조금 더 전문 영역에 가까워진다. 수를 다루는 학문이 가진 가장 큰 장점은 현상 속 문제들을 데이터에 기초하여, 객관적인 방법으로 해법을 찾을 수 있다는 점이다. 산업 현장은 물론 일상 속에도 수없이 많은 결정해야 할 문제들이 있다. 이런 문제 가운데 가설hypothesis을 도출할 수 있는 능력을 갖추는 것이 분석적 사고의 목표라고 할 수 있다.

분석적 사고를 기르는 단계에서 갖춰야 할 역량은 앞서 말한 문제 발굴과 정의 그리고 데이터 분석과 그 결과를 해석할 수 있는 역량이다. 이 단계에서는 널리 쓰일 수 있는 통계학과 같은 전통적인 분석 방법을 익히는 것이 중요하다. 전통적인 분석 방법은 '살아 남은' 방법들이다. 이들이 살아남은 것은 그만큼 쓰임이 많고, 실효성도 높기 때문이다. 또한 통계 학습에 기초한 방법들을 먼저 익혀 두면, 다음 단계엔 기계 학습이나 인공 지능도 쉽게 배울 수 있다. 이 단계까지 데이터 과학을

Step	Phase I	Phase II	Phase III
Purpose	데이터 문해력 Data Literacy	분석적 사고 Analytical Thinking	데이터 기반 문제 해결 Data-driven problem solving
Essential Skills	데이터 읽기	문제발굴 및 정의	'비즈니스 문제 → 데이터 문제' 전환하는 기술
	데이터 표현 (요약, 시각화 등)	데이터 분석 (확률과 통계 기반모형과 분석)	복합한 분석 기법 (머신러닝, 딥러닝 등)
	데이터 다루기	데이터 다루기	모형 운영 및 관리 (지속성이 요구되는 문제)
Target Group	조직 구성원 대부분 (74%)	과학적 의사결정이 필요한 모두 (25%)	데이터 과학 전문가 집단 (1%)

그림 1.19 | 분석적 사고

배워야 하는 사람은 전체 중 약 25% 정도이다. 이 단계의 데이터 과학자는 여러 선택지 중 무엇이 더 나은지를 데이터 과학에 기초하여 입증할 수 있다.

3 데이터 기반 문제 해결

데이터 기반 문제 해결능력은 분석적 사고보다 한 차원 높은 수준의 역량이다. 데이터 기반 문제해결에는 일상 속 문제들을 데이터 과학적인 문제로 정의하는 것은 물론, 이를 데이터 과학의 도구로 해결하는 능력이 모두 필요하기 때문이다. 따라서 머신러닝, 딥러닝과 같은 복잡한 알고리즘은 물론이고, 이들 모형을 운영하고, 관리하는 방법까지 모두 이해하고 있어야 한다. 그야말로 데이터 과학자이다. 1단계와 2단계 인력이 충분하다면, 조직에 이런 3단계 인력은 그렇게까지 많이 필요한 자원은 아니다. 하지만 실상은 데이터 과학자가 '데이터 문해력, 분석적 사고'

만 있어도 충분히 해결할 수 있는 일들까지 모두 다루고 있는 경우가 많다. 이러한 현상 때문에 데이터 과학자들이 '내가 이러려고 이 회사에 온 게 아닌데'하는 푸념하는 경우도 많다.

그림 1.20 │ 데이터 기반 문제 해결

5

No Code Data Analysis

코딩이 필요 없는 데이터 과학 도구

1   SoDA의 5가지 장점

SoDA('쎄스 소다'라고 부른다)는 크게 다섯 가지 측면의 장점을 가지고 있다. 첫째, 경
제성이 높다. SoDA는 상용 소프트웨어 개발사에서 제공되는 소프트웨어 중 유일
하게 무료로 제공된다. 둘째, SoDA는 신뢰도가 높다. SAS는 포춘Fortune 100대 기
업 중 94%가 사용하는 '검증된' 도구다. 셋째, 기능성이 뛰어나다. 기초 통계부터

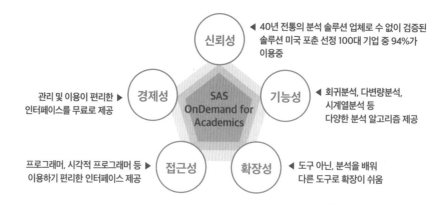

그림 1.21 | SoDA의 다섯 가지 강점

다변량 분석 같은 고급 분석까지 코딩 없이 쉬운 사용자 인터페이스로 지원한다. 넷째, 확장성이 높다. SoDA는 프로그래밍이 아닌 데이터 분석에 중점을 두고 있기 때문에 다른 도구로 확장이 쉽다. 다섯째, 접근성이 높다. 특히, 프로그래밍에 익숙하지 않은 데이터 과학 입문자가 처음 다루는 도구로 적합하다.

1 | 경제성

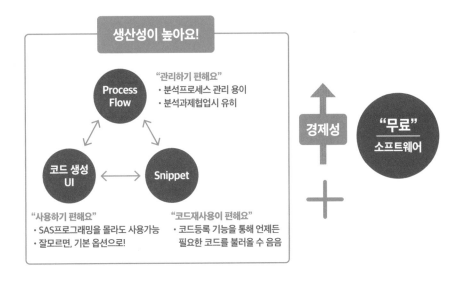

그림 1.22 | SoDA의 경제성 측면의 강점

① SoDA는 사용이 편하다. SoDA는 [작업 및 유틸리티] 기능을 지원한다. [작업 및 유틸리티]에는 데이터 처리와 분석 등을 위한 많은 작업이 포함되어 있다. 사용자는 이미 구성된 작업을 선택하고, 작업에 사용할 데이터와 변수 등을 선택하기만 하면 된다. 작업 수행을 위한 선택 사항도 편리한 사용자 인터페이스로 쉽게 변경하고 선택할 수 있다. 이 기능은 사용자가 설정한 내용을 기반으로 코드를 생성하기 때문에 SAS 프로그래밍을 다룰 수 있는 사람은 코드 생성 결과를 복사해, 활용하는 것도 가능하다.

② SoDA는 관리가 편하다. SoDA는 '프로세스 플로우process flow' 기능을 지원한다. 이 기능은 데이터 처리부터 분석, 시각화까지 전 과정을 '흐름도'로 보여준다. 프로세스 플로우는 협업에 특히 유용하다. 작업을 코드로만 관리할 경우, 다른 사람이 한 번에 작업 흐름을 이해하기 어렵다. 하지만 프로세스로 시각화 되어 있는 경우, 처음 작업을 보는 사람도 이해하기 쉽고, 설명도 편리한 장점이 있다. 그 결과 소통을 위한 비용과 시간이 절약되어 작업 생산성을 높일 수 있다.

③ SoDA는 코드 재사용이 쉽다. 코드 재사용 기능은 이미 만들어 둔 코드를 변수나 데이터만 바꿔 사용할 수 있는 기능을 말한다. 코드 재사용 기능을 사용하면 데이터 분석을 위한 프로그래밍 시간을 많이 줄일 수 있다. SoDA는 Snippet('스니펫'이라 부른다)을 통해 코드 재사용 기능을 지원한다. Snippet은 자주 사용하는 코드를 등록해 두고, 필요할 때 클릭하면 자동으로 프로그램 창에 작성되는 기능이다. 이 외에도 '매크로macro'라는 기능을 통해서도 코드 재사용이 가능하다.

④ SoDA는 무료다. 비슷한 기능을 지원하는 상용 소프트웨어는 많다. 하지만, 온전히 무료로 제공되는 소프트웨어는 SoDA가 유일하다. 그렇기 때문에 데이터 과학자 입문자가 부담 없이 데이터 과학을 익히는 데 유용한 도구이다.

2 | 신뢰성

SAS는 지난 40여년 간 시장에서 높은 신뢰도를 인정받고 있는 세계 1위 데이터 분석 및 비즈니스 솔루션 기업이다. SAS의 신뢰도는 포춘Fortune 선정 100대 기업 중 94%가 사용한다는 사실만으로 충분히 입증되었다. 또한 세계적인 IT 시장조사 기업인 가트너Gartner의 조사에 따르면, SAS는 데이터 과학과 기계학습 영역에서 '글로벌 리더'로 평가받고 있다. SoDA는 SAS에서 제공하는 수많은 솔루션 중 데이터 과학을 배우는 데에 적합한 솔루션을 골라 무료로 제공하고 있다. 그렇기 때문에 기존 SAS 솔루션이 가진 신뢰성은 SoDA에서도 유효하다.

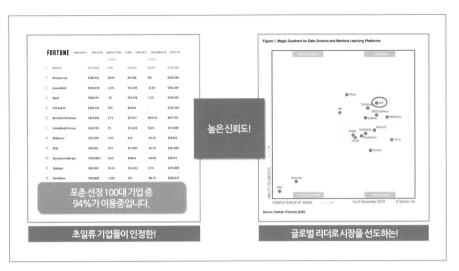

그림 1.23 | SoDA의 신뢰성 측면의 강점

3 | 기능성

SoDA는 데이터 과학을 위한 모든 기능을 지원하지 않지만, 대부분의 데이터 과학자에게 필요한 충분한 기능을 제공한다. SoDA는 데이터 처리, 분석, 시각화 모두를 지원한다. 이 점에서 SoDA는 데이터 과학을 맛보기에 적합하다. SoDA는 통계학과 학부와 대학원 수준에서 필요한 기능 중 약 90% 이상을 지원한다.

처리	분석	시각화
Where(Filtering)	Regression	Bar-Chart
select(drop, keep)	ANOVA	Bubble Chart
Table Join(merge)	Gereral Linear Model	Mosaic Chart
Group by(Summary)	Factor Analysis	Scatter Plot
Order by(Sorting)	Principal Component Analysis	Scatter Matrix
Transpose	Machine Learning	Map

그림 1.24 | SoDA의 기능성 측면의 장점

4 | 접근성

SoDA는 접근이 쉬운 분석 도구이다. 이미 SAS를 아는 사람은 [SAS 프로그래머] 모드에서 SAS 코드로 데이터를 분석하고, 처리할 수 있다. 또한 SAS를 처음 접하는 사람은 [시각적 프로그래머] 모드를 통해 손쉽게 데이터를 분석할 수 있다. Jupyter notebook을 이용하던 사용자는 [Jupyter notebook]을 통해 익숙한 환경에서 SAS를 사용할 수 있다. SoDA는 클라우드로 서비스되기 때문에, 사용자 PC 환경에 영향을 받지 않는다. 인터넷이 지원되는 환경이라면 Mac, Window 등 어떤 운영체제에서도 사용할 수 있고, 어디서든 연속성 있는 분석이 가능하다.

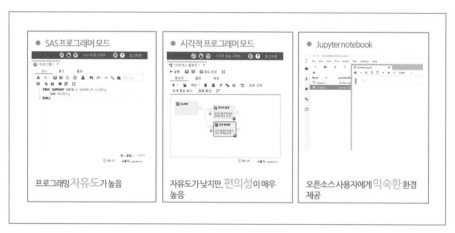

그림 1.25 | SoDA의 접근성 측면의 장점

5 | 확장성

SoDA를 사용하는 목적은 SAS를 배우기 위해서가 아니다. 데이터 과학의 근간이 되는 데이터 처리, 통계 학습, 기계 학습, 시각화 등을 배우기 위함이다. SoDA는 코딩 없이 데이터 과학을 배울 수 있다는 점에서 프로그래밍을 배우는 데 소요되는 시간을 절약할 수 있다. 또한 SoDA를 통해 배운 데이터 과학 지식은 다른 데이터 과학 도구에서도 똑같이 쓰인다. 언어, 프로그램은 결국 데이터 과학을 위한 하나의 도구에 불과하다. 이 점에서 도구에 대한 의존도가 낮은 SoDA는 확장성이 높은 수단임에 분명하다.

2 | 누구에게 적합할까?

SoDA는 다음 세 가지 유형의 사람들에게 특히 유용하다. 첫째, 프로그래밍은 잘 모르지만, 업무에 보다 정교한 데이터 기반 의사결정을 가미하고 싶은 사람이다. 둘째, 개발자가 아닌, 분석가로서 데이터 분석에 보다 집중하고 싶은 사람이다. 셋째, 코딩에 대한 시간 투자 없이, 짧은 시간 내에 과학적 방법론을 사용한 연구를 하고 싶은 사람이다. 무엇보다 SoDA는 데이터 과학을 이제 막 시작하려는 입문자에게 가장 추천하고 싶은 도구이다.

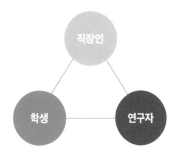

• 업무에보다 정교한 데이터 기반 의사결정을 가미하고 싶은 사람

• 보다 빠르게 분석 방법을 익혀 사용하고 싶은 사람

• 논문을 써야하는데, 프로그래밍에 익숙하지 않은 사람

그림 1.26 | SoDA에 적합한 사용자

6

No Code Data Analysis

SoDA를 사용하는 방법

1 SoDA 사용하기

1 | 권장 시스템 환경

SoDA는 클라우드 환경을 이용하기 때문에 Window, Mac 등 운영체제에 영향을
받지 않는다. 또한 PC 사양에도 큰 영향을 받지 않는다. 브라우저의 경우 일부 기
능이 제한되는 경우도 있지만, 대부분의 브라우저를 지원한다.

SoDA가 지원되는 브라우저:

- Google Chrome (권장)
- Apple Safari (권장)
- Mozilla Firefox
- Microsoft Explorer*
- Microsoft Edge*

* Microsoft Edge와 Explorer는 제한적으로 지원되며, Microsoft 웹브라우저를 사용할 경우, 'Microsoft Edge
  on Chromium'를 사용을 권장

2 | 서비스 가입하기

① 서비스 가입 화면으로 이동

그림 1.27 | SoDA 서비스 가입 화면 이동 방법

❶ Google에서 'SoDA' 검색

❷ SAS OnDemand for Academics 클릭
(주소: https://www.sas.com/ko_kr/software/on-demand-for-academics.html)

❸ 홈페이지 접속 후 'Access Now' 클릭

② SoDA 접속 화면

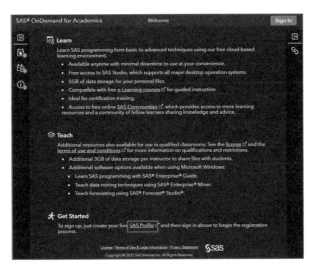

그림 1.28 | SAS OnDemand for Academics 접속 화면

SoDA 접속 화면은 〈그림 1.28〉과 같다. 이 화면에는 SoDA 학습을 위한 교육 자료와 커뮤니티 등 유용한 정보를 제공한다. SoDA를 사용하기 위해서는 SAS 프로필을 만들어야 하는데, 프로필은 'Get Started'의 'SAS Profile'을 통해 만들 수 있다.

③ 프로필 만들기

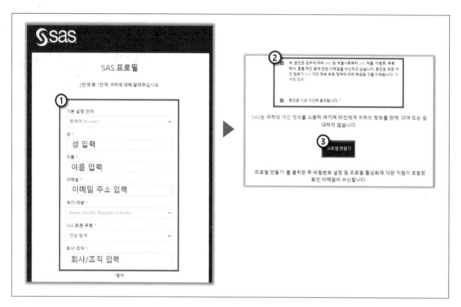

그림 1.29 | SAS 프로필 만들기

❶ SAS 프로필 창의 각 항목에 인적사항 기입
❷ 이용약관 동의 체크
❸ [프로필 만들기] 클릭

[프로필 만들기]를 클릭하면, 잠시 후 인적사항에 기입한 이메일 주소로 프로파일 활성화 메일이 발송된다. 이 메일을 통하여 프로필 활성화와 비밀번호 설정이 가능하다.

4 프로필 활성화

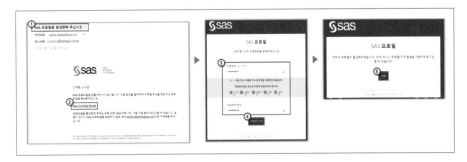

그림 1.30 | SAS 프로필 활성화

❶ 프로필 등록 후, 가입한 이메일로 'SAS 프로필을 활용화해 주십시오'라는 메일이 왔는
지 확인
(경우에 따라 메일이 도착하는 데에 시간이 다소 걸릴 수 있음)

❷ 승인 메일이 도착하면, [SAS 프로파일 활성화] 클릭

❸ 조건에 맞는* SoDA 접속 비밀번호와 비밀번호 확인 입력
  * 체크박스가 모두 초록색으로 바뀌어야 함

❹ [비밀번호 설정] 클릭

❺ 'SAS 프로필'창이 나타나면 [계속] 클릭

5 로그인

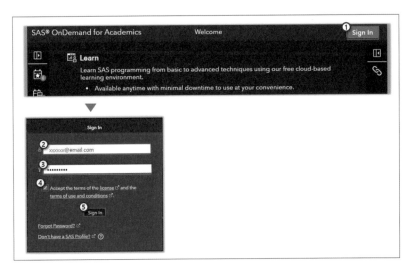

그림 1.31 | 활성화된 프로필로 로그인하기

❶ 다시 Welcome('https://welcome.oda.sas.com/') 화면으로 이동한 뒤 [Sign In] 버튼을 클릭

❷, ❸ 등록한 아이디와 비밀번호를 입력

❹ [Accept ... conditions] 체크 박스 체크

❺ [Sign In] 버튼 클릭

⑥ 지역 설정

그림 1.32 | 사용자 서비스 이용 지역 설정

❶ [SAS OnDemand for Academics Registration]에서 서비스 이용지역* 선택 (대한민국에서 사용하는 경우 Asia Pacific으로 설정)
  * 지역을 선택하는 이유는 클라우드 서버가 지역 단위로 할당되기 때문으로, 만약 다른 지역(예를 들면, 한국 이용자가 미국에서 접속할 경우)에서 접속할 경우, 같은 서비스를 제공받지 못할 수 있다.

❷ [Submit] 버튼 클릭

❸ 메시지 박스 [Confirm Region]이 뜨면, [Yes]를 클릭

❹ 지역 등록 완료 후 [Exit] 버튼을 클릭**
  ** 앞서 지정한 지역 서버에 클라우드 이용 공간이 다 만들어지면, 메일을 통해 알림(다소 시간 소요)

7 서비스 이용

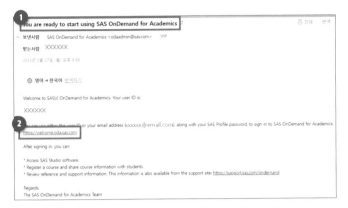

그림 1.33 | SAS OnDemand for Academics 사용자 환경 조성 결과 확인

❶ 프로파일에 입력한 메일로 'You are ⋯ for Academics'라는 제목의 메일이 도착했는지
확인

❷ 승인 메일이 도착했다면 'https://welcome.oda.sas.com'링크 클릭

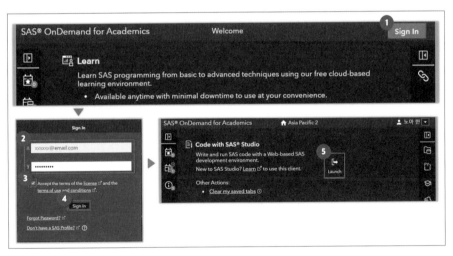

그림 1.34 | SAS OnDemand for Academics 접속

❶ 'Welcome' 화면에서 [Sign In] 버튼 클릭
❷ 등록한 아이디와 비밀번호를 입력
❸ [Accept ... conditions] 체크 박스 체크
❹ [Sign In] 버튼 클릭
❺ [Launch] 버튼 클릭

이제 SoDA 서비스를 이용을 위한 모든 가입절차가 끝났다.

2 | SAS Studio 둘러보기

SoDA에 접속하면, SAS Studio를 이용할 수 있다. SAS Studio는 웹 브라우저로 접속할 수 있는 SAS 개발 응용프로그램으로 SAS 데이터, 프로그램에 접근할 때 사용한다. 또한 SAS Studio는 미리 정의되어 있는 작업task 기능을 제공한다. 이 기능은 사용자 설정에 맞춰 코드를 생성한다. 먼저 SAS Studio의 구성에 대해 알아보자.

1 | 기본 구성

SAS Studio에 처음 접속하면, 〈그림 1.35〉와 같은 화면이 나타난다. 화면은 [탐색 창]과 [작업 영역], [상단 메뉴] 세 가지로 구성되어 있다.

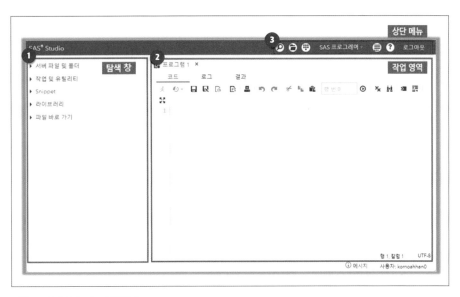

그림 1.35 | SAS Studio 초기 화면

❶ [탐색 창]은 클라우드 서버에 저장되어 있는 파일, 프로그램 등에 접근하거나 SAS 데이
 터나 작업을 이용할 때 사용한다.

❷ [작업 영역]은 SAS 프로그램이나 작업을 가져와 설정을 변경하거나 실행하는 등 작업
 수행을 위한 영역이다.

❸ [상단 메뉴]에서는 SAS Studio의 초기 설정이나 작업 모드 등을 변경할 수 있다.

표 1.1 | SoDA 구성 설명

No	구분	설명
1	탐색 영역	작업, 데이터, 파일 등을 찾기 위한 영역
2	작업 영역	SAS 프로그램과 작업을 가져와 작업 처리하기 위해 사용하는 영역
3	상단 메뉴	SAS Studio의 초기 설정이나 작업 모드 변경 등의 기능 지원

❶ 탐색 창

탐색 창에서는 작업이나 데이터, 파일을 찾아 접근할 수 있다. 탐색 창은 [서버 파일 및 폴더], [작업 및 유틸리티], [Snippet], [라이브러리]로 구성되어 있다. 각 섹션은 파일, 작업, 데이터 등의 접근과 관리를 위해 나눠 둔 것이다. 각각에 대해 자세히 알아보자.

❷ 서버 파일 및 폴더

서버 파일 및 폴더 섹션은 SAS 서버에 위치한 파일이나 폴더에 접근할 때 사용한다. 이 섹션은 외부(PC) 데이터를 클라우드 서버로 가져오거나 내보낼 때 이용한다. 또한 SAS Studio에서 데이터를 처리하고, 분석하는 경우 [파일(홈)] 밑에 새로운 폴더를 만들어 과제를 구분하기도 한다.

그림 1.36 | 서버 파일 및 폴더

표 1.2 | 빠른 실행 도구 모음

아이콘	도구 유형	설명
[⊹	새로 만들기	SAS 프로그램, 데이터 가져오기, 질의 등 자주 사용하는 유틸리티 기능 실행 및 선택 위치에 [폴더] 및 [바로가기] 생성
🗑	삭제	선택한 파일이나 폴더를 제거
⬇	다운로드	선택한 파일을 PC로 다운로드
⬆	업로드	PC에 저장된 파일을 선택한 위치로 업로드
▤	속성	선택한 파일 또는 폴더의 속성 정보 확인
↻	새로고침	선택 위치를 새로고침

서버 파일 및 폴더 섹션의 상단에는 빠른 실행 도구 모음이 있다. 빠른 실행 도구 모음에는 새로 만들기, 삭제, 다운로드, 업로드 등이 있다. 이 기능들은 [파일(홈)] 아래에 있는 폴더를 마우스 왼쪽 버튼으로 클릭하면, 똑같이 이용할 수 있다. 각 기능에 대한 설명은 〈표 1.2〉을 참고하자.

❸ 작업 및 유틸리티

작업 및 유틸리티 섹션에는 미리 만들어 둔 작업들과 유틸리티가 있다. 작업은 사용자 설정에 맞게 SAS 코드를 생성하는 일종의 코드 생성 기능이다. 이 기능은 사용자가 작업을 선택하고, 작업에 사용할 변수나 데이터를 지정하면 코딩 없이 작업을 수행할 수 있다. 작업은 크게 데이터

그림 1.37 | 작업 및 유틸리티

처리, 분석, 시각화 세 가지 유형이 있다. 또한 작업은 XML과 SAS 코드를 이용해, 사용자가 새로 만들거나 편집할 수도 있다.

❹ Snippet

스니펫Snippet은 정보의 한 조각을 의미하는 단어다. SAS Studio의 스니펫 기능도 단어 뜻과 유사한 기능을 한다. 스니펫은 자주 사용하는 SAS 코드를 등록해 두었다가, 필요할 때마다 바로 붙여 넣는 기능을 제공한다. 스니펫은 [내 Snippet]을 마우스 오른쪽 버튼으로 클릭해, [새로운 코드 Snippet]을 선택하면 만들 수 있다. 또한 [Snippet] 폴더 밑에는 SAS Studio에서 제공하는 다양한 샘플 코드들이 있다.

그림 1.38 | 새로운 코드 Snippet 생성

⑤ 라이브러리

SAS 데이터는 라이브러리에 저장되고, 관리된다. 라이브러리는 목적에 맞는 데이터를 보관하는 보관함이다. 라이브러리에는 SAS에서 다룰 수 있는 파일만 보이는 특성이 있다. 라이브러리 섹션은 SAS Studio에 할당되어 있는 라이브러리를 확인하고, 관리하기 위해 사용한다.

그림 1.39 | 라이브러리 섹션

라이브러리 섹션을 열고, [내 라이브러리]를 확장하면, SAS Studio에 할당되어 있는 라이브러리들을 확인할 수 있다. 이 중에는 아이콘 오른쪽 상단에 자물쇠가 그려져 있는 라이브러리가 있다. 이 라이브러리는 사용자가 데이터를 맘대로 지우거나 편집하지 못하고, 데이터를 읽을 수만 있는 라이브러리이다. 또한 라이브러리 섹션에서는 〈그림 1.39〉와 같이 라이브러리에 포함되어 있는 데이터를 확인할 수 있다.

표 1.3 | SAS 데이터의 변수 유형

아이콘	변수 유형
Ⓐ	범주형Character
⑫③	수치형Numeric
📅	날짜Date
📅🕐	날짜/시간Datetime

라이브러리 안에 있는 데이터를 확장하면, 데이터에 포함된 변수를 확인할 수도 있다. 변수 이름 앞에 있는 아이콘은 변수의 유형을 나타낸다. 각 아이콘이 의미하는 변수 유형은 〈표 1.3〉과 같다.

⑥ 작업 영역

작업 영역은 SAS 프로그램이나 작업을 수행하거나 데이터를 살펴보기 위한 영역이다. 탐색 창에서 데이터나 프로그램, 작업을 선택해 열면, 〈그림 1.40〉과 같이 작업 영역에 새로운 탭 만들어진다. 탭은 오른쪽에 있는 [X] 버튼을 눌러 닫을 수 있다.

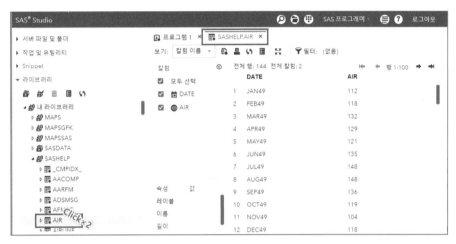

그림 1.40 | SAS 데이터 열기

⑦ 상단 메뉴

SAS Studio 화면 오른쪽 상단에는 〈그림 1.41〉과 같이 다양한 아이콘이 있다. 상단 메뉴에는 알아 두면 유용한 기능이 많다. 이번엔 상단 메뉴에 포함된 기능을 알아보자.

그림 1.41 | 상단 메뉴

❶ 돋보기 모양을 한 이 아이콘은 [검색] 아이콘이다. 검색 기능은 탐색 창에 속한 데이터, 파일, 폴더, 작업 등을 찾을 때 사용한다. 사용 방법은 먼저 검색 아이콘을 클릭하고, 검색을 원하는 탐색창을 선택한 뒤 찾을 키워드를 입력하면 된다.

❷ 폴더 모양의 아이콘은 [열기] 기능이다. 열기를 이용하면, 클라우드 서버에 저장되어 있는 파일을 찾아 열 수 있다. 하지만 이 기능을 쓰지 않더라도 [서버 파일 및 폴더]에서 찾아 열어도 상관없기 때문에 이런 기능이 있다 정도만 알아도 좋다.

❸ [새로운 옵션]을 이용하면 SAS 프로그램, 데이터 가져오기, 질의 등을 새로 만들 수 있다. 또한 모든 탭을 닫거나 작업 영역을 최대로 확장하는 기능도 포함되어 있다.

❹ SAS Studio의 작업 모드 변경을 위한 메뉴다. SAS Studio는 SAS 프로그래머와 시각적 프로그래머, 두 가지 작업 모드를 지원한다.

❺ [추가 응용 프로그램 옵션]에서는 자동 실행 파일을 편집하거나 탐색 창에 보여지는 섹션을 조정할 수 있다. 또한 [우선 설정] 기능을 이용해, SAS Studio의 환경 설정을 변경할 수 있다.

❻ [도움말] 아이콘은 SAS Studio의 기능은 물론, SAS 프로그램 등에 대한 다양한 정보를 담고 있는 도움말을 열람하기 위한 아이콘이다. [SAS Studio 도움말]을 선택하면, SAS Help Center 페이지로 바로 연결된다. SAS는 도움말이 자세한 편이라, 책에 언급되지 않은 내용의 경우 도움말을 이용해 찾자.

2 | 작업 모드

SAS Studio는 [SAS 프로그래머]와 [시각적 프로그래머] 두 가지 작업 모드를 지원한다. 작업 모드에 따라 작업 방식이 다르고, 작업 파일을 유형도 다르다.

그림 1.42 | 작업 모드 변경 방법

작업 모드는 상단 메뉴에서 〈그림 1.42〉와 같이 확인하고, 변경할 수 있다. 이제 두 작업 모드의 특징과 차이에 대해 알아보자.

① SAS 프로그래머 모드

SAS 프로그래머 모드는 SAS 코딩 중심으로 데이터 처리, 분석을 수행하기 위한 작업 모드이다. 이 모드는 Base SAS가 익숙한 기존 사용자에게 적합하다. SAS 프로그래머 모드를 선택할 경우, <그림 1.43>과 같이 프로그램 편집창에서 SAS 코드를 입력해 작업을 수행한다. 그렇기 때문에 작업 파일은 '.sas' 확장자를 가지는 SAS 프로그램으로 저장한다.

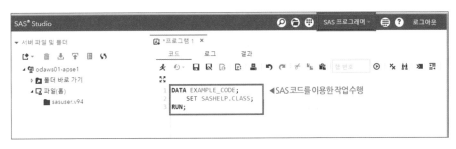

그림 1.43 | SAS 프로그래머 모드 작업 수행 방식

② 시각적 프로그래머 모드

시각적 프로그래머 모드는 프로세스 플로우에 기초한 작업 모드이다. 프로세스 플로우는 데이터, 작업, 프로그램 등을 하나의 노드로 표현한다. 그리고 각 노드를 처리 순서에 맞게 연결해 작업 흐름을 한눈에 확인할 수 있도록 한다. 작업 파일은 프로세스 플로우 파일로 저장하며, 확장자는 '.cpf'를 가진다. SAS 프로그래머 모드의 경우 프로세스 플로우를 사용할 수 없다.

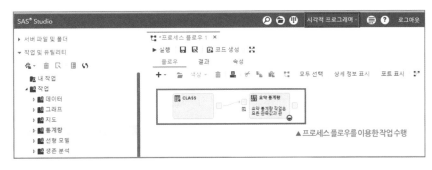

그림 1.44 | 시각적 프로그래머 모드 작업 수행 방식

〈표 1.4〉는 SAS 프로그래머와 시각적 프로그래머 모드를 상세하게 비교한 표이다. 표를 보면, SAS 프로그래머 모드에서는 프로세스 플로우를 사용할 수 없다는 사실을 알 수 있다. 반면 시각적 프로그래머 모드는 SAS 프로그래머 모드에서 가능한 모든 기능을 다 사용할 수 있다. 따라서 이 책에서는 시각적 프로그래머 모드를 기본으로 설명한다.

표 1.4 | SAS Studio의 작업 모드 비교

구분	SAS 프로그래머 모드	시각적 프로그래머 모드
작업 관리 단위	SAS 프로그램	프로세스 플로우
모드 사용 대상	기존 SAS 사용자	기존 SAS 사용자와 신규 사용자
작업 방법	SAS 코딩을 중심으로 작업 수행	작업 및 유틸리티 중심의 작업 수행
특징	코드 기반 단순 작업인 경우 편리	작업 관리 및 협업에 유리
프로젝트 확장자	.sas	.cpf
SAS 프로그램	사용 가능	사용 가능
프로세스 플로우	불가능	사용 가능

3 | 프로세스 플로우

시각적 프로그래머 모드에서는 프로세스 플로우를 이용해 데이터 분석하고, 처리한다. 프로세스 플로우는 데이터 처리나 분석 흐름을 한눈에 알아보기 쉽게 만들어 놓은 판이다. 프로세스 플로우 위에는 데이터, 코드, 작업 등의 노드를 올려 둘수 있다. 각 노드는 처리 순서에 맞게 선으로 연결할 수 있다. 선으로 연결된 노드는 처리 순서를 시각적으로 나타내기 때문에 협업에 유리한 장점을 가진다.

1 프로세스 플로우 만들기

프로세스 플로우는 시각적 프로그래머 모드에서만 사용할 수 있다.

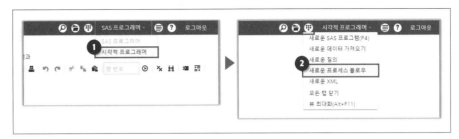

그림 1.45 | 새로운 프로세스 플로우

❶ 상단 메뉴에서 <그림 1.45>와 같이, 작업 모드를 [시각적 프로그래머]로 변경
❷ 상단 메뉴의 왼쪽, 세 번째에 위치한 [새로운 옵션]의 [새로운 프로세스 플로우]를 선택

2 프로세스 플로우 둘러보기

새로운 프로세스 플로우를 만들면 <그림 1.46>과 같은 화면이 나타난다. 이제 프로세스 플로우의 구성에 대해 알아보자.

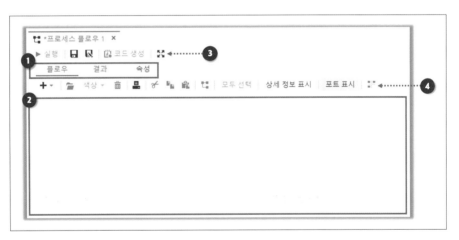

그림 1.46 | 프로세스 플로우

❶ 프로세스 플로우의 하위 탭이다. [플로우] 탭은 기본값으로 플로우를 보여준다. [결과] 탭은 플로우 실행 결과가 기록되어 있다. 이 탭에서는 실행한 작업이나 프로그램의 이름과 상태 정보 등을 확인할 수 있다. 마지막으로 [속성] 탭은 프로세스 플로우의 속성 정보를 보여주기 위한 탭으로 프로세스 플로우의 이름이나 저장 위치를 확인할 수 있다.

❷ [플로우] 탭을 선택할 경우 보여지는 빈 공간이다. 이 공간 위에 작업, 데이터, 프로그램 등을 올려 놓고 플로우를 구성한다.

❸ '프로세스 플로우1'에 대한 빠른 실행 도구 모음이다. 여기에 속한 도구들은 프로세스 플로우 전체에 영향을 주기 때문에 [실행] 버튼을 클릭하면 프로세스 플로우 속한 모든 프로그램과 작업이 한 번에 실행된다. [코드 생성]은 프로세스 플로우의 속한 작업들을 SAS 코드로 한번에 변경할 때 사용한다. 마지막 버튼은 프로세스 플로우를 최대화할 때 사용한다.

❹ [플로우] 탭에 대한 빠른 실행 도구 모음이다. 여기에는 SAS 프로그램, 질의, 작업 등과 같은 노드를 생성하는 기능, 노드 색상을 변경하는 기능, 노드를 자동으로 정렬하는 기능 등이 포함되어 있다. 노드 정렬은 정렬할 노드를 모두 선택한 다음 마지막에 위치한 버튼을 클릭하면 된다.

❸ 노드와 포트

노드node는 프로세스 플로우 위에 놓인 작업, 데이터, 프로그램 등을 말한다. 노드와 노드는 포트port라는 연결 고리로 연결된다. 포트는 데이터 포트와 컨트롤 포트 두 가지가 있다. 데이터 포트는 데이터 입력이나 출력을 받을 수 있는 노드에 한하여 표시된다. 컨트롤 포트는 작업 처리 순서를 정할 때 사용할 수 있다. 데이터 포트를 더블 클릭하면, 해당 데이터 포트의 데이터가 표시된다.

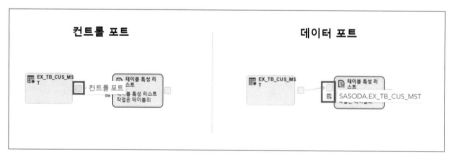

그림 1.47 | 포트와 노드

표 1.5 │ 포트의 유형

포트 유형	특징
컨트롤 포트	컨트롤 포트는 작업 처리 순서를 정할 때 사용
데이터 포트	데이터 포트는 데이터 입력이나 출력을 받을 수 있는 노드에 한하여 표시

4 노드 작업 상태 알아보기

작업, 프로그램과 같은 실행이 가능한 노드는 '작업 상태'를 노드에 아이콘으로 나타낸다. 작업 상태는 〈그림 1.48〉과 같이 노드 오른쪽 아래에 표시된다. 작업 상태는 '옵션지정

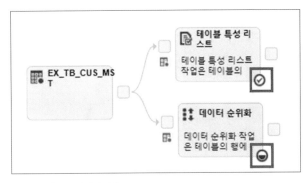

그림 1.48 │ 노드의 작업 상태

필요', '실행대기' 등 총 5가지 상태가 있다. 자세한 작업 상태 아이콘과 아이콘이 의미하는 상태는 〈표 1.5〉와 같다.

표 1.5 │ 프로세스 플로우 노드의 5가지 작업 상태

No	아이콘	상태	상세
1	⊖	옵션지정필요	필수 옵션이 지정되지 않아 실행할 수 없는 상태
2	◉	실행대기	선행 작업이 아직 끝나지 않아 기다리는 상태
3	⊘	성공	작업이 성공적으로 끝난 상태
4	△	경고	작업은 끝났으나, 경고가 발생한 상태
5	⊗	오류	오류로 인해 작업이 중단된 상태

더 알아
보기

노드 색상 변경과 자동 정렬

1 | 노드 색상 변경

- 색상을 바꿀 노드를 선택하고, 색상을 눌러 노드 색상을 바꿀 수 있다.

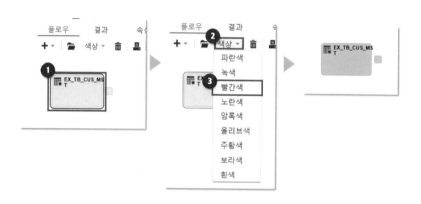

그림 1.49 | 노드 색상 변경 절차

2 | 노드 정렬

- 정렬할 노드를 선택한 다음, 배열 버튼을 이용해 노드를 정렬할 수 있다.

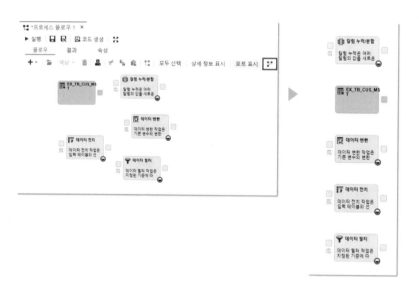

그림 1.50 | 노드 정렬 방법

작업 사태 중 옵션지정필요와 실행대기는 아직 작업이 실행되기 전 상태이다. 반면 성공, 경고, 오류는 작업 실행 결과를 나타낸다. 만약 실행 결과에 오류나 경고가 발생했다면, 해당 노드를 더블 클릭하여 [로그] 탭을 연 다음, 경고나 오류가 발생한 이유를 확인한 뒤 고쳐야 한다.

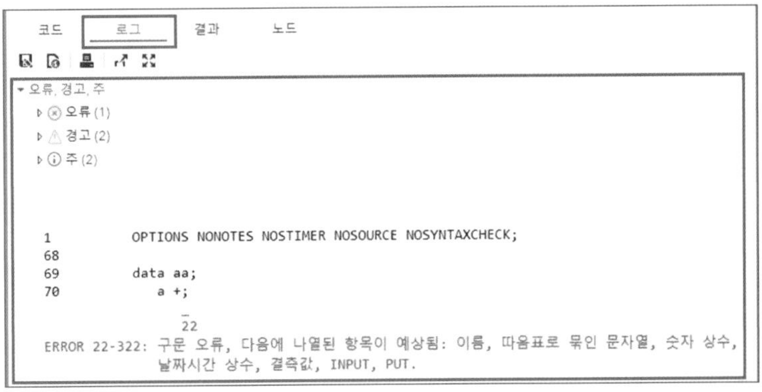

그림 1.51 | 작업 실행 결과 로그

3 SAS Studio 맛보기

'SAS Studio 맛보기'에서는 데이터 처리와 분석을 위해 폴더, 라이브러리 등을 만드는 방법과 SAS Studio의 작업을 가져와 이용하는 방법을 설명한다.

1 | 폴더 만들기

■ 폴더 활용 방법

SAS Studio는 [서버 파일 및 폴더] 섹션의 [파일(홈)] 밑에 폴더를 만들 수 있다. 폴더는 보통 과제 수행 공간을 구분할 목적으로 많이 활용한다. 또한 SAS 데이터를 저장할 폴더는 '라이브러리'로 할당해 사용할 수 있다.

② 폴더를 생성 방법

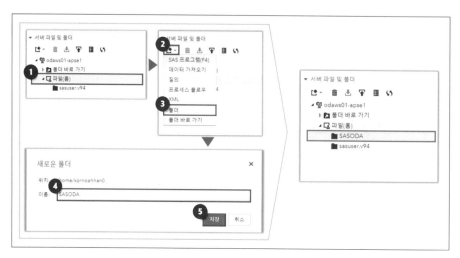

그림 1.52 | 폴더 생성하기

❶ [파일(홈)] 선택

❷ [새로 만들기]를 선택

❸ [폴더]를 선택

❹ [새로운 폴더]에서 폴더 이름 지정(실습에서는 'SASODA' 설정)

❺ [저장] 클릭

2 | 라이브러리 만들기

❶ 라이브러리란?

라이브러리library는 데이터를 관리하기 위한 논리적인 저장 공간이다. 라이브러리의 유형은 영구 라이브러리와 임시 라이브러리 두 가지가 있다. 영구 라이브러리는 사용자가 선택한 특정 폴더에 할당할 수 있다.

❷ 임시 라이브러리

임시 라이브러리는 저장된 데이터를 임시로 보관한다. 따라서 임시 라이브러리에 저장된 데이터는 SAS Studio를 닫으면 모두 지워진다. 라이브러리 'WORK'는 임시 라이브러리이다. 임시 라이브러리는 데이터를 자동으로 삭제하기 때문에, 데이터 처리나 분석 과정에서 필요한 임시 데이터를 다룰 때 사용한다.

3 영구 라이브러리

영구 라이브러리는 저장된 데이터를 사용자가 지우기 전까지 보관한다. 따라서 영구 라이브러리는 주로 분석이나 처리 결과, 원본 데이터 등을 보관하기 위해 사용한다. 사용자가 자유롭게 사용할 수 있는 영구 라이브러리는 'SASUSER'가 있다. 영구 라이브러리는 사용자가 특정 폴더를 지정해 할당할 수 있다.

표 1.6 | 라이브러리의 유형

구분	임시 라이브러리	영구 라이브러리
특징	저장된 데이터를 임시로 보관	저장된 데이터를 사용자가 지우기 전까지 보관
예시	WORK	SASUSER
용도	처리나 분석 과정에서 필요한 임시 데이터 보관	분석이나 처리 결과, 원본 데이터 등을 보관

4 라이브러리 명명 규칙

라이브러리 이름은 영문과 언더바('_')로만 만들 수 있으며, 길이는 8글자를 넘을 수 없다. SAS 데이터는 라이브러리 이름과 데이터 이름을 콤마로 연결해 표현한다. 다만 WORK 라이브러리에 저장된 데이터는 라이브러리 이름을 생략할 수 있다.

라이브러리 명명 규칙 |
- 영문과 언더바('_')만 만들 수 있다.
- 이름은 8글자를 넘길 수 없다.

⑤ 라이브러리 할당 방법

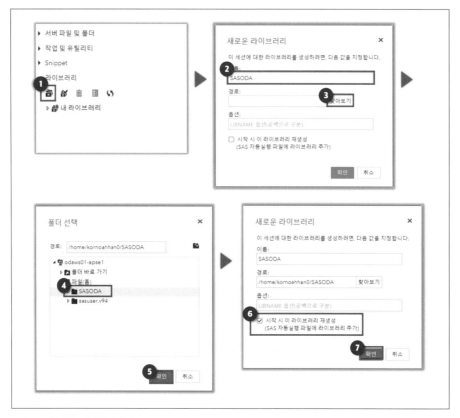

그림 1.53 | 라이브러리 할당하기

❶ [탐색 창]의 [라이브러리] 섹션에서 [새로운 라이브러리] 클릭

❷ [새로운 라이브러리] 창의 [이름:]란에 원하는 라이브러리 이름 입력

주의 | 라이브러리 이름은 영문과 언더바('_')로만 만들 수 있고, 최대 8글자까지 가능

❸ [찾아보기] 클릭

❹ 라이브러리를 할당할 공간을 선택

❺ [확인] 클릭

❻ [시작 시 이 라이브러리 재생성]을 체크

참고 | 이 설정을 체크하면, SoDA에 접속 시 자동으로 이 라이브러리를 할당

❼ [확인]을 클릭

라이브러리 할당 결과는 〈그림 1.54〉와 같이 [라이브러리] 섹션의 [내 라이브러리]에서 확인할 수 있다. 라이브러리 목록을 살펴보면, 자동으로 할당되어 있는 라이브러리를 확인할 수 있다. 이 라이브러리들은 SAS 도움말에서 사용하는 예제 데이터나, 지도를 그릴 때 활용할 수 있는 좌표 데이터를 담고 있다.

그림 1.54 | 라이브러리 할당 결과 확인

3 | 작업 및 유틸리티

1 작업 가져오기

프로세스 플로우에서 작업을 이용하려면 〈그림 1.55〉와 같이 [작업 및 유틸리티]에 속한 작업은 클릭한 상태로 끌어, 플로우 위에 올려 두면 된다.

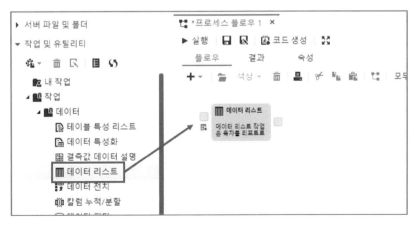

그림 1.55 | 프로세스 플로우로 작업을 가져오는 방법

2 작업 화면

플로우 상에 놓여 있는 작업을 더블 클릭한다. 그러면 〈그림 1.56〉과 같은 화면
이 작업 영역에 나타난다. 화면의 각 영역의 기능은 다음과 같다.

그림 1.56 | 작업 화면의 구성

❶ 작업에 사용할 데이터를 할당하고, 옵션을 변경하기 위한 영역이다. 또한 이 영역에는
  노드 정보를 확인 변경할 수도 있다. 이외에도 선택한 작업에 대한 자세한 정보를 확인
  할 수도 있다.

❷ ❶에서 선택한 옵션에 맞는 코드를 생성하고, 작업 실행 결과를 보여주기 위한 영역이
  다. 만약 작업 실행 결과 오류가 발생했다면, [로그] 탭을 확인하면 된다. 또한 작업 실행
  결과가 데이터인 경우 [출력데이터] 탭이 추가된다.

❸ 작업을 실행하고, 저장하기 위한 영역이다. 작업 설정을 모두 끝낸 뒤, 버튼을 클릭하면
  작업이 실행된다(참고: SAS에서는 코드나 작업을 실행하는 것을 'run'이라고 부른다).

⑧ 데이터와 변수 선택

[데이터] 탭은 작업에 사용할 데이터와 변수를 선택하기 위한 탭이다.

그림 1.57 | 데이터 탭

❶ 작업에 사용할 데이터는 [데이터] 항목의 [테이블 선택] 버튼을 클릭해 선택할 수 있다.

❷ 조건에 맞는 데이터만 선택해 사용하고 싶은 경우 [필터]를 이용한다.

❸ [역할]은 작업에 사용할 변수를 역할에 맞게, 선택하기 위한 항목이다. 변수는 [컬럼추가]버튼을 이용해 추가할 수 있고, [컬럼 제거] 버튼으로 제거할 수 있다. 그리고 변수 순서는 화살표 아이콘으로 조정할 수 있다.

2

추정과 검정

No Code Data Analysis

1

No Code Data Analysis

모집단과 표본

1 모집단과 표본이란?

모집단과 표본은 일상에서 자주 사용하는 말은 아니다. 아마 이 용어들은 선거철 뉴스에서나 들어봤을 것이다. 모집단과 표본은 말이 어려워 그렇지 개념은 간단하다. 모집단은 (관심 있는 대상)전체이고, 표본은 모집단의 일부(모집단을 잘 대변하는)이다. 일상에서 우리는 알게 모르게 모집단과 표본의 개념을 사용하고 있다. 그 대표적인 예가 '국물 간 보기'이다.

1 | 모집단과 표본의 개념

국물 요리를 만들 때, 보통은 간을 먼저 본다. 간을 보는 이유는 국이 맛있는지 아니면 싱거운지 혹은 짠지 확인하기 위해서이다. 간을 볼 때는 보통 국물을 한 숟갈 떠먹어 본다. 물론 이 방법은 국이 제대로 섞이지 않았다면, 맛을 제

그림 2.1 | 국물 간 보기

대로 알 수 없다는 단점이 있다. 사실 국 간을 가장 정확히 확인하는 방법은 국 한 통을 다 비워 내는 방법이다. 하지만 간을 보자고 국을 다 마시는 사람은 없다. 모집단과 표본은 앞서 설명한 '간 보기 상황'을 떠올리면 쉽게 이해할 수 있다.

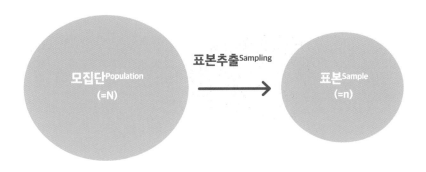

그림 2.2 | 모집단과 표본

데이터 분석에서 모집단population은 우리가 알고자 하는 전체 집단이다. 보통 모집단의 개수는 'Number'의 맨 앞 글자 'N'을 따서 대문자 'N'으로 나타낸다. 모집단은 '간 보기 상황'에서 끓이고 있는 국 전체와 같다. 반면 표본sample은 모집단을 대표하는 일부로, 보통 소문자 'n'으로 나타낸다. 소문자로 나타내는 이유는 표본이 모집단보다 작다는 것을 직관적으로 나타내려는 의도이다. '간 보기 상황'에서 표본은 국물 한 숟갈이다. 간을 보는 이유는 소량의 국물로 전체적인 국 맛을 추측하기 위해서이다. 모집단에서 표본을 뽑는 이유 역시 이와 같다. 모집단의 특성을 추측하기 위해 더 작은 표본을 뽑는 것이다.

2 | 모수와 통계량

간을 보면 맛을 알 수 있다. 맛은 크게 두 가지로 나눌 수 있다. 하나는 국 전체의 맛이고, 다른 하나는 간을 보려고 조금 뜬 한 숟갈의 맛이다. 물론, 다 먹어보지 않고는 정확한 맛을 아는 것은 불가능하다. 데이터 과학에서는 '국 전체의 맛'과 같은 모집단의 특성값을 모수parameter라고 한다. 모수는 보통 'μ, σ, τ' 등과 같은 그리스 문자로 나타낸다. 반면 모수를 알고 싶어, 표본에서 얻은 특성값을 통계량statistic 이라고 한다. 통계량은 보통 '$\overline{X}$, S, T, Z등과 같이 영어로 나타낸다. 통계량을 '국 간 보기 상황'에서 생각해보면, 통계량은 간 보기로 추정한 국물 맛(표본의 특성값)이 다.

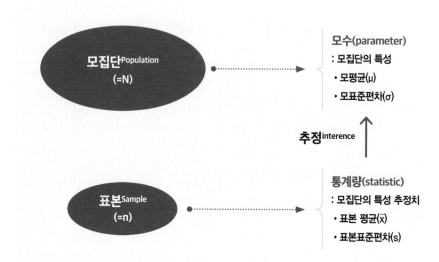

그림 2.3 | 모집단의 특성 모수와 표본의 특성 통계량

표 2.1 | 모집단, 표본 관련 주요 용어

용어	설명
모집단population	관심의 대상이 되는 원소들 전체의 집합
표본sample	조사가 이루어지는 모집단의 부분집합
모수parameter	모집단의 특성을 나타내는 양적 척도
통계량statistic	자료로부터 계산되는 통계

3 | '랜덤하게'의 힘

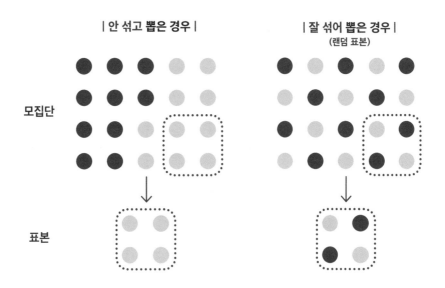

그림 2.4 | 안 섞고 뽑은 경우와 잘 섞어 뽑은 경우(랜덤 표본)의 차이

'간 보기 기술'은 미각만 온전하면 대체로 성공한다. 그러나 간을 봤음에도 국이 너무 짜거나 싱거울 때가 있다. 보통 조미료가 제대로 섞이지 않아서 이런 문제가 발생한다. 우연히 조미료가 몰린 부분을 맛본 것이다. 간을 잘못 보면 추측이 틀리고, 처방도 틀리게 된다. 간이 몰린 곳을 맛보고 너무 짜다고 판단하면, 물을 더 넣을 것이다. 그러면 국은 맹탕이 된다. 이 문제의 원인은 간을 본 국물이 전체를 대표하지 못한다는 점이다. 이를 데이터 과학적으로 말하면 '표본이 모집단을 대표하지 못하는 상황'이다. 하지만 이 문제는 국을 잘 섞기만 하면 쉽게 해결할 수 있다. 국을 잘 섞기만 해도 전반적인 맛이 비슷해지기 때문이다. '국을 잘 섞는다'를 데이터 과학에서는 '랜덤하게 표본을 뽑는다'고 말한다. 표본을 뽑을 때는 대표성이 있어야 하며, 이를 위해 데이터를 잘 섞은 뒤 뽑아야 한다.

2

1 | 전수 조사와 표본 조사

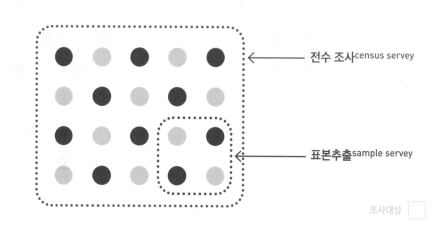

그림 2.5 | 전수 조사와 표본 조사

▮ 표본 조사

국 간을 보면, 국을 모두 먹지 않아도 맛을 예상할 수 있다. 이처럼 전체가 아닌 일부만을 뽑아 조사하는 것을 표본 조사sample survey라고 한다. 그러나 표본 조사는 전체를 조사하지 않기 때문에 '추측'만 할 수 있다. 따라서 실제 국의 맛과 간 본 결과가 다른 차이, 즉 오차가 생긴다. <그림 2.4>처럼 국이 제대로 섞이지 않은 경우, 그 오차는 더 커진다. 이렇게 표본으로 전체를 추측하여 발생하는 오차를 표본 오차sampling error라고 한다. 그렇다면 이 표본 오차를 줄이려면 어떻게 해야 할까? 방법은 간단하다. 모든 대상을 조사하면 된다.

② 전수 조사

모집단 전체를 조사하여 특성을 분석하는 조사 방법을 전수 조사census survey라고 한다. 대표적인 전수 조사로는 통계청이 5년마다 실시하는 '인구주택총조사'가 있다. 전수 조사는 전체를 조사하기 때문에 표본 오차가 없다는 장점이 있다. 하지만 조사 비용과 시간이 많이 들고, 국 간 보기와 같이 전체를 모두 조사하면 안 되는 경우, 사용할 수 없는 문제가 있다. 또한 전수 조사는 조사 대상이 많기 때문에 관리가 어렵고, 조사에 응하지 않는 무응답이나 귀찮아서 대충 답하거나 일부로 거짓으로 답하는 문제가 생기기도 한다. 전체를 조사했음에도 앞서 설명한 이유들로 발생하는 오차를 비표본 오차non-sampling error라고 한다.

③ 표본 오차와 비표본 오차의 관계

표본 오차와 비표본 오차는 상호 교환trade-off 관계에 있다. 표본을 너무 많이 뽑으면, 비표본 오차가 증가하고, 너무 적게 뽑으면 표본 오차가 증가한다. 하지만 사람을 대상으로 조사하는 설문이 아니라면, 비표본 오차는 별로 크지 않다. 예를 들어 고객들이 인터넷이나 모바일을 통해 활동한 정보들은 많으면 많을수록 표본오차가 감소하기 때문에 오히려 좋다. 물론 데이터 처리 비용이 있기 때문에 처리 비용과 정확도 사이의 적당한 타협점을 찾는 것이 좋다. 따라서 충분히 정확하다면, 굳이 오랜 시간과 비용을 들여 모든 데이터를 조사할 필요는 없다는 의미이다.

표 2.2 | 표본 조사의 장단점

장점	단점
비용 절감	표본 오차 발생
시간 단축	희소 항목에서는 표본 조사 불가능
조사의 적합성	시간의 흐름에 따라 잘못된 추정 발생
오차 관리 가능	

2 | 표본 추출

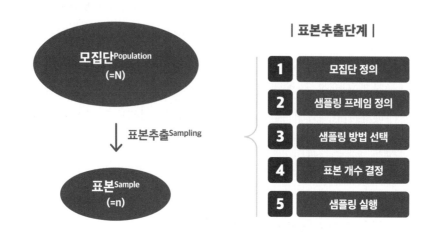

그림 2.6 | 표본 추출

표본 추출sampling은 모집단에서 표본을 뽑는 과정을 의미한다. 표본 추출은 〈그림 2.6〉과 같이 5단계로 진행한다. 1단계 모집단 정의에서는 표본 추출 대상인 목표 모집단target population을 정하고, 표본을 뽑을 단위sampling unit(사람, 지역, 거래 등)와 범위, 시기 등을 정한다. 2단계에서는 샘플링 프레임(표본추출틀이라고도 함)을 정의한다. 샘플링 프레임sampling frame은 목표 모집단을 구성하는 목록이나 목표 모집단에 속하는 기준이다. 예를 들면 과거 많이 사용했던 전화번호부, 특정 지역에 거주하는 주민의 목록 등이 샘플링 프레임이 될 수 있다. 3단계 샘플링 방법은 크게 '확률'을 이용하는지 여부에 따라 확률과 비확률 표본 추출법 두 가지로 나뉜다. 더 구체적으로 들어가면, 군집이나 집락을 고려할지, 또는 표본을 어떻게 조사할지에 따라 나뉜다. 4단계 표본 개수는 모집단의 특성과 오차의 한계, 비용, 시간 등을 고려하여 결정한다. 5단계 샘플링 실행 단계에서 1~4단계에서 정한 대상과 방법으로 표본 추출을 수행한다.

3 | 추론

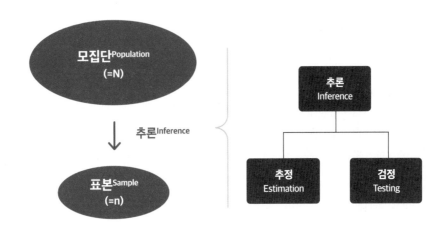

그림 2.7 | 추론의 의미와 유형

추론inference은 모집단에서 추출한 표본으로 모집단의 성질 추측하는 것이다. 예를 들어 '간 보기 상황'에서 국을 조금 맛보고, 전체적인 국 간을 추측하는 과정이 추론이라고 할 수 있다. 추론에는 크게 추정estimation과 검정testing 두 가지가 있다. 추정은 순수하게 모집단이 어떤지 추측하는 것이다. 쉽게 말해, 국의 맛을 추측하는 것이며, 이렇다할 판단을 내리지는 않는다. 반면 검정은 기존에 알려진 사실이 정말 그러한지 확인하는 것이다. 요리사가 가지고 있는 '맛있는 국'에 대한 기준과 간이 일치하는지 확인하는 것이 검정이다. 정리하면 추정은 단순히 모집단의 특성을 확률적으로 추측하는 것이고, 검정은 알려진 모집단에 대한 주장인 가설hypothesis이 사실인지 통계적으로 판단하는 것이라고 할 수 있다.

3 데이터 과학의 추론

1 | 추론의 필요성

데이터 과학은 크게 예측과 추론 두 가지 축으로 나뉜다. 혹자는 여기에 탐색 exploration을 더하기도 한다. 최근에는 추론보다는 예측에 많은 관심이 쏠리고 있다. 이미지가 무엇인지, 주가는 오를지, 다음에 나올 단어는 무엇인지 등과 같은 문제에 많은 관심이 쏠려 있다. 이 현상이 발생하는 이유는 추론 방법 대부분이 데이터 수집이 어렵던 과거에 만들어졌기 때문이다. 빅데이터 시대가 도래하며 데이터 부족 문제보다 데이터를 어떻게 줄일지가 더욱 중요해졌다. 이런 시대적인 변화와 추론의 어려움 때문인지 추론을 배우지 않는 경우도 많다. 하지만 데이터 과학에서 추론은 여전히 중요한 역할을 담당하고 있다. 어떤 현상이나 사건의 근본 원인root cause을 찾는 유일한 방법은 추론이다. 세상에는 수많은 거짓 인과관계가 있으며, 그 속에서 진실을 찾는 훌륭한 방법 중 하나가 바로 추론이다.

2 | 까마귀는 죄가 없다

오비이락(烏飛梨落)은 '까마귀가 날자 배가 떨어진다'는 뜻의 고사성어이다. 이 고사성어는 우연히 동시에 일어난 일 때문에 궁지에 몰리는 때에 주로 사용한다. 가짜 뉴스가 죄 없는 사람을 죄인으로 몰아가고, 사실을 왜곡하는 상황에 적당한 고사성어이다. 데이터 과학은 '오비이락'으로 억울한 사람을 만들지 않기 위해 쓰일 수 있다. 추론은 데이터와 확률 이론에 기초하여, 현상의 원인을 밝혀준다. 예를 들어 한 사람이 뽑기에 당첨되었다면, 아무도 뽑기의 공정성을 의심하지 않을 것이다. 그런데 만약 같은 사람이 3번 연속 당첨되었다면 어떨까? 사람들은 슬슬 뽑기의 공정성을 의심할 것이다. 만약 10번 연속이라면 어떨까? 이 경우 대부분의 사람들이 뽑기에 문제가 있다고 말할 것이다. 추론을 이용하면 우연과 조작을 과학으로 입증할 수 있다. 추론에서 사용하는 p-value라는 수치는 빈도와 일관성 등을 종합적으로 고려하여 결과가 우연인지 검정한다. 데이터 과학은 진짜와 가짜 구별에도 유용한 기술이다.

3 | 추론의 어려움

추론은 어렵다. 우선 정확한 효과를 확인하기 위한 검증 방법을 찾기 어렵다. 그 방법을 찾았다고 하더라도, 데이터 수집이 어렵다. 특히 '표본 추출'에서 말했듯 '랜덤하게' 표본을 선택하는 것은 정말 어려운 일이다. 예를 들어, 제20대 대선 여론 조사에서 표본으로 선택된 사람 10명 중 응답자는 2명 내외였다. 이런 이유로 학문 연구에서는 이런 현실적인 어려움 때문에 표본 추출에 대한 기준은 느슨한 경우가 많다. 검증 방법을 찾기 어렵다는 문제는 공부를 통해 해결할 수 있다. 앞선 연구자들의 연구를 살피고, 데이터 과학을 익혀 해결할 수 있는 문제이다. 하지만 표본 수집의 어려움은 쉽게 해결할 수 없다. 그 때문에 사회과학 연구의 경우 표본보다는 인과관계에 대한 추론 방법을 중점적으로 검증하는 경향이 있다.

4 | 추론의 힘, '불확실성'을 표현하다

'랜덤하게' 뽑은 표본은 모집단을 잘 대표한다. 하지만 여론조사에서 유권자 100명을 대상으로 조사한 결과로 대선 결과를 예측했다고 가정해 보자. 이때 어떤 여론조사 기관이 '표본은 모집단을 잘 대표합니다'라고 말한다면, 아무도 조사 결과를 믿지 않을 것이다. 조사 대상 100명과 유권자 5,000만 명의 차이는 너무 크기 때문이다. 이 이유로 여론조사 기관은 통계의 힘을 빌려 '표본오차, 신뢰구간'과 같은 있어 보이는 숫자로 오차의 정도를 나타낸다. 그렇다면 이와 같은 오차의 정도는 어떻게 알 수 있을까? 이 오차의 정도는 확률과 분포를 통해 생각보다 쉽게 알 수 있다. 통계적 추론에서 확률 이론을 배우는 이유도 여기에 있다. 추론은 불확실한 정도를 수치로 나타내 주어, 우리의 불안함을 잠재워준다.

2

No Code Data Analysis

확률 이론

1 확률이란?

확률probability은 중학교 2학년 교과 과정에 포함되어 있다. 아마 '확률'을 처음 들어보는 사람은 없으리라 짐작한다. 그럼에도 다시 한 번 살펴보면 확률은 '어떤 일이 일어날 가능성'으로 정의된다. 추론에서 확률이 중요한 이유는 확률을 통해, 모수를 잘못 추정했을 가능성을 계량화(어떤 현상의 특성·경향 등을 수량으로써 표시)할 수 있기 때문이다. 확률의 간단한 정의에도 불구하고, 확률은 크게 두 가지 방식으로 접근할 수 있다.

1 | 접근 방법

보통 통계학에서 한 사건이 정기적으로 일어날 때 발생하는 빈도를 확률이라고 한다. 확률을 사건의 빈도로 보는 것을 빈도주의Frequentism라고 하고 확률을 사건 발생에 대한 믿음 또는 척도로 바라보는 관점이 베이지안Bayesian이라고 한다. 빈도주의와 베이지안은 '확률을 해석하는 관점의 차이' 라고 설명할 수 있다.

1 빈도주의

빈도주의Frequentism는 무수히 많은 시행을 통해 전체 시행 중 해당 사건이 발생한 비율을 확률로 정의한다. 예를 들면, 공정한 주사위를 수 없이 던져 6이 나올 확률이 1/6로 수렴하면, 이 주사위를 던졌을 때 6이 나올 사건의 확률을 1/6로 정의하는 것이다. 빈도주의는 상대적 비율 접근relative frequency approach이라고도 한다. 이런 빈도주의 접근은 모수를 변하지 않는 상수로 여긴다. 이 점에서 계산이 편리하여 대부분의 통계 방법은 빈도주의에 기초한다. 하지만 빈도주의는 충분한 실험이 어려운 경우 실제 확률을 정확히 알기 어렵고, 한 번도 일어나지 않은 사건은 확률로 표현할 수 없다는 단점이 있다. 이런 단점들 때문에 확률의 주관적 접근 방법인 '베이지안 확률'이 등장했다.

2 베이지안

주관적 접근subjective approach 또는 베이지안Bayesian 접근은 확률을 각자가 생각하는 어떤 사건의 발생 가능성에 대한 믿음의 정도degree of belief로 정의한다. 예를 들면, 이번주 토요일에 로또에 당첨될 가능성에 대한 믿음이 강하면 로또 당첨 가능성이 높은 것이고, 그렇지 않다면 낮다는 주장이다. 이러한 주관적 접근은 상대적인 비율로 정하기 어려운 사건을 확률로 나타낼 수 있다. 하지만 주관적인 확률은 사람마다 서로 다를 수 있고, 확률을 정하는 개인들 모두 논리적이고, 공정하게 생각하리라는 보장할 수 없다. 그 때문에 주관적 접근의 확률은 모든 가능한 사건의 확률을 합하면 1이 넘는 경우도 발생할 수 있다. 또한 베이즈 통계에서는 모수를 변하지 않는 상수가 아니라, 확률 변수로 여긴다. 이 때문에 계산이 복잡하고, 연산에 많은 자원이 필요한 문제를 가지고 있다. 하지만 이 문제는 IT 기술의 진보로 이제는 어느 정도 해소되었다.

심슨 역설

각 부분에 대한 평균이 크다고 전체에 대한 평균까지 크다는 보장은 없다.

표 2.3 | 두 시즌을 뛰었던 야구 선수 A와 B의 성적 비교

시즌	선수 A			선수 B		
	타수	안타수	상대도수	타수	안타수	상대도수
1	500	126	0.252	300	75	0.250
2	300	90	0.300	500	145	0.290
총계	800	216	0.270	800	220	0.275

첫 시즌에 선수 A의 타율은 0.252로 선수 B의 타율 0.250보다 앞서는 것을 알 수 있다. 또한 두 번째 시즌에서도 선수 A는 0.300으로 선수 B의 타율 0.290보다 앞선다. 즉, 두 시즌 타율 모두 선수 A가 앞선 것이다. 하지만 두 시즌 합계 타수와 안타수로 타율을 계산하면 선수 A는 B보다 타율이 낮다. 이 현상은 각 선수가 타율이 높던 시즌에서 B가 A보다 타수가 많았기 때문이다. 이 현상을 통해 단순히 전체 평균(상대 도수)로 두 집단을 비교하는 것이 자칫 잘못된 결론을 내릴 수 있다는 점을 알 수 있다. 이 현상은 영국의 통계학자 에드워드 심슨이 처음 정리한 것으로 에드워드 심슨의 이름을 따서 심슨 역설Simpson's paradox이라고 한다.

2 | 확률의 성질

앞서 두 가지 확률 해석을 살펴보았다. 이 책에서 별다른 설명이 없다면, 확률은 빈도주의적 해석에 기초한 것이다. 이번에는 확률의 성질에 대해 알아보겠다. 확률의 성질을 배우는 이유는, 이후 배울 통계적 추론 과정에서 이를 이용해 가설을 검정하기 위함이다. 사실 통계학에서는 실험을 시도하기 전까지 결과를 정확히 알 수 없다. 하지만 확률 실험을 통해 가능한 결과를 예측할 수 있다.

❶ 확률 실험

확률 실험을 위해서는 가능한 결과를 알고 있어야 한다. 가능한 결과의 집합은 표본 공간sample space이라고 한다. 표본 공간은 'Sample'의 S를 따서 보통 대문자 S로 나타낸다. 주사위 하나를 던지는 확률 실험을 생각해 보자. 주사위 눈금은 '1, 2, 3, 4, 5, 6' 총 6가지이다. 그리고 주사위를 한 번 던져서 나타날 수 있는 눈금의 종류 역시 6가지이다. 이 경우 주사위 던지기 확률 실험의 표본 공간 S는 〈예제 2.1〉과 같이 {1, 2, 3, 4, 5, 6}이 된다. 표본 공간은 가능한 모든 결과의 집합을 의미하기 때문이다. 확률 실험에서 사건event은 표본 공간의 부분 집합을 의미한다. 주사위 실험에서 사건은 '{1}, {2}, {3}, {4}, {5}, {6}'이다.

예제 2.1 | 주사위 실험의 표본 공간

S = {1, 2, 3, 4, 5, 6}

❷ 표본 공간의 성질

표본 공간에는 발생 가능한 사건이 빠져서는 안 된다. 또한 표본 공간의 각 사건은 동시에 일어나서는 안 된다. 예를 들어, 사건 {2}와 {짝수}는 주사위 눈금이 짝수인 사건 '{2}, {4}, {6}'이 사건 {2}를 포함하고 있기 때문에 표본 공간에 함께 포함 될 수 없다. 표본 공간에 속한 각 사건은 서로 교집합이 없어야 하며, 이와 같이 교집합이 공집합empty set인 사건들을 배반 사건mutually exclusive event이라고 한다. 정리하면 표본 공간에는 모든 가능한 사건이 포함되어야 하고, 각 사건들은 서로 배반이어야 한다.

❸ 확률의 공리

공리axioms는 어떤 이론의 가장 기초적인 근거가 되는 명제를 말한다. 확률 역시 공리가 존재하며, 앞으로 말하는 확률은 이 공리를 무조건 만족한다. 또한 이 공리를 만족해야 확률이라고 말할 수 있다. 확률의 공리는 크게 세 가지가 있다.

① 표본 공간 S의 임의의 사건 A_i에 대하여 $0 \leq P(A_i) \leq 1$

② $P(S) = 1$

③ 서로 배반인 사건 $A_1, A_2, \cdots$에 대하여 $P(A_1 \cup A_2 \cup \cdots) = P(A_1) + P(A_2) + \cdots$

〈정리 2.1〉의 S는 표본공간을, A_i는 표본공간 S에 속한 어떤 사건을, $P(A_i)$는 사건 A_i가 발생할 확률을 각각 의미한다. 〈정리 2.1〉의 첫 번째 공리는 어떤 사건의 확률은 0과 1사이의 값을 가진다는 것이다. 두 번째는 표본 공간의 발생 확률은 1이라는 것이다. 즉, 표본 공간에는 모든 발생 가능한 사건이 포함되어 있다는 말을 수식으로 나타낸 것이다. 세 번째 공리는 서로 배반인 사건 중 적어도 하나가 발생할 확률은 각 사건의 발생 확률의 합과 같다는 의미이다.

4 확률의 규칙

확률은 〈정리 2.2〉와 같은 규칙을 가진다. 이 규칙들은 확률 연산에 자주 사용되는 중요한 규칙들이다. 각각을 자세히 알아보자.

정리 2.2 | 확률의 규칙rule of probability

❶ 여집합 규칙: $P(A^c) = 1 - P(A)$

❷ 합 규칙: $P(A \cup B) = P(A) + P(B) - P(A \cap B)$

❸ 배반 사건의 합 규칙: $P(A \cup B) = P(A) + P(B)$

① 여집합 규칙complement rule은 특정 사건 A가 발생하지 않을 사건은 1에서 해당 사건의 발생 확률을 뺀 것과 같다는 규칙이다. 확률은 0~1사이의 값을 갖고, 표본 공간에 속한 모든 사건의 발생 가능성의 합이 1이라는 점을 다시 떠올려 보면, 쉽게 이해할 수 있다. 예를 들어 주사위 눈금이 1이 나오지 않을 확률은 눈금 {2}, {3}, {4}, {5}, {6} 중 하나가 나타날 확률과 같다.

② 합 규칙addition rule은 어떤 두 사건 A또는 B가 발생할 확률은 이 두 확률의 합에서 동시에 발생할 확률을 뺀 것과 같다는 규칙이다. 예를 들면, 사건 A와 B가 각각 주사위를 던져 {2}가 나오는 사건과 {짝수}가 나오는 사건이라고 하면, 주사위를 던져 {2}가 나오면 두 가지 사건이 겹치기 때문에 동시 발생 확률을 빼 주어야 함을 말한다.

③ 배반 사건의 경우 교집합이 공집합이기 때문에 'P(A∪B) = P(A) + P(B)'가 성립한다.

3 | 조건부 확률

■ 조건부 확률의 개념

조건부 확률conditional probability은 어떤 조건하에서 사건이 발생할 확률을 의미한다. 조건이 있고 없고에 따라 확률은 크게 바뀔 수 있다. 예를 들어 일상에서 자동차 사고 확률은 그리 높지 않다. 하지만 운전자가 음주를 한 경우 사고 확률은 크게 높아진다. 반면 운전을 전혀 못 하는 사람은 운전을 하지 않기 때문에 차 사고 확률은 0에 가까울 것이다(차에 치이지 않는 한). 이처럼 조건에 따라 확률은 크게 바뀔 수 있다. 반면 어떤 조건이 있어도, 확률이 바뀌지 않는 경우도 있다. 예를 들어 까마귀가 날자 배가 떨어진 경우가 그렇다. 까마귀가 날았을 때와 그렇지 않았을 때의 낙과 확률은 같다. 이 경우, 조건과 관계 없이 확률은 일정하다.

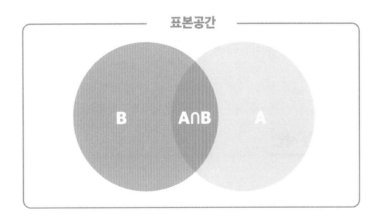

그림 2.8 | 조건부 확률의 개념

조건부 확률은 'P(A|B)'로 나타낸다. 이때 B는 조건을 의미하고, A는 조건하에 발생하는 어떤 사건을 의미한다. P(A|B)는 'P A given B' 또는 'P A bar B'로 읽는다. B가 주어졌을 때, A의 확률을 의미한다. P(A|B)는 〈식 2.1〉과 같이 사건 A와 B가 동시에 일어날 확률을 B가 일어날 확률로 나눠 구할 수 있다.

식 2.1 | 조건부 확률

$$P(A|B) = P(A \cap B) / P(B)$$

앞선 예에서 P(B)는 운전차가 만취 상태인 경우를 말하며, P(A∩B)는 만취인 상태이면서 동시에 교통사고가 발생할 확률을 말한다. P(A|B)는 운전자가 만취 상태라는 전제하에 교통사고가 발생할 확률을 의미한다.

② 곱의 법칙

조건부 확률은 두 사건이 동시에 발생할 확률을 조건이 되는 사건의 확률로 나누어 구할 수 있다. 이 공식을 변형하면, 〈식 2.2〉와 같이 두 사건의 동시 발생 확률을 조건부 확률과 한 사건의 확률로 표현할 수 있다. 이와 같은 법칙을 확률의 곱의 법칙multiplicative Rule of Probability이라고 한다.

식 2.2 | 곱의 법칙

$$P(A \cap B) = P(A|B)P(B) = P(B|A)P(A)$$

4 | 독립 사건

만약 자율주행 기술의 발전으로 운전자의 상태가 교통사고에 영향을 주지 않는다

면 조건부 확률은 어떻게 바뀔까? 교통사고의 발생확률 P(A)는 운전자의 만취 확률 P(B)에 영향을 받지 않게 된다. 즉, P(A|B) = P(A)와 같게 되는 것이다. 이렇게 어느 사건의 확률이 다른 사건의 발생 여부와 무관한 경우, 두 사건을 독립 사건 independent events이라 한다. 만약 A와 B가 독립 사건인 경우 P(A|B) = P(A)이므로 P(A∩B) = P(A)P(B)가 된다. 이는 사건 A와 B가 독립이면, 두 사건의 동시 발생 확률은 각 사건이 발생할 확률의 곱과 같음을 의미한다. 이 성질은 독립성 검정에 이용된다.

정리 2.3 | 독립 사건의 특성

P(A∩B) = P(A)P(B) (독립 사건의 필요충분 조건)

사건 A와 B^c, 사건 B와 A^c, 사건 A^c와 B^c 각각은 서로 독립이다.

사건 A, B, C가 모두 독립 사건을 만족한다.

P(A∩B) = P(A)P(B)

P(B∩C) = P(B)P(C)

P(A∩B∩C) = P(A)P(B)P(C)

서로 독립인 사건은 위와 같은 특성을 만족한다. 이때, 주의해야 할 점은 독립 사건과 배반 사건은 서로 다르다는 사실이다. 배반 사건은 동시에 발생하는 것이 불가능한 사건을 말한다. 예를 들어 동전 던지기에서 결과는 동전의 앞면과 동전의 뒷면이 동시에 나올 수 없다. 주사위 던지기에서도 결과는 짝수이면서 동시에 홀수일 수 없다. 이런 사건은 배반 사건에 해당한다. 반면에 독립 사건은 주사위와 동전을 동시에 던지는 경우에 해당한다. 주사위 눈금이 1이 나오는 사건과 동전의 앞면이 나오는 사건은 동시에 발생할 수 있지만 서로 전혀 영향을 주지 않는다. 독립이 아닌 사건은 종속 사건dependent events이라고 한다.

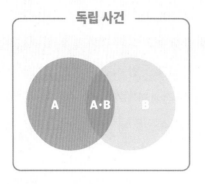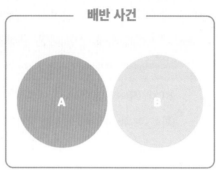

그림 2.9 | 독립 사건 vs. 배반 사건

2 베이즈 정리

1 | 베이즈 정리란?

1748년 데이비드 흄David Hume은 「인간 이해에 대한 질문Philosophical essays concerning human understanding」이라는 책을 세상에 공개했다. 이 책은 모든 것은 경험에 의해서만 배울 수 있음을 주장했다. 이 주장은 신이 모든 것의 첫 번째 원인first cause이라고 믿었던 당시 시대상을 고려할 때, 신을 전면으로 부정하는 것과 같았다. 그 때문인지 턴브리즈 웰스Turnbridge Wells의 목사였던 토머스 베이즈Thomas Bayes는 결과에서 원인을 밝힐 수 있다는 것을 증명하려고 시도했다. 이 시도는 이 세상을 통해 조물주인 신을 증명하여, 흄의 주장을 반박하려는 의도가 담겨 있었다. 이 점에서 베이즈 정리는 신에 대한 믿음과 신앙의 산물이라고 볼 수 있다. 하지만 어떤 이유에서 인지 베이즈는 생전에 이 연구를 세상에 내놓지 않았다. 베이즈 정리는 베이즈가 죽은 뒤, 베이즈 친구 리처드 프라이스Richard Price에 의해 1763년에 세상에 공개되었다. 베이즈 정리는 〈정리 2.4〉와 같은 간단한 공식이다.

정리 2.4 | 베이즈 정리

P(B|A) = P(A|B)·P(B)/P(A)

〈정리 2.4〉를 살펴보자. 먼저 P(B|A)는 사건 A가 발생했을 때, 사건 B의 발생 확률을 의미한다. 이 확률을 B의 사후 확률Posterior probability이라고 한다. 정리를 음미해보면, 사건 B의 사후 확률은 A의 사후 확률과 사건 B와 A의 확률의 관계식으로 얻을 수 있는 것을 알 수 있다. 이때 P(B)와 P(A)를 사전 확률prior probability이라고 한다. 베이즈 정리에서 사전 확률은 어떤 사건에 대한 믿음을 의미한다. 따라서 사전 확률은 객관적인 지표에 근거할 수도 있고, 주관적인 믿음에 근거할 수도 있다. 그리고 사후 확률은 어떤 정보(이 경우, A라는 정보)가 추가되었을 때, 사건에 대한 믿음의 변화를 의미한다. 베이즈 정리는 P(A|B)와 사전 확률들을 이용하여, P(B|A)를 얻을 수 있는 정리이다. P(A|B)와 P(B|A)는 사후 확률의 조건이 서로 반대인 경우로, 이들 간의 관계를 다루는 문제를 역 확률inverse probability 문제라고 한다. 이런 특징으로 베이즈 정리를 활용하면, 이미 일어난 결과들을 통해 원인을 추정할 수 있다. 그 때문에 베이즈 정리는 주어진 데이터로부터 모수를 추정하는 데에도 유용하게 쓰인다. 이와 같은 베이즈 정리에 기초하여 통계이론을 전개한 분야가 베이즈 통계학이다.

2 | 베이즈 통계의 특징

베이즈 통계는 사전 확률을 연구자가 임의로 설정할 수 있다는 유연함을 가진다. 그 결과 희귀한 사건이나 심지어 데이터가 전혀 없는 경우에도 추론할 수 있다. 또한 베이즈 통계는 실시간으로 들어오는 정보에 반응해 사후 확률을 갱신할 수 있다. 그 결과 베이즈 통계는 데이터가 많아질수록 추론의 정확도는 높아진다. 하지만 이런 유연함은 한편으로는 미심쩍은 부분이기도 하다. 그 때문에 베이즈 통계는 빈도주의 통계 혹은 네이만-피어슨 통계 이전부터 존재했지만, 주류에서 배척되어 왔다. 하지만 21세기 들어 베이즈 통계는 다시 주목받기 시작했으며, 인공지능과 기계학습 분야에서 빼놓을 수 없는 이론 기반이 되었다. 이제 베이즈 정리를 활용하는 방법에 대해 자세히 알아보자.

3 | 사전 정보의 활용

베이즈 정리에서 사전 정보는 각 사건이 발생할 개별 확률을 의미한다. 예시를 통해 베이즈 정리를 이용하여 사후 확률 산출 방법을 알아보자. 자동차 판매 매장을 방문한 고객의 구매 확률을 P(B)라고 하고, 시승 확률을 P(A)라고 하자. 이때 우리가 궁금한 것은 '시승한 고객의 구매 가능성'으로 P(B|A)이다. 데이터를 통해 알수 있는 정보는 구매한 고객의 시승률 P(A|B)이다. 주어진 정보는 먼저 일반적인 자동차 구매 확률 P(B)는 10%라고 하고, 시승 확률 P(A)는 30%라고 알려져 있다. 그리고 데이터를 통해 구매 고객의 시승률 P(A|B)는 약 60%이고, 비 구매 고객의 시승률 P(A|B^C)는 약 40%였다. 이 정보를 통해 고객이 시승했을 때 구매 확률을 구해 보자.

정리	
	• 자동차 시승 확률 P(A): 30%
	• 자동차 구매 확률 P(B): 10%
	• 구매한 고객의 시승률 P(A|B): 60%
	• 비 구매 고객의 시승률 P(AB^C): 40%

베이즈 정리를 통해 시승한 고객의 구매 가능성 P(B|A)는 다음과 같이 구할 수 있다.

풀이 2.1	P(B|A) = P(A|B)·P(B)/P(A)
	= P(A|B)·P(B)/{ P(A|B)·P(B)+P(A|B^C)·P(B^C) }
	= (60%×10%) / (60%×10%+40%×90%)
	= 0.06 / 0.42
	= 14.28%

〈풀이 2.1〉을 살펴보면 P(A)가 갑자기 'P(A|B)·P(B)+P(A|B^c)·P(B^c)'로 변한 것을 알 수 있다. 사실 이부분은 전확률 법칙total probability rule을 이용한 것이다. 전확률 법칙을 이해하려면 먼저 분할partition의 개념을 이해해야 한다. 분할은 어떤 사건이 서로 배반(교집합이 없고)이고, 각 사건의 합집합이 표본 공간과 같은 경우를 의미한다. 〈풀이 2.1〉의 B와 B^{c}는 분할이다. 여사건의 정의에 따라 이 둘은 배반이고, 이 둘의 합 사건의 표본 공간이기 때문이다. 전확률 법칙은 표본 공간에 존재하는 임의의 사건 A는 표본 공간을 분할하는 사건들의 교집합의 합으로 표현할 수 있다는 법칙이다. 이 법칙을 적용하여, 베이즈 정리를 다시 표현하면 〈그림 2.10〉과 같다.

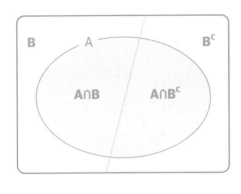

확률의 곱의 법칙에 의해

$P(A \cap B) = P(A|B) \cdot P(A)$

$P(A \cap B^c) = P(A|B^c) \cdot P(A)$

따라서 베이즈 정리는

$$P(B|A) = \frac{P(A|B) \cdot P(A)}{P(A|B) \cdot P(B) + P(A|B^c) \cdot P(B^c)}$$

그림 2.10 | 전확률 법칙을 활용한 베이즈 정리의 변형

베이즈 정리를 구하는 방법은 〈풀이 2.1〉과 같이 수학적인 방법으로 구하는 것이 일반적이다. 하지만 그림을 통해 살펴보면, 보다 직관적으로 이해할 수 있다.

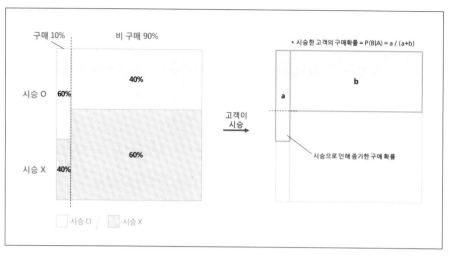

그림 2.11 | A, B 두 사건의 확률을 활용한 그래프

〈그림 2.11〉 왼쪽은 구매와 비 구매 그리고 구매한 고객의 시승 확률, 비 구매 고객의 시승 확률을 그림으로 나타낸 것이다. 그림 오른쪽은 '고객이 시승'이라는 정보가 추가되었을 때, 구매 확률의 변화를 표현한 그림이다. 고객의 시승이 발생하면, 〈그림 2.11〉 오른쪽과 같이 시승하지 않은 경우를 표본 공간에서 제외한다. 그리고 이 경우의 구매율 a와 비구매율 b를 서로 더한 뒤 a로 나눠 구매율을 구한다. 면적 a는 구매율 10%와 시승률 60%를 곱해 구할 수 있으며, 면적 b는 비 구매율 90%와 시승률 40%를 곱해 구할 수 있다. 풀이는 다음과 같다.

풀이 2.2 | 그래프를 활용한 사후확률 산출식

먼저 a, b 면적을 각 구하면,

a = P(B)·P(A|B) = 0.1×0.6 = 0.06

b = P(B^C)·P(A|B^C) = 0.9×0.4 = 0.36

앞서 구한 a, b값을 이용하여, P(B|A) = a/(a+b)를 구하면,

P(B|A) = 0.06 / (0.06 + 0.36)

= 14.28%

〈풀이 2.2〉의 결과를 살펴보면 시승한 경우의 구매확률이 앞서 베이즈 정리를 직접 이용하여 구한 것과 같이 14.28%임을 알 수 있다. 이처럼 베이즈 정리는 사전 확률과 사후 확률을 이용하여, 어떤 정보가 주어졌을 때, 사후 확률을 갱신할 수 있다. 보통 사전 확률이 알려지지 않은 경우 평균을 이용하거나 기존에 알려진 주관적 사실을 토대로 확률을 정한다. 평균으로 사전 확률을 정하는 방법은 이유 불충분의 원리Principle of Indifference에 의한 선택이다. 알고 있는 정보가 없으니, 그냥 평균으로 하겠다는 의미이다. 앞선 예에서 구매 확률을 전혀 모르는 상황이라면 이유 불충분의 원리에 따라 구매 확률을 50%로 가정한다. 하지만 이 경우, a(=0.5×0.6)으로 0.3, b(=0.5×0.4) 0.2가 되고, P(B|A)(=0.3/(0.3+0.2))로 60%가 된다. 앞서 구한 14.28%와는 상당한 차이가 있는 것을 알 수 있다.

4 | 새로운 사건의 발생

시승한 경우의 자동차 구매 확률은 14.28%로 그렇지 않은 경우보다 약 4.28% 높아졌다. 하지만 자동차 구매와 연관되어 있는 사건은 매우 다양하다. 이번에는 '질문 여부'라는 사건을 추가로 고려해 보자. 이 고객은 이미 시승을 했기 때문에 구매 P(B)는 14.28%로 설정한다. 즉, 이전에 사건으로 갱신된 사후 확률이 사전 확률이 되는 것이다. 이제 P(A)는 차량에 대한 질문율로, 딜러들에게 조사한 결과 약 60% 고객이 차량에 대해 묻는다고 한다. P(A|B)는 구매한 고객의 질문율로, 구매 고객 중 약 85%가 구매 전에 차량에 대해 딜러에게 질문했다. 이제 베이즈 정리를 통해 P(B|A)를 다시 구해보자.

풀이 2.3 | 새로운 정보의 유입

사전 확률 P(B)를 시승 후 사후 확률 P(B|시승)으로 다음과 같이 갱신,

P(B) = P(B|시승) = 14.28%

P(A) = 60%

P(A|B) = 85%

사후 확률 P(B|A)는 다음과 같다.

P(B|A) = P(B)·P(A|B) / {P(B)·P(A|B) + P(B^c)·P(A|B^c)}

   = 0.1428×0.85 / (0.1428×0.85 + 0.8572×0.15)

   = 0.12138 / (0.12138 + 0.12858)

   = 0.4856

약 48.6%

〈풀이 2.3〉은 앞서 배운 방법과 다른 점은 구매 확률 P(B)를 10%에서 14.28%로 갱신한 것 외에는 없다. 다만 조건에 '질문'이라는 사건의 정보를 더했을 뿐이다. 즉 어떤 고객이 매장을 방문하여, 시승을 하면 구매 확률은 14.28%로 4.28% 높아진다. 그리고 이 고객이 차량에 대한 질문을 한다면, 구매 확률은 48.6%로 크게 증가하는 것을 알 수 있다. 같은 방법으로 차량 구매에 영향을 미치는 다양한 정보들을 사후 확률에 반영할 수 있다. 베이즈 정리의 큰 장점은 앞선 사건을 사후 확률을 사전 확률로 바꾸는 간단한 기술로 갱신해 나갈 수 있다는 점이다.

5 | 최대 가능도 추정

통계학에는 적률 추정법Method of Moment Estimation, 최대 가능도 추정법Maximum Likelihood Estimation 등 다양한 모수 추정 방법이 있다. 이 중 최대 가능도 추정법 또는 최대 우도 추정법(줄여서 최우 추정법이라고도 함)은 최우 원리Principle of Maximum Likelihood를 이용한 추정 방법이다. 최우 원리를 간단히 설명하면, '세상에 일어나는 일들은 일어날 확률이 높은 일들이다'이다. 사실 최우 추정법은 매우 직관적이다. 우리는 일상에서도 수 없이 최우 추정법을 이용하고 있다. 예를 들어, 집안에 전자기기가 고장 났지만, 범인을 모른다고 해보자. 그런데 보통 전자기기를 망가트리는 건 막내였다. 그럼 보통 우리는 범인을 막내라고 추정한다. 즉, 현상을 보고 가장 가능성이 높은 원인을 찾을 것이다. 최우 추정법은 이처럼 현상에서 원인을 추론한다. 여기서 현상은 데이터이고, 원인은 모집단의 특성 모수가 된다. 최우

추정법은 베이즈 정리와 어디인가 많이 닮아 있다. 실제로 최우 추정법의 공식은
다음과 같다.

식 2.3 | 최대 가능도 추정법

$$\pi(\theta \mid y) = \frac{(f(y \mid \theta)\pi(\theta))}{f(y)}$$

〈식 2.3〉을 살펴보자. 이 식에서 y는 주어진 데이터를 의미하고, θ는 미지의 모
수를 나타낸다. 그리고 π(θ | y)는 주어진 데이터에서 모수가 θ일 확률을 의미하고,
π(θ)는 모수가 θ일 확률을 의미한다. f(y|θ)는 모수가 θ일 때, 데이터 y의 확률 분
포를 나타내고, f(y)는 y의 확률 분포를 나타낸다. 확률 분포는 아직 다루지 않았
기 때문에 그냥 y의 확률로 여기고 넘어가자. 이렇게 놓고 보면, 최우 추정법은 베
이즈 정리와 구조적으로 일치하는 것을 알 수 있다. 그 이유는 최우 추정법이 모수
를 추정하는 원리가 베이즈 정리이기 때문이다. 아직은 확률 분포를 다루지 않았
기 때문에 이 식을 100% 이해하는 것은 어렵다. 여기서는 원리만 이해하고 넘어
가고, 이어서 확률 변수와 분포에 대해 알아보자.

3 확률 변수

1 | 확률 변수란?

확률 변수random variable는 확률 실험에서 발생할 수 있는 사건을 어떤 실수 값으로
변환하는 함수이다. 〈그림 2.12〉은 동전 던지기 확률 실험을 나타낸 그림이다.
먼저 동전 던지기 실험의 표본 공간 S = {앞면, 뒷면} 두 사건으로 구성된다. 각 사
건의 발생 확률을 'P(앞)'와 같이 사건을 직접 인수로 표현해도 개념적으로 확률을

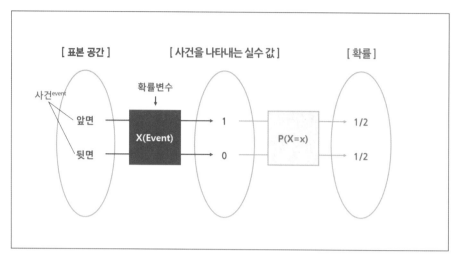

그림 2.12 | 확률 변수의 개념

표현할 수 있다. 하지만 확률 분포 함수를 정의하려면 사건을 실수 값으로 치환해야 함수 식을 구성할 수 있다. 이런 이유로 확률 변수라는 매개체가 필요하다. 확률 변수를 보다 자세히 표현하면, 확률 변수는 'X(앞) = 1'과 같이 사건을 인수로 받아, 그에 대응하는 실수 값을 반환하는 함수이다. 또한 확률 변수의 재미있는 특징은 사건에 대응하는 값이 정해져 있지 않다는 점이다. 〈그림 2.12〉에서는 '앞면=1, 뒷면=2'로 확률 변수를 정의했지만, '앞면=1, 뒷면=2'로 정의해도 상관없다. 이런 특징 때문에 확률 '변수'라고 부른다. 끝으로 특정 사건의 발생 확률을 확률 변수를 이용하여 표현하면 다음 〈식 2.4〉와 같다.

식 2.4 | 어떤 사건 x의 발생 확률

$P(X = x) = p$

2 | 확률 변수의 유형

사건 중에는 동전이나 주사위 던지기와 같이 표본 공간을 손쉽게 표현할 수 있는 사건이 있다. 하지만 어떤 초등학교 6학년 학생의 키가 X일 확률을 생각해보자. 이 사건의 경우, 사건의 개수가 무한하다. 학생의 키는 150cm일 수도 있지만, 150.0001cm일 수도 있다. 이때 소수점을 어디까지 고려해야 할지는 누가 정할 수 있을까? 앞서 설명한 동전과 주사위 던지기 사건과 키 사건에는 분명 차이가 있다. 사건이 다르면, 그에 대응하는 확률 변수의 유형도 나누어야 하는 것은 당연하다. 확률 변수는 이와 같이 사건의 개수가 유한한지 여부에 따라 이산형과 연속형 두 가지로 나뉜다. 주사위나 동전 던지기 실험의 확률 변수는 이산형 확률 변수이고, 키나 몸무게의 가능성을 말하는 확률 변수는 연속형 확률 변수가 된다. 이산형 확률 변수와 연속형 확률 변수의 특징은 〈표 2.4〉와 같다.

표 2.4 | 이산형 확률 변수와 연속형 확률 변수의 특징 비교

구분	확률 변수	
	이산형discrete	연속형continuous
셀 수 있는지 여부	O	X
인접 단위 사이 값	유한	무한
확률 대응 값	개별 값 (각 값의 총합: 1)	면적 (면적의 총합: 1)
계산 방법	특정 값에 대응	특정 구간 면적에 대응
시각화 방법	막대 그래프 (주로)	히스토그램 (주로)

1 이산형 확률 변수

이산형 확률 변수discrete random variable는 확률 변수가 취할 수 있는 값이 유한한 확률 변수를 말한다. 예를 들면, 확률 변수 X가 주사위의 눈금을 나타낸다면, 주사위 눈금이 취할 수 있는 값은 1, 2, 3, 4, 5, 6으로 유한하다. 또한 각각 확률 변수 값에 대해 1/6이라는 확률 값을 대응할 수 있다. 이산형 확률 변수는 주로 막대 그래프로 시각화 한다. 이산형 확률 변수로 막대 그래프를 그릴 때는 각 확률 변수 값에 대응하는 막대들을 서로 떨어트려 그려야 한다. 그 이유는 막대를 떨어트려 그리

면 '1, 2'와 '1~2'를 보다 명확하게 구별할 수 있기 때문이다.

② 연속형 확률 변수

연속형 확률 변수continuous random variable는 확률 변수가 취할 수 있는 값이 무한하다. 예를 들어, 대한민국 성인 남성의 키가 x일 확률을 생각해보자. 키는 연속적인 값으로 표현될 수 있다. 이로 인해 키를 나타내는 확률 변수는 무한한 범위의 연속적인 값을 가질 수 있고, 따라서 이 확률 변수는 연속형 확률 변수로 분류된다. 또한 연속형 확률 변수에서 특정 사건의 확률은 0에 매우 근접하다는 특성을 가진다. 왜냐하면 세상에 키가 완전히 똑같은 사람은 없기 때문이다. 소수점 둘째나 셋째 자리 정도만 고려하면 키가 같은 사람은 분명 존재한다. 하지만 소수점을 무한히 고려하면 키가 완전히 같은 사람은 없을 것이다. 그 때문에 연속형 확률 변수는 특정 사건의 확률을 중요하게 여기지 않는다. 대부분 0이기 때문이다. 이 이유로 연속형 확률 변수는 특정 구간의 면적으로 확률을 구한다. 또한 이 특징을 시각화에도 반영하려고 연속형 확률 변수는 시각화에 히스토그램을 이용한다. 이 히스토그램의 각 막대는 구간을 의미하기 때문에 서로 붙여 그린다.

3

No Code Data Analysis

확률 분포

1 확률 분포란?

1 | 확률 분포의 개념

확률 분포probability distribution는 말 그대로 확률의 분포이다. 확률 분포는 표본 공간에 속한 모든 사건에 대한 확률 값을 구해 얻을 수 있다. 예를 들어, 확률 변수 X를 '동전을 세 번 던졌을 때 나오는 앞면의 수'라고 했을 때 확률 분포는 〈표 2.5〉와 같다.

표 2.5 | '동전을 세 번 던졌을 때 나오는 앞면의 수'에 대한 확률 분포표

표본공간 S	확률 분포표	
	확률 변수 X	P(X=x)
{뒤뒤뒤}	0	1/8
{앞뒤뒤, 뒤앞뒤, 뒤뒤앞}	1	3/8
{앞앞뒤, 앞뒤앞, 뒤앞앞}	2	3/8
{앞앞앞}	3	1/8

〈표 2.5〉와 같이 가능한 확률 변수 X에 대하여, 확률을 구한 뒤 표로 만든 것을 확률 분포표probability distribution table라고 한다. 확률 분포표를 만들기 위해서는 확률 변수 X가 가질 수 있는 값이 무엇인지 알아야 한다. 그리고 확률 변수 X의 각 값에 대한 확률을 구해 표를 구성한다.

2 | 확률 분포 함수

확률 분포표는 변수별 확률을 표로 확인할 수 있다는 점에서 유용하다. 하지만 확률 변수가 가질 수 있는 값이 매우 다양한 경우, 확률 분포표를 매번 참고하여 들고 다니기는 여간 번거로운 일이 아니다. 실제로 통계학 책의 부록에는 자주 사용하는 확률 분포에 대한 확률 분포표가 존재한다. 하지만 확률 분포표가 없더라도 확률 변수 값과 확률 간의 관계식을 얻을 수 있다면, 매우 간단하게 확률을 구할 수 있을 것이다.

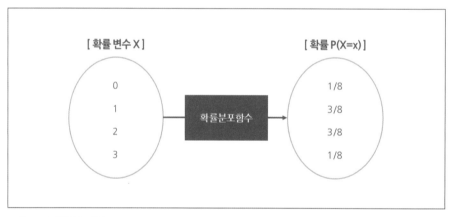

그림 2.13 | 확률 분포 함수

확률 분포 함수probability distribution function는 확률 변수와 확률을 연결하는 함수이다. 즉, 확률 분포 함수만 알고 있다면, 군이 확률 분포 표를 그리지 않고도, 확률 변수 X의 값으로 확률을 구할 수 있다. 확률 분포 함수는 확률 변수의 유형에 따라 이산형과 연속형 두 가지로 나뉜다. 이산형 확률 변수의 분포 함수는 확률 질량 함수probability mass function라고 하고, 연속형 확률 변수의 분포 함수는 확률 밀도 함수

probability density function라고 한다. 확률 질량 함수와 확률 밀도 함수는 보통 줄여서 'PMF, PDF'로 부른다. 확률 질량 함수의 확률은 확률 변수 개별 값으로 구할 수 있기 때문에 〈식 2.5〉와 같이 나타낼 수 있다. 하지만 확률 밀도 함수의 경우 확률 변수의 구간이 주어져야 확률을 구할 수 있어 〈식 2.5〉 오른쪽과 같이 표현한다.

식 2.5 | 확률 질량 함수와 확률 밀도 함수

확률 질량 함수

$$P(X=x)=f(x)$$

확률 밀도 함수

$$P(a \leq X \leq b) = \int_a^b f(x)dx$$

3 | 기댓값과 분산

■ 기댓값

평균과 분산을 구하는 방법은 크게 두 가지이다. 하나는 데이터를 통해 직접 구하는 방법이다. 예를 들어 '20, 10, 15'의 평균은 이들을 모두 더한 45를 3으로 나눠 '15'로 구할 수 있다. 두 번째 방법은 분포를 이용한 방법이다. 이 방법으로 구한 평균은 통상 기댓값expected value이라고 부르며, 'E(x)'와 같은 형태로 나타낸다. 이번에는 확률 분포표 혹은 확률 분포 함수를 이용하여, 기댓값을 구하는 방법을 예제를 통해 알아보자.

예제 2.2 | 동전을 세 번 던졌을 때 나오는 앞면의 수 X의 확률 분포표

X	0	1	2	3	합계
P(X=x)	1/8	3/8	3/8	1/8	1

〈예제 2.2〉의 확률 변수 X는 '동전을 연속 세 번 던졌을 때, 앞면의 개수'를 가리

킨다. 〈예제 2.2〉와 같이 확률 분포표가 주어진 경우 어떻게 평균을 구할 수 있을까? 표를 이해하면, 의외로 쉽게 그 방법을 찾을 수 있다. X의 확률 분포표에 따르면, 앞면이 안 나올 확률은 1/8이고, 한 번 나올 확률은 3/8이다. 즉, 각 사건들은 각 확률만큼 발생할 것으로 기대할 수 있으며, 달리 말하면 확률이 가중치가 된다. 따라서 각 확률 변수에 확률 값을 가중하여 평균을 구하면, 평균을 얻을 수 있다.

풀이 2.4 | 기댓값 계산

E(X) = 1/8×0 + 3/8×1 + 3/8×2 + 1/8×3 = 1.5

가중 평균은 원래 각 대상에 가중치를 곱해 더한 뒤, 가중치 합계로 나눠주어야 한다. 하지만 확률은 가중치 합이 항상 1로 일정하기 때문에 따로 나눠줄 필요가 없다. 〈풀이 2.4〉 계산 결과를 살펴보면 평균이 1.5인 것을 알 수 있다. 〈풀이 2.4〉를 일반적인 경우로 확장하여, 표현하면 〈식 2.5〉와 같다.

식 2.5 | 확률 변수(이산형)의 기댓값

$$E(X) = \sum_{\forall x} x \cdot f(x)$$

기댓값은 확률 변수 X가 가질 수 있는 모든(∀) x에 대해 X=x일 때 확률 분포 함수 f(x)의 값인 확률을 곱한 뒤 모두 더해 구할 수 있다. 다만 〈식 2.5〉 이산형 확률 변수에 대해서만 유효하며, 연속형 확률 변수의 경우, 개별 x에 대한 f(x)는 모두 0에 가깝다. 그렇기 때문에 기댓값을 구할 수 없다. 그래서 연속형 확률 변수는 〈식 2.6〉과 같이 적분을 이용하여, 평균을 구한다.

식 2.6 | 연속형 확률 변수의 기댓값

$$E(X) = x \int_{-\infty}^{\infty} f(x) dx$$

② 분산

확률 분포를 이용한 분산variance은 기댓값에서 각 관측치가 떨어진 정도를 수치화한 것이다. 따라서 분산은 확률 변수의 변동성이 얼마나 큰지를 나타낸다. 〈예제 2.2〉의 분산을 구하는 방법을 알아보자.

예제 2.2 | 동전을 세 번 던졌을 때 나오는 앞면의 수에 대한 도수 분포표

X	0	1	2	3	합계
P(X = x)	1/8	3/8	3/8	1/8	1
$E(X)X^2$	$2.25=(1.5-0)^2$	$0.25=(1.5-1)^2$	0.25	2.25	

〈예제 2.2〉의 기댓값은 1.5이다. 이때 분산은 평균과 각 값들의 차이의 제곱합으로 구할 수 있다. 따라서 '$(1.5-0)^2+\cdots+(1.5-3)^2$'과 같은 꼴이 된다. 다만 확률 변수의 각 값은 확률만큼 가중치를 주어야 한다. 그 때문에 분산은 다음과 같이 구할 수 있다.

풀이 2.5 | 분산 계산

$$\text{Var}(X) = (1.5-0)^2 \times \frac{1}{8} + \cdots + (1.5-3)^2 \times \frac{1}{8} = 0.75$$

〈풀이 2.5〉를 일반적인 식으로 나타내면 〈식 2.7〉과 같다.

식 2.7 | 이산형 확률 변수의 분산

$$Var(X)=E[\{X-E(X)\}^2] = \sum_{\forall x} (x-\mu)^2 f(x)$$

보통 분산을 계산할 때는 〈식 2.7〉과 같은 정의식보다 계산이 간편한 간편식 $E(X^2)-\{E(X)\}^2$을 이용한다. 확률 변수의 표준편차는 분산의 제곱근을 이용해 구할 수 있기 때문에 따로 설명하지 않겠다. 다음으로 연속형 확률 변수의 분산은 〈식 2.8〉과 같이 구한다.

〈식 2.8〉 연속형 확률 변수의 분산

$$Var(X)=\int_{-\infty}^{+\infty}(x-\mu)^2 f(x)dx$$

2 이산형 확률 분포

이산형 확률 분포discrete probability distribution는 이산형 확률 변수의 확률 분포를 의미한다. 이산형 확률 분포에는 균등 분포, 베르누이 분포, 이항 분포, 포아송 분포 등이 있다. 확률 분포는 분포를 결정하는 모수parameter가 존재한다. 또한 각 분포의 특성은 평균과 분산을 통해 확인할 수 있다. 이번에는 이들 분포의 모수와 특성 그리고 각 분포들 간의 관계 등을 살펴본다.

1 | 이산형 균등 분포

균등 분포uniform distribution는 확률 변수가 가질 수 있는 값이 유한하고, 각 값이 발생할 확률이 같은 확률 분포이다. 예를 들어 주사위를 한 번 던졌을 때 눈금 개수의 분포는 균등 분포를 따른다. 균등 분포는 연속형과 이산형 모두에서 사용하는 분포로 확률 변수가 이산형인 경우, 앞에 '이산형'을 붙여 이산형 균등 분포라고도 한다. 균등 분포는 〈그림 2.14〉와 같이 각 확률 변수 값에서 모두 같은 확률을 가진다. 이런 성질로 시작과 끝 값만 알면, 분포를 결정할 수 있다. 균등 분포는

'Uniform'의 앞 자를 따서 'U(a, b)'와 같이 기호로 나타낸다. 경우에 따라 이산형 균등 분포를 'DU(n)'으로 나타내기도 한다. 여기서 n은 확률 변수의 마지막 순서 값을 의미한다. 분포 함수의 평균과 분산은 앞서 살펴본 〈식 2.5〉와 〈식 2.7〉에 균등 분포 함수를 대입하여 구할 수 있다. 자세한 유도 과정은 수리통계 책이나 확률론 책을 참고하기 바란다.

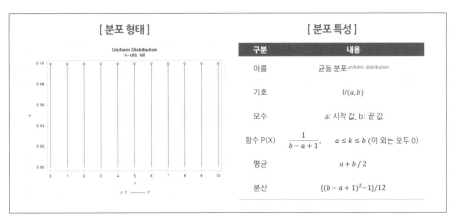

그림 2.14 | 이산형 균등 분포의 형태와 특성

2 | 베르누이 분포

베르누이 분포Bernoulli distribution는 성공 확률이 p인 베르누이 시행(1회 시행)에 대한 확률 분포이다. 베르누이 시행Bernoulli trial은 성공 또는 실패라는 두 가지 결과를 가진다. 또한 각 시행의 성공 확률이 p인 경우 실패 확률은 1-p로 나타낼 수 있다. 예를 들면, 동전 던지기는 베르누이 시행에 해당한다. 동전은 앞면 또는 뒷면만 나올 수 있으며 앞면이 나올 확률이 1/2일 때, 뒷면이 나올 확률은 1/2이다. 베르누이 분포는 로지스틱 회귀 모형이나 범주형 자료 분석 등에서 사용한다. 베르누이 분포의 형태와 특성은 〈그림 2.15〉와 같다.

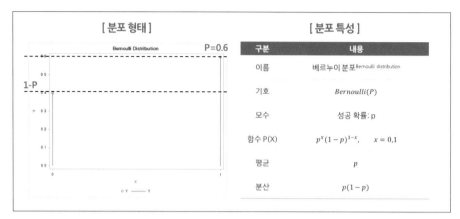

그림 2.15 │ 베르누이 분포의 형태와 특성

3 │ 이항 분포

베르누이 시행을 독립적으로 반복할 때, 성공 횟수를 확률 변수 X라고 하면, X는
성공확률이 p이고, 총 시행 횟수가 n인 이항 분포bimodal distribution를 따른다. 이를
수식으로 표현하면 〈그림 2.16〉과 같다. 성공 확률이 p이고 시행횟수가 n인 이
항 분포를 따르는 확률 변수 X에 대한 표현은 '확률 변수 X는 모수가 (n, p)인 이
항 분포를 따른다'이다. 이항 분포는 np≥5이고 n(1-p)≥5인 경우, 정규 분포에 근
사한다. 이와 같이 어떤 조건을 만족할 때 정규 분포를 따르는 것을 정규 근사라고
한다.

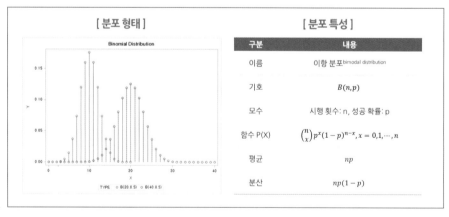

그림 2.16 │ 이항 분포의 형태와 특성

이항 분포는 서로 독립인 이항 분포를 따르는 확률 변수에 대해 가법성^{additivity}을 만족한다. 가법성을 만족하는 확률 분포를 따르는 두 확률 변수는 이들을 더한 확률 변수도 같은 분포를 따르게 된다. 이 성질은 유용하게 쓰이기 때문에 기억해 두는 것이 좋다. 두 확률 변수를 예를 들어 살펴보자. 서로 독립인 확률 변수 X, Y에 대해 다음을 만족한다.

정리 2.5 | 이항 분포의 가법성

두 확률 변수 X와 Y가 서로 독립이고, X~B(n, p)이고, Y~B(m, p)따를 때,

X+Y ~ B(n + m, p)

예를 들면, 확률 변수 X는 동전을 10번 던져 앞면이 나오는 횟수에 대한 분포를 따르고, Y는 동전을 20번 던져 앞면이 나오는 횟수의 분포를 따른다고 하자. 이때, X+Y 즉, 동전을 30번 던졌을 때 앞면이 나오는 횟수의 분포는 X+Y~B(30, 1/2)을 따른다.

4 | 포아송 분포

포아송 분포$^{Poisson\ distribution}$는 단위 시간이나 공간 내에서 발생하는 희귀 사건의 횟수를 나타내는 확률 분포이다. 예를 들어, 올림픽대로에서 특정 시간 동안 X번의 사고가 발생할 확률을 추정할 때 포아송 분포를 사용할 수 있다. 포아송 분포는 '희귀한' 사건을 다룬다는 점을 제외하면 이항 분포와 비슷하다. 이항 분포는 성공 확률이 p고, 시행 횟수가 n인 경우의 성공 횟수의 확률 분포이기 때문이다. 이항 분포의 '성공 횟수'를 '희귀 사건의 발생 빈도'로 바꾸면 포아송 분포가 된다. '희귀하다'는 말은 시도 횟수 n이 크고, 성공 확률 p가 극도로 작은 경우와 같다. 즉 이항분포를 따르는 확률 변수 n이 크고, p가 매우 작은 경우, 평균이 'np=λ'인 포아송 분포를 따르게 된다. 포아송 분포의 재미있는 또다른 특징은 평균과 분산이 모두 λ로 같다는 점이다. 이 때문에 포아송 분포를 따르는 확률 변수는 평균이 커지

면 분산도 함께 커진다. 즉, 포아송 분포의 분산은 평균의 함수이다. 이 특징은 추론에 있어 매우 중요한 사실이니 꼭 기억해 두기 바란다.

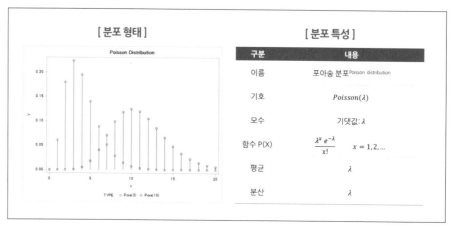

그림 2.17 │ 포아송 분포의 형태와 특성

5 │ 초기하 분포

초기하 분포hypergeometric distribution는 크기가 N이고, 관심 대상이 K개인 모집단에서 표본을 n개 뽑았을 때, 관심 대상의 개수의 분포이다. 초기하 분포는 이항 분포와 유사하나, 한 번 뽑은 표본을 다음 추출의 대상에서 제외하는 비복원 추출 Sampling without replacement을 이용한다는 차이가 있다. 이로 인해 초기하 분포의 평균과 분산, 그리고 분포 함수는 이항 분포보다 복잡해 보인다. 초기하 분포의 모수는 N, K, n 세 가지이다. 앞서 설명했듯, N은 모집단의 크기를 의미한다. K는 모집단에 속한 관심 대상, 보통은 '성공'의 개수를 의미한다. 마지막으로 n은 추출할 표본의 개수이다. 초기하 분포를 따르는 확률 변수는 모집단의 크기 N과 성공의 개수 K가 커지면, 이항분포로 근사하게 된다. 이 성질은 의미를 곱씹어보면, 너무 당연한 이야기이다. 예를 들어, 모집단이 1억 개라면 뽑은 표본을 다시 넣는 것과 넣지 않는 것의 확률 차이는 무시할 만하다. 이러한 현상을 '모집단의 크기와 성공의 개수가 크면, 이항 분포에 근사한다'고 표현한다.

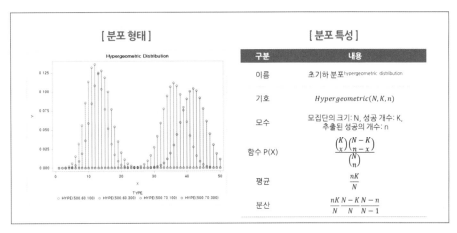

구분	내용
이름	초기하 분포 hypergeometric distribution
기호	$Hypergeometric(N, K, n)$
모수	모집단의 크기: N, 성공 개수: K, 추출된 성공의 개수: n
함수 P(X)	$\dfrac{\binom{K}{x}\binom{N-K}{n-x}}{\binom{N}{n}}$
평균	$\dfrac{nK}{N}$
분산	$\dfrac{nK}{N}\dfrac{N-K}{N}\dfrac{N-n}{N-1}$

그림 2.18 | 초기하 분포의 형태와 특성

3 연속형 확률 분포

연속형 분포continuous distribution는 연속형 확률 변수의 확률 분포로, 확률 밀도 함수라고 한다. 연속형 확률 변수에서 특정한 한 값이 나올 확률은 0이므로, 확률은 특정 값이 아닌 구간의 면적으로 표현된다. 연속형 확률 분포에는 균일 분포uniform distribution, 지수 분포exponential distribution, 베타 분포beta distribution, 감마 분포gamma distribution, 정규 분포normal distribution 등이 있다. 이중 정규 분포가 가장 많이 활용된다. 나머지 분포는 참고로 알아 두자.

1 | 연속형 균등분포

연속형 균등 분포continuous uniform distribution는 이산형 균등 분포의 연속형 버전이다. 확률 변수가 연속형일 때도, 이산형과 마찬가지로 모든 값에서 확률이 같다. 따라서 확률 변수가 정의되는 구간의 시작과 끝 값을 알면 분포 함수가 결정된다. 연속형 균등 분포의 예로는 버스 정류장에서 승객이 버스를 기다리는 시간이 있다. 예를 들어, 배차 간격이 10분이면 승객은 0분에서 10분 사이에 버스를 탈 수 있다. 하지만 버스의 출발 시간이 알려지지 않았다면, 승객이 버스에 탈 가능성은 모두 같다.

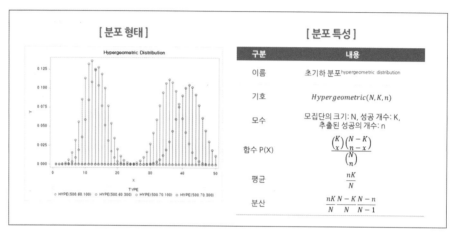

그림 2.19 | 연속형 균등 분포의 형태와 특성

2 | 정규 분포

정규 분포는 가우스 분포Gaussian distribution라고도 하며, 1700년대 초 프랑스의 드무아브르Abraham de Moivre에 의해 처음으로 제안되었다. 정규 분포는 평균을 중심으로 대칭인 종 모양bell-shaped의 분포이다. 이 대칭성으로 인해 평균, 중앙값, 최빈값이 모두 같다. 정규 분포 중 평균이 0, 분산이 1인 분포를 표준 정규 분포 standard normal distribution라고 하며, 기호로 표현할 때는 'Z'로 나타낸다.

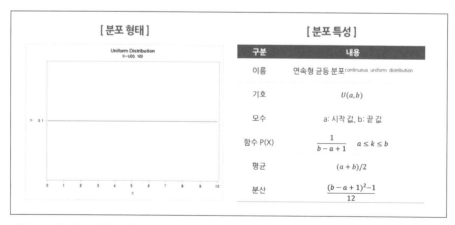

그림 2.20 | 정규 분포의 형태와 특성

3 | 지수 분포

지수 분포exponential distribution는 포아송 분포를 따르는 사건이 처음 발생할 때까지 걸리는 시간의 분포이다. 예를 들면, 부품이 고장 날 때까지 걸리는 시간이 지수 분포를 따르는 대표적인 예이다. 지수 분포는 주로 제조나 보험 분야에서 남은 수명을 예측할 때 사용된다. 지수 분포의 중요한 특성은 망각성 또는 비 기억성 memoryless property이다. 망각성의 수학적 의미는 $P(X \geq a+b \mid X \geq a) = P(X \geq b)$이다. 이는 a라는 시간이 지난 후에도 어떤 사건이 발생했는지와 상관없이, b시간 내에 그 사건이 발생할 확률이 동일하다는 의미이다.

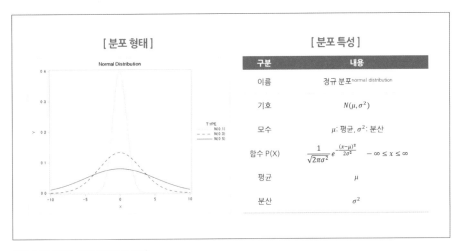

그림 2.21 | 지수 분포의 형태와 특성

4 | 감마 분포

감마 분포gamma distribution는 포아송 분포를 따르는 어떤 사건이 r번 발생할 때까지 걸리는 시간의 분포이다. 앞서 설명한 지수 분포는 감마 분포의 r=1인, 특수한 경우이다. 감마 분포는 〈그림 2.22〉의 왼쪽과 같은 형태로 분포한다. 감마 분포는 두 모수 r과 λ에 의해 결정된다. 첫 번째 모수 r은 앞서 설명했듯 희귀하게 발생하는 사건의 발생 건수이다. 다음으로 λ는 이 사건의 평균 발생 빈도를 의미한다. 분포를 살펴보면, r값이 0.5에서 2로 증가했을 때, 분포의 밀집도가 높아진 것을 알 수 있다.

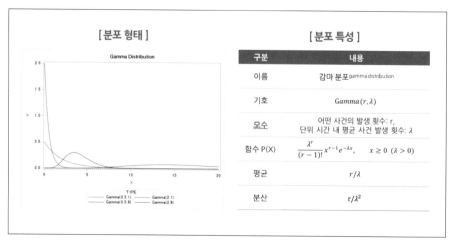

그림 2.22 | 감마 분포의 형태와 특성

4

No Code Data Analysis

표본 분포

1

표본 분포란?

1 | 통계량의 분포

통계적 추론은 모집단에서 뽑은 표본을 통해, 모집단의 성질을 추정하는 것이다. 이때, 모집단의 성질은 평균, 분산 등의 통계량으로 추정한다. 이 통계량들은 <그림 2.23>과 같이 어떤 표본이 선택되는가에 따라 서로 비슷하지만 다른 값을 가

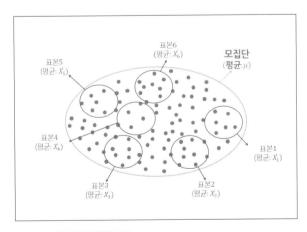

그림 2.23 | 통계량의 확률 분포

지게 되고, 특정한 확률 분포를 따르게 된다. 이와 같이 표본 추출로 얻은 통계량의 확률 분포를 표본 분포sampling distribution라고 한다.

2 | 표본 분포를 알면 좋은 점

표본 분포를 알면 가장 큰 장점은 '확실하지 않은 정도'를 수치로 나타낼 수 있다는 점이다. 여론조사, 임상실험 등의 결과를 살펴보면 '신뢰구간, 표본오차'와 같은 숫자를 확인할 수 있다. 이 정보들이 표본 분포를 통해 얻은 확실하지 않은 정도를 나타내는 수치들이다. 예를 들어 표본 분포를 모르거나, 사용하지 않으면 '표본 평균은 14이다' 밖에 말할 수 없다. 하지만 표본 분포를 알면, '표본 평균은 14이고, 95% 신뢰구간은 13.5~14.5이다'와 같이 설명할 수 있다. 이와 같이 표본 분포를 사용하면, 보다 과학적으로 확실하지 않은 정도를 표현할 수 있다.

3 | 표본 분포는 무엇으로 결정되나?

통계량의 분포를 결정하는 결정적인 요인은 무엇이 있을까? 제일 처음 떠올릴 수 있는 요인은 통계량의 유형이다. 통계량에는 평균, 분산 등이 있다. 이 두 통계량만 두고 보아도 가질 수 있는 값의 범위부터 다르다. 평균은 음수와 양수를 모두 가질 수 있지만, 분산은 양수만 가질 수 있기 때문이다. 이와 같이 표본 분포는 통계량의 유형에 따라 다르다. 두 번째 중요 요인은 표본의 개수이다. 표본을 1개 뽑을 때와 100개 뽑았을 때의 통계량의 분포는 서로 달라진다. 이 두 정보는 표본 분포를 정할 때, 모두 유용하게 사용된다. 먼저 통계량의 유형에 따라 이미 알려진 표본 분포를 선택한다. 예를 들어 표본 평균은 t-분포를 가정하고, 분산은 카이제곱 분포를 가정한다. 다음으로 표본의 개수는 자유도degree of freedom로 반영된다. 표본 분포의 가장 큰 특징은 자유도가 분포 함수의 입력으로 포함된다는 점이다.

4 | 자유도는 무엇일까?

자유도degree of freedom를 이름 그대로 해석하면, '자유로운 정도'이다. 통계를 전공한 사람도 졸업할 때까지 자유도의 의미를 정확히 모르는 경우가 태반이다. 그만큼 자유도를 친절하게 설명한 자료가 많지 않다. 통계학에서 자유도는 '통계적 추정에서 사용되는 표본 자료 중 모집단에 대한 정보를 제공하는 독립적인 자료의 수'이다. 하지만 이 정의만으로는 왜 자유도라고 말하는지 도통 알기 어렵다. 그래서 이 정의를 조금 바꿔 설명하자면, '자유도'는 자유롭게 변할 수 있는 데이터의 수라고 할 수 있다. 예를 들어, 모집단에서 뽑은 표본의 크기가 n일 때, 표본 평균의 자유도는 n이다(이 부분은 일단 그대로 받아들이자). 반면, 표본 분산의 자유도는 n-1이다. 왜 표본 분산과 평균의 자유도가 다를까? 그 근본적인 이유는 표본 분산을 구하는 데에 <식 2.9>와 같이 표본 평균이 쓰이기 때문이다.

식 2.9 | 표본 분산

$$S^2 = \frac{1}{n-1} \sum_{i=1}^{n} (\bar{X} - X_i)^2$$

표본 평균 $\bar{X}$가 이미 추정되었다면, 표본 분산 S^2을 구할 때, n개의 데이터가 있다고 할지라도 n-1개의 데이터만으로 표본 분산을 알 수 있다. 그 때문에 자유롭게 변할 수 있는 데이터는 n-1개뿐이다. 표본 분산과 평균을 배우지 않은 단계에서 자유도를 이 두 통계량으로 설명하는 것은 적절하지 않을 수 있다. 하지만 자유도가 무엇인지 한 번 생각해 보고, 각 통계량의 분포를 알아보면 더 쉽게 이해할 수 있을 것이다.

2

1 | t-분포

표본 평균은 추출된 표본에 따라 그 값이 달라질 수 있다. 그 결과 표본 평균은 표본 구성에 따라 변하는 어떤 확률 분포를 따르게 된다. 표본 평균은 어떤 확률 분포를 따를까? 다행히도 우리는 이 고민을 하지 않아도 된다. 이미 1908년에 통계학자 윌리엄 실리 고셋W. S. Gosset이 표본 평균의 분포를 발견하고 이를 정리해 두었기 때문이다. 고셋은 t-분포를 발표할 때 본명 대신 '스튜던트Student'라는 가명을 사용했다. 중요한 발견을 발표한 학자치고는 겸손해 보이지만, 고셋이 본명을 숨긴 데에는 이유가 있었다. 그는 논문을 발표할 당시, 흑맥주로 유명한 기네스Guinness 양조 공장에서 근무하고 있었다. 당시 기네스는 자사 직원이 자사 제품과 관련된 연구를 발표하는 것을 금지했기 때문에, 고셋은 '스튜던트'라는 가명을 사용할 수밖에 없었다. t-분포는 정규 분포를 따르는 표본에서 얻은 표본 평균의 분포다. t-분포 이전에는 표본 평균의 분포를 추정하기 위해서는 모집단의 표준편차를 알아야 했다. 하지만 실제로는 모집단의 평균을 모르면서 모집단의 표준편차를 아는 경우는 거의 없다. 이 문제를 해결하기 위해, 모집단의 표준편차 대신 표본 표준편차를 사용하여 그 분포를 얻은 것이 바로 t-분포이다.

2 | t-분포의 형태

t-분포는 〈그림 2.24〉와 같이 0을 중심으로 대칭인 종 모양을 가진다. 또한 t-분포는 확보한 표본 개수에 따라 형태가 달라진다. 표본이 적은 경우(자유도가 작은 경우), 정규 분포보다 두꺼운 좌우 꼬리를 가지는 특징이 있다. 하지만 표본 개수가 증가하면 점점 표준 정규 분포와 비슷한 형태를 가진다. 통상 그 기준을 25~30개로 많이 말한다. 표본 개수에 따라 분포가 바뀌는 이유는 추정 결과의 '신뢰도'와 닿아 있다. 많은 표본에서 얻은 결과는 당연히 신뢰도가 높아야 한다. 반면 표본이

적다면, 추정 결과에 대한 신뢰도를 낮추는 것이 당연하다. 이 때문에 t-분포는 표본 개수가 적을수록 분포의 분산이 커진다. 즉, 표본이 적을수록 추정의 불확실성이 높아진다는 당연한 사실을 반영한 것이다.

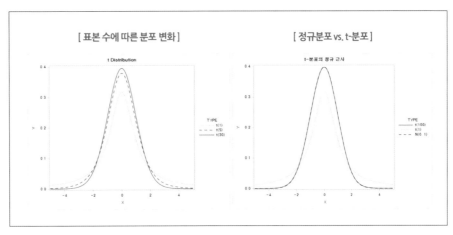

그림 2.24 | t-분포의 형태

더 알아
보기

t-분포

정규분포 $N(\mu, \sigma^2)$을 따르는 모집단에서 추출한 확률표본 $X_1, \cdots, X_n$을 얻었을 때, 통계량 T는 자유도 n-1인 t-분포를 따른다.

$$\frac{\bar{X}-\mu}{S/\sqrt{n}} \sim t_{n-1}$$

여기서 $S\left(= \sqrt{\frac{1}{n-1}\sum_{i=1}^{n}(X_i-\bar{X})^2}\right)$는 표본표준편차를 의미한다.

3 | 모집단의 분포가 정규분포가 아니라면

t-분포는 모집단의 분포가 정규분포임을 가정한다. 하지만 세상에는 정규분포를 따르지 않는 많은 변수들이 존재한다. 그 때문에 t-분포는 제약이 많아 보인다. 하지만 t-분포의 이런 약점을 보완하는 멋진 정리가 하나 있다. 바로 '중심 극한 정리 central limit theorem'이다.

정리 2.6 | 중심 극한 정리

평균이 μ이고, 분산이 σ²인 임의 분포를 따르는 모집단에서 표본 크기(n)이 충분히 크다면, 표본 평균 X의 분포는 근사적으로 N(μ, σ²)을 따른다. 따라서 n이 충분히 크다면(보통 25~30개 이상), 다음이 성립한다.

$$\bar{X} \sim N\left(\mu, \frac{\sigma^2}{n}\right)$$

중심 극한 정리의 파괴력은 '임의 분포를 따르는'에 있다. 모집단이 균등 분포이든, 포아송 분포이든 관계없이, 표본이 크다면 표본 평균의 분포는 정규 분포를 따른다. 이때 주의할 점은 '표본 평균'의 분포에 대한 이야기라는 점이다. 여기서 말하는 표본 평균의 분포란, 여러 표본을 반복해서 추출하여 얻은 다양한 표본 평균들의 분포를 의미한다는 점을 잊지 말자.

3 표본 분산의 분포

1 | 카이제곱 분포

카이제곱 분포Chi-square distribution는 k개의 서로 독립인 정규 분포를 따르는 X_1, X_2, $\cdots$, X_k의 제곱합의 분포이다. 이 경우, 카이제곱 분포의 자유도는 'k-1'이다. 카이제곱 분포는 '카이자승 분포'라고도 하며, 기호로는 $\chi^2(k-1)$와 같이 나타낸다. 일반적으로 모집단이 정규 분포를 따르면, 표본 분산은 카이제곱 분포를 따른다. 이런 이유로 카이제곱 분포는 표본 분산의 분포를 추정할 때 사용하며, 이 외에도 범주형 자료분석에서 적합도, 독립성, 동질성 검정 등에 활용한다.

2 | 카이제곱 분포의 형태

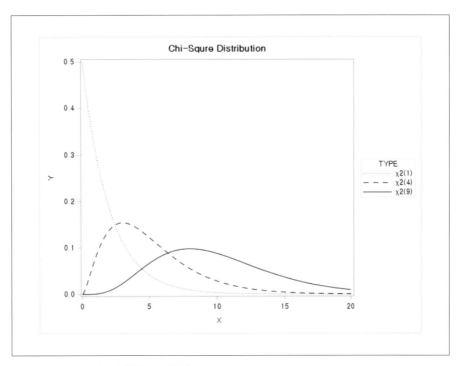

그림 2.25 | 자유도에 따른 카이제곱 분포의 형태

카이제곱 분포는 자유도에 따라 분포가 크게 달라진다. 자유도가 작은 경우, 분포가 왼쪽으로 치우치고, 오른쪽으로 긴 꼬리를 가진다. 반면 자유도가 커질수록 좌우가 대칭에 가까워지는 특징이 있다.

더 알 아
보 기

표본 분산의 분포

모집단이 분산이 σ^2인 정규분포를 따를 때, 이 모집단에서 크기가 n인 표본을 임의 추출하면, $(1-n)S^2/\sigma^2$은 자유도가 (n-1)인 카이제곱 분포를 따른다.

$$\frac{(n-1)S^2}{\sigma^2} \sim X^2(n-1)$$

여기서 $S^2\left(=\sqrt{\frac{1}{n-1}\sum_{i=1}^{n}(X_i-\bar{X})^2}\right)$ 은 표본 분산을 의미한다.

4

1 | F-분포란?

F-분포는 정규 분포를 따르는 두 모집단에서 추출한 표본의 표본 분산의 비의 확률 분포이다. 두 집단에서 표본을 추출하기 때문에, F-분포는 분모와 분자 각각 하나씩 총 두 개의 자유도가 있다. F-분포의 자유도는 분자, 분모 순으로 나타낸다. 예를 들어 분자의 자유도가 n_1-1이고, 분모자유도가 n_2-1인 경우 $F_{(n_1-1, n_2-1)}$과 같이 나타낸다.

2 | F-분포의 형태와 활용

F-분포는 표본의 분산 비의 확률 분포로 두 집단이 서로 분산이 같은지를 검정할 때 사용한다. 예를 들어 앞으로 배울 t-검정의 등분산 검정, 분산 분석, 회귀 모형의 유의성 검정 등에 사용한다. t-검정은 두 집단의 평균이 서로 같은지를 통계적으로 검정할 때, 두 집단의 분산이 같은지를 등분산 검정으로 확인한다. 분산 분석은 각 그룹이 설명하는 분산과 설명하지 못하는 분산을 비교하여 모형 유의성을 검정한다. F-분포는 카이제곱 분포와 비슷하게 자유도가 작은 경우, 왼쪽으로 크게 치우친 분포 형태를 보인다. 또한 자유도가 커지면, 분포의 좌우가 대칭형으로 변한다.

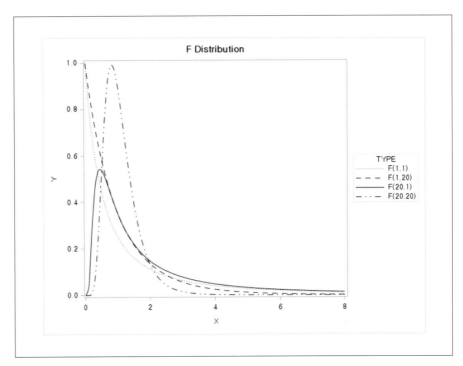

그림 2.26 | F-분포의 형태

더 알아
보기

표본 분산 비의 분포

모분산이 σ_1^2, σ_2^2인 두 정규 모집단에서 임의 추출한 크기가 n_1, n_2인 표본을 추출했다. 이때, 이 표본의 분산을 각각 S_1^2과 S_2^2라고 하면, 통계량 F는 다음과 같다.

$$F = \frac{\left(\dfrac{S_1^2}{\sigma_1^2}\right)}{\left(\dfrac{S_2^2}{\sigma_2^2}\right)}$$

이때 통계량 F는 $F_{(n_1-1,\,n_2-1)}$ 분포를 따른다.

5

No Code Data Analysis

추정과 검정

1 추정과 검정이란?

추정과 검정은 모집단과 표본에서 다룬 것과 같이 모집단의 성질을 추론하는 방법이다. 먼저 추정은 표본에서 얻은 통계량으로 모수를 추측하고, 이를 통해 모집단의 성격을 파악한다. 반면 검정은 기존에 알려진 사실이 통계학적으로 그러한지를 통계량으로 검정한다. 앞서 확률과 분포를 배운 이유는 추정과 검정의 '불확실한 정도'를 수치로 나타내는 데에 이 이론들이 활용되기 때문이다. 이제 추정과 검정에 대해 보다 자세히 알아보자.

2 추정의 접근 방법

추정은 크게 점 추정point estimation과 구간 추정interval estimation 두 가지로 나눌 수 있다. 두 방법 모두 모수를 추정한다는 점에서는 동일하다. 다만, 점 추정은 하나의 '값'으로 모수를 추정하는 반면, 구간 추정은 모수가 존재할 가능성이 높은 '범위'로 추정 결과를 제공한다. 이제 이 두 방법에 대해 자세히 알아보자.

1 | 점 추정

점 추정point estimation은 표본에서 얻은 정보를 토대로 미지의 모수를 하나의 값으로 추정하는 방법이다. 보통 이 추정값은 표본 통계량을 이용해 얻는다. 예를 들면, 모평균(μ)은 표본 평균($\bar{X}$)으로, 모표준편차(σ)는 표본 표준편차(s)로, 모비율($p=x/N$)은 표본 비율($p_s=X/n$)로 추정한다. 추정에 활용되는 통계량은 표본에 따라 바뀌는 확률 변수이다. 각 추정 통계량들은 평균과 분산이 존재하며, 표본 수가 많을수록 분산이 작아진다. 즉, 표본이 많으면 추정 결과의 신뢰도가 높아지는 것이다. 추정치는 추정되었다는 의미로 모수를 나타내는 기호에 hat($\hat{}$)을 씌워 표현한다. 표본 평균은 표본으로부터 얻어진 $\bar{X}$로 표현할 수 있고, 모평균(μ)에 대한 추정치로 $\hat{\mu}$로 나타낼 수도 있다. 차이점은 $\bar{X}$는 X변수의 총합을 관측치 수로 나눠준 통계량을 직접적으로 나타내지만 $\hat{\mu}$은 단순히 모평균에 대한 추정치라는 의미만을 가진다. 그렇기 때문에 표본 평균은 물론, 중앙값과 최빈값도 $\hat{\mu}$로 나타낼 수 있다.

표 2.6 | 모수와 점 추정을 위한 표본 통계량

모수	추정 통계량
모평균(μ)	표본 평균($\bar{X}, \hat{\mu}$)
모표준편차(σ)	표본 표준편차($S, \hat{\sigma}$)
모비율(π)	표본 비율($p, \hat{\pi}, \hat{p}$)

2 | 구간 추정

구간 추정interval estimation은 점 추정만으로는 모수가 얼마나 정확히 추정되었는지 알지 못해 모수가 존재할 구간을 확률적으로 나타내기 위한 추정 방법이다. 모수 추정값으로 단일 점 추정량이 아닌 모수가 포함될 만한 숫자 범위를 명시하는 추정 방법이다. 일반적으로 신뢰구간은 〈식 2.10〉과 같이 주어진다.

식 2.10 | 신뢰구간의 일반적인 형태

추정량 ± 임계값 × (추정량의 표준편차)

〈식 2.10〉의 임계값은 확률 분포에서 얻을 수 있는 수치로 추정치의 확률 분포를 가정해야 정할 수 있다. 신뢰구간은 보통 90%, 95%, 99% 신뢰구간이 주로 이용된다. 신뢰구간의 의미는 해당 신뢰구간에 모수가 포함될 가능성을 의미하는 것이 아니다. 예를 들면, 95% 신뢰구간이란 의미는 모집단에서 100번 표본을 추출해 신뢰구간 100개를 구했을 때 적어도 95개의 신뢰구간들이 모수를 포함할 것으로 기대된다는 것을 의미한다. 만약 신뢰구간을 해석할 때 '구한 신뢰구간이 모수를 포함할 가능성은 95%이다'라고 해석한다면 틀린 해석이다.

3 　모수 추정

모수 추정parameter estimation 방법에는 크게 최소 제곱 추정법, 최대 우도 추정법, 적률 추정법 등이 있다. 이중 제일 많이 쓰이는 추정 방법은 최소 제곱 추정법과 최대 우도 추정법이다. 각 추정 방법에 대해 간략히 알아보자.

1 | 최소 제곱 추정법

최소 제곱 추정법least Squares estimation; LSE은 실제로 관측된 값과 기댓값의 차이인 편차를 이용한 추정 방법이다. 편차의 제곱합을 이용해 이 값이 최소가 되도록 모수를 추정하는 방법이다. 최소 제곱 추정법은 최소 제곱법이라고도 한다. 이 방법은 회귀 모형에서 주로 이용한다.

2 | 최대 우도 추정법

최대 우도 추정법maximum likelihood estimation; MLE은 최대 가능도 추정법이라고도 하며, 주어진 데이터에 가장 알맞은 모수를 추정하는 방법이다. 최대 우도 추정법은 베이즈 정리에서 이미 설명했기 때문에 간략히 설명하면, 관찰한 데이터가 등장할 가능성이 가장 높도록 하는 모수를 찾는 방법이다.

표 2.7 | 대표적인 모수 추정 방법의 종류

추정 방법	설명
최소 제곱 추정법 (least Squares estimation; LSE)	실제 관측된 값과 기댓값의 차이인 편차를 최소로 만드는 모수를 추정하는 추정 방법, 회귀 계수 추정에 이용
최대 우도 추정법 (maximum likelihood estimation; MLE)	주어진 데이터에 가장 알맞은 모수를 추정하는 방법, 로지스틱, 프로빗 모형 추정에 이용

4 가설 검정

통계적 가설 검정hypothesis testing은 모집단에서 뽑은 표본으로부터 모집단의 성질을 추정하고, 추정한 결과를 통해 사전에 가정한 모집단에 대한 주장이 옳은지 판단한다. 이때 미리 가정한 모집단에 대한 주장을 통계적 가설statistical hypothesis이라고 한다. 예를 들어, 초코파이 중량이 실제 표기 중량과 같은지를 확인하는 일은 통계적 가설 검정으로 쉽게 해결할 수 있다. 제조사는 초코파이 중량이 표기 중량과 같다고 주장을 할 것이다. 하지만 제조사가 중량을 속였다는 의심이 든다면,

'초코파이의 실제 중량은 표기 중량과 같다'고 가설을 정하면 된다. 그리고 초코파이 중 일부를 뽑아 가설이 타당한지 표본의 평균과 확률분포를 이용하여 검정한다. 가설 검정은 (1) 가설 설정, (2) 유의수준 설정, (3) 검정 통계량 계산, (4) 유의확률p-value을 이용한 검정, (5) 통계적 의사결정의 총 5단계로 진행한다.

1 | 귀무가설과 대립가설

통계적 추론은 모집단에서 뽑은 표본을 통하여 기존에 알려진 사실과 새로운 주장의 진위를 통계적으로 판단한다. 이때 기존에 알려진 사실을 귀무가설null hypothesis이라고 한다. 그리고 새로운 주장을 대립가설alternative hypothesis이라고 한다. 귀무가설은 보통 'H_0'로 나타내고, 대립가설은 H_1 또는 H_a로 표현한다. 귀무가설과 대립가설을 서술형으로 표현하는 경우도 있지만, 기호를 활용해 명확히 표현하는 것이 좋다. 예를 들어, 초코파이 중량이 39g과 같은지 검정한다면, 다음과 같이 기호로 나타낼 수 있다.

$$H_0: \mu_0 = 39g \qquad H_1: \mu_0 \neq 39g$$

$H_0: \mu_0 = 39g$는 초코파이(전체)의 평균 중량(μ_0)이 39g이라는 귀무가설을 나타낸다. 반면 $H_1: \mu_0 \neq 39g$은 초코파이(전체)의 평균 중량(μ_0)이 39g이 아님을 주장하는 대립가설이다. 가설은 표본이 아닌 모집단에 대한 주장이다. 가설 검정에서는 모평균은 μ 또는 μ_0으로 표현한다.

2 | 양측 검정과 단측 검정

양측 검정two-sided test은 가설로 정한 모수와 데이터로 구한 값이 일치하는지를 검정한다. 반면, 단측 검정one-sided test은 설정한 모수보다 데이터로 구한 값이 큰지,

작은지를 검정한다. 예를 들어, 새 장비가 원래 사용하던 장비보다 좋은지를 판단하고자 하는 경우, 두 장비의 불량률이 같은지를 검정하는 것보다 새 장비의 불량률이 낮은지 검정하는 것이 옳은 판단이며, 이 경우 단측 검정이 더 적절하다. 하지만 초코파이 중량이 39g인지 여부를 검정하는 경우, 중량이 39g보다 너무 크거나 작은 경우 모두 문제될 수 있다. 따라서 이 경우 양측 검정이 더 적절하다. 따라서 검정의 종류에는 양측 검정, 단측 검정(오른쪽)과 단측 검정(왼쪽)의 세 가지가 있다. 그리고 각각은 아래 〈표 2.8〉과 같이 기호로 나타낼 수 있다. 〈표 2.8〉의 θ_0는 임의의 모수로 평균이나 분산 등이 될 수 있다.

〈표 2.8〉 검정의 종류와 기호 표현

검정의 종류	기호 표현	
	귀무가설	대립가설
양측 검정	$H_1: \theta_0=\theta$	$H_1: \theta_0\neq\theta$
단측 검정(오른쪽)	$H_1: \theta_0<\theta$	$H_1: \theta_0>\theta$
단측 검정(왼쪽)	$H_1: \theta_0>\theta$	$H_1: \theta_0<\theta$

3 | 검정 통계량

통계적 가설 검정은 모집단의 성질을 표본에서 추정된 결과에 기반해 가설의 타당성을 검정한다. 검정 통계량test statistic은 일반적으로 검정하려고 하는 모수의 점추정량을 이용한다. 예를 들어, 지역 간 학업 성취도 비교에는 각 지역별로 임의로 선택된 학생들의 평균 수능 성적 등이 이용될 수 있다. 이 때 선택된(표본 추출된) 학생의 평균 점수는 검정 통계량으로 쓰일 수 있다. 보통은 검정 통계량을 표준화한 뒤 분포 가정을 이용해 검정한다.

4 | 유의확률

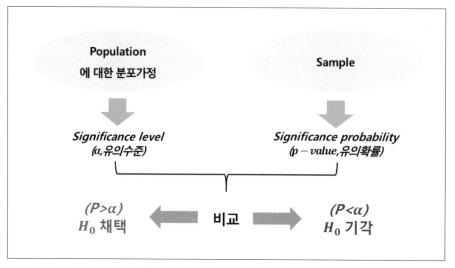

그림 2.27 | 유의확률과 유의수준에 따른 가설 검정 프로세스

유의수준significance level은 제1종 오류의 발생 확률을 말하며, 보통 제1종 오류는 치명도가 높아 제1종 오류의 발생 확률을 '유의수준'으로 고정한다. 유의수준은 일반적으로 0.1%, 1%, 5%, 10%를 많이 사용한다. 표본으로부터 얻어진 제1종 오류의 확률을 유의확률significance probability 또는 'p-value'라고 한다. 가설 검정은 유의수준과 유의확률을 비교해 '유의확률 < 유의수준'인 경우 귀무가설을 기각한다.

① 가설 검정 단계

통계적 가설 검정은 〈그림 2.28〉과 같이 총 5단계로 구성되어 있다. 첫 번째 단계는 가설 설정 단계로 주어진 문제를 해결하기 위한 가설을 정하는 단계이다. 이 단계에서는 귀무가설과 대립가설을 결정한다. 두 번째 단계는 유의수준을 정하는 단계다. 세 번째 단계는 검정 통계량을 정하는 단계로 첫 번째 단계에서 정한 가설에 따라 적당한 검정 통계량을 선택한다. 네 번째 단계는 검정 통계량 계산 결과를 토대로 유의확률을 구하고, 유의수준과 비교하여 귀무가설의 기각 여부를 결정한다. 마지막 5단계에서는 검정 결과를 통하여 통계적 의사결정을 내린다.

그림 2.28 | 가설 검정의 5단계

② 제1종 오류와 제2종 오류

제1종 오류type 1 error는 검정 결과에서 귀무가설이 실제로 참인데, 거짓으로 결론을 내리는 오류를 말한다. 예를 들어, 실제로는 신약에 효과가 없는데도, 검정 결과 신약에 효과가 있다고 잘못 결론을 내리는 것이 제1종 오류에 해당한다. 반면, 제2종 오류type 2 error는 귀무가설이 거짓인데, 참이라고 잘못 검정한 오류이다. 예를 들어, 신약에 효과가 있음에도 불구하고, 검정 결과 효과가 없다고 결론 내리는 것이 제2종 오류에 해당한다.

표 2.9 | 귀무가설(H_0)에 대한 검정 결과 및 실제 사실

검정 결과＼실제 사실	참	거짓
채택	옳은 결정	제2종 오류(type II error)
기각	제1종 오류(type I error)	옳은 결정

5 | 유의수준과 유의확률

통계적 가설검정은 기존에 알려진 사실을 기각하는 오류를 통제하는 방향으로 개발되었다. 귀무가설이 타당함에도 이를 기각할 경우 반대 경우보다 더 높은 위험이 있기 때문이다. 예를 들어 신약 임상실험에서 신약의 효과가 없음에도 우연에 의해 효과가 있다고 판단하는 오류(제1종 오류)는 신약 효과가 있음에도 없다고 검정하는 오류(제2종 오류)보다 더 위험하다. 만약 백혈병이나 암과 같이 치명적인 병에 걸린 환자가 잘못된 임상실험 결과로 효과가 없는 신약을 복용할 경우 환자는

목숨을 잃을 수도 있기 때문이다. 하지만 기존 약품보다 효과가 더 뛰어난 신약을 복용하지 않는다면 과거 다른 환자들과 똑같은 수준의 치료를 받는 것이기 때문에 상대적으로 문제의 소지가 적다. 이러한 이유로 통계적 가설 검정에서는 제1종 오류를 통제하는 방식을 이용한다. 유의수준significance level은 보통 α로 나타낸다. 유의수준은 제1종 오류를 범할 확률의 최대 허용 한계를 말한다. 유의확률p-value 은 관측값으로부터 구해진 검정 통계량이다.

표 2.10 | 가설검정 관련 용어 및 설명

용어	설명
귀무가설 (Null hypothesis)	기존에 알려진 사실 또는 검정을 통해 검정하려고 하는 것에 반대되는 주장을 귀무가설 또는 영가설이라고 함 * 위 기준은 절대적인 것은 아니며, 치명도에 따라 달리 설정할 수 있음 기호로는 H_0로 표현하며, 주로 '차이 없음', '연관성이 없음' 등이 귀무가설로 주로 사용
대립가설 (Alternative hypothesis)	분석가가 주장하려고 하는 것을 주로 말함 기호로는 H_1로 표현
검정 통계량(Test statistic)	가설 검정을 위하여 확률분포를 결정하는 데 사용되는 통계량
유의확률 (Significance probability)	P-value라고 하며 검정결과에 대한 의사결정의 측도로 주로 이용됨
기각역(Rejection region)	가설검정에서 귀무가설이 기각되는 검정 통계량의 영역
유의수준(Significance level)	가설 검증을 할 때, 표본에서 얻은 표본 통계량이 일정한 기각역에 들어갈 확률, 즉 오차가능성을 말함. 흔히 α로 표시
신뢰수준 (Confidence level)	추정 구간에 그 신뢰성 특성 값의 참값이 존재할 확률을 의미 | **참고** | 신뢰 수준 95%는 해당 여론조사를 95% 믿을 수 있다는 뜻이 아니라 같은 조사를 100번 하면 오차범위 내 같은 결과가 나올 횟수가 95번이라는 것을 의미
제1종 오류(Type I error)	귀무가설이 실제로 참이지만, 귀무가설을 기각하는 오류(α)
제2종 오류(Type II error)	귀무가설이 실제로 거짓이지만, 귀무가설을 채택하는 오류(β)
검정력 (Power)	대립가설이 사실일 때, 대립가설을 채택할 확률(1-β)

5

가설 검정 실습

이번 실습에서는 다양한 가설 검정에서 공통으로 쓰이는 '정규성 검정' 방법을 알아본다. 정규성 검정은 주어진 데이터가 정규분포를 따르는지를 검정하는 방법이다. 앞서 설명한 가설 검정 절차를 떠올리며 실습을 진행해 보자.

1 | 실습 데이터

다음 데이터는 20대 20명을 대상으로 수집한 키 데이터이다. 이 데이터가 정규분포를 따른다고 말할 수 있는지 정규성 검정을 통해 확인해 보자.

데이터 2.1 | 20대 성인남여 20명을 대상으로 수집한 키(데이터 이름: PE311)

150.99 174.31 157.67 167.75 164.42 155.58 173.41 155.58 154.16 170.52
147.04 152.80 153.21 163.31 154.22 153.49 157.64 155.24 156.95 169.50

2 | 가설 설정

정규성 검정은 '데이터가 정규분포를 따른다고' 가정한다. 그 때문에 귀무가설 H_0 와 대립가설 H_1 은 다음과 같이 정해진다.

가설 |

H_0: 데이터는 정규분포를 따른다
H_1: 데이터가 정규분포를 따른다고 말할 수 없다

3 | 유의수준 결정

유의수준은 통상 5%를 기준으로 삼는다. 하지만 경우에 따라서는 1%나 10%를 기준으로 하는 경우도 있다. 유의수준은 작게 설정할수록 귀무가설을 기각할 만한 강력한 증거가 필요하다. 이번 실습에서는 통상 많이 사용하는 유의수준 5%를 기준으로 검정한다.

4 | 검정 통계량 계산과 유의확률을 통한 검정

데이터 과학 도구를 활용할 경우 검정 통계량 계산부터 통계적 의사결정 전 과정이 하나의 작업 결과로 이뤄진다. 정규성 검정 실습에서는 [분포분석] 작업을 활용한다. 먼저, <그림 2.29>와 같이 실습 데이터와 [분포분석] 작업을 플로우로 가져온다.

1 데이터와 작업 가져오기

새로운 프로세스 플로우를 생성하고, 실습 데이터 'PE311'과 [분포분석] 작업을 플로우로 가져온다. 그리고 분포분석 노드를 더블클릭한다.

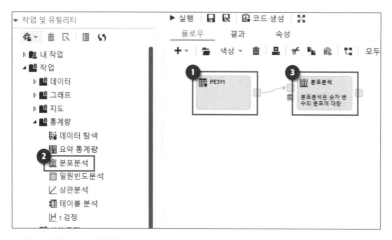

그림 2.29 | 'PE311' 데이터와 분포분석 작업 가져오기

❶ 'PE311' 데이터를 플로우로 이동

❷ [작업 및 유틸리티] 밑에 [작업]의 [통계량]에서 [분포분석] 작업을 선택하여, 플로우로 이동

❸ [분포분석] 노드를 더블클릭

❷ 작업 설정

작업을 위해 먼저 [데이터] 탭에서 키 'HEIGHT'를 분석변수로 선택한다. 그리고 [옵션] 탭으로 이동한 뒤 [정규성 확인] 항목의 [히스토그램 및 적합도 검정]과 [정규 Q-Q 도표]를 선택한다.

그림 2.30 | [분포분석]의 데이터 및 옵션 설정

❶　　　　[분석변수:]의 [+] 버튼을 눌러, HEIGHT 변수를 할당

❷　　　　[옵션] 탭으로 이동

❸, ❹　　[정규성 확인]의 [히스토그램 및 적합도 검정]과 [정규 Q-Q 도표] 선택

❺　　　　🏃 버튼을 눌러 [작업] 실행

[히스토그램 및 적합도 검정] 옵션을 선택하면, 정규성 검정 결과를 확인할 수 있다. 정규성 검정 방법은 Kolmogorov-Smirnov, Cramer-von Mises, Anderson-Darling의 세 가지 방법이 있다. [분포분석] 작업은 이 세 가지 방법으로 검정한 결과를 모두 출력한다. Q-Q 도표라는 데이터가 정규분포를 따르는지 여부를 도표를 통해 확인할 수 있는 방법이다. [정규 Q-Q 도표] 옵션을 선택하면, Q-Q 도표를 출력한다.

③ 작업 실행 및 결과 확인

[분포분석] 작업을 실행하면 〈그림 2.31〉와 같이 세 가지 결과 항목을 얻을 수 있다.

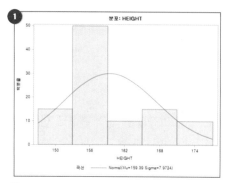

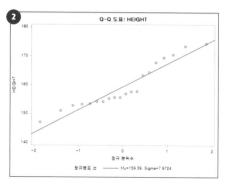

그림 2.31 | [분포분석] 작업 실행 결과

❶ 분석변수 HEIGHT의 히스토그램이다. 이 결과를 통해 데이터가 정규분포와 유사한 분포를 가지는지 시각적으로 확인할 수 있다. 하지만 히스토그램은 데이터가 적을 경우, 시각화 결과만으로 정규성을 만족하는지 알기 어려운 단점이 있다. 결과를 살펴보면, 분포가 왼쪽으로 살짝 치우쳐 있고, 156cm 부근과 168cm 부근에 데이터가 몰려 있는 것을 알 수 있다. 이렇게 데이터가 한 값이 아닌 두 값을 중심으로 분포할 경우, 쌍봉분포인지 의심해 보아야한다.

❷ Q-Q 도표는 데이터가 정규분포를 따를 경우, 표의 대각선에 관측치가 놓이게 된다. 이 경우 대각선에서 벗어나는 관측치가 비교적 많다. 그 때문에 정규성 가정을 만족하는지 알기 어렵다.

❸ 정규성 검정 결과표이다. 정규성 검정 방법은 크게 세 가지가 있다. [분포분석] 작업은 세 가지 검정 결과를 모두 출력한다. 결과를 살펴보면, 세 가지 검정 통계량 모두 0.01 즉, 5%보다 작은 것을 알 수 있다. 즉, 귀무가설은 유의수준 5%에서 기각된다.

5 | 통계적 의사결정

〈그림 2.31〉의 ③번 결과를 통해 세 가지 검정 방법 모두, 유의확률이 5% 미만임을 알 수 있다. 즉, 유의수준 5%에서 귀무가설 '데이터는 정규분포를 따른다'는 기각된다. 쉽게 설명하면, 데이터는 정규분포를 따르지 않는다. 보통은 여기서 가설검정은 끝난다. 하지만 〈그림 2.31〉의 ①번 히스토그램을 통해 우리는 쌍봉분포일 수 있음을 확인했다. 이 경우 미처 고려하지 않은 주요 변수가 있는지에 대한 확인이 필요하다. 예를 들어 '키'는 '성별'에 따라 분포가 다를 수 있다. 실습 예제 데이터 PE311에는 성별SEX 변수가 있다. 이 변수를 [분포분석] 작업의 [데이터] 영역에서 [추가 역할] 밑에 있는 [그룹 분석 기준:]으로 할당하면, 검정 결과는 〈그림 2.32〉과 같이 바뀐다.

HEIGHT에 대한 적합 정규분포
SEX=F
정규 분포에 대한 적합도 검정

검정	통계량		p 값	
Kolmogorov-Smirnov	D	0.20504286	Pr > D	0.072
Cramer-von Mises	W-Sq	0.11590296	Pr > W-Sq	0.065
Anderson-Darling	A-Sq	0.62259435	Pr > A-Sq	0.089

HEIGHT에 대한 적합 정규분포
SEX=F
정규 분포에 대한 적합도 검정

검정	통계량		p 값	
Kolmogorov-Smirnov	D	0.20504286	Pr > D	0.072
Cramer-von Mises	W-Sq	0.11590296	Pr > W-Sq	0.065
Anderson-Darling	A-Sq	0.62259435	Pr > A-Sq	0.089

그림 2.32 | 그룹 분석 기준으로 성별을 할당한 정규성 검정 결과

성별을 나누어 정규성 검정을 수행하면 〈그림 2.32〉과 같이 두 그룹 모두 유의확률이 0.05보다 큰 것을 알 수 있다. 즉, 유의수준 5%에서 귀무가설을 기각할 수 없게 된다. 이 데이터는 성별을 나누지 않으면, 정규분포를 따른다고 말할 수 없다. 하지만, 성별을 나누어 볼 경우 정규성 가정을 만족함을 알 수 있다. 이처럼 시각화 도구는 기술 통계량으로는 발견하기 어려운 중요한 정보를 알려 주기도 한다.

3

관계 분석

No Code Data Analysis

관계 분석에서는 두 변수 간의 관계를 분석하는 방법을 알아본다. 데이터 과학에서 변수는 수치형과 범주형으로 나뉜다. 따라서 변수 간 관계는 '수치형-수치형', '범주형-수치형', '범주형-범주형' 세 가지로 구분할 수 있다. 각 유형 조합별로는 〈표 3.1〉과 같이 자주 사용하는 't-검정, 분산 분석, 상관 분석, 분할표 분석' 방법을 살펴본다.

표 3.1 │ 관계 분석 방법

대상	대표 방법론
범주형 vs. 수치형	t-검정, 분산 분석
수치형 vs. 수치형	상관 분석
범주형 vs. 범주형	분할표 분석

1

No Code Data Analysis

범주와 수치 변수의 관계 I

'범주와 수치 변수의 관계 I'에서는 범주형 변수의 범주가 두 개 이하일 때 사용하는 't-검정'을 중심으로 살펴본다. 범주형과 수치형 변수는 일반적으로 범주별 수치형 변수의 평균 차이를 통해 관계를 확인한다. 이 분석 방법은 '평균 비교'라고도 한다. 이제 t-검정이 무엇인지 알아보자.

1

t-검정

1 | t-검정이란?

t-검정t-test은 모집단에서 임의로 뽑은 표본 평균을 특정 상수 또는 다른 모집단에서 뽑은 표본의 평균과 비교하는 방법이다. t-검정의 유형에는 한 모집단에서 뽑힌 표본의 평균과 어떤 값을 비교하는 '단일 표본 t-검정'과 서로 다른 두 집단에서 뽑힌 표본의 평균을 비교하는 '독립 표본 t-검정', 같은 대상의 전과 후를 비교할 때 주로 사용하는 '대응 표본 t-검정'이 있다.

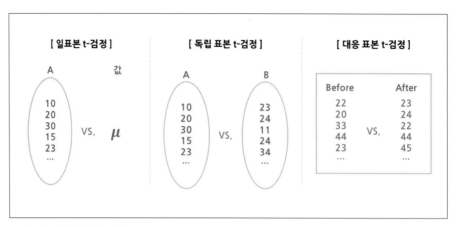

그림 3.1 | 검정 방법들의 특징

2 | t-검정 의사결정 흐름도

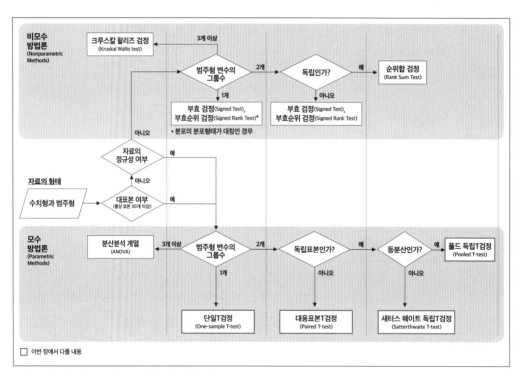

그림 3.2 | t-검정의 분석 방법론 선택을 위한 의사결정 흐름도

t-검정은 범주형과 수치형 변수의 관계를 분석하는 다양한 방법(또는 평균 비교 문제) 중 하나이다. t-검정은 정규성, 독립성, 등분산성 등의 가정을 만족하는지에 따라 다른 분석 방법을 사용한다. 가정에 대한 검토는 '데이터의 크기, 범주의 개수, 정규성 만족 여부' 등을 통해 확인할 수 있다. 각각을 검토하는 방법을 간략히 알아보자.

① 데이터의 크기

데이터의 크기는 정규성을 대략 확인하는 데에 유용하다. 여기서 말하는 정규성은 데이터에 대한 것은 아니며, 표본 평균의 분포에 대한 가정이다. 앞서 살펴본 중심 극한 정리는 표본의 개수가 무한히 커지면, 표본 평균의 분포가 정규분포를 따른다는 사실을 기술한다. 하지만 중심 극한 정리는 표본이 25~30개만 되어도 대체로 만족한다. 따라서 표본 개수가 충분한 경우, 정규성은 따로 살펴보지 않아도 된다. 하지만 표본 수가 작은 경우, 데이터의 정규성 검토가 필요하며, 정규성 가정을 만족하지 않는 경우, 분포 가정이 필요 없는 비모수 방법을 이용해야 한다.

② 범주의 개수

데이터가 정규성 가정을 만족하거나 표본이 30개가 넘는다면, 다음으로 확인할 것은 범주의 개수이다. 범주가 두 개 이하이면 t-검정을 사용할 수 있지만, 범주가 세 개 이상이면 분산 분석을 사용해야 한다. 범주가 한 개인 경우, 즉 단일 표본일 때는 일표본 t-검정을 이용한다.

③ 독립성

범주가 두 개인 경우, 먼저 표본이 독립적인지 확인한 뒤 분석 방법을 결정한다. 독립성을 확인하는 방법은 두 범주에 속한 표본이 서로 다른지 보는 것이다. 예를 들어, 교육 전후 학생들의 학업 성취도 변화를 관측하는 경우, 같은 학생의 이전 시험 점수와 교육 후 시험 점수를 비교하게 된다. 이처럼 비교 대상이 같은 학생이라면, 표본은 독립성을 만족하지 않는다. 이 경우 대응 표본 t-검정을 이용한다.

◢ 등분산성

두 집단이 서로 독립인 경우, 다음으로 확인해야 할 부분은 '등분산성'이다. 등분산성은 두 집단의 분산이 서로(데이터 과학적으로) 같다는 의미이다. 등분산성은 상식적으로 두 그룹이 비교 가능한 대상이나 수치인지 생각해 보는 것이다. 예를 들어 기업과 개인의 수익을 비교하는 것은 일반적인 상식으로도 동등한 비교 대상이 아님을 알 수 있다. 또한 수익을 비교하는 경우도 한 집단은 달러로, 다른 집단은 원화인 경우도 마찬가지로 동등 비교 대상이 아니다. 등분산성을 정확히 확인하려면, 등분산 검정을 하면 되지만, 사전에 단위나 집단의 성격을 생각해 보면, 시행착오를 줄일 수 있다.

3 | t-검정 vs. z-검정

t-검정은 종종 z-검정과 사용시기를 나누어 설명한다. 이번에는 이 둘의 특징과 차이를 알아보자. z-검정은 표본의 수가 큰 경우와 모집단의 분포가 정규분포로 알려진 경우에 사용한다. t-검정의 정확한 사용시기는 모분산을 모르고, 표본 수가 작은 경우이다. 하지만 모평균을 모르는데 모분산을 안다는 것은 현실적으로 불가능하기 때문에 모분산이 알려진 경우는 고려하지 않아도 좋다. 또한 t-검정에 사용하는 t-분포는 표본 수가 큰 경우(대표본) 정규분포와 유사하게 나타나기 때문에 대부분 표본의 크기와 무관하게 사용할 수 있는 t-검정을 이용한다. 물론 t-검정의 경우 표본 수가 작으면 정규성 검정을 통해 자료의 분포가 정규분포를 따르는지 확인해야 한다.

표 3.3 │ z-검정과 t-검정

모집단의 분포 〱 모분산에 대한 정보	알려진 경우	모르는 경우
모르는 경우 (대표본)	z-검정	z-검정
정규분포	z-검정	t-검정

2　단일 표본 t-검정

1 | 단일 표본 t-검정이란?

단일 표본 t-검정One sample t-test은 한 모집단의 평균이 기존에 알려진 사실과 같은지 검정하는 데에 이용된다. 범주형과 수치형 변수의 관계 문제로 바꿔 설명하면, 범주형 변수의 범주가 한 개인 평균 비교 문제로 생각할 수 있다. 또한 단일 표본 t-검정 문제는 보통 수질 정화시설의 PH 농도가 데이터 과학적인 측면에서 기준치(기존에 알려진 사실)를 만족하는지 살펴보는 경우와 같이 어떤 사실과 데이터를 비교하는 경우에 유용하게 쓰인다. 단일 표본 t-검정의 의사결정 흐름은 〈그림 3.3〉과 같다. 이제 예제를 통해, 단일 표본 t-검정 방법을 알아보자.

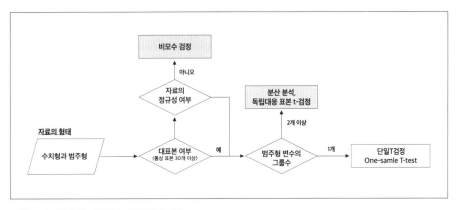

그림 3.3 | 단일 표본 t-검정의 의사결정 흐름도

2 | 문제 정의

1 문제 확인

예제 3.1 | 초코파이 표기 중량에 대한 의심

오리온 초코파이 중량은 개당 39g으로 표기되어 있다. 하지만 실제 봉지에 들어 있는 중량은 제조 과정에서 미세한 차이가 발생할 수 있다. A 씨는 최근 초코파이를 한 박스 구매하여 먹던 중 예전보다 중량이 줄어들었다는 의심을 하게 되었다. 그래서 남은 초코파이 중량을 확인하던 중 39g이 안 되는 초코파이를 5개나 발견했다. 불만을 품은 A 씨는 소비자보호원에 민원을 넣었다. 소비자보호원은 A 씨의 주장이 사실인지 확인하기 위해 오리온 초코파이 표기 중량과 실제 중량이 같은지 확인하려고 한다.

2 데이터 수집

표기 중량과 실제 중량이 같은지 확인하는 확실한 방법은 전수조사이다. 하지만 전수조사는 비용이 많이 들고, 사람이 측정할 경우, 측정 과정이나 결과를 기록하는 과정에서 오차가 발생할 수 있다. 그래서 임의추출random sampling을 통해 적은 수의 초코파이를 조사해 모집단(전체 초코파이)의 중량을 추정inference하기로 한다.

데이터 3.1 | 전국 초코파이 판매 매장에서 초코파이 20개를 임의 추출해 중량을 조사한 결과

조사번호	1	2	3	4	5	6	7	8	9	10
중량(g)	38.16	39.61	39.09	37.16	40.53	39.26	37.8	39.16	38.06	37.25
조사번호	11	12	13	14	15	16	17	18	19	20
중량(g)	35.59	40.41	35.23	36.34	37.36	38.16	42.31	39.63	41.19	42.29

〈데이터 3.1〉은 A씨의 주장이 사실인지 확인하기 위해, 소비자보호원에서 수집한 데이터이다. 앞서 살펴본 의사결정 흐름도에 따라 표본 수를 먼저 확인해 보자.

이 데이터는 표본이 총 20개로 대표본 가정이 어렵다. 그렇기 때문에 먼저 정규성을 검토한다.

② 정규성 검토

소표본인 경우, Q-Q plot이나 정규성 검정을 통해 자료가 정규분포를 따르는지 확인해야 한다. 이번에는 자료의 Q-Q plot과 분포를 통해 정규정을 만족하는지 확인해 보도록 하겠다.

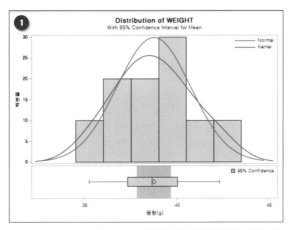

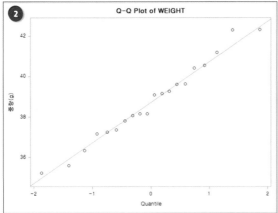

그림 3.4 | 조사한 초코파이 중량의 분포(위)와 Q-Q plot(아래)

① 초코파이 중량(weight)의 분포를 살펴보면 평균을 중심으로 좌우가 대칭인 형태를 갖고 있는 것을 알 수 있다.

② 또한 Q-Q Plot을 보면 데이터가 대각선을 중심으로 분포하고 있어 자료의 분포 상으론 정규성을 가정해도 큰 무리가 없는 것으로 보인다. 데이터의 분포를 통해 데이터가 대략 정규분포를 따름을 알 수 있었다.

3 | 가설 설정

검정을 위한 가설은 주장하고 싶은 것(초코파이의 중량은 39g이 아니다)을 대립가설로 설정하고, 기존에 알려진 사실을 귀무가설로 설정한다. 이렇게 설정하는 이유는 기존에 알려진 사실을 바꾸는 것에 대한 위험이 더 크기 때문이다. 예를 들면, 전체 초코파이의 평균 중량은 39g이 맞는데, 조사 과정상의 오류로 39g이 아니라고 검정되었다면(제1종 오류), 소비자 보호원은 오리온에 제재를 가할 수 있고 이로 인해 오리온은 피해를 받을 수 있다. 하지만 반대로 모평균 39g이 아닌데 39g 맞다고 잘못 주장할 경우(제2종 오류) 아무일도 일어나지 않는다. 두 가지 위험 중 어떤 것을 통제하는 것이 맞는가를 놓고 볼 때 모평균이 39g인데 아니라고 주장할 오류(제1종 오류)를 통제하는 것이 타당할 것이다. 그래서 기존에 알려진 사실이 아니라고 틀린 주장을 할 오류를 통제하기 위해 귀무가설을 기존에 알려진 사실로 설정하고, 이에 대한 오류를 유의수준significance level으로 통제한다. 유의수준은 보통 0.1, 0.05, 0.01이 주로 사용되고, 0.05의 경우 제1종 오류(귀무가설이 잘못 기각할 확률)를 5%로 통제하겠다는 의미를 갖는다(참고: 유의수준 0.05는 절대적인 기준이 아니며 상황에 따라 달리 적용해도 무관하다).

가설

$H_0 : \mu = 39g$ $H_1 : \mu \neq 39g$

위 가설에서 μ(mu; 뮤)는 평균을 나타내는 영어 단어 mean의 m에 해당하는 그리스 문자 μ 를 이용한 것이다. 보통 모수는 그리스 문자를 이용해 표현한다. H_0는 영가설 또는 귀무가설이라고 하는 기존에 알려진 사실이다. H_1는 새로운 주장으로 대립가설 또는 연구가설이라고 한다. ＜예제 3.1＞의 경우 귀무가설은 모집단의 초코파이 평균 중량이 39g임을 주장하고, 대립가설은 모집단의 중량의 평균이 39g이 아님을 주장한다.

4 | 검정 통계량

모집단의 평균을 검정하기 위해 모평균의 좋은 추정치인 표본 평균을 이용하고, 표본 평균의 분포를 이용해 가설을 검정한다. 이때 가설 검정에 사용되는 통계량을 검정 통계량test statistic이라고 한다. t-검정은 다음과 같이 검정 통계량 T를 이용한다.

식 3.1 | 검정 통계량 T

$$T = \frac{\bar{X} - \mu_0}{\sqrt{(s^2/n)}} \sim t(n\text{-}1)$$

＜식 3.1＞에서 $\bar{X} = \frac{1}{n}(x_1 + \ldots + x_n)$는 주어진 데이터 값들의 평균으로 표본 평균이다. μ_0는 검정대상이 되는 상수로 ＜예제 3.1＞의 경우 μ_0=39g이다. $s^2 = \frac{1}{n\text{-}1}[(\bar{x}\text{-}x_1)^2 + \ldots + (\bar{x}\text{-}x_1)^2]$은 자료의 퍼진 정도를 나타내는 표본 분산이다. n은 관측치의 수로 예제의 경우, n=20이다.

표 3.4 | ＜예제 3.1＞의 기술 통계

N	Mean	Std Dev	Std Err	Minimum	Maximum
20	38.7295	2.0013	0.4475	35.2300	42.3100

데이터에 대한 기술 통계decriptive statistics를 살펴보면, 평균은 38.7로 귀무가설 39g과 유사하다. 표준편차는 2g으로 주어진 데이터가 평균으로부터 평균 2g 정도 떨

어져 있는 것을 알 수 있다. 최솟값minimum과 최댓값maximum은 각 35.2g와 42.3g 이다. 데이터 과학 도구로 얻은 기술 통계량을 이용해 검정 통계량을 계산하면 다음과 같다.

풀이 3.1

$$T = \frac{38.7295 - 39}{\sqrt{\dfrac{2.0013^2}{20}}} = -0.60446$$

5 | 기각역 설정

검정 통계량 계산 결과를 얻었다면, 이제 귀무가설(H_0)을 주어진 유의수준에서 기각할지에 대한 기준이 필요하다. 이 기준을 기각역rejection region, critical region이라고 하며, 양측 검정인 경우 다음과 같이 구할 수 있다.

식 3.2 | 양측 검정의 기각역

$$t_{\left(\frac{\alpha}{2}\right)}(n\text{-}1)$$

α는 유의수준으로 특정 상수와 같은지 검정하는 양측 검정의 경우 2로 나눠주고, 특정 상수보다 큰지 혹은 작은지를 검정하는 경우(단측 검정: $\mu > \mu_0$ or $\mu < \mu_0$)에는 α를 그대로 이용한다. 유의수준을 α=0.05로 설정하여 〈예제 3.1〉의 기각역을 구하면 $t_{0.025}(19)=2.093$으로 t-분포 표를 통해 구할 수 있고, 양측 검정인 경우 앞선 검정 통계량의 절댓값과 비교하여 검정 통계량이 기각역보다 더 크면 귀무가설을 기각한다.

6 | 가설 검정

가설은 크게 '기각역, 신뢰구간, 유의확률' 세 가지 방법을 이용해 검정할 수 있다. 이 세 방법은 결과적으로 모두 같다. 하지만 검정 통계량을 직접 계산하는 경우 기각역을 이용한 방법이 유리하다. 반면, 프로그램을 이용하는 경우, 유의확률이 보다 편리하여 자주 사용한다. 신뢰구간을 이용한 방법은 알아 두면 가끔 유용하게 쓰인다.

▮ 기각역을 이용한 방법

기각역을 이용한 방법은 앞서 구한 검정 통계량과 기각역을 비교하여 검정한다. <예제 3.1>의 경우 기각역이 $t_{0.025}(19)=2.093$로, $|T|=0.60446 < t_{0.025}(19)=2.093$ 이기 때문에 유의수준 5%에서 귀무가설을 기각할 수 없다.

❷ 신뢰구간을 이용한 방법

표 3.5 | 표본 평균의 신뢰구간 및 표본 표준 편차의 신뢰구간

Mean	95% CL Mean		Std Dev	95% CL Std Dev	
38.7295	37.7928	39.6662	2.0013	1.5220	2.9231

신뢰구간을 이용한 방법은 <표 3.5>를 이용해 평균의 신뢰구간에 비교 대상인 상수(<예제 3.1>의 경우 39g)가 포함되는지로 검정할 수 있다. <예제 3.1>의 경우 신뢰구간은 37.79 ~ 39.67로 39g을 포함하는 것을 알 수 있다. 즉, 귀무가설을 기각할 수 없다.

❸ 유의확률을 이용한 방법

유의확률p-value을 이용한 방법은 주어진 데이터에서 제1종 오류의 확률인 유의확

률이 유의수준보다 작은지로 검정할 수 있다. 만약 유의확률이 유의수준보다 작다면, 귀무가설은 기각된다. 〈표 3.6〉은 분석 프로그램을 이용하여 유의확률을 구한 결과 표이다. 이 표의 'Pr>|t|'는 주어진 데이터에서의 유의확률이다. 유의확률 0.5527은 유의수준 0.05보다 크기 때문에 이 경우에도 귀무가설을 기각할 수 없다.

표 3.6 | t-검정 결과

DF	tValue	Pr>|t|
19	-0.60	0.5527

앞서 설명한 세 가지 가설 검정 방법의 결과는 모두 같다. 따라서 어떤 방법을 사용해도 무방하다. 하지만, 유의확률을 이용한 방법이 가장 많이 사용되므로 이 방법은 꼭 기억해 두는 것이 좋다.

7 | 의사결정

t-검정의 최종적인 결과는 다음과 같은 데이터 과학적인 의사결정 내용이다. 데이터 과학에 기초하여, 유의수준은 얼마였고, 귀무가설과 대립가설은 무엇이었는지 그리고 결론이 어떻게 도출되었는지를 서술한다.

주어진 유의수준 0.05 하에서 가설검정 결과 귀무가설 H_0:μ=39g을 기각할 수 없다. 즉, 주어진 유의수준 하에서 초코파이의 중량이 39g이 아니라는 주장에 대한 통계학적 유의성이 없는 것이다. 민원인 A 씨의 경우 어쩌다 보니 운이 없어 중량이 평균 대비 작은 초코파이를 구매하게 된 것으로 보인다.

독립 표본 t-검정

1 | 독립 표본 t-검정이란?

독립 표본 t-검정independent sample t-test은 독립인 두 집단의 평균을 비교할 때 사용하는 방법이다. 수치형과 범주형 변수 관점에서 범주형(그룹 수: 2개)인 경우 이 방법을 이용한다. 대부분의 경우 독립성 가정을 만족하지만, 같은 관측치에 대해 전-후 비교를 하는 경우 독립성 가정을 만족하지 않는다. 독립 표본 t-검정은 두 집단의 분산이 같은지 여부에 따라 다른 검정 통계량을 사용한다. 두 집단의 분산이 다른 경우(등분산) 풀드 독립 t-검정pooled t-test을 이용하고, 두 집단의 분산이 같은 경우(이분산) 새터스웨이트 독립 t-검정Satterthwaite t-test을 수행한다. 분석 프로그램을 이용할 경우 두 집단의 분산이 같은지에 대한 검정인 등분산 검정이 자동으로 수행된다. 이때 주의할 점은 등분산 검정의 귀무가설(H_0)은 "두 집단은 분산이 동일하다"라는 점이다. 따라서 등분산 검정의 유의확률이 유의수준보다 작다면(p-value < 0.05) 통계적으로 두 집단의 분산이 같다고 말할 수 없음을 의미한다.

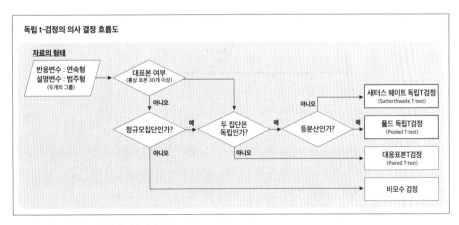

그림 3.5 | 독립 표본 t-검정의 의사결정 흐름도

더 알 아 보 기

등분산 검정을 하는 이유

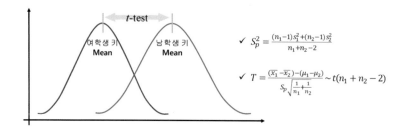

$$S_p^2 = \frac{(n_1-1)s_1^2+(n_2-1)s_2^2}{n_1+n_2-2}$$

$$T = \frac{(\overline{x_1}-\overline{x_2})-(\mu_1-\mu_2)}{S_p\sqrt{\frac{1}{n_1}+\frac{1}{n_2}}} \sim t(n_1+n_2-2)$$

그림 3.6 | 두 집단의 분산이 같은 등분산인 경우

두 집단의 표본 분산이 같은 경우 T 통계량의 표본 표준편차가 달라진다. 등분산 여부에 따라 통계량에 차이가 나타나는 이유는 산포의 정도가 다른 두 집단의 표본을 동등 비교한다는 것이 공정하지 않기 때문이다. 두 집단의 분산이 같은 경우 Pooled 방법을 이용한다. 두 집단의 분산이 같은 경우(등분산) 풀드 독립 t-검정pooled t-test을 이용한다.

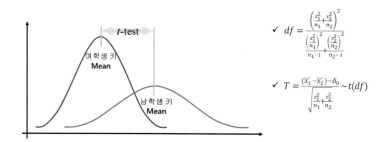

$$df = \frac{\left(\frac{s_1^2}{n_1}+\frac{s_2^2}{n_2}\right)^2}{\frac{\left(\frac{s_1^2}{n_1}\right)^2}{n_1-1}+\frac{\left(\frac{s_2^2}{n_2}\right)^2}{n_2-1}}$$

$$T = \frac{(\overline{x_1}-\overline{x_2})-\delta_0}{\sqrt{\frac{s_1^2}{n_1}+\frac{s_2^2}{n_2}}} \sim t(df)$$

그림 3.7 | 두 집단의 분산이 다른 이분산인 경우

두 집단의 분산이 다른 경우 자유도가 달라진다. 또한 T 통계량의 분모가 달라지며 이로 인해 등분산일 때와 다른 검정 결과가 얻어질 수 있다. 두 집단의 분산이 다른 경우(이분산) 새터스웨이트 독립 t-검정Satterthwaite t-test을 수행한다.

2 | 문제 정의

학습할 때 클래식 음악을 듣는 것이 학업 성취도 향상에 도움이 된다는 주장이 있다. M학원은 이 주장이 사실인지 확인하여 만약 클래식 음악을 듣고 학업 성취도가 높아진다면 자습 시간에 클래식 음악을 틀어주는 방법을 검토 중이다. 가설 검정을 위해 M학원은 임의로 학생 30명을 선정해 한달 간 A그룹 15명은 자습 시간에 클래식 음악을 듣게 했고, 나머지 B그룹은 아무것도 듣지 않도록 했다. 학생들의 중간고사 성적의 평균을 학업성취도 지표로 삼아 클래식 음악 청취 효과를 확인해 보자.

데이터 3.2 | 클래식 음악 청취 그룹 A와 비청취 그룹 B의 중간고사 평균 점수

그룹	A	A	A	A	A	A	A	A	A	A	A	A	A	A	A
성적	91	71	80	72	68	77	81	72	71	79	77	75	74	82	72
그룹	B	B	B	B	B	B	B	B	B	B	B	B	B	B	B
성적	74	73	79	83	83	69	79	73	77	80	81	78	75	71	74

이 문제는 클래식 음악 청취가 학업 성취도에 영향을 주는지 검정하는 문제이다. 보다 정확히 표현하면 두 그룹의 평균 성적을 비교하는 것과 같다. 이와 같은 두 그룹 간 평균 비교 문제에는 독립 표본 t-검정을 활용한다.

3 | 가설 설정

클래식 음악 청취 효과 검정 문제는 집단 A(청취 그룹)의 평균이 B보다 큰지 검정하는 문제이다. 따라서 귀무가설과 대립가설은 다음과 같다.

가설

$H_0 : \mu_A = \mu_B$ $\qquad\qquad\qquad\qquad\qquad$ $H_1 : \mu_A > \mu_B$

귀무가설은 '$\mu_A = \mu_B$'로 두 그룹의 학업 성취도가 같음을 의미한다. 귀무가설은 보통 주장하고 싶은 것의 반대 즉, 기존에 알려진 사실로 정한다. 반면, 대립가설은 실험자가 주장하고 싶은 내용을 담는다.

4 | 가정 확인

독립 표본 t-검정에서는 크게 두 가지 가정의 충족 여부를 확인해야 한다. 먼저 표본이 30개 미만인 경우 정규성 가정을 만족하는지 확인해야 한다. 그리고 등분산성 가정 즉, 두 그룹의 분산이 같은지를 확인해야 한다. [t 검정] 작업의 경우 자동으로 이 두 가정에 대한 검토 결과표를 출력한다.

❶ 정규성 검토

독립 표본 t-검정의 정규성은 두 그룹 모두에 대해 확인해야 한다. 따라서 작업을 실행하면, 다음과 같이 각 그룹별 정규성 검정 결과를 확인할 수 있다.

변수: SCORE GROUP = A				
정규성 검정				
검정	통계량		p 값	
Shapiro-Wilk	W	0.918975	Pr < W	0.1858
Kolmogorov-Smirnov	D	0.159936	Pr > D	>0.1500
Cramer-von Mises	W-Sq	0.059596	Pr > W-Sq	>0.2500
Anderson-Darling	A-Sq	0.435974	Pr > A-Sq	>0.2500

변수: SCORE GROUP = B				
정규성 검정				
검정	통계량		p 값	
Shapiro-Wilk	W	0.961276	Pr < W	0.7146
Kolmogorov-Smirnov	D	0.127785	Pr > D	>0.1500
Cramer-von Mises	W-Sq	0.037998	Pr > W-Sq	>0.2500
Anderson-Darling	A-Sq	0.234764	Pr > A-Sq	>0.2500

그림 3.8 | 두 그룹 A와 B에 대한 정규성 검정 결과

❶ 클래식 음악 청취 그룹 A에 대한 자료의 정규성 검정 결과를 보면 유의확률이 전반적으로 높은 것을 알 수 있다. 즉, 유의수준 5%에서 귀무가설 A그룹의 중간고사 평균 성적의 분포는 정규분포를 따른다고 볼 수 있다 (p-value>0.05).

❷ 비청취 그룹 B 역시 유의확률이 전반적으로 높아 유의수준 5%에서 귀무가설을 기각할 수 없다는 것을 알 수 있다 (p-value>0.05).

즉, 두 그룹 A, B 모두 유의수준 하에서 정규성 가정을 만족한다.

② 등분산 검정

Equality of Variances				
Method	Num DF	Den DF	F Value	Pr > F
Folded F	14	14	1.86	0.2568

그림 3.9 | 등분산 검정

〈그림 3.9〉는 각 그룹의 분산이 같은지를 검정(등분산 검정)한 결과이다. 귀무
가설(H_0)은 두 그룹의 분산이 같음을 주장한다. 결과를 보면 '유의확률(Pr>F) =
0.2568'로 유의수준 5%에서 통계적으로 각 그룹의 분산은 같다고 할 수 있다. 즉,
두 그룹 A와 B는 유의수준 하에서 등분산 가정을 만족한다.

5 | 가설 검정

GROUP	Method	N	Mean	Std Dev	Std Err	Minimum	Maximum
A			76.1333	5.8538	1.5114	68.0000	91.0000
B		15	76.6000	4.2895	1.1075	69.0000	83.0000
Diff (1-2)	Pooled		-0.4667	5.1316	1.8738		
Diff (1-2)	Satterthwaite		-0.4667		1.8738		

GROUP	Method	Mean	95% CL Mean		Std Dev	95% CL Std Dev	
A		76.1333	72.8916	79.3750	5.8538	4.2857	9.2320
B		76.6000	74.2245	78.9755	4.2895	3.1405	6.7650
Diff (1-2)	Pooled	-0.4667	-3.6542	Infty	5.1316	4.0723	6.9402
Diff (1-2)	Satterthwaite	-0.4667	-3.6642	Infty			

Method	Variances	DF	t Value	Pr > t
Pooled	Equal	28	-0.25	0.5974
Satterthwaite	Unequal	25.67	-0.25	0.5973

그림 3.10 | t-검정 수행 결과

❶ t-검정 결과표이다. 패키지를 이용해 독립 t-검정을 하면 등분산과 이분산일 경우를 모
두 출력한다. 등분산 검정 결과 등분산이기 때문에(Variance=Equal) 'Pooled' 통계량의
검정 결과를 확인한다. 등분산인 경우에 대한 유의확률은 0.5974로 유의수준 5%에서
귀무가설(그룹 A와 B의 모평균은 같다)을 채택한다.

❷ 두 그룹의 평균 성적을 살펴보면 A그룹은 76.1, B 그룹은 76.6으로 B그룹이 오히려 더
성적이 높음을 알 수 있다.

검정 결과를 종합하여 해석하면 클래식 음악 청취 집단 A와 비청취 집단 B는 유의수준 5%에서 분산이 같았고, 집단 A와 B의 평균 중간고사 성적의 차이는 통계적으로 유의하지 않았다. 즉, 자율학습 시간에 클래식을 청취하는 것이 성적 향상에 도움이 된다고 말할 수 없다.

6 | 실습

A 리테일의 R&D팀은 최근 지역 특색에 맞는 상품 진열법을 개발했다. 이 팀의 주장에 따르면 지역 특색을 고려한 상품 배치가 매출 증가에 도움이 된다고 한다. A 리테일은 새로운 상품 배치 방법을 전 점포에 적용하기 전에 데이터 사이언스팀에 이 배치 방법의 효과를 확인해 달라고 요청했다. 이에 데이터 사이언스팀은 규모가 비슷한 20개 점포를 고른 뒤, 10개 점포를 임의 선정해 새로운 배치법을 한 달간 시행했다. 그리고 점포별 매출을 수집하여 〈데이터 3.3〉를 얻었다. 이 데이터를 활용하여 새로운 배치법의 효과를 검정해 보자.

데이터 3.3 | 지역 특색을 고려한 새로운 진열법 효과 분석

A 그룹	1	2	3	4	5	6	7	8	9	10
매출	4977	5026	4869	5053	4978	4960	5120	4956	4909	5015
B 그룹	11	12	13	14	15	16	17	18	19	20
매출	3875	3937	4805	4895	3774	4229	3064	2914	4134	4601

〈데이터 3.3〉의 A 그룹은 새로운 배치법으로 한 달간 영업한 점포의 매출이다. 그리고 B 그룹은 기존 배치 방법을 그대로 적용한 점포의 매출이다. 이 두 그룹의 매출 평균을 비교하자.

■ 작업 가져오기

플로우를 새로 만들고, 데이터와 작업을 〈그림 3.11〉과 같이 가져온다.

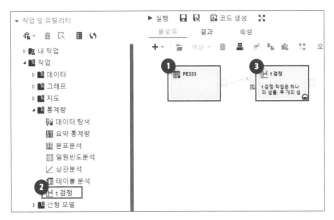

그림 3.11 │ 새로운 진열법 데이터 및 t-검정 작업 가져오기

❶ 실습 데이터 'PE333'을 플로우로 이동
❷ [작업 및 유틸리티]의 [작업] 아래에 있는 [통계량]에서 [t 검정] 작업을 플로우로 이동
❸ [t 검정] 작업과 데이터를 연결한 뒤, [t 검정] 노드를 더블 클릭

■ 데이터 및 옵션 설정

데이터 탭에서는 검정 방법과 분석 변수를 선택하고, 옵션에서는 검정의 꼬리를 정하고 작업을 실행한다.

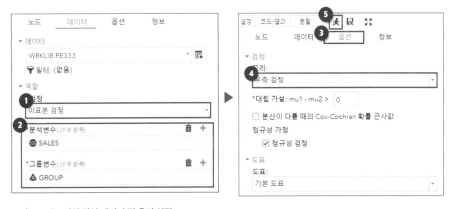

그림 3.12 │ t-검정 작업 데이터 및 옵션 설정

- ❶ [t-검정] 방법을 '이표본 검정'으로 선택
- ❷ 분석변수와 그룹변수에 각각 'SALES'와 'GROUP'을 할당
- ❸ 옵션 탭으로 이동
- ❹ [검정]의 [꼬리:]를 '우측 검정'으로 변경
- ❺ ⚡ 버튼을 눌러 [작업] 실행

[검정]의 [꼬리:]를 〈그림 3.12〉와 같이 변경하면, 대립 가설은 '$\mu_A > \mu_B$'가 된다. 귀무가설이 기각되면, A그룹의 평균 매출이 B그룹보다 높다는 결론을 내릴 수 있다.

③ 결과 확인

작업을 실행하면 다양한 표와 그림이 출력된다. 이 중 가설 검정과 가정 검토에 필요한 내용을 중심으로 살펴보자.

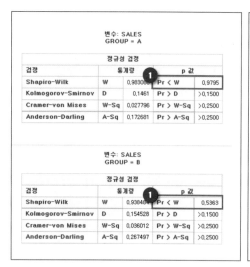
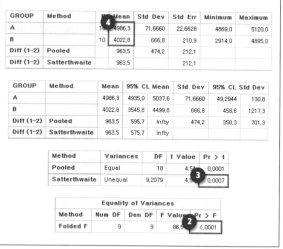

그림 3.13 | 독립 표본 t-검정 작업 실행 결과

- ❶ 독립 표본 t-검정 결과를 살펴보기 전에 가정을 먼저 살펴보자. 이 결과는 두 그룹 A와 B에 대한 정규성 검정 결과이다. 이 경우 표본이 작기 때문에 'Shapiro-Wilk'검정 결과를 살펴보면 'Pr < W'는 각각 0.9795와 0.5363으로 유의수준 5%에서 귀무가설 '데이터는 정규분포를 따른다'를 기각할 수 없다. 따라서, 두 그룹 데이터 모두 정규성 가정을 만족한다.

160

❷ 'Equality of Variances'는 두 그룹 A와 B의 분산이 같은지 검정한 결과이다. 귀무가설은 '두 그룹은 등분산이다'이다. 유의확률 'Pr > F'를 살펴보면, '< .0001'로 유의확률이 매우 작은 걸 알 수 있다. 이 경우 유의수준 1%와 5%로 모두에서 귀무가설은 기각되어, 등분산이 만족되지 않음을 알 수 있다.

❸ 등분산 가정을 만족하지 않은 경우 'Satterthwaite' 방법으로 검정한 결과를 활용한다. 이 검정 결과의 유의확률 'Pr > t'는 0.0007로 유의수준 1%에서도 귀무가설이 기각된다.

❹ A그룹은 B그룹보다 통계적으로 유의하게 큰 매출을 기록했다. 과연 그 차이는 얼마나 될까? <그림 3.13>의 ④를 보면, A그룹의 평균 매출은 4986.3이고 B그룹은 4022.8임을 알 수 있다. 평균만 보아도 확실히 A그룹의 매출이 높다.

검정 결과를 종합하면, 지역 특성을 고려한 새로운 배치 방법은 실제로 유효함을 알 수 있다. 또한, 각 그룹의 평균 매출을 살펴보았을 때, 그 차이도 상당한 것으로 파악된다.

4 대응 표본 t - 검정

1 | 대응 표본 t-검정이란?

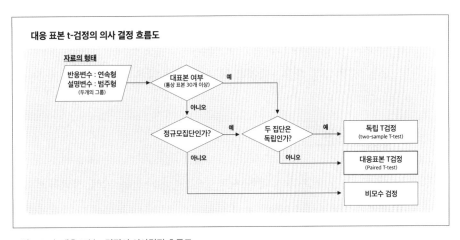

그림 3.14 | 대응 표본 t-검정의 의사결정 흐름도

대응 표본 t-검정paired sample t-test은 같은 개체에 대해 특정 처리를 하기 전과 후를 비교하기 위해 사용되는 평균 비교 방법이다.

표 3.7 | 클래식 감상 전후 성적 비교

학생 이름	이전 점수(전)	클래식 음악을 들은 후 점수(후)
철수	87	100
영희	65	78
길동	37	87
...	...	...

예를 들면, 임의로 선정된 학생들을 대상으로 사전에 시험을 보게 하고 점수를 수집한 뒤 한 달간 자율학습 시간에 클래식 음악을 듣게 한 후 성적 변화의 평균을 검정한다면 대응 표본 t-검정이 적절한 방법이다. 종속 변수와 독립 변수 관점에서 연속형 종속 변수와 하나의 그룹 변수를 갖는 경우에 해당하며, 차이가 있다면 하나의 그룹의 각 개체에 대해 처리 전과 후를 비교한다는 점이다. 처리 전후 차이에 대한 단일 표본 t-검정과 같다.

대응 표본 t-검정 역시 정규성 가정 검토가 필요하기 때문에 표본의 수를 기준으로 먼저 판단한다. 표본 수가 충분한 경우 정규성 가정 검토 없이 대응 표본 t-검정을 수행한다. 반면, 소표본인 경우 자료의 정규성에 대한 검토를 통해 정규성을 만족하는 경우 대응 표본 t-검정을 하고, 그렇지 않은 경우 비모수 검정을 이용한다.

2 | 문제 정의

성남시는 지역화폐에 대한 시민들의 인식 개선을 위해 지역화폐의 효용성을 홍보하는 영상물을 제작했다. 영상물의 인식 개선 효과를 확인하기 위해 임의로 선정한 시민 15명을 대상으로 영상물 시청 전과 후에 각각 지역화폐에 대한 평가를

100점 만점으로 측정했다. 영상물로 인한 지역화폐 인식 개선 효과가 유의한지 확인해 보자.

데이터 3.4 | 영상 시청 전/후 지역화폐 선호도 측정 데이터

번호	1	2	3	4	5	6	7	8	9	10	11	12	13	14	15
전	71	40	68	48	52	48	50	42	43	50	49	49	53	59	46
후	83	56	78	54	61	59	58	52	54	60	59	56	64	72	56

영상 시청 전후 데이터는 동일한 사람에 대해 영상 시청 전과 후의 선호도 변화를 측정한 자료이다. 따라서 이 실험에서 독립 표본 t-검정을 적용하는 것은 적절하지 않다. 관측치의 수는 전후 그룹별 15개로 대표본이라고 보기 어렵기 때문에 t-검정 전에 정규성 검정을 통해 자료의 정규성에 대한 검토가 필요하다. 데이터 분석 프로그램을 이용한 검정 수행 결과는 다음과 같다.

3 | 가설 설정

홍보 영상으로 인한 지역화폐의 인식 개선 효과를 검증하려면, 영상 시청 전과 후의 평가 점수를 비교하면 된다. 시청 전의 평가 점수 평균을 A, 시청 후의 평가 점수 평균을 B라고 할 때, 귀무가설과 대립가설은 다음과 같다.

가설

$H_0 : \mu_A = \mu_B$ $H_1 : \mu_A < \mu_B$

귀무가설은 '$\mu_A = \mu_B$'로 영상 시청 전후 평가가 같음을 의미한다. 반면 대립가설은 영상시청 이후에 평가가 더 좋아졌음을 나타낸다.

4 | 가정 확인

변수: _Difference_ (차이: AFT - BFR)				
정규성 검정				
검정	통계량		p 값	
Shapiro-Wilk	W	0.941765	Pr < W	0.4051
Kolmogorov-Smirnov	D	0.189177	Pr > D	>0.1500
Cramer-von Mises	W-Sq	0.091392	Pr > W-Sq	0.1368
Anderson-Darling	A-Sq	0.478227	Pr > A-Sq	0.2094

그림 3.15 | 영상 시청 후-전 선호도에 대한 정규성 검정 결과

영상 시청 후 선호도(AFT)에서 영상 시청 전 선호도(BFR)를 뺀 값을 이용해 정규성 검정을 수행한다. 정규성 검정 결과 유의수준 5%에서 각 검정 방법의 유의확률이 더 크기 때문에 유의수준 5%에서 귀무가설(H_0) '모집단의 분포는 정규분포를 따른다'를 기각할 수 없다. 즉, 통계적으로 정규성 가정을 만족한다.

5 | 가설 검정

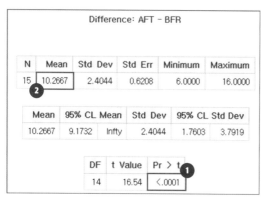

그림 3.16 | 대응 표본 t-검정 결과표

164

❶ 데이터 분석 도구를 이용한 대응 표본 t-검정 결과이다. 유의확률(Pr>|t|)은 0.0001보다 매우 작은 값임을 알 수 있다. 유의수준 5%를 기준으로 검정할 경우 귀무가설(H_0) "영상 시청 전(BFR)과 후(AFT)의 지역화폐 선호도 차이가 없다"는 기각되는 것을 알 수 있다. 즉, 영상 시청 전과 후에 유의한 선호도 차이가 존재함을 알 수 있다.

❷ 영상 시청 전과 후의 차이에 대한 평균 값은 약 10.27로 선호도가 평균 10점 정도 증가한 것을 알 수 있다. 신뢰구간은 8.9~11.6이다.

검정 결과를 종합하여 해석하면 영상 시청 전과 후의 지역화폐 선호도가 유의수준 5%에서 통계적으로 유의하게 상승했음을 알 수 있다. 각 개체에 대한 전과 후의 선호도 차를 확인해 보니 영상 시청 후가 평균 10점 더 높았다. 즉, 통계적으로 홍보 영상 시청이 지역화폐 선호도 개선에 도움이 된다고 말할 수 있다.

6 | 실습

A 건강식품 업체는 자사의 새로운 다이어트 식품이 체중감량에 매우 효과적이라는 점을 데이터 과학으로 입증하고 싶다. A 건강식품은 효과 검증을 위해 실험 참가자 20명을 모집했다. 그리고 운동, 식단 등은 체중에 영향을 줄만한 요인을 모두 통제하고, 3개월간 A 건강 식품을 꾸준히 복용하도록 했다. 〈데이터 3.5〉는 실험참가자들의 3개월간 전과 후의 체중 변화 데이터이다.

데이터 3.5 | 다이어트 식품 복용 전후 몸무게 비교 데이터(DIET_EFFECT_TEST)

ID	1	2	3	4	5	6	7	8	9	10
전	87.74	76.94	87.81	102.01	80.94	87.5	106.09	85.48	71.28	92.67
후	72.62	75.35	65.99	65.63	71.46	68.74	87.91	74.58	48.27	82.02
ID	11	12	13	14	15	16	17	18	19	20
전	87.3	96.99	79.14	78.26	98.74	94.66	84.13	83.12	72.81	110.45
후	66.7	65.56	72.17	69.09	89.2	66.37	67.75	68.01	76.3	59.35

이 문제는 전후 비교 문제로 대응 표본 t-검정이 적당한 문제이다. 실습을 통해 대응 표본 t-검정 방법을 알아보자.

1 작업 가져오기

플로우를 새로 만들고, DIET_EFFECT_TEST 데이터와 t-검정 작업을 〈그림 3.17〉과 같이 플로우로 가져온다.

그림 3.17 | 다이어트 데이터 및 t-검정 작업 가져오기

❶ 실습 데이터 'DIET_EFFECT_TEST'을 플로우로 이동
❷ [작업 및 유틸리티]의 [작업] 아래에 있는 [통계량]에서 [t 검정] 작업을 플로우로 이동
   [t 검정] 작업과 데이터를 연결한 뒤, [t 검정] 노드를 더블 클릭

2 데이터

[데이터] 탭에서는 검정 방법을 변경하고, 다이어트 보조식품 복용 전과 후 몸무게를 각 '그룹 1 변수'와 '그룹 2 변수'로 할당한다.

그림 3.18 | t-검정 작업 데이터 및 옵션 설정

❶ [t-검정]에서 '쌍체 검정'을 선택(참고: 쌍체 검정과 대응 표본 t-검정은 같은 의미)

❷ [그룹 1 변수:]에 이전 몸무게 'BFR_WIT'를 할당하고, [그룹 2 변수:]에 복용 후 몸무게 'AFT_WIT'를 할당

🔳 옵션

실습 문제는 다이어트 보조식품을 먹기 전보다 체중이 감량했는지를 검정하는 것이 주 목적이다. 따라서 대립 가설을 'mu1 - mu2 > 0'으로 변경해준다. 대립 가설의 mu1은 복용 전 몸무게의 평균을 의미하고, mu2는 복용 후 몸무게 mu2를 의미한다.

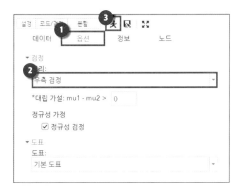

그림 3.19 | 옵션 설정 변경 내용

❶ [옵션] 탭으로 이동

❷ [꼬리:]를 [우측 검정]으로 변경

❸ 🏃 버튼을 눌러 [작업] 실행

4 결과 확인

결과에서는 정규성 검정 결과와 복용 전과 후 몸무게가 평균 얼마나 차이가 났는지 확인한다. 그리고 마지막으로 이 차이가 과연 데이터 과학적으로 유의미한 차이인지 확인해 보자.

변수: _Difference_ (차이: BFR_WIT - AFT_WIT)

정규성 검정

검정	통계량		p 값	
Shapiro-Wilk	W	0.945379	Pr < W	0.3023
Kolmogorov-Smirnov	D	0.130914	Pr > D	>0.1500
Cramer-von Mises	W-Sq	0.068828	Pr > W-Sq	>0.2500
Anderson-Darling	A-Sq	0.421796	Pr > A-Sq	>0.2500

Difference: BFR_WIT - AFT_WIT

N	Mean	Std Dev	Std Err	Minimum	Maximum
20	17.5495	12.4843	2.7916	-3.4900	51.1000

Mean	95% CL Mean		Std Dev	95% CL Std Dev	
17.5495	12.7225	Infty	12.4843	9.4942	18.2342

DF	t Value	Pr > t
19	6.2	<.0001

그림 3.20 | 대응 표본 t-검정 작업 실행 결과

❶ 이 데이터는 표본이 20개로 소표본에 속한다. 그 때문에 t-검정의 가정 확인을 위해, 먼저 정규성 검정을 수행했다. 이 항목은 데이터의 정규성 검정 방법 중 하나인 'Shapiro-Wilk' 검정의 유의확률이다. 정규성 검정의 귀무가설은 '데이터가 정규분포를 따른다'이기 때문에, 유의확률이 유의수준 5%보다 큰 경우, 정규분포를 따른다는 귀무가설을 기각할 수 없다. 즉, 데이터가 정규분포를 따른다고 볼 수 있다. 결과를 살펴보면, 'Pr < W'는 0.3023으로, 데이터가 정규성 가정을 만족함을 알 수 있다.

❷ 'Mean'은 'BFR_WIT - AFT_WIT'의 평균이다. 즉, 건강보조 식품을 복용한 후 피실험자들의 체중이 평균 17.5kg 감소했다는 사실을 알 수 있다.

❸ 이 유의확률은 '17.5 > 0'인지를 검정한 결과이다. 유의확률 'Pr > t'가 0.001보다 작으므로, 유의수준 5%에서 통계적으로 유의하다는 사실을 알 수 있다.

2

No Code Data Analysis

범주와
수치 변수의 관계 II

---

1 분산 분석이란?

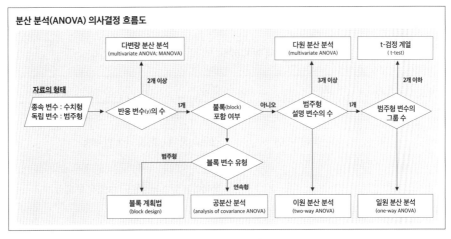

분산 분석(ANOVA) 의사결정 흐름도

그림 3.21 | 분산 분석 의사결정 흐름도

분산 분석analysis of variance; ANOVA은 수치형 종속 변수와 범주형 독립 변수를 갖는 데이터를 분석하는 방법 중 하나이다. 분산 분석은 범주형 독립 변수의 집단(또는 수준, 그룹)에 따라 수치형 종속 변수의 평균 차이가 있는지를 통계적으로 검정하는 방법이다. 앞서 살펴본 t-검정의 확장으로 주로 독립 변수의 집단이 3개 이상인 경우 이용한다.

데이터 3.6 | 공정 A, B, C의 불량률 측정 자료

공정(독립 변수)		A(집단1)	B(집단2)	C(집단3)
	반복 수			
불량률 (종속 변수)	1	2.05	1.92	3.15
	2	1.95	1.31	3.12
	3	2.27	1.54	3.25
	4	1.93	1.57	2.68
	5	1.96	1.67	3.24

분산 분석은 〈데이터 3.6〉과 같이 각 공정(독립 변수, 요인)의 종류(A, B, C)에 따른 불량률(종속 변수)의 차이가 통계적으로 유의한지를 검정하기 위한 방법이다. 분산 분석에서는 공정의 종류 A, B, C를 수준level 또는 처리treatment라고 한다.

표 3.8 | 실험 연구의 세 가지 원칙

	원칙	설명
1	확률화randomization	실험 단위의 배치 및 순서는 임의로 결정
2	반복화replication	같은 처리 내 실험을 여러 번 수행
3	블록화blocking	실험 단위들이 서로 이질적인 경우 교락되어 있는 요인을 통제하여 실험의 정밀도precision를 향상

예시 | 확률화와 블록화

(확률화)   광고에 대한 소비자의 호감도는 광고의 종류 외에 성별, 연령, 소득 등의 요인이 영향을 미칠 수 있어 이런 모든 요인을 통제하는 것이 이상적이나, 실제로는 불가능하기 때문에 확률화를 통해 실험 외적인 요인을 통제

(블록화)   성별, 연령, 소득 등이 동일한(유사한) 소비자들을 하나의 블록으로 묶어 실험을 수행한 후 이를 고려해 분석을 수행

1 | 유형

분산 분석은 연속형 종속 변수와 범주형 독립 변수를 갖는 문제에 적합한 분석 방법이다. 이때 연속형 독립 변수의 개수, 범주형 독립 변수의 개수 그리고 반복 측정 여부 등에 따라 일원 분산 분석, 이원 분산 분석, 다원 분산 분석, 다변량 분산 분석으로 구분할 수 있다. 또한 알고 싶은 독립 변수의 효과를 정확하게 파악하기 위해 블록block이나 공변량covariates을 사용하여 실험의 정밀도를 높일 수 있다. 분산 분석은 실험계획법experiment design에서 주로 사용되는 방법이다.

표 3.9 | 분산 분석의 유형

유형	종속 변수의 수	독립 변수의 수
일원 분산 분석one-way ANOVA	1개 (연속형)	1개 (범주형)
이원 분산 분석two-way ANOVA	1개 (연속형)	2개 (범주형)
다원 분산 분석multi-way ANOVA	1개 (연속형)	3개 이상 (범주형)
다변량 분산 분석Multivariate ANOVA; MANOVA	2개 이상 (연속형)	1개 이상 (범주형)
공분산 분석Analysis of Covariance; ANCOVA	1개 (연속형)	2개 이상 (범주형/연속형)
다변량 공분산 분석 Multivariate ANOVA; MANCOVA	2개 이상 (연속형)	2개 이상 (범주형/연속형)

2 | 분산 분석 문제

분산 분석은 종속 변수가 수치형이고, 독립 변수가 범주형인 경우 이용 가능한 방법으로 다음 〈표 3.10〉과 같이 다양한 상황에서 적용할 수 있다.

표 3.10 | 분산 분석 문제 예시

방법론	예시
일원 분산 분석	❶ 네 종류(F1, F2, F3, F4)의 비료에 따른 농작물의 평균 수확량 비교 ❷ 금속 가공을 위해 사용되는 세 종류의 용액(기름, 소금물, 기름과 소금물의 혼합 용액)에 따른 알루미늄 합금의 강도 비교 ❸ 세 종류(A, B, C)의 광고를 보여주고 각 광고에 대한 효과를 분석 ❹ 다섯 종류(A, B, C, D, E)의 기계에 따른 평균 생산량 비교
이원 분산 분석	❶ 세 종류(A1, A2, A3)의 휘발유 브랜드와 네 종류(B1, B2, B3, B4)의 자동차에 따라 연비 차이가 있는지를 분석 ❷ 소비자 다섯 명에 대해 제품 A, B, C, D에 대한 선호도 조사 분석 ❸ 대, 중, 소도시 매장에 신제품 디자인 A, B, C에 대한 시범 판매 후 판매량 평균 비교
공분산 분석	❶ 출시 예정 스마트폰에 대한 사전 선호 파악을 위해 전문가 그룹(A)과 일반인 그룹(B)에 대해 비교한 결과 연령에 따른 영향이 있을 것으로 예상되어 연령을 공변량으로 포함 ❷ A, B, C 세 가지 학습지에 대한 점수 향상 효과 측정을 위해 300명의 학생을 임의로 세 그룹으로 나누어 학습지를 할당하고, 일주일 간 공부하게 한 뒤 쪽지시험 점수를 비교하려고 했으나, 각 학생의 공부 시간이 달라 공부 시간을 통제

2 일원 분산 분석

1 | 일원 분산 분석이란?

일원 분산 분석one-way ANOVA은 연속형 종속 변수 1개와 범주형 독립 변수 1개를 갖는 데이터를 검정하기 위한 방법이다. 주로 범주형 독립 변수의 수준 수가 3개 이상인 경우 주로 사용한다(2개 이하인 경우 t-검정을 사용). 일원 분산 분석에서는 종속 변수의 변동 중 독립 변수로 설명되지 않는 오차에 대해 몇 가지 가정을 한다. 첫

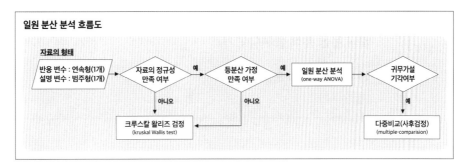

그림 3.22 | 일원 분산 분석의 의사결정 흐름도

째, 각 오차는 서로 독립(독립성)이다. 둘째, 오차의 평균이 0이고, 분산이 각 수준에 따라 모두 같다. (등분산성) 셋째, 오차는 정규분포(정규성)를 따른다. 세 번째 가정을 만족하지 않는 경우 비모수 검정을 이용한다.

오차의 세 가지 가정

❶ (독립성) 각 집단 간 오차는 독립이다.
❷ (정규성) 각 집단의 오차는 정규분포를 따른다.
❸ (등분산성) 각 집단의 오차의 모분산은 동일하다.

일원 분산 분석은 오차와 처리의 분산비를 이용해 처리 효과가 유의한지를 검정한다. 즉, 일원 분산 분석은 '각 수준 중 적어도 하나는 효과가 있는가'를 검정한다. 따라서 검정 결과가 유의한 경우 각 수준들 간에 유의 차가 존재하는 쌍을 찾는 다중 비교multiple comparison 또는 사후 검정이 필요하다. 예를 들어 〈데이터 3.6〉의 분산 분석 결과가 유의하게 나왔다면, 각 공정 A, B, C 중 어떤 공정이 유의한 차이를 보였는지 다중 비교로 확인한다.

일원 분산 분석 들여다보기

1 | 일원 분산 분석 모형

$$y_{ij} = \mu_i + \epsilon_{ij}$$
$$= \mu + \alpha_i + \epsilon_{ij}, \, i = 1, ..., n_i$$

y_{ij}: i 번째 처리를 받은 n_i개의 개체 중 j번째 개체에 대한
  반응 변수의 값

μ 전체 모평균

μ_i: i 번째 처리의 모평균

$\alpha_i (= \mu_i - \mu)$: i 번째 처리의 효과

ϵ_{ij}: 오차항으로 서로 **독립**인 확률변수, $\epsilon_{ij} \sim N(0, \sigma^2)$

가정: 각 처리수준에서 모분산은 동일

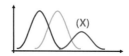

✓ ANOVA의 등분산 검정은 주로 Bartlett,
Brown & Forsythe, Levene, O'Brien
등의 방법이 이용된다.

그림 3.23 | ANOVA 모형의 가정

일원 분산 분석은 세 개 이상의 그룹을 가진 하나의 범주형 독립 변수를 포함하는 데이터에 적합
하다. 이 모형에서는 오차항이 서로 독립이며, 평균이 0이고 분산이 σ^2인 정규분포를 따른다고
가정한다. 분산 분석은 정규 모집단 가정에 대해 강건한robust 모형으로 정규성을 다소 이탈한다
고 하여도 큰 문제가 발생하지 않는다고 알려져 있다.

2 | 일원 분산 분석의 가설

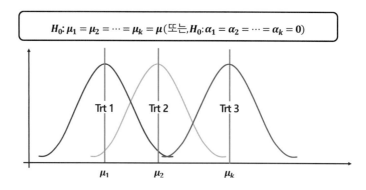

$$H_0: \mu_1 = \mu_2 = \cdots = \mu_k = \mu \, (\text{또는,} H_0: \alpha_1 = \alpha_2 = \cdots = \alpha_k = 0)$$

그림 3.24 | ANOVA 모형의 귀무가설

일원 분산 분석의 가설은 "모든 처리 수준에서 모평균이 모두 같다"는 것이다. 최소 하나 이상의 처리 수준에서 유의한 차이가 나타나면, 귀무가설은 기각된다. 즉, 분산 분석은 어떤 그룹 간에 차이가 있다는 사실은 알려주지 않는다. 단지 우리가 비교하고자 하는 집단 간에 모평균의 차이가 유의수준 하에 존재한다는 것을 말한다. 이런 이유로 어떤 집단에 차이가 있는지 살펴보기 위한 검정 절차가 별도로 필요하다.

3 | 일원 분산 분석의 검정 통계량

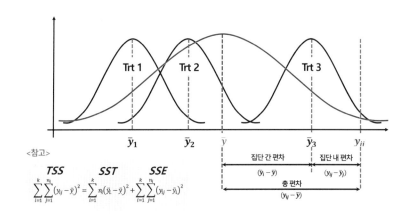

그림 3.25 | ANOVA 분석의 제곱합 분해

분산 분석은 종속 변수의 변동total sum of squares; TSS을 그룹 간 차이에 의한 변동sum of squares for treatment; SST과 그룹 간 차이 외 변동sum of squares for residual; SSE으로 분해하고 이때 평균적인 그룹 간 차이SST가 그룹 간 차이 외 변동SSE보다 클수록 각 그룹 간 평균 차가 통계적으로 유의하게 된다.

표 3.11 | 일원 분산 분석의 분산 분석표

요인 (Factor)	자유도 (Degree of Freedom)	제곱합 (Sum of Square)	평균제곱 (Mean Square)	F value
처리 (Treatment)	k-1	SST	$MST = \dfrac{SST}{k-1}$	$F = \dfrac{MST}{MSE}$
오차 (Error)	n-k	SSE	$MSE = \dfrac{SSE}{n-k}$	
총 (Total)	n-1	TSS		

분산 분석은 검정 통계량으로 F-통계량을 이용한다. F-통계량은 각 처리와 오차에 대한 평균 제곱합의 비로 구성되어 있다. 이때 처리 평균 제곱Mean Square for Treatments; MST이 오차 평균 제곱Mean Square for Errors; MSE보다 커질수록 각 그룹 별 종속 변수 평균의 차이가 유의함을 의미하기 때문에 F-통계량 값은 커진다. F-통계량이 사전에 설정한 유의수준(그룹 별 평균이 모두 같은데 다르다고 할 확률)에 도달할 정도로 유의하게 커지면 그룹 별 평균의 차이가 없다는 귀무 가설이 기각되게 된다.

2 | 문제 정의

전자상거래 기업 C는 고객에게 개인화된 맞춤 추천 서비스 제공하고 있다. 그러던 중 추천 배너의 위치가 중요하다는 연구를 발견했다. 이를 토대로 배너의 위치를 3개 영역으로 구분하여 임의로 선정된 15명의 고객에 대해 A, B, C 위치를 임의로 할당하여 한 달간 클릭률(CTR; 클릭 수/노출 수)을 관찰했다. 위치에 따른 클릭률 차이가 있는지 알아보자.

데이터 3.7 | 개인화 추천 배너 위치에 따른 배너 클릭률

위치POSITION		클릭률CTR			
A	9.65	9.65	9.59	9.52	9.81
B	8.16	8.57	8.13	8.28	8.36
C	7.76	7.7	7.56	8.02	8.21

이 문제는 배너의 위치(A, B, C) 따른 클릭률(CTR)의 차이를 검정하는 문제이다. 이때 종속 변수는 연속형 변수로 클릭률이고 독립 변수는 배너의 위치로 범주형 변수이다. 독립 변수의 수준은 A, B, C로 3개의 수준을 갖기 때문에 일원 분산 분석이 적합하다.

3 | 가설 설정

앞의 문제에서 귀무가설은 '각 위치에 따른 클릭률의 모평균이 모두 같다'이다. 이 말은 각 위치 A, B, C의 클릭률의 모평균이 모두 같다는 의미이다. 반면 대립가설은 '적어도 배너 하나는 다른 위치의 배너와 다른 클릭률을 나타낸다'이다. 여기서는 간단히 'H_0가 사실이 아니다'로 나타냈다.

가설

$H_0: \mu_A = \mu_B = \mu_C$ $H_1: H_0 \ is \ not \ ture$

4 | 가정 확인

일원 분산 분석은 오차항에 대해 정규성, 등분산성, 독립성을 가정한다. 등분산성은 주로 'Levene's Test'를 이용하여, 각 그룹 별 분산이 서로 같은지(동질적인지)를 검정한다. 정규성과 독립성은 오차의 추정치인 잔차를 분석하여 확인한다.

■ 등분산 가정에 대한 검정

일원 분산 분석에서 등분산 검정은 각 처리 수준에 따른 클릭률의 분포의 분산이 같은지를 검정한다(이는 오차의 등분산과 의미적으로 같음). 등분산 검정의 귀무가설은 독립 표본 t-검정과 동일하게 '각 그룹(A, B, C)의 분산이 같다(등분산)'이다. [일원분산 분석] 작업을 이용하여 등분산 검정을 수행하면, 다음 〈그림 3.26〉과 같은 결과가 도출된다.

Levene's Test for Homogeneity of CTR Variance ANOVA of Squared Deviations from Group Means					
Source	DF	Sum of Squares	Mean Square	F Value	Pr > F
POSITION	2	0.00532	0.00266	2.23	0.1504
Error	12	0.0143	0.00119		

그림 3.26 | 대한 등분산 검정 결과

등분산 검정 결과를 살펴보면 유의수준 5%에서 유의확률(Pr > F)이 유의수준보다 크기(*P-value* = 0.1504>0.05) 때문에 귀무가설 '각 그룹(A, B, C)의 분산이 같다'는 주장을 기각할 수 없다. 즉, 등분산 가정을 만족한다. 등분산 검정은 방법은 'Levene, Bartlett, Brown & Forsythe, O'Brien' 등이 있다. 이 중 Levene의 검정 방법이 가장 많이 쓰인다. 등분산 검정 방법에 대한 세부 설명은 <표 3.12>를 참고하자.

표 3.12 | SoDA 옵션 기준 등분산 검정 방법

No	방법	설명
1	Bartlett	데이터 분포가 정상일 때 정확한 유형 I 오류율을 계산
2	Brown & Forsythe	Levene's Test의 변형으로 그룹 중앙값의 절대 편차를 사용
3	Levene	잔차 제곱을 이용한 가장 기본적인 등분산 검정 방법
4	O'Brien	Leven's Test를 수정한 검정 방법

② 정규성에 대한 검정

오차의 정규성과 독립성은 잔차residual의 분포를 분석하여 확인한다. 잔차는 예측값과 관측값의 차이로 자세한 내용은 회귀 분석에서 다룰 예정이다. 잔차를 활용한 분포 분석 방법에는 Q-Q Plot과 잔차를 데이터로 출력하여 잔차의 정규성을 검정하는 방법이 있다.

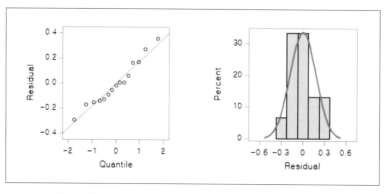

그림 3.27 | 잔차 Q-Q Plot과 히스토그램

〈그림 3.27〉의 Q-Q plot을 살펴보면 데이터가 대각선을 중심으로 분포해 있고, 대각선을 크게 벗어나지 않아 정규성 가정으로 만족하는 것으로 보인다. 또한 히스토그램 상으로도 정규분포와 유사한 분포 형태를 보여 정규성 가정을 만족하는 것으로 보인다.

5 | 가설 검정

Dependent Variable: CTR					
Source	DF	Sum of Squares	Mean Square	F Value	Pr > F
Model	2	8.71212000	4.35606000	117.59	<.0001
Error	12	0.44452000	0.03704333		
Corrected Total	14	9.15664000			

그림 3.28 | 분산분산 표

〈그림 3.28〉의 표를 살펴보면 유의확률 'Pr > F'가 0.05보다 매우 작은 것을 알 수 있다. 즉, 유의수준 5%에서 귀무가설을 기각한다. 따라서 유의수준 5%에서 '각 배너 위치에 따른 클릭률의 모평균이 모두 같다'고 말할 수 없다. 이를 통해 통계적으로 배너 위치에 따라 클릭률 차이가 유의함을 확인했다. 하지만 분산 분석 결과는 평균 비교 대상이 되는 그룹 중 적어도 하나가 다른 그룹과 유의한 차이를 가짐을 의미한다. 따라서 분산 분석 결과만 가지고, 어느 그룹 간에 유의 차가 있는지 파악하기는 어렵다.

3

다중 비교

1 | 다중 비교란?

다중 비교multiple comparison는 일원 분산 분석 결과가 유의한 경우 어느 집단 간에 유의한 차이가 존재하는지 확인하기 위한 방법이다. 앞선 문제의 경우 배너의 위치(A, B, C)에 따른 평균의 차이가 있다는 것을 일원 분산 분석을 통해 검정했다. 그렇다면 A와 B, B와 C, C와 A 중 어떤 것이 유의한 차이를 갖는지 확인하여 배너의 위치를 결정하고 싶을 수 있다. 이런 경우 다중 비교 방법을 이용한다.

더 알아
보기

t-검정을 하면 되지 않나요?

t-검정은 두 개의 그룹 간 평균을 비교하는 방법이다. 앞선 문제의 각 배너의 위치 쌍([A, B], [B, C], [C, A])에 대해 t-검정을 하는 방법을 생각할 수 있다. 즉, 각 쌍에 대해 3번의 t-검정을 하는 것이다. 하지만 이 방법은 이용할 수 없다. 왜냐하면, 가설 검정은 유의수준(제1종 오류의 확률)을 통제하고 통계적 유의성을 검정하는데, 예를 들어, 유의수준을 5%로 설정했을 때, 3번의 검정을 수행하게 되면 각 검정의 오류 확률이 누적되어 실제로는 약 14%의 제1종 오류율을 감수해야 한다. 이는 계산식으로 $(1 - (1 - 0.05)^3) = 0.143$과 같다.

2 | 다중 비교의 유형과 특징

다중 비교 방법은 검정의 다중성 보정 대상에 따라 20종 이상의 방법이 존재하지만, 크게 유의수준을 보정하는 방법, 검정 통계량을 보정하는 방법, 분포를 보정하는 방법의 세 가지 유형으로 구분할 수 있다.

표 3.13 | 다중 비교의 유형과 특징

보정 유형	설명 (대표 방법론)
유의수준 보정	비교 반복 수가 증가에 따라 유의수준을 감소시켜 통제 (Bonferroni)
검정 통계량 보정	검정 통계량을 비교 반복 수가 증가할수록 작아지도록 통제 (Scheffe)
분포 보정	반복 수 증가가 유의수준에 영향을 주지 않는 분포 이용 (Tukey, Dunnett)

3 | 주요 다중 비교 방법

다중 비교에는 〈표 3.13〉과 같이 3가지 방법을 주로 사용한다. 먼저 최소 유의차 방법은 LSD[least significant difference]라고도 부르며, 각 수준별 반복 수가 다른 경우 사용할 수 있는 방법이다. 예를 들어 〈데이터 3.7〉에서 각 A 영역의 데이터가 하나 유실되어도 이 다중 비교 방법을 사용할 수 있다. 이 외에도 다중범위 검정, HSD[honestly significant difference], Scheffe 등이 있다. 각 방법에 대한 자세한 설명은 〈표 3.14〉를 참조하자.

표 3.14 | 다중 비교의 주요 방법

No	다중 비교 방법	설명 및 주의사항
1	Tukey	주 효과 평균에 대해 Tukey's studentized 범위 검정 * 그룹 크기가 다른 경우, Tukey-Kramer 검정 수행 (SoDA 한정)
2	Bonferroni	주 효과 평균들 간 차에 대해 Bonferroni t-검정
3	Duncan 다중 범위	주 효과 평균에 대해 Duncan 다중 범위 검정
4	Dunnett 양측	주 효과 평균에 대해 단일 대조군과 유의 차가 있는지 여부를 테스트하는 Dunnett의 이변량 t-검정 수행
5	Gabriel	주 효과의 모든 평균에 대해 가브리엘 다중 비교 절차를 수행
6	Nelson	최소 제곱 평균으로 모든 차이를 분석
7	Ryan-Einot-Gabriel-Welch	주 효과 평균에 대해 Ryan-Einot-Gabriel-Welch 다중 범위 검정
8	Scheffe	주 효과의 모든 평균에 대해 Scheffe의 다중 비교
9	Sidak	Sidak 부등식으로 조정된 수준으로 평균 간 차에 대해 쌍별 t-검정
10	Student-Newman-Keuls	주 효과 평균에 대해 Student-Newman-Keuls 다중 범위 검정
11	최소유의차(LSD)	표본평균들의 모든 쌍에 대해 t-검정을 수행

4 | 다중 비교 방법

Least Squares Means
Adjustment for Multiple Comparisons: Tukey

POSITION	CTR LSMEAN	LSMEAN Number
A	9.64400000	1
B	8.30000000	2
C	7.85000000	3

Least Squares Means for effect POSITION
Pr > |t| for H0: LSMean(i)=LSMean(j)

Dependent Variable: CTR

i/j	1	2	3
1		<.0001	<.0001
2	<.0001		0.0079
3	<.0001	0.0079	

그림 3.29 | Tukey 방법을 이용한 배너 위치별 클릭률 다중 비교 결과

〈그림 3.29〉는 Tukey 방법을 이용한 다중 비교 결과표이다. 첫 번째 표에는 각 그룹(A, B, C) 별 종속 변수(클릭률)의 평균과 [LSMEAN Number]가 출력된다. 첫 번째 표 상으로는 A > B > C 순으로 클릭률이 높은 것을 알 수 있다. 이 차이가 각각에 대해 유의한지는 두 번째 표를 통해 확인할 수 있다. 두 번째 표의 i와 j는 각 [LSMEAN Number]를 의미한다. i=j인 부분에 값이 없는 이유는 동일한 그룹이기 때문이다. 먼저 i=1,j=2 인 경우를 보면 유의확률이 매우 작은($<.0001$) 것을 확인할 수 있다. 즉, 위치 A와 B의 차이가 유의함을 알 수 있다. 나머지도 각 쌍에 대해 살펴보면 모두 통계적인 유의차를 갖는 것을 알 수 있다. 분산 분석을 통해 각 집단의 평균차가 유의함을 알 수 있었고, 다중 비교를 통해 각 집단 간 차이가 모두 유의함을 확인할 수 있었다. 결국 A 위치의 평균 클릭률이 제일 크기 때문에 배너의 위치를 A로 선택하는 것이 타당하다.

4 이외의 분산 분석

분산 분석 방법은 종속 변수의 수와 독립 변수의 수 그리고 반복 측정 여부에 따라 다양하게 확장된다.

1 **이원 분산 분석**two-way ANOVA은 일원 분산 분석의 확장으로 범주형 독립 변수가 두 개인 경우 적합한 분석 방법이다. 이원 분산 분석은 크게 범주형 독립 변수의 그룹에 대한 반복 측정이 있는 경우와 그렇지 않은 경우로 나눌 수 있다. 실험 설계 관점에서는 두 범주형 변수의 상호작용이 의심스러운 경우 반복 측정을 통해 이를 확인하는 것이 좋다. 반복 측정이 없는 경우 상호작용 효과에 대한 검증이 불가능하고, 각각에 대한 주효과만 확인할 수 있다. 이원 분산 분석도 일원 분산 분석과 같이 오차의 독립성, 등분산성, 정규성 가정을 충족해야 한다. 상호작용interaction 효과가 있다는 것은 한 요인의 수준 변화에 따라 다른 한 요인의 효과가 변한다는 것을 의미한다. 상호작용 효과는 상호작용 도표interaction Plot를 이용하면 보다 쉽

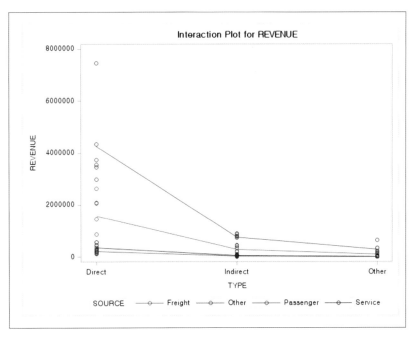

그림 3.30 | 상호작용 도표 예시

게 파악할 수 있다. 상호작용 효과가 존재하지 않으면, 평균 프로파일 도표가 일정한 간격을 두고 평행선을 이루는 형태를 가지게 된다. 반면, 상호작용 효과가 존재하는 경우에는 개별 효과가 유의하지 않더라도, 개별 요인의 효과가 없다고 단정할 수 없다.

2 **다원 분산 분석**multi-way ANOVA은 이원 분산 분석의 확장으로 범주형 독립 변수가 3개 이상인 경우 적합한 분석 방법이다. 앞선 예에서 쿠폰 외에 다른 고객등급, 주거지역 등 다양한 독립 변수를 포함하고자 하는 경우에 적합한 방법이다.

3 **다변량 분산 분석**multivariate analysis of variance; MANOVA은 종속 변수의 수가 2개 이상인 경우 적합한 분석 방법이다. 앞선 예에서 구매 금액뿐만 아니라 구매 빈도의 변화도 있는지 확인하고 싶을 경우 다변량 분산 분석을 사용하면 된다.

4 **공분산 분석**analysis of covariance; ANCOVA은 분산 분석(ANOVA)을 발전시킨 방법으로, 범주형 변수뿐만 아니라 연속형 변수도 독립 변수로 포함시킬 수 있다. 예를 들어, 마케팅 캠페인에서 다양한 종류의 쿠폰을 임의로 선정된 10명의 고객에게 보내고, 이 쿠폰들이 평균 구매액에 어떤 영향을 미치는지 검사할 수 있다. 여기서 중요한 점은 고객의 나이와 같은 추가 변수가 쿠폰에 대한 반응에 영향을 줄 수 있다는 것이다. 예를 들어, 젊은 고객이 가격에 더 민감하여 쿠폰을 더 적극적으로 사용할 수 있다. 이 경우, 나이를 통제 변수로 추가하면 실험의 정확도를 높일 수 있다. 공분산 분석에서는 공변량(여기서는 나이와 같은 추가 변수)이 〈표 3.15〉의 두 가정을 만족해야 하며, 이를 만족하지 않으면 특별한 조치가 필요하다.

표 3.15 | 공분산 분석의 추가 가정

가정	가정 위반 시 해결 방법	
1	공변량과 종속 변수는 선형 관계를 가짐	적절한 구간으로 나누어 블록으로 간주 적절한 비선형 모형
2	두 집단에 대해 공변량 기울기는 같음	서로 다른 기울기를 갖는 일반 선형 모형

공분산 분석에서 상호작용 효과는 선 도표를 통해 확인할 수 있다. 이때 각 집단에 따른 종속 변수와 공변량이 평행하면 상호작용 효과가 없는 것을 의미하고, 그렇지 않을 경우(기울기가 다른 경우) 상호작용 효과가 있는 경우로 일반 선형 모형을 이용해 적합한다. 공변량이 각 처리 수준에 같은지 확인하기 위해서는 상호작용 효과를 통한 검정을 수행한다. 만약 상호작용 효과가 유의하지 않다면 모형에서 상호작용 항을 제거한 후 다시 적합시킨다.

5 **다변량 공분산 분석**multivariate analysis of covariance; MANCOVA은 종속 변수가 2개 이상이고, 범주형 독립 변수와 연속형 독립 변수가 모두 포함된 경우에 사용하는 모형이다. 이는 앞서 설명한 모든 모형의 결합 형태이다. MANCOVA는 종속 변수를 하나씩 따로 분석하는 것에 비해 여러 장점이 있다. 먼저 이 방법은 종속 변수 간 데이터의 공분산 구조를 사용하여 평균의 동일성을 동시에 검정할 수 있다. 또한 종속 변수들이 상관되어 있는 경우, 요인 효과가 너무 작아 개별 분산 분석으로 알기 어려운 작은 차이도 탐지할 수 있는 장점이 있다.

---

5 **분산 분석 실습**

K소프트웨어는 신입사원 연수 과정이 업무 성과에 미치는 영향을 평가하려고 한다. 이를 위해 신입사원 30명을 무작위로 선정해 세 그룹(A, B, C)으로 나누었다. 각 그룹은 서로 다른 연수 과정을 받았다. 이후 신입사원들을 각 부서에 배치하고, 업무 성과를 100점 만점으로 평가했다. 이 데이터를 통해 세 연수 과정 간의 성과 차이를 분석하고, 사후 검정을 통해 각 과정 간의 구체적인 차이를 알아본다.

데이터 3.8 | 세 가지 연수 과정을 거친 신입사원의 업무 성과 평가 결과

과정 \ 번호	1	2	3	4	5	6	7	8	9	10
A	78.87	81.31	73.47	82.67	78.9	78	86.01	77.81	75.47	80.73
B	58.75	59.37	68.05	68.95	57.74	62.29	50.64	49.14	61.34	66.01
C	68.65	68.35	73.5	67.78	64.57	71.08	64.13	69.55	74.37	79.6

1 | 데이터와 작업 가져오기

실습을 위해 먼저 새로운 플로우를 만든다. 그리고 〈그림 3.31〉과 같이 작업과
데이터를 플로우로 가져온다.

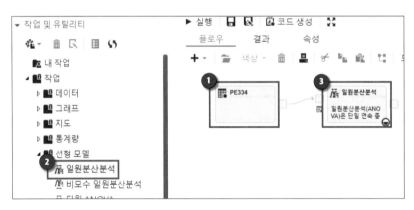

그림 3.31 | 〈데이터 3.8〉과 일원분산 분석 작업 가져오기

❶ 실습 데이터 'PE334'를 플로우로 이동
❷ [선형 모델]에서 [일원분산 분석] 선택한 뒤, 플로우로 이동
❸ [일원분산 분석] 작업과 데이터를 연결한 뒤, [일원분산 분석] 노드를 더블 클릭

2 | 데이터와 옵션 설정

데이터 탭에서는 종속 변수와 범주 변수를 선택한다. 분산 분석에서 종속 변수는 평균 비교 대상이 되는 변수이다. 그리고 범주 변수는 그룹 간 평균을 비교할 기준이 된다. 옵션 탭에서는 결과에 가정 진단에 필요한 도표를 출력하도록 설정을 변경한 뒤 작업을 실행한다.

그림 3.32 | 분산 분석 작업 데이터 및 옵션 설정

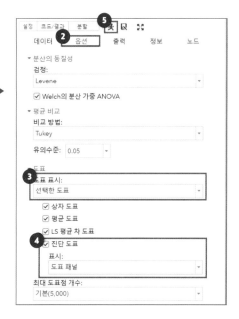

❶ [역할]의 [종속 변수:]에 성과 평가 결과 점수 SCORE를 할당하고, [범주변수:]에는 과정 유형 COURSE 변수를 할당

❷ [옵션] 탭으로 하여, 설정 확인

❸ [도표]의 [도표 표시:]를 '선택한 도표'로 변경

❹ [진단 도표] 선택

❺ 🏃 버튼을 눌러 [작업] 실행

3 | 결과 확인

작업을 실행하면 다양한 표가 출력된다. 이중 분산 분석에 필요한 표를 중심으로 해석 방법을 알아보자.

■ 가정 확인

데이터가 분산 분석 가정을 만족하는지 확인하기 위해 먼저 잔차로 그린 히스토그램, Q-Q 도표를 살펴보고, 이어 등분산 검정 결과를 살펴보자.

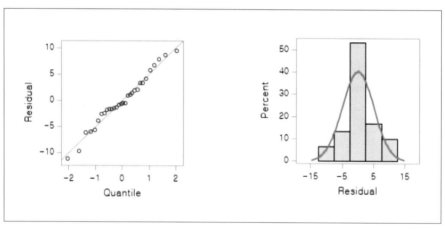

그림 3.33 | 히스토그램과 Q-Q 도표

〈그림 3.33〉은 잔차로 그린 Q-Q 도표와 히스토그램이다. 먼저 Q-Q 도표부터 살펴보면, 대각선을 중심으로 잔차가 분포하는 것을 알 수 있다. 대각선을 크게 벗어나는 잔차 역시 보이지 않아 정규성 가정을 만족하는 것으로 보인다. 히스토그램 역시 정규분포와 유사하게 좌우가 대칭인 형태를 보이고 있어 정규성 가정을 만족하는 판단할 수 있다.

Levene's Test for Homogeneity of SCORE Variance ANOVA of Squared Deviations from Group Means					
Source	DF	Sum of Squares	Mean Square	F Value	Pr > F
COURSE	2	4293,0	2146,5	2,12	0,1391
Error	27	27289,8	1010,7		

그림 3.34 | 등분산 검정 결과표

〈그림 3.34〉는 등분산 검정 결과표이다. 이 표의 'Pr > F'는 유의확률로, 이 데이터의 경우 유의확률이 0.1391임을 알 수 있다. 즉, 유의수준 5%에서 귀무가설 '각 그룹 A, B, C의 분산이 같다'는 주장을 기각할 수 없다. 즉, 각 그룹의 분산은 등분산이다.

2 가설 검정

Dependent Variable: SCORE					
Source	DF	Sum of Squares	Mean Square	F Value	Pr > F
Model	2	1824.258907	912.129453	34.51	<.0001
Error	27	713.575560	26.428724		
Corrected Total	29	2537.834467			

그림 3.35 │ 분산 분석 결과

분산 분석의 검정 결과는 〈그림 3.35〉와 같이 출력된다. 분산 분석은 각 그룹 중 적어도 하나가 다른 그룹과 평균이 다른가를 검정한다. 여기서 중점적으로 보아야 하는 값은 'Pr > F'이다. 이 값은 유의확률이 '< .0001'로 매우 작은 걸 알 수 있다. 따라서 유의수준 5%는 물론이고, 1%에서도 귀무가설은 기각된다. 즉, 세 가지 연수 과정 중 적어도 한 연수 과정 참여자들은 평가 결과는 다른 그룹과 통계적으로 유의하게 다르다.

3 다중 비교

가설 검정 결과를 통해 세 가지 연수 과정 중 적어도 하나는 참여자들의 성과 평가에 긍정 또는 부정적인 영향을 미친 것을 알 수 있었다. 이번에는 다중 비교를 통하여 어떤 그룹들이 서로 유의한 차이를 가지는지 알아보자.

COURSE	SCORE LSMEAN	LSMEAN Number
A	79,3240000	1
B	60,2280000	2
C	70,1580000	3

Least Squares Means for effect COURSE
Pr > |t| for H0: LSMean(i)=LSMean(j)

Dependent Variable: SCORE

i/j	1	2	3
1		<,0001	0,0013
2	<,0001		0,0005
3	0,0013	0,0005	

그림 3.36 | 다중 비교 결과

❶ 이 결과는 각 연수 과정 A, B, C의 평균 업무 성과 평가 점수와 'LSMEAN Number'를 기록한 표이다. 평균 점수를 살펴보면 A 과정이 대략 평균 80점으로 다른 과정에 비해 성과 평가 점수가 상당히 높은 걸 알 수 있다. 다음으로 'LSMEAN Number'는 다음에 살펴볼 표의 각 행과 열 값이 가리키는 그룹이 무엇인지 이해하는데 이용된다.

❷ 다중 비교 결과로 (1,2), (1,3), …… 등 각 그룹간 유의 차가 있는지 검정한다. 우선 표의 모든 유의확률은 일반적으로 사용하는 유의수준 5%보다 작다. 즉, A, B, C 세 그룹은 모두 통계적으로 유의한 평균 점수 차를 나타낸 것을 알 수 있다.

정리하면 세 가지 연수 과정 A, B, C는 유의수준 5%에서 유의한 업무성과 평가 차이를 나타냈다. 그리고 세 연수 과정 모두 서로 유의한 차이를 나타냈다. 이들 교육 과정은 업무 성과 평가 크기 기준으로 'A > C > B' 순인 것을 알 수 있다.

3

No Code Data Analysis

수치형 변수의 관계

수치형 변수 두 개가 주어졌을 때, 우리는 무엇이 궁금할까? 가장 궁금한 것은 이 둘의 '관계'일 것이다. 한 변수가 증가할 때, 증가하는지 아니면 감소하는지 혹은 상관관계가 없는지가 궁금할 것이다. 이번에는 두 수치형 변수의 관계를 살펴보는 방법을 알아본다.

1

상관 관계

1 | 상관 분석

상관 분석correlation analysis은 두 변수의 선형 상관 관계를 분석하는 방법이다. 예를 들어 기업의 실적과 주가의 선형 상관 관계나, 광고 선전비와 매출 간의 선형 상관 관계를 확인할 때 유용한 방법이다. 상관 분석은 자료 유형에 따라 〈표 3.16〉과 같은 다양한 방법이 있다. 하지만 보통 상관 계수라고 하면, 두 수치형 변수 간의 상관 관계를 분석하는 피어슨 상관 계수를 의미한다. 이번에는 이 피어슨 상관 계수를 중심으로 두 수치형 변수의 선형 상관 관계를 확인하는 방법을 알아보자.

표 3.16 | 상관 분석의 종류와 자료 유형

No	종류	자료 유형
1	피어슨 상관 계수 (Pearson's correlation coefficient)	연속형등간/비율; interval/ratio
2	스피어만 순위 상관 계수 (Spearman's rank correlation coefficient)	순위ordinal
3	캔달의 타우 (Kendall's tau)	순위ordinal
4	파이 계수 (Phi coefficient)	명목형(특히, 이항형; binary)

2 | 상관 관계

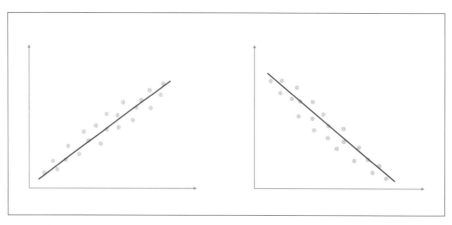

그림 3.37 | 상관 관계의 의미

상관 관계는 무엇일까? 상관 관계는 통상 서로 영향을 주거나 받는 관계를 의미한다. 하지만 데이터 과학의 세계에서 상관 관계를 증명하기란 어렵다. 왜냐하면 영향을 준다는 사실을 데이터 과학만으로 밝히는 데에는 한계가 있기 때문이다. 예를 들어, 화학이나 물리학과 같은 자연 과학은 실험과 이론을 통해 비교적 정확한 상관관계를 밝힐 수 있다. 하지만 통계학은 주어진 데이터에 대한 이야기밖에 할 수 없다. 즉, 현상과 실험에 대한 이야기를 할 뿐이지 이론을 말하지 않는다. 데이터 과학의 상관 관계는 두 수치형 변수가 서로 비례하거나 반비례하는지만을 확인할 수 있다. 물론 이들은 서로 직접 영향을 줄 수도 있지만 그렇지 않을 수도 있다. 따라서 상관 관계를 논할 때는 항상 이론적 근거가 뒷받침되어야 한다. 그렇지 않으면, 잘못된 결론을 내릴 수 있기 때문이다. 또한 우리가 배울 상관 분석에서는 '선형' 상관 관계만을 확인할 수 있다.

3 | 선형 vs. 비선형 상관 관계

'선형' 상관 관계는 무엇일까? 선형 상관 관계는 한 변수가 한 단위 증가할 때, 다른 변수도 한 단위 증가 또는 감소하는 관계를 말한다. 물론 데이터 과학에서 말하는 선형 상관 관계는 '대체로 그렇다'는 의미이다. 사실 한 변수가 한 단위 증가할 때, 다른 변수가 두 단위 증가해도 선형 상관 관계를 가지는 것으로 밝혀지는 경우가 많다. 하지만 경우에 따라 '선형 상관 관계'라는 점을 망각하여, 치명적인 오류가 발생하는 경우도 있기 때문에 주의가 필요하다. 그래서 보통 상관 분석은 <그림 3.38>과 같이 '산점도' 그리기로 시작한다.

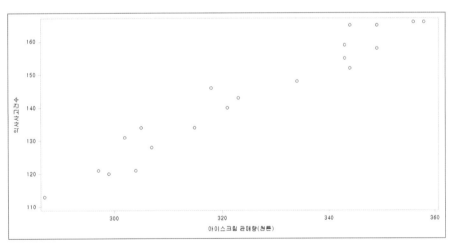

그림 3.38 | 아이스크림 판매량과 익사 사고 건수 산점도

〈그림 3.38〉은 익사 사고 발생 건수와 아이스크림 판매량의 산점도 그래프이다. 이 경우 두 변수가 서로 선형 상관 관계를 가진다는 것을 알 수 있다. 하지만 산점도를 통해 비선형 상관 관계가 확인된다면, 변수 변환을 통해 선형 관계로 바꿔준 뒤 상관 분석을 수행하는 것이 좋다. 변수 변환을 간단히 설명하면, 어떤 변수에 제곱이나 제곱근 같은 함수를 취하여 바꿔주는 방법이다.

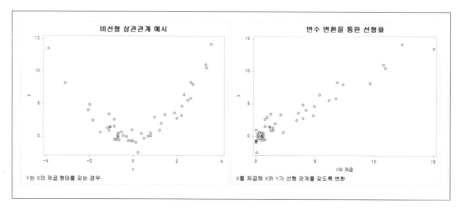

그림 3.39 | 변수 변환을 통한 비선형 선형화

〈그림 3.39〉 좌측 산점도를 보면 X와 Y 두 변수가 비선형(제곱) 상관 관계를 갖는 것을 확인할 수 있다. 이런 경우 제곱 변환을 통해 선형 관계로 변환해 상관 분석을 할 수 있다.

4 | 상관 vs. 인과 관계

상관 관계와 인과 관계를 오인해 결론을 잘못 내리는 경우는 빈번하다. 상관 관계와 인과 관계는 언뜻 비슷해 보이지만, 그 차이가 크기 때문에 이를 정확히 이해하는 것은 중요하다. 먼저 상관 관계는 두 변수 중 한 변수가 변화하면 다른 한 변수도 따라서 변화하는 관계를 말한다. 반면에 인과 관계는 독립 변수의 변화가 종속 변수의 변화의 영향을 주는 관계를 말한다.

상관 관계
(correlational
relationship)

인과 관계
(causal
relationship)

그림 3.40 │ 상관 관계와 인과 관계 예시

예를 들어, 미세먼지가 많아져 호흡기 질환 환자가 증가한다면, 이는 미세먼지가 원인이고, 호흡기 질환이 결과가 되는 인과 관계다. 하지만 익사 사고와 아이스크림 판매량은 서로 어떤 영향을 주진 않지만, 익사자가 증가하는 시기에 아이스크림 판매량도 함께 증가한다. 만약 이 관계를 인과 관계로 오인할 경우 익사 사고를 줄이기 위해 아이스크림 판매를 금지하는 바보 같은 정책이 시행될 수 있다. 데이터 과학의 상관 관계는 두 변수가 서로 선형 비례 또는 반비례하는 현상을 말한다. 반면, 인과 관계는 다음 세 가지 조건을 만족해야 한다.

표 3.17 │ 인과 관계 성립을 위한 세 가지 조건

성립 조건	설명
시간 우선성Temporal precedence	독립 변수 변화 후 종속 변수 변화
공변성Covariation	독립 변수가 변화하면 종속 변수도 항상 변화
	상관 계수가 유의한 강도를 갖고 통계적으로 유의
외생변수 통제 Elimination of extraneous variables	독립 변수 외의 요인을 제거한 뒤 관계 검증

인과 관계를 논하기 위해서는 세 가지 조건이 필요하다. 첫째, '시간 우선성'은 독립 변수가 변한 뒤 종속 변수가 변하는 조건이다. 둘째, '공변성'은 독립 변수의 변화가 종속 변수의 변화를 가져와야 하는 조건이다. 셋째, '외생 변수 통제'는 제3의 요인으로 인한 영향을 배제해야 하는 조건이다. 이 조건들을 충족시켜야만 인과 관계에 대해 논할 수 있다. 상관 관계는 공변성 조건만 충족한다. 예를 들어, 아이스크림 판매량과 익사자 수의 관계에서 날씨라는 외생 변수를 통제하지 않으면, 두 변수는 날씨에 따라 함께 증가하거나 감소한다.

2 상관 분석

두 연속형 변수의 상관 관계는 '피어슨 상관 계수'를 이용하여 확인한다. 피어슨 상관 계수는 다음 〈식 3.3〉과 같이 두 변수의 공분산을 각각의 분산으로 나눠 얻을 수 있다.

식 3.3 | 모집단에 대한 피어슨 상관 계수

$$\rho_{xy} = Corr(X, Y) = \frac{\sigma_{xy}}{\sigma_x \sigma_y}$$

상관 계수는 두 변수 x, y가 함께 변하는 정도를 x와 y가 각각 변하는 정도로 나눠 구한다. 상관 계수는 -1에서 1 사이의 값을 가진다. 상관 계수의 강도는 〈표 3.18〉과 같이 구간에 따라 상관 관계의 강도를 설명할 수 있다. 상관 계수는 두 변수의 평균을 축으로 2, 3사분면에 관측치가 많거나(양의 상관 관계), 1, 4사분면에 데이터가 많으면(음의 상관 관계) 0에서 멀어지도록 설계되어 있다.

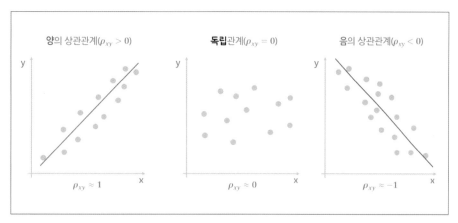

그림 3.41 | 상관 계수에 따른 선형 상관 관계

상관 계수는 1에 가까울수록 큰 양의 상관 관계를 가지고, -1에 가까울수록 음의 상관 관계를 가진다. 상관 계수가 0인 경우 두 변수는 선형 상관 관계가 없음을 의미한다. 하지만 선형 상관 관계가 없다고 해서 두 변수 간 관계가 없다고 판단할 수는 없다.

표 3.18 | 상관 계수와 강도

구간	강도
$-1.0 \leq \rho_{xy} \leq -0.7$	강한 음의 선형 상관 관계
$-7.0 \leq \rho_{xy} \leq -0.3$	뚜렷한 음의 선형 상관 관계
$-3.0 \leq \rho_{xy} \leq -0.1$	약한 음의 선형 상관 관계
$-0.1 \leq \rho_{xy} \leq +0.1$	거의 무시될 수 있는 선형 상관 관계
$0.1 \leq \rho_{xy} \leq 0.3$	약한 양의 선형 상관 관계
$4.0 \leq \rho_{xy} \leq 0.7$	뚜렷한 양의 선형 상관 관계
$7.0 \leq \rho_{xy} \leq 1.0$	강한 양의 선형 상관 관계

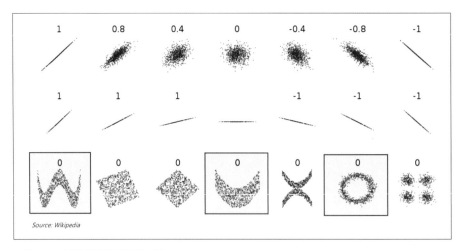

그림 3.42 | 다양한 상관 관계와 상관 계수

〈그림 3.42〉는 두 변수 간의 상관 계수 값을 나타낸다. 그림 하단을 보면, 두 변수 사이에 관계가 있음에도 불구하고 상관 계수가 0임을 알 수 있다. 이러한 비선형 상관 관계의 경우, 변수를 변환해 선형 관계로 만들거나 다른 분석 방법을 적용해야 한다.

더 알아
보 기

선형 상관 관계는 어떻게 찾을까?

선형 상관 관계는 다음 〈그림 3.43〉과 같이 X, Y 두 연속형 변수의 관찰 결과를 나타낸다. 각 변수의 평균선은 다르게 표시된다(X: 파랑, Y: 빨강). 점들이 좌측 하단과 우측 상단에 얼마나 많이 분포해 있는지를 통해 확인한다. 좌측 하단과 우측 상단에 있는 점들에는 '+' 표시를, 그 외의 점들에는 '-' 표시를 한다. 이 표시의 합이 클수록 두 변수 사이에 강한 선형 상관 관계가 있다고 본다.

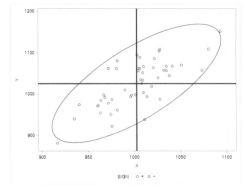

그림 3.43 | 선형 상관 관계 파악

이때 데이터 양에 따른 값 증가를 보정하면 다음과 같다. 사실 이 식은 두 변수의 공분산(covariance)과 동일하다.

식 3.4 | 공분산

$$Cov(Y,X) = \frac{1}{n-1} \sum_{i=1}^{n} (y_i - \bar{y})(x_i - \bar{x})?$$

앞의 식을 살펴보면, 공분산 값이 크면 선형 상관 관계가 강하다는 것을 알 수 있다. 이 값이 작을수록 변수 사이에는 음의 상관 관계가 있다. 즉, 한 변수가 증가하면 다른 변수는 감소한다. 또한 이 값이 0에 가까우면 두 변수 사이에 선형 상관 관계가 없음을 의미한다. 그러나 공분산만으로는 변수들 사이의 상관 관계의 정도를 비교할 수 없다. 변수들 사이에서 더 강한 선형 상관 관계를 파악하기 위해 공분산을 표준화할 필요가 있다. 공분산을 표준화하려면 X, Y 두 변수를 표준화한 후 공분산을 구한다. 이렇게 하면 각 변수의 단위에 영향을 받지 않는 상관 계수를 얻을 수 있다. 표준화된 공분산은 두 변수의 공분산을 각 변수의 표준편차로 나눈 것과 같다.

3 상관 계수의 유의성

표본 데이터로 모집단의 상관 관계를 추론할 때, 상관 계수가 1이나 -1에 가깝다고 해서 통계적으로 유의하다고 볼 수는 없다. 유의성은 표본 상관 계수를 이용해 모집단의 상관 계수가 0인지 검정해야 판단할 수 있기 때문이다.

식 3.5 | 표본 상관 계수(Pearson's Correlation Coefficient)

$$r_{xy} = \frac{s_{xy}}{s_x s_y} = \frac{\sum_{i=1}^{n}(x_i - \bar{x})(y_i - \bar{y})}{\sqrt{\sum_{i=1}^{n}(x_i - x)^2 \sum_{i=1}^{n}(y_i - y)^2}}$$

표본 상관 계수는 두 확률 변수의 상관 관계 규명에 가장 많이 쓰는 방법이다. 앞서 살펴보았듯 상관 계수는 공분산과 두 확률 변수의 분산으로 이뤄진다. 따라서 공분산과 분산들의 추정량인 표본 공분산과 표본 분산을 이용해 추정할 수 있다.

표 3.19 | 모 상관 계수의 유의성 검정

가설 (hypothesis)	$H_0 : \rho = 0$ $H_1 : \rho \neq 0$ [참고] 귀무가설(H_0)는 모 상관 계수가 0임을 주장	
검정 통계량	$T = \sqrt{(n-2)}\ r/(1-r^2)\sim t(n-2)$	
귀무가설과 대립가설에 따른 기각역	**귀무가설과 대립가설**	**기각역**
	$H_0 : \rho \leq 0$ vs. $H_1 : \rho > 0$	$T \geq t_\alpha\ (n-2)$
	$H_0 : \rho \geq 0$ vs. $H_1 : \rho < 0$	$T \leq -t_\alpha\ (n-2)$
	$H_0 : \rho = 0$ vs. $H_1 : \rho \neq 0$	$|T| \geq t_{\alpha/2}\ (n-2)$

모 상관 계수에 대한 검정은 앞과 같이 "모 상관 관계는 0이다"라는 가설에 대한 검정이다. 표본 상관 계수를 이용해 검정 통계량을 계산하고, 계산한 검정 통계량은 T분포를 따름을 가정한다.

데이터 3.9 | 2000~2019년 아이스크림 판매량과 익사 사고 발생 건수 데이터를 이용한 상관 분석

연도	2000	2001	2002	2003	2004	2005	2006	2007	2008	2009
아이스크림 판매량 (천 톤)	356	299	318	305	315	304	307	323	344	349
익사 사고 건수	166	120	146	134	134	121	128	143	165	158
연도	2010	2011	2012	2013	2014	2015	2016	2017	2018	2019
아이스크림 판매량	343	297	321	349	343	302	287	344	334	358
익사 사고 건수	159	121	140	165	155	131	113	152	148	166

〈데이터 3.9〉는 지난 2000~2019년 간 아이스크림 판매량과 익사 사고 건수를 집계한 자료이다. 이 자료를 이용해 아이스크림 판매량과 익사 사고 건수가 서로 유의한 선형 상관 관계를 갖는지 확인해 보자. 상관 분석에 앞서 먼저 두 변수에 대한 정규성 검정을 수행하여 어떤 상관 계수를 사용할지 결정한다.

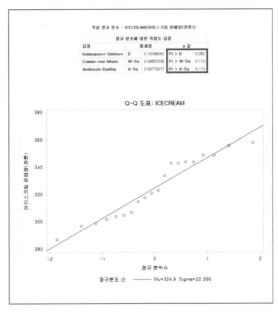

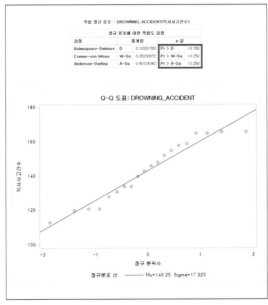

그림 3.44 | 정규성 검정 결과

<그림 3.44>는 정규성 검정 결과이다. 아이스크림 판매량에 대한 세 가지 정규성 검정 결과를 살펴보면 모두 유의수준 5%에서 귀무가설(데이터는 정규분포를 따른다)을 기각할 수 없다. 또한 익사 사고 발생 건수 역시 마찬가지 결과이다. 피어슨 상관 계수를 이용한 상관 분석을 이용하도록 한다.

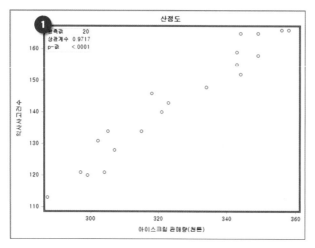

그림 3.45 | [상관 분석] 노드를 이용한 분석 결과

① 먼저 산점도를 통해 두 변수가 비선형 상관 관계를 갖고 있지 않은지 확인해야 한다. 산점도를 살펴보면, 아이스크림 판매량과 익사 사고 발생 건수가 서로 우상향하고 있으며 선형적인 관계를 나타내고 있음을 알 수 있다. 또한, 산점도 상에서 이상치는 발견되지 않는다.

② 피어슨 상관 계수는 약 0.972로, 매우 강한 양의 상관 관계를 나타낸다. 유의성 검정 통계량도 '< .0001'로 매우 유의함을 확인할 수 있다. 즉, 아이스크림 판매량과 익사 사고 발생 건수는 강력한 선형 상관 관계를 갖고 있으며, 이는 유의수준 5% 내에서도 매우 유의하다.

4 상관 분석 실습

이번 실습에서는 [상관 분석] 작업을 이용하여 상관 분석을 수행하는 방법을 알아본다. 실습에는 〈데이터 3.9〉를 활용하며, 앞서 이론 부분에서 다뤘던 내용을 실제로 구현하는 데 초점을 맞춘다.

1 | 데이터와 작업 가져오기

프로세스 플로우를 만들어, 예제 데이터와 상관 분석 작업을 가져와 〈그림3.46〉과 같이 연결한다.

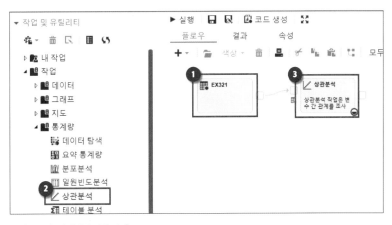

그림 3.46 │ 데이터와 작업 선택

❶ 'EX321' 데이터가 저장된 라이브러리에서 데이터를 선택한 뒤 플로우로 이동
❷ [작업 및 유틸리티]의 [작업]과 [통계량]에 있는 [상관 분석] 작업을 플로우로 이동
❸ 데이터와 작업을 연결한 뒤 [상관 분석] 노드를 더블 클릭

2 | 데이터와 옵션 설정

데이터 탭에서 아이스크림 판매량과 익사 사고 건수를 분석 대상 변수로 지정한다. 그리고 옵션으로 이동한 뒤, 산점도를 상관 분석 표와 함께 출력하도록 설정을 변경한 뒤 작업을 실행한다.

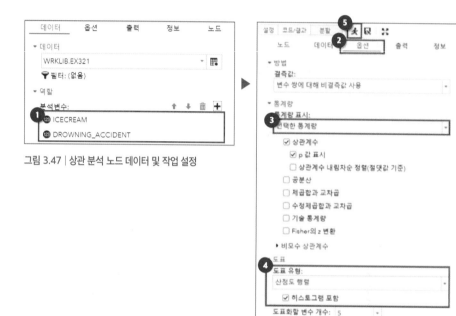

그림 3.47 | 상관 분석 노드 데이터 및 작업 설정

❶ [역할]의 [분석변수:]를 [+] 버튼을 눌러, 'ICECREAM'과 'DROWNING_ACCIDENT'로 선택

❷ [옵션]탭으로 이동

❸ [통계량]의 [통계량 표시:]에서 [선택한 통계량] 선택
  → 이 옵션을 선택하면, 상관 계수의 유의확률을 출력할 수 있음

❹ [도표]의 [도표 유형:]을 [산점도 행렬]로 변경하고, [히스토그램 포함]을 체크
  → 산점도 행렬을 선택하면, 상관 분석 표와 함께 산점도 행렬이 출력되고, 히스토그램 포함을 체크하면, 산점도 행렬의 대각선에 히스토그램이 추가됨

❺ 🏃 버튼을 눌러 [작업] 실행

[산점도 행렬]은 선택한 변수 조합에 대해, 산점도를 그려주는 시각화 기능이다. 산점도 행렬은 관측치가 너무 많으면, 그리는 데에 오랜 시간이 걸린다. 그래서 [최대 도표점 개수:] 옵션으로 산점도에 포함할 관측치 수를 제한하고 있다. 만약, 더 많은 관측치를 산점도로 그리고 싶다면 이 설정을 변경하면 된다.

3 | 작업 실행 및 결과 확인

[상관 분석] 작업을 실행하면, <그림 3.48>과 같이 두 가지 결과를 확인할 수 있다. 이 중 산점도 행렬을 먼저 살펴보는 것이 좋다. 산점도 행렬은 각 변수 간의 관계를 눈으로 확인할 수 있을 뿐만 아니라, 대각항의 히스토그램을 통하여 데이터가 정규분포인지를 대략 확인할 수 있기 때문이다. 그 다음 상관 분석 결과를 통하여 상관 계수와 유의확률을 확인하여 각 변수들 간의 선형 상관 관계의 정도와 유의성을 확인한다.

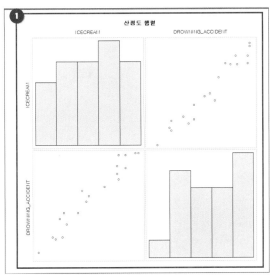

그림 3.48 | 상관 분석 노드의 결과

❶ 산점도 행렬은 <그림 3.48>과 같이 [분석변수:]에 포함한 변수들의 각 쌍에대하여 산점도를 그려준다. 이때, [히스토그램 포함]을 선택한 경우 <그림 3.48>과 같이 대각선에 히스토그램을 함께 그려준다. 시각화 결과를 살펴보면, 두 변수는 한 변수가 증가할 때, 다른 변수가 증가하는 양의 선형 상관 관계를 가지는 것을 알 수 있다. 또한 데이터가 산점도 행렬의 각 산점도의 대각선을 중심으로 좁게 퍼져 있고, 경사가 가파른 점으로 미루어 보아, 강력하고, 유의한 상관 관계를 가지는 것으로 추정된다. 다만, 개별 변수에 대한 히스토그램은 데이터 개수가 20개로 적기 때문에, 정규분포와 유사한지 정확히 알기 어렵다. 하지만 이미 상관 계수의 유의성에서 정규성을 만족함을 확인했기 때문에 따로 살펴보지 않는다.

❷ 상관 분석 결과표는 <그림 3.48>과 같이 각 변수를 행과 열로 두어, 변수들 간의 상관 계수를 각 항에 표시한다. 이때 각 항의 첫째 줄은 상관 계수 값을 의미하고, 둘째 줄은 상관 계수의 유의확률을 의미한다. 이번 실습에서는 두 변수를 분석 대상으로 했기 때문에, 표는 2x2로 총 4개 칸을 가진다. 이 표의 대각 칸은 같은 변수들 간의 상관 관계로 당연히 이 값은 1이다. 아이스크림 판매량과 익사 사고 건수의 상관 계수는 0.97173으로 매우 강한 선형 상관 관계를 나타냈다. 또한 유의확률 역시 < .0001로 유의수준 1%에서도 유의한 상관 계수임을 알 수 있다.

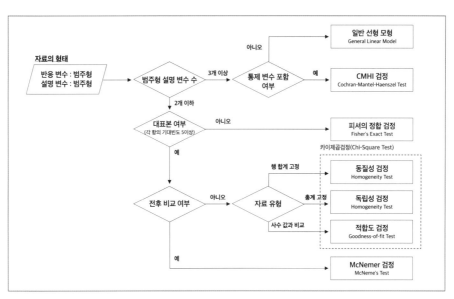

4

No Code Data Analysis

범주형 변수의 관계

자료의 형태
반응 변수 : 범주형
설명 변수 : 범주형

범주형 설명 변수 수 — 3개 이상 → 통제 변수 포함 여부 — 아니오 → **일반 선형 모형** General Linear Model

통제 변수 포함 여부 — 예 → **CMHI 검정** Cochran-Mantel-Haenszel Test

범주형 설명 변수 수 — 2개 이하 → 대표본 여부 (각 항의 기대빈도 5이상)

대표본 여부 — 아니오 → **피셔의 정합 검정** Fisher's Exact Test

대표본 여부 — 예 → 전후 비교 여부

카이제곱검정(Chi-Square Test)

전후 비교 여부 — 아니오 → 자료 유형

자료 유형 — 행 합계 고정 → **동질성 검정** Homogeneity Test

자료 유형 — 총계 고정 → **독립성 검정** Homogeneity Test

자료 유형 — 사수 값과 비교 → **적합도 검정** Goodness-of-fit Test

전후 비교 여부 — 예 → **McNemer 검정** McNeme's Test

그림 3.49 | 두 범주형 변수에 대한 분석 프로세스 도표

수치형 데이터는 보통 평균이나 분산에 기초한 t-검정, 분산 분석 등의 방법으로 분석한다. 반면, 범주형 데이터는 빈도나 비율에 기초한 방법을 이용한다. 범주형 데이터의 분석 방법은 분석할 범주형 변수의 개수에 따라 달라진다. 분석 대상이 되는 범주형 변수가 3개 이상이면 일반화 선형 모형generalized linear model; GLM을 이용한다. 범주형 변수가 두 개인 경우 표본 수가 충분한지 확인한다. 만약 표본 수

가 부족하다면 피셔의 정확 검정을 이용한다. 반면 표본 수가 충분할 경우 표본이 서로 다른 관측 개체에게서 추출된 독립 표본인지 검토한다. 표본이 독립적이지 않은 전후 비교 자료는 맥니마 검정을 사용한다. 마지막으로 표본 수도 충분하고, 독립 표본인 경우 카이제곱 검정을 이용한다. 카이제곱 검정은 크게 적합도, 독립성, 동질성 검정으로 나뉜다. 이번 단원에서는 범주형 설명변수가 2개 이하인 경우 사용하는 분할표에 기초한 분석 방법들에 대해 다룬다.

1 분할표 분석이란?

분할표contingency table 또는 교차표란 각 범주형 변수의 가능한 모든 그룹(또는 수준)에 대한 도수를 나타낸 표이다. 특히, 두 개의 변수를 분류한 분할표를 이차원 분할표two-way table라고한다. 변수가 세 개 이상인 경우에도 분할표를 만들 수 있지만, 분할표 분석은 주로 이차원 분할표를 의미한다. 변수가 세 개 이상일 경우에는 일반화 선형 모형을 주로 이용한다.

표 3.20 | 이차원 분할표의 일반적인 형태

행 변수(X)	열 변수(Y)					행 합계
	1	...	j	...	c	
1	n_{11}	...	n_{1j}	...	n_{1c}	$n_{1.}$
...	...	...	...	...	...	...
i	n_{i1}	...	n_{1j}	...	n_{ic}	
...	...	...	...	...	...	...
r	n_{r1}	...	n_{rj}	...	n_{rc}	$n_{r.}$
열 합계	$n_{.1}$	...	$n_{.j}$	...	$n_{.c}$	n

〈표 3. 20〉의 형태에 성별에 따른 고객 등급 데이터 적용하면 다음과 같다.

데이터 3.10 | 고객 등급과 성별로 구성한 분할표

성별	고객 등급				행 합계
	1	2	3	4	
남	1,232	100,023	657,001	1,500,183	1,500,183
여	4,223	130,125	805,220	1,885,258	1,885,258
열 합계	5,455	230,148	1,462,221	3,385,441	3,385,441

앞선 분할표의 행 변수 X는 〈데이터 3.10〉에서 성별에 해당하고, 열 변수 Y는 고객 등급에 해당한다. 각각을 데이터에 대응하여 살펴보면 쉽게 이해할 수 있다. 일반적으로 분류 문제에서 범주형 변수만을 갖는 데이터는 분할표로 주어진다.

2 카이제곱 검정

카이제곱 검정Chi-squared test은 종속 변수와 독립 변수 모두 범주형 변수일 때, 이들의 연관성을 검정하는 방법이다. 카이제곱 검정에서 독립성 검정과 동질성 검정은 분할표를 이용해 분석하며, 적합도 검정은 도수분포표를 이용한다. 카이제곱 검정은 〈표 3.21〉과 같이 세 가지 방법으로 나뉘지만, 검정 결과를 얻는 과정은 동일하다. 다만, 각 방법은 데이터 수집 방법, 가설, 그리고 해석이 다르다. 먼저, 세 가지 방법 중 가장 간단한 적합도 검정을 살펴보자.

표 3.21 | 카이제곱 검정 방법

검정 방법	예제
적합도 검정 Goodness-of-fit test	공장에서 생산하는 화학 제품의 4가지 성분의 혼합비가 이론적으로 1:2:2:5를 이뤄야 하는데, 실제로 그런지 표본을 뽑아 조사한 후 검정
독립성 검정 Independence test	신규 가입 고객 중 200명을 임의 선정해 쿠폰 사용 여부와 재구매 의사를 조사한 뒤 이 둘이 서로 연관관계가 있는지를 검정
동질성 검정 Homogeneity test	연령 그룹별로 조사 대상을 선정해 현재 사용 중인 스마트폰 제조사를 조사한 뒤 각 연령 그룹별 스마트폰 제조사 선호 차가 있는지를 검정

1 | 적합도 검정

1 적합도 검정이란?

적합도 검정goodness-of-fit test은 크기가 n인 관측치를 c개의 범주(그룹)로 분류했을 때, 관측치가 각 그룹에 속할 확률이 알려져 있는 경우, 실제 관측값들이 그 확률에 따라 분류되었는지를 검정한다. 예를 들어, 적합도 검정은 과거의 등급별 고객 분포가 1:3:3:3이었을 때, 현재도 이 분포가 동일한지를 검정할 수 있다.

2 문제 정의

A 카지노는 B 업체에서 납품하기로 한 새로운 주사위가 공정한지 확인하고자 한다. 공정한 주사위라면, 주사위를 600번 던졌을 때 각 숫자가 약 100번씩 나올 것이다. 그러나 주사위 제조 과정에 문제가 있어 주사위가 공정하지 않다면, 관측된 도수는 기대되는 도수(각 100번)와 차이를 보일 것이다. A 카지노는 새로운 주사위의 납품 결정을 위해 주사위를 600번 던져, 각 눈금별로 관측된 도수를 〈데이터 3.11〉과 같이 수집했다.

데이터 3.11 | 주사위 던지기 실험 결과

눈금(c=6)	1	2	3	4	5	6
관측 도수(n_i)	109	112	42	111	114	112
기대 도수(e_i)	100	100	100	100	100	100

<데이터 3.11>은 주사위 던지기 실험의 결과이다. 주사위가 공정하다면, 각 눈금의 관측 도수는 전체 시행 횟수에 눈금이 나올 확률인 1/6을 곱한 100회에 가까워야 한다. 그러나 3번 눈금의 빈도는 42로, 100과 차이가 크다. 이 차이가 통계적으로 유의미한지는 아직 알 수 없으며, 이를 확인하기 위해 적합도 검정이 필요하다.

❸ 가설 설정

문제를 단순하게 바꾸면, 각 눈금별 기대 도수와 관측 도수가 같은지 검정하는 것이다. 이를 토대로 가설을 세우면 다음과 같다.

$$H_0: n_i = e_i \qquad H_1: H_0 \text{ is not true.} \qquad i = 1, 2 ..., c$$

귀무 가설(H_0)은 '표본이 기대되는 분포에 적합하다'는 것이다. 따라서 기대 도수와 관측 도수 간의 차이가 클수록 카이제곱 통계량이 커지며, 이로 인해 귀무 가설이 기각될 가능성이 높아진다. 적합도 검정은 카이제곱 통계량을 이용하며, 이는 대표본 가정(즉, 각 범주의 기대 도수가 일반적으로 5 이상이어야 함)을 필요로 한다. 이 가정이 충족되지 않으면 이항 검정, 윌콕슨 부호 순위 검정 등 다른 적절한 검정 방법을 사용할 수 있다.

4 가설 검정

식 3.6 | 피어슨 카이제곱 통계량(Pearson chi-squared statistic)

$$\chi^2 = \sum_{i=1}^{c} \frac{(n_i - e_i)^2}{e_i} \sim \chi^2(c-1)$$

카이제곱 통계량은 영국의 통계학자 피어슨(Karl Pearson, 1857~1936)이 1900년에 제안했다. 카이제곱 통계량은 관측 도수(n_i)와 기대 도수(e_i)의 차이를 제곱한 후, 이를 기대 도수(e_i)로 나눈 값들의 합으로 계산된다. 범주형 자료의 각 칸에서 기대 도수(e_i)와 관측 도수(n_i)가 모두 일치하는 경우(즉, 귀무 가설이 완전히 만족하는 경우) 최솟값은 0이 된다. 표본 크기가 고정되어 있을 때, 기대 도수(e_i)와 관측 도수(n_i) 간의 차이가 클수록 카이제곱 통계량의 값도 커진다. 적합도 검정에서 카이제곱 통계량은 범주의 개수가 c개일 때 자유도가 $c-1$인 카이제곱 분포를 따른다.

표 3.22 | 데이터를 이용해 카이제곱 통계량을 계산 결과

눈금($c=5$)	1		2	3	4	5	6	합계
관측된 도수(n_i)	109		112	42	111	114	112	600
기대 도수(e_i)	100		100	100	100	100	100	600
$\frac{(n_i - e_i)^2}{e_i}$	$\frac{(109-100)^2}{100}$	=0.81	1.44	33.64	1.21	1.96	1.44	40.5

각 눈금에 대한 기대 도수가 100이므로 대표본 가정을 만족하는 것을 알 수 있다. 카이제곱 통계량은 40.5이다. 분석 프로그램을 이용하면 유의확률을 바로 계산할 수 있다. 유의수준 5%에서 자유도가 5인 카이제곱 분포의 임계값은 11.070(카이제곱 분포 표를 통해 확인 가능)으로, 계산된 카이제곱 통계량(=40.5)이 이 임계값보다 훨씬 큰 것을 알 수 있다. 따라서 검정 통계량 값(=40.5)이 임계값(=11.070)보다 크므로, 유의수준 5%에서 귀무가설은 기각되며, 주사위의 각 눈금의 발생 확

률이 같다고 할 수 없다. 즉, 주사위의 품질에 대한 보다 정확한 조사가 필요하다.

즉, 주사위의 품질에 대한 보다 정확한 조사가 필요하다.

더 알아
보기

카이제곱 분포

<그림 3.50>과 같이, 카이제곱 분포는 자유도 k에 따라 그 형태가 달라지므로 주의해야 한다. 앞선 문제처럼 범주형 변수가 하나인 경우, 카이제곱 분포의 자유도는 범주형 변수의 그룹 수에서 1을 뺀 값, 즉 c-1이 된다. 그러나 <데이터 3.11>과 같이 r개의 범주를 갖는 변수와 c개의 범주를 갖는 변수로 구성된 두 범주형 변수의 분할표의 경우, 카이제곱 검정의 자유도는 (r-1)×(c-1)로 계산된다.

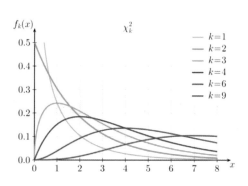

범주형 변수의 수	자유도
1	c-1
2	(r-1)(c-1)

그림 3.50 | 카이제곱 분포

2 | 독립성 검정

1 독립성 검정이란?

독립성 검정independence test은 두 범주형 변수가 서로 연관관계를 갖는지 검정한다. 독립성 검정은 전체 조사 대상을 고정한 뒤, 조사 결과를 바탕으로 두 범주형 변수 간 연관관계의 유의성을 카이제곱 검정을 통해 확인한다. 카이제곱 검정을 사용하려면 대표본 가정이 필요한데, 일반적으로 각 항의 기대 도수가 5보다 크면 대표본 가정을 만족한다고 본다. 단, 기대 도수가 1보다 작아서는 안 되며, 대부분의 기대 도수가 5 이상이어야 한다. 카이제곱 검정은 연관관계가 통계적으로 유의한지만 확인하므로, 연관관계의 강도를 확인하기 위해서는 Cramér's V나 Phi coefficient와 같은 연관성 측도를 사용한다. 예제를 통해 독립성 검정 방법을 자세히 알아보자.

② 문제 정의

A 쇼핑몰은 신규 가입 고객을 대상으로 구매 금액에 따라 최대 3만 원까지 사용할 수 있는 쿠폰을 지급하고 있다. 하지만 무분별한 쿠폰 지급으로 쿠폰 사용 후 더 이상 쇼핑몰을 이용하지 않는 고객이 증가하고 있다. 이를 해결하기 위해, A 쇼핑몰은 쿠폰 지급이 재구매에 유의한 영향을 미치는지 확인하고자 한다. 이를 위해 이번 달 새로 가입한 고객 200명을 임의로 선정하여, 쿠폰 사용 여부와 재구매 의사를 조사했다.

데이터 3.12 | A 쇼핑몰 신규 가입 고객에 대한 쿠폰 사용 여부 및 재구매 의사 조사 결과

쿠폰 사용	재구매 의사		합계
	Y	N	
Y	89	75	164
N	67	69	136
합계	156	144	300

〈데이터 3.12〉는 신규가입 고객을 대상으로 쿠폰 사용 여부와 재구매 의사를 조사한 결과이다.

③ 가설 설정

이 문제는 쿠폰 사용과 재구매 의사가 서로 연관관계를 갖는지를 확인하는 문제이다. 검정할 수 있는 가설로 표현하면, 분할표의 각 항의 기대 도수와 관측 도수가 같은지를 검정하는 문제이다 (참고: 각 항의 기대 확률($p_i p_j$)과 관측 확률($p_i p_j$)가 같은지 검정하는 것과 같음).

가설

$$H_0: p_{11} = p_1 p_1, \ p_{12} = p_1 p_2, \ \ldots, \ p_{22} = p_2 p_2 \qquad H_1: H_0 \text{ is not true.}$$

〈가설〉을 보다 쉽게 풀어 서술하면 귀무가설은 쿠폰 사용과 재구매 의사는 서로 독립임을 말한다 (참고: 만약 두 사건 A, B가 독립이면 P(A)P(B)=P(A∩B)가 되기 때문).

❹ 검정 통계량

검정 통계량을 계산하려면, 분할표에서 기대 도수를 구하는 방법을 알아야한다. 범주형 변수가 두 개인 경우 기대 도수는 도수 분포표와 같은 개념으로 구할 수 있다. 분할표에서 기대 도수는 각 항의 주변 합을 곱한 뒤 전체 관측치 수로 나누어 구할 수 있다. 〈데이터 3.12〉로 기대 도수를 구한 결과는 〈표 3.23〉과 같다.

표 3.23 | 조사 결과에 대한 기대 도수

쿠폰 사용	재구매 의사		합계
	Y	N	
Y	$\frac{164 \times 156}{300} = 85.28$	78.72	164
N	70.72	65.28	136
합계	156	144	300

범주형 변수가 두 개인 경우에도 카이제곱 통계량을 구하는 방법은 같다. 분할표의 각 항에 대해, 관측 도수와 기대 도수의 차이의 제곱을 기대 도수로 나눠 준 뒤 모두 더한다. 이때, 카이제곱 통계량의 자유도는 두 범주형 변수의 범주 수에서 각각 1을 뺀 값을 곱해 구할 수 있다. 따라서 앞선 문제는 자유도가 (2-1)×(2-1)로 2가 된다.

두 범주형 변수에 대한 기대 도수와 카이제곱 통계량 산출식

각 항의 기대 도수 e_{ij}는 다음과 같이 행 변수의 주변합($e_{i.}$)과 열 변수의 주변합($e_{.j}$)의 곱을 전체 관측치의 수 n으로 나눠주어 구할 수 있다.

식 3.7 | 기대 도수

$$e_{ij} = \frac{e_{i.} \times e_{.j}}{n}, \ i=1, 2, \ldots, r \quad j=1, 2, \ldots, c$$

독립성 검정은 적합도 검정과 같이 대표본인 경우 기대 도수와 관측 도수의 차이를 이용한 카이제곱 통계량을 이용한다. 이때 카이제곱 통계량의 자유도는 행 변수의 그룹수가 c이고, 열 변수의 그룹수가 r일 때 (r-1)(c-1)을 갖는다. 이 문제의 경우 r=2, c=2이기 때문에 자유도는 1이 된다. 두 범주형 변수를 갖는 경우 카이제곱 통계량은 다음과 같이 계산한다.

식 3.8 | 두 범주형 변수에 대한 카이제곱 통계량

$$\chi^2 = \sum_{i=1}^{r} \sum_{j=1}^{c} \frac{(n_{ij} - e_{ij})^2}{e_{ij}} \sim \chi^2((r\text{-}1)(c\text{-}1))$$

카이제곱 통계량은 다음과 같이 직접 계산한 뒤 카이제곱 분포표에서 기각역을 찾고 검정 통계량과 기각역 비교를 통해 검정을 수행할 수 있다. 하지만, 분석 프로그램을 이용하여 검정을 수행하는 것이 보다 효율적이기 때문에 직접 계산하는 것은 권장하지 않는다. 실습을 통하여 검정 결과를 얻는 방법을 알아보자.

6 실습

앞서 살펴본 문제는 [테이블 분석] 기능을 이용하여 검정할 수 있다. 다만, 카이제곱 검정을 위해서는 먼저 교차표를 〈그림 3.51〉 오른쪽과 같은 데이터 형태로 변환해야 한다.

쿠폰 사용	재구매 의사		합계
	Y	N	
Y	89	75	164
N	67	69	136
합계	156	144	300

COUPON_YN	REPUR_YN	FREQ
Y	Y	89
Y	N	75
N	Y	67
N	N	69

그림 3.51 | 교차표로 만든 데이터 형태

◆ 작업 가져오기

실습을 위해 먼저 새로운 플로우를 만든다. 그리고 〈그림 3.52〉와 같이 작업과 데이터를 플로우로 가져온다.

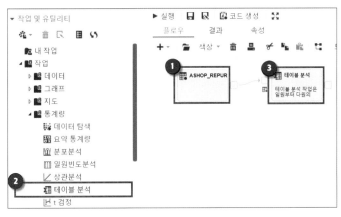

그림 3.52 | 데이터와 작업 가져오기

❶ 실습 데이터를 플로우로 이동

❷ [통계량]에서 [테이블 분석] 선택한 뒤, 플로우로 이동

❸ [테이블 분석] 작업과 데이터를 연결한 뒤, [테이블 분석] 노드를 더블 클릭

◆ 옵션 설정

데이터 탭에서는 행 변수와 칼럼 변수와 빈도를 선택한다. 만약 데이터가 각 행과 칼럼 변수를 기준으로 집계되어 있지 않다면, '빈도'는 설정하지 않아도 된다. 이 경우 자동으로 행과 칼럼 변수가 기록된 개수로 빈도를 산출하여 분석한다.

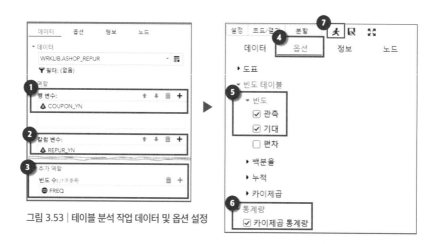

그림 3.53 | 테이블 분석 작업 데이터 및 옵션 설정

❶ [역할]의 [행 변수:]에 쿠폰 사용 여부 변수 'COUPON_YN'를 할당

❷ [역할]의 [칼럼 변수:]에 재구매 의사 여부 변수 'REPUR_YN'를 할당

❸ [추가 역할]을 확장한 뒤 [빈도 수:]에 각 변수의 그룹별 빈도인 'FREQ' 변수를 할당

❹ [옵션] 탭으로 이동

❺ [빈도 테이블] > [빈도]의 [관측]과 [기대]를 체크

❻ [통계량]에서는 카이제곱 검정을 위해 [카이제곱 통계량]을 체크

❼ ✦ 버튼을 눌러 [작업] 실행

◆ 결과 확인

작업을 실행하면 다양한 표가 출력된다. 이중 독립성 검정에 꼭 필요한 표는 다음 두 가지이며, 나머지 그래프와 표는 참고로 살펴보면 된다.

빈도 기대값	테이블 COUPON_YN * REPUR_YN			
		REPUR_YN		
	COUPON_YN	N	Y	합계
	N	69 65.28	67 70.72	136
	Y	75 78.72	89 85.28	164
	합계	144	156	300

통계량	자유도	값	Prob
카이제곱	1	0.7457	0.3878
우도비 카이제곱	1	0.7459	0.3878
연속성 수정 카이제곱	1	0.5587	0.4548
Mantel-Haenszel 카이제곱	1	0.7432	0.3886
파이 계수		0.0499	
우발성 계수		0.0498	
크래머의 V		0.0499	

그림 3.54 | 독립성 검정 결과

〈그림 3.54〉는 분석 프로그램을 이용한 독립성 검정 결과이다.

❶ 먼저 좌측 표에서 각 항의 기댓값을 확인한다. 각 항의 기댓값은 65.28, 70.72, 78.72, 85.28로 모두 5보다 크기 때문에 카이제곱 검정 결과를 신뢰할 수 있다.

❷ 카이제곱 검정 결과를 살펴보면, 유의확률은 0.3878로 유의수준 5% 하에서 귀무가설을 기각할 수 없다. 따라서 쿠폰 사용 경험과 재구매 의사는 유의수준 5%에서 유의한 상관 관계를 갖는다고 말할 수 없다.

❸ 쿠폰 사용 여부와 재구매 의사는 각 두 개의 범주를 가진다. 따라서 파이계수, 분할계수, 크래머의 V 등을 사용해 연관성 정도를 살펴볼 수 있다. 이와 같은 2×2 분할표의 경우 연관성 지표는 0~1사이의 값을 가지며, 값이 1에 가까울수록 높은 연관성을 가진다. 이 경우 연관성 지표가 모두 0.0499로 0에 가까워 연관성이 거의 없는 것을 알 수 있다.

더 알아
보기

연관성 측도

앞서 살펴본 쿠폰 사용 경험에 따른 재구매 의사 관계 분석에서는 두 범주형 변수 간의 검정을 통해 이들이 서로 독립임을 확인할 수 있었다. 하지만 두 변수가 독립이 아니라면 어떻게 될까? 이경우, 단순히 '연관 관계가 있다'는 결론보다는 '얼마나' 연관성이 강한지 아는 것이 중요하다. 이때 사용하는 측도가 바로 '연관성 측도'이다. 범주형 데이터, 특히 명목형(순서가 없는 데이터)에서는 Cramér's V, Phi coefficient 등의 연관성 측도를 사용하여 그 연관성의 정도를 확인할 수있다.

표 3.24 | 연관성 측도

No.	연관성 측도	설명
1	파이 계수 Phi Coefficient	(특징) 2×2 분할표에서 유용하며, 기호 Φ로 나타냄 (범위) 2×2 분할표: $-1 \leq \Phi \leq 1$ * 일반적인 경우: $0 \leq \Phi \leq \min(\sqrt{(r-1)}, \sqrt{(c-1)}$ (해석) 절댓값이 클수록 강한 연관성을 가짐
2	분할 계수 Contingency Coefficient	(특징) 2×2 분할표에서 유용하며, 기호 P로 나타냄 (범위) 2×2 분할표: $-1 \leq \Phi \leq 1$ * 일반적인 경우: $0 \leq P \leq \sqrt{(\min(r,c)-1)/\min(r,c)}$ (해석) 절댓값이 클수록 강한 연관성을 가짐
3	크래머의 V Cramer's V	(특징) 일반적인 분할표에서도 유용하며, 기호 V로 나타냄 (범위) 2×2 분할표: $-1 \leq V \leq 1$ * 일반적인 경우: $0 \leq V \leq 1$ (해석) 절댓값이 클수록 강한 연관성을 가짐
4	비대칭 람다 Lambda Asymmetric	(특징) 두 가지 유형의 비대칭 람다가 존재하며, 행이 주어질 때 열에 대한 예측타당성Lambda Asymmetric C|R, 열이 주어질 행에 대한 예측 타당성Lambda Asymmetric R|C (범위) 0~1 사이 (해석) 값이 클수록 연관성이 강함
5	대칭 람다 Lambda Symmetric	(특징) 행과 열의 종속/독립 구분이 필요 없는 겨우 적합 (범위) 0~1 사이 (해석) 이 값이 클수록 연관성이 강함

3 | 동질성 검정

■ 동질성 검정이란?

동질성 검정homogeneity test은 행 변수의 각 그룹에 대해 열 변수의 분포가 동질한지 검정한다. 동질성 검정은 행 변수의 각 그룹별로 정해진 수만큼의 자료를 조사(행별 합계 고정)하여 각 범주별로 비율이 다른지 검정한다. 이때 행 변수의 각 그룹을 부모집단subpopulation이라고 한다.

■ 문제 정의

스마트폰 제조사인 A 전자는 연령에 따른 스마트폰 제조사 이용률을 조사해 어느 연령 그룹을 공략해야 할지를 확인하고자 한다. 각 연령 그룹별로 선정된 1,000명의 고객을 대상으로 현재 사용 중인 스마트폰 제조사를 조사하여 각 연령 그룹별 스마트폰 제조사 이용률에 유의한 차이가 있는지 확인해 보자.

데이터 3.13 | 연령에 따른 스마트폰 제조사 이용률 조사 결과

(단위: 명)

연령 그룹	스마트폰 제조사					
	삼성	애플	샤오미	OPPO	기타	합계
19~29세	53	69	12	10	6	150
30대	114	46	20	12	8	200
40대	198	27	45	12	18	300
50대	136	8	38	6	12	200
60세 이상	90	6	36	8	10	150
합계	591	156	151	48	54	1,000

3 가설 설정

이 문제는 각 연령 그룹별로 임의로 선정된 150명, 200명…… 150명 총 1,000명 에게 어느 제조사 스마트폰을 이용하고 있는지 조사한 데이터이다. 각 연령 그룹 19~29세, 30대…… 60세 이상은 각각 부모집단에 해당한다. 이 자료를 통해 각 연 령 그룹별로 스마트폰 제조사 이용률에 차이가 있는지 확인하고 싶다. 이렇게 행 (연령 그룹별 조사 대상) 합계를 고정한 뒤 각 그룹에 대한 특성(스마트폰 제조사) 분포에 차이가 있는지 확인하고자 하는 경우 동질성 검정을 이용한다. 동질성 검정을 위 한 가설은 다음과 같다.

가설

$H_0: (p_{11}, p_{12}, \ldots p_{15}) = \ldots = (p_{51}, p_{52}, \ldots p_{55})$　　　$H_1: H_0$ is not true.

귀무가설을 보다 쉽게 설명하면 각 연령 그룹별 스마트폰 제조사 이용의 분포가 모두 같음을 의미한다. 〈가설〉에서 p_{11}은 19~29세 그룹의 삼성 스마트폰 이용비 율을 말한다. 즉, $(p_{11}, p_{12}, \ldots, p_{15}) = (p_{21}, p_{22}, \ldots, p_{25})$는 19~29세 연령 그룹의 스마트폰 제조사 이용비율이 30대 연령 그룹과 같다는 것을 의미한다. 가설 검정을 위해 카 이제곱 검정을 수행한다.

4 실습

살펴본 문제는 [테이블 분석] 기능을 이용하여 검정할 수 있다. 동질성 검정을 위 해 먼저 교차표를 〈그림 3.55〉 오른쪽과 같은 형태로 만든다.

연령	제조사				
	삼성	애플	샤오미	OPPO	기타
19~20세	53	69	12	10	6
30대	114	46	20	12	8
40대	198	27	45	12	18
50대	136	8	38	6	12
50대 이상	90	6	36	8	10

ageGroup	manufacturer	FREQ
19~20세	삼성	53
19~20세	애플	69
19~20세	샤오미	12
19~20세	OPPO	10
19~20세	기타	6
30대	삼성	114
50대 이상	애플	6
50대 이상	샤오미	36
50대 이상	OPPO	8
50대 이상	기타	10

그림 3.55 | 교차표로 만든 데이터 형태

◆ 작업 가져오기

실습을 위해 새로운 플로우를 만들고, 〈그림 3.56〉과 같이 작업과 데이터를 플로우로 가져온다.

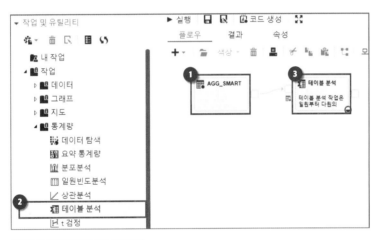

그림 3.56 | 데이터와 작업 가져오기

❶ 실습 데이터를 플로우로 이동

❷ [통계량]에서 [테이블 분석] 선택한 뒤 플로우로 이동

❸ [테이블 분석] 작업과 데이터를 연결한 뒤 [테이블 분석] 노드를 더블 클릭

◆ 옵션 설정

데이터 탭에서는 독립성 검정과 같이 행 변수와 칼럼 변수와 빈도를 선택한다. 옵션 설정 역시 독립성 검정과 같다.

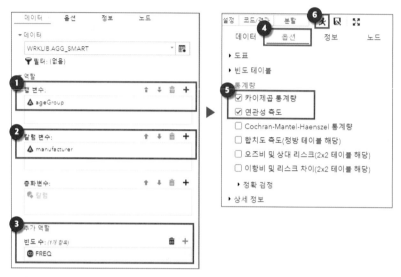

그림 3.57 | 테이블 분석 작업 데이터 및 옵션 설정

❶ [역할]의 [행 변수:]에 쿠폰 사용 여부 변수 'ageGroup'를 할당

❷ [역할]의 [칼럼 변수:]에 재구매 의사 여부 변수 'manufacturer'를 할당

❸ [추가 역할]을 확장한 뒤 [빈도 수:]에 각 변수의 그룹별 빈도인 'FREQ' 변수를 할당

❹ [옵션] 탭으로 이동

❺ [통계량]에서는 카이제곱 검정을 위해 [카이제곱 통계량]을 체크하고, 두 변수의 연관성 정도를 확인하기 위해 [연관성 측도]를 체크

❻ 🏃 버튼을 눌러 [작업] 실행

◆ 결과 확인

작업을 실행하면 다양한 표가 출력된다. 이 중 동질성 검정에 꼭 필요한 표는 다음 두 가지이며, 나머지 그래프와 표는 참고로 살펴보면 된다.

ageGroup * manufacturer 테이블에 대한 통계량

통계량	자유도	값	Prob
카이제곱	16	177.9671	<.0001
우도비 카이제곱	16	163.1862	<.0001
Mantel-Haenszel 카이제곱	1	43.6412	<.0001
파이 계수		0.4219	
우발성 계수		0.3887	
크래머의 V		0.2109	

통계량	값	ASE
감마	-0.2231	0.0405
Kendall의 타우-b	-0.1560	0.0286
Stuart의 타우-c	-0.1336	0.0247
Somers D C|R	-0.1362	0.0251
Somers D R|C	-0.1787	0.0327
Pearson 상관계수	-0.2090	0.0333
Spearman 상관계수	-0.1884	0.0334
람다 비대칭 C|R	0.0391	0.0265
람다 비대칭 R|C	0.0600	0.0136
람다 대칭	0.0523	0.0166
불확실 계수 C|R	0.0686	0.0105
불확실 계수 R|C	0.0518	0.0079
불확실 계수 대칭	0.0590	0.0090

표본 크기 = 1000

그림 3.58 | 동질성 검정 결과

먼저 각 항에 대한 기댓값이 5 미만인 항은 존재하지 않는다. 카이제곱 통계량의 유의확률<0.001로 유의수준 5%에서 귀무가설 "연령 그룹에 따른 스마트폰 제조사 이용률에 차이가 없다."는 기각된 것을 알 수 있다. 즉, 연령 그룹에 따라 제조사 이용률의 분포가 통계적 차이를 보임을 알 수 있다. 하지만 카이제곱 검정만으로는 연관관계에 대한 통계적 유의성만을 말할 수 있을 뿐, 그 정도가 얼마나 되는지를 판단할 수 없다. 연관관계의 정도는 연관성 측도를 통해 확인할 수 있다.

3 맥니마 검정

1 | 맥니마 검정이란?

맥니마 검정McNemar's test은 범주형 데이터 분석에서 동일한 대상의 전후 비교에 사용하는 검정 방법이다. 이는 대응 표본 t-검정의 범주형 데이터 버전이라고 할 수 있다. 예를 들어, 자동차 매장을 방문한 고객에게 시승 전과 후에 구매 의사를 조사하고, 시승이 구매 의사 변화에 영향을 미치는지 검정할 때 사용할 수 있다.

다른 검정 방법들은 서로 다른 대상에서 측정된 독립 표본을 사용하지만, 맥니마 검정은 동일한 대상의 대응 표본을 사용한다. 이 검정은 2×2 분할표에만 적용할 수 있다.

[참고] 분할표가 2×2 보다 큰 경우, McNemar–Bowker symmetry test를 이용

2 | 문제 정의

H 자동차는 매장을 방문한 고객을 대상으로 시승을 유도할지 결정을 위해 시승 전과 후에 자동차 구매 의사가 바뀌었는지 확인하고자 한다. 확인을 위해 H 자동차의 데이터 사이언스팀은 임의로 선정한 고객 100명을 대상으로 시승 전과 후에 차량 구매 의사를 다음과 같이 조사했다.

데이터 3.14 | 시승 전·후 자동차 구매의사 조사 자료

시승 전	시승 후		합계
	있음	없음	
있음	23	7	30
없음	18	12	30
합계	41	19	100

이 문제는 임의 선정된 고객에게 시승하기 전과 후에 구매 의사가 바뀌었는지 조사한 자료를 활용한다. 또한 전과 후, 구매 의사가 있음과 없음을 비교하기 때문에 2×2 분할표로 데이터가 주어진다. 따라서 맥니마 검정으로 분석할 수 있는 문제이다.

3 | 가설 설정

맥니마 검정은 어떤 처리 전과 후에 차이가 있는지 비교한다. 따라서 분할표에서 처리 전과 후의 의사가 바뀌지 않은 대각 항은 중요하지 않다. 이에 불일치 항의 비율이 얼마나 큰지로 효과를 검정한다. 이런 특징에 기초하여 가설은 각 불일치 항이 서로 다른지 검정하도록 정해진다. 가설을 풀이하면, 귀무가설은 '시승 전과 후의 구매 의사가 같다'이다.

가설

$H_0: p_{12} = p_{21}$ $H_1: p_{12} \neq p_{21}$

4 | 검정 통계량

맥니마 검정을 위한 검정 통계량은 2×2 분할표에서 자유도가 1인 카이제곱 분포를 따른다. 검정 통계량을 살펴보면, 전과 후의 불일치 항에 기초해 통계량을 계산하는 것을 알 수 있다.

식 3.9 | 맥니마 검정의 검정 통계량

$$\chi^2 = \frac{(n_{12} - n_{21})^2}{n_{12} + n_{21}} \sim \chi^2(1)$$

5 | 실습

시승 전후 비교 문제는 [테이블 분석] 기능으로 검정할 수 있다. 맥니마 검정을 위해 먼저 교차표를 〈그림 3.59〉 오른쪽과 같은 형태로 만든다.

구매 의사 (시승 전)	구매 의사 (시승 후)	
	Y	N
Y	23	7
N	18	19

BFR_YN	AFT_YN	FREQ
Y	Y	23
Y	N	7
N	Y	18
N	N	19

그림 3.59 | 교차표로 만든 데이터 형태

❶ 작업 가져오기

실습을 위해 새로운 플로우를 만들고, 〈그림 3.60〉과 같이 작업과 데이터를 플로우로 가져온다.

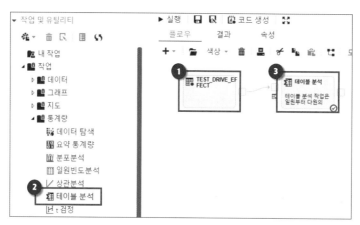

그림 3.60 | 데이터와 작업 가져오기

❶ 실습 데이터를 플로우로 이동

❷ [통계량]에서 [테이블 분석] 선택한 뒤 플로우로 이동

❸ [테이블 분석] 작업과 데이터를 연결한 뒤 [테이블 분석] 노드를 더블 클릭

② 옵션 설정

데이터 탭에서는 독립성 검정과 같이 행 변수와 칼럼 변수와 빈도를 선택한다. 옵션 설정 역시 독립성 검정과 같다.

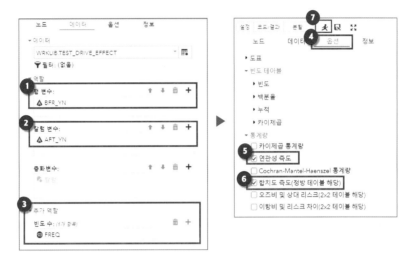

그림 3.61 | 테이블 분석 작업 데이터 및 옵션 설정

❶ [역할]의 [행 변수:]에 시승 전 구매 의사 여부 변수 'BFR_YN'을 할당

❷ [역할]의 [칼럼 변수:]에 시승 후 구매 의사 여부 변수 'AFT_YN'을 할당

❸ [추가 역할]을 확장한 뒤 [빈도 수:]에 각 변수의 그룹별 빈도인 'FREQ' 변수를 할당

❹ [옵션] 탭으로 이동

❺ 연관성 측도를 확인하고 싶은 경우 [통계량]에서 [연관성 측도]를 체크(선택 사항)

❻ 맥니마 검정을 위해 [통계량]에서 [합치도 측정(정방 테이블 해당)]을 선택

❼ 🏃 버튼을 눌러 [작업] 실행

❸ 결과 확인

테이블 분석 작업을 실행하면 <그림 3.62>과 같이 맥니마 검정 결과를 확인할
수 있다.

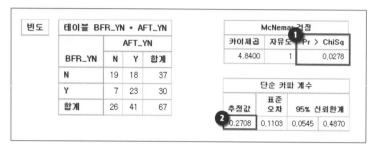

그림 3.62 | 맥니마 검정 결과

❶ 이 도표는 맥니마 검정 결과를 나타낸다. 검정 결과에 따르면 유의확률(Pr > ChiSq)은
0.0278로, 유의수준 5%에서 귀무가설이 기각된다. 즉, 유의수준 5%에서 시승 전과
후의 구매 의사에 통계적으로 유의미한 차이가 있다.

❷ 이 도표의 단순 카파 계수는 두 범주형 변수 간의 일치도를 확인하는 척도로, 0과 1 사
이의 값을 갖는다. 값이 1에 가까울수록 두 변수의 일치도가 높다. 카파 계수는 맥니마
검정 결과와 직접적인 관련은 없지만, 두 시점의 측정 결과가 얼마나 일치하는지를 평
가하는 데 사용된다. 맥니마 검정은 시승 전과 후의 구매 의사 변화가 통계적으로 유의
미한지를 판단하는 데 사용된다. 반면, 카파 계수는 두 측정 간의 일치도를 평가해 시승
전과 후의 구매 의사가 얼마나 유사한지를 확인할 수 있다. 따라서 맥니마 검정에서 유
의한 변화가 발견되면, 카파 계수를 추가로 확인해 변화 전후의 일치도가 얼마나 큰지
평가할 수 있다. 결론적으로, 맥니마 검정은 변화의 유의성을, 카파 계수는 변화 전후의
일치도를 평가하는 데 활용된다. 두 지표를 함께 사용하면 데이터에 대한 더 깊은 해석
이 가능하다.

더 알아
보기

카파 계수는 어떻게 구할까?

표 3.25 | 일반적인 교차표

R	C		합계
	c_1	c_2	
r_1	a	b	a+b
r_2	c	d	c+d
합계	a+b	b+d	a+b+c+d

카파 계수 계산식을 이해하기 위해 앞과 같은 2×2 분할표가 있다고 가정할 때 다음과 같이 구한다.

- 관찰 일치도(observed agreement; OA): a+d

- 기대 일치도(expected agreement; EA): $\dfrac{((a+b)\times(a+d))+((b+d)\times(c+d))}{(a+b+c+d}$

- 카파 계수(kappa coefficient): $\dfrac{OA-EA}{1-EA}$

카파 계수는 관찰 일치도가 기대 일치도보다 클수록 큰 값을 갖게 됨을 알 수 있다.

4

회귀

1

No Code Data Analysis

회귀란?

초코파이 중량은 봉지에 표기된 중량과 같을까? 클래식 음악을 듣는 건 학업 성취도 향상에 도움이 될까? 광고선전비와 매출은 상관관계가 있을까? 있다면 광고선전비를 천만 원 늘렸을 때 매출은 얼마나 증가할까? 다섯 가지 질문에는 공통점이 있다. 알고 싶은 변수 즉, 종속 변수인 중량, 학업성취도, 매출이 모두 수치형 변수라는 점이다. 회귀는 종속 변수가 수치형인 문제를 해결하기 위한 방법들을 말한다.

1 회귀의 위상

회귀 문제는 종속 변수가 존재하는 지도supervised 학습의 한 유형이다. 독립 변수의 종류에 따라 범주형, 수치형, 또는 이 둘을 혼용할 수 있는 방법론으로 나눌 수 있다. A, B 두 그룹 간의 평균을 비교하거나 어떤 상수와 특정 그룹의 평균이 같은가를 검정하고 싶은 경우 t-검정t-test을 사용한다. 분산 분석ANOVA은 t-검정의 확장으로 세 그룹(A, B, C) 간의 종속 변수의 평균 차이가 유의한지를 검정한다. 상관 분석은 두 수치형 변수 들의 상관관계 확인을 위한 방법이다. 마지막으로 선형 회귀는 종속 변수와 독립 변수가 모두 수치형일 때 사용할 수 있는 방법이다. 회귀 방법론을 알면, 다음과 같은 유형의 문제를 데이터 과학으로 해결할 수 있다.

표 4.1 | 데이터 과학의 프레임워크

종속 변수 dependent variable	독립 변수 independent variable	대표 방법론	목적	분류
수치형 Numerical	범주형	t-검정t-test 분산 분석ANOVA	회귀 Regression	지도 학습 Supervised Learning
	수치형	상관 분석correlation analysis		
	범주형 /수치형	선형 회귀Linear Regression 포아송 회귀Poisson Regression		
범주형 categorical	범주형	카이제곱 검정Chi-Square Test 피셔의 정확 검정 Fisher's Exact Test 코크란-맨틀-핸첼 검정 Cochran-Mantel-Haenzel Test 맥니마 검정McNemar's Test	분류 classification	
	범주형 /수치형	로지스틱 회귀Logistic Regression 선형 판별 분석 Linear Discriminant Analysis; LDA		
범주형 /수치형	범주형 /수치형	k-인접이웃 K-Nearest Neighbors; k-NN 트리기반 모형Tree Based Model 서포트 벡터 머신 Support Vector Machine; SVM 인공 신경망Neural Network		
없음	수치형	주성분 분석 Principal Component Analysis; PCA 군집 분석Clustering	탐색 Exploration	비지도 학습 Unsupervised Learning
	범주형	연관성 분석 AR: Association Rule		

❶ 초코 과자 봉지의 표시 중량과 실제 중량은 유의한 차이가 있는가?

❷ 클래식 청취 그룹 A와 비 청취 그룹 B의 중간고사 평균 점수차이가 있는가?

❸ 지역화폐 홍보 영상 시청이 지역화폐 선호에 영향을 주는가?

❹ 개인화 추천 배너 위치(A, B, C)에 따른 배너 클릭률에 차이가 있는가?

❺ 아이스크림 판매량과 익사 사고 발생 건수에 상관관계가 있는가? 있다면 그 정도는?

❻ 광고선전비 지출과 매출은 관계가 있을까? 광고선전비를 증가시키면 매출을 얼마나 늘어날까?

2   일반 선형 모형

일반 선형 모형general linear model; GLM은 종속 변수가 독립 변수에 대해 일차식 형태로 표현되는 모형을 말한다. 일반 선형 모형의 일반general은 종속 변수를 다변량으로 확대한 다변량 선형 모형까지 포함하는 것을 의미하고, 선형linearity은 모수 β에 관해서 선형이라는 것을 의미한다. 단변량 관점에서 일반 선형 모형은 다음과 같은 형태를 갖는다.

식 4.1 | 일반 선형 모형 구조

$$y = \beta_0 + \beta_1 X_1 + \beta_2 X_2 + \ldots + \beta_p X_p + \epsilon$$

앞의 모형의 오차항 ϵ은 확률 변수로 평균이 0이고, 분산이 σ^2인 정규분포를 따름을 가정한다. 앞으로 배우게 될 회귀 방법론은 대부분 일반 선형 모형의 특별한 경우이다. 즉, 오차에 대한 가정 역시 공통적으로 반영됨을 의미한다.

더 알아
보기

선형^{linearity}의 의미

일반 선형 모형에서 선형은 일반 선형식의 모수 β에 관한 것이다. 보다 쉽게 설명하면, 다음과 같은 다항^{polynomial} 모형이 있다고 가정하자.

식 4.2 | 다항 회귀 모형

$$y = \beta_0 + \beta_1 X_1 + \beta X_2^2 + \epsilon$$

이 식에 X_2^2는 제곱의 형태를 갖고 있어 선형식이 아니라고 생각하기 쉽다. 하지만, β에 대해선 선형 관계에 있기 때문에 선형 모형이라고 할 수 있다.

식 4.3 | 비선형 회귀 모형

$$y = \beta_0 + e^{\beta_1 X} + \epsilon$$

하지만 종속 변수와 독립 변수가 관계가 <식 4.3>과 같다면, 모수 β_1에 대해 비선형 관계를 갖기 때문에 선형 모형이라고 할 수 없다. 이런 경우 변수 변환을 통해 선형화가 가능한지 검토한 후 모형을 적합하는 것이 좋다.

3

선형 회귀란?

1 | 회귀 분석의 의의

회귀 분석^{regression analysis}은 한 변수가 다른 변수들에 의해 어떻게 설명^{explanation} 또는 예측^{prediction}되는지를 알아보기 위한 분석 방법이다. 또한, 변수 관점에서 수치형 종속 변수와 하나 이상의 범주형, 수치형 독립 변수 간 관계를 분석하는 기법이다. 이때 예측 또는 설명의 대상을 종속 변수dependent variable 또는 반응 변수response variable라고 한다. 종속 변수 예측에 사용하는 변수는 독립 변수independent variable 또는 설명 변수explanatory variable라고 한다.

2 | 회귀 분석의 유형

회귀 분석은 종속과 독립 변수의 개수, 변수 간 관계가 선형인지에 따라 단순 선형 회귀, 다중 선형 회귀, 비선형 회귀로 구분된다.

표 4.2 | 회귀 분석의 유형

유형	종속 변수의 수	독립 변수의 수	두 변수의 관계
단순 선형 회귀 (simple linear regression)	1개	1개	선형
다중 선형 회귀 (multiple linear regression)	1개	2개 이상	선형
비선형 회귀 (non-linear regression)	1개	1개 이상	비선형

앞서 살펴본 분산 분석 모형은 회귀 모형의 특수한 경우라고 할 수 있다. 회귀 모형은 크게 독립 변수가 하나인 단순 선형 회귀 모형simple linear regression과 독립 변수가 두 개 이상인 다중 선형 회귀 모형multiple linear regression이 있다. 회귀 모형은 수치형 독립 변수뿐만 아니라 범주형 독립 변수도 가변수dummy variable 형태로 포함할 수 있다. 이때 가변수만을 독립 변수로 이용할 경우 앞서 살펴본 분산 분석 모형과 같다.

회귀 모형도 분산 분석 모형과 동일하게 오차의 분포에 대한 가정을 포함하고 있다. 따라서 회귀 진단을 통한 오차의 추정치인 잔차residual 분석을 수행한다. 선형 회귀는 종속 변수와 독립 변수의 선형 관계를 전제로 모형을 적합한다. 하지만 현실 세계에 선형 관계로 설명되는 현상은 극히 적다. "All models are wrong, but some are useful"이라는 말처럼, 모든 모형은 정확한 사실관계를 말하지 않는다. 현상을 단순화하고 영향력을 추정할 수 있도록 도와줄 뿐이다. 회귀 모형은 인과관계를 말하지 않는다. 인과관계가 있다는 것을 전제로 모형을 통하여 그 관계와 불확실성 등을 파악한다. 만약 대상 변수의 인과관계에 대한 연구 없이 모형을 만든다면, 상관 분석에 살펴봤듯이 전기 사용량을 줄이기 위하여 아이스크림을 팔지 말아야 한다는 허무맹랑한 결론을 내릴 수 있다.

더 알아
보기

왜 회귀 분석이라고 할까?

영국의 유전학자 갈튼(F. Galton, 1889)은 사람의 키에 대한 유전 연구를 통해 회귀의 개념을 발전시켰다. 아버지와 아들의 키 간의 관계를 조사하던 중 아들의 키는 그들의 평균 키로 되돌아 가려는 경향이 있음을 발견했다. 갈튼은 이와 같은 함수 관계를 회귀로 표현하였다. 예를 들면, 아버지의 키가 170cm인 그룹에 속하는 아들들의 키는 178cm로 아버지들의 평균 키보다 약간 크고, 아버지의 키가 185cm인 그룹의 아들들의 평균키는 182cm로 약간 작아지는 것을 알 수 있는데, 이는 아들들의 평균 키로 회귀하고자 하는 성질을 갖는다고 하여 회귀라고 명명하였다.

2

No Code Data Analysis

단순 선형 회귀

단순 선형 회귀simple linear regression는 독립 변수가 하나이고, 수치형 종속 변수를 가지는 회귀 모형이다. 종속 변수를 y, 독립 변수를 x라고 하자. 이때 두 변수는 인과관계를 갖고 있어 x의 변화에 따라 y가 변한다고 가정하자. 실제 상황에서는 y에 사소한 영향을 주는 요인이 더 존재할 수 있다. 또한 이 두 변수의 관계는 관찰 범위에 한정한 선형 관계일 수 있다. 따라서 y=f(x)라는 미지의 함수를 $f(x) \approx \beta_0 + \beta_1 x$라는 근사 선형식으로 가정한다. 이 둘의 관계를 완벽한 선형 모형으로 나타낼지라도 오차가 발생하게 된다. 그래서 이상적인 선형 회귀 모형도 오차가 존재한다.

식 4.4 | 선형 회귀 모형

$$y = \beta_0 + \beta_1 x + \varepsilon_i \qquad \varepsilon_i \overset{i.i.d.}{\sim} N(0, \sigma^2)$$

[참고] i.i.d.: Independent and identically distributed random variables의 약자

〈식 4.4〉에서 β_1와 β_0는 알려지지 않은 상수로 회귀 계수regression coefficient라고 한다. 각각은 기울기slope와 절편intercept을 나타낸다. ε_i는 i번째 관측치의 오차를 의

미한다. 회귀 모형은 오차 항을 확률 변수로 가정하고 오차 항에 대해 독립성, 정규성, 등분산성 가정한다. β_1은 x가 한 단위 변할 때 y의 변화량을 의미하고, β_0는 x=0일 때 y의 기댓값을 나타낸다.

표 4.3 | 회귀 모형의 기본 가정

	가정	설명
1	선형성linearity	종속 변수 y와 독립 변수 x는 선형 관계에 있음
2	독립성independence	각각의 오차항은 서로 독립
3	등분산성constant variance	오차항의 분산은 모두 같음
4	정규성normality	오차항은 정규 분포를 따름

1 단순 선형 회귀 문제

〈예제 4.1〉은 '광고선전비'가 '매출'에 미치는 영향을 살펴보는 대표적인 단순 선형 회귀 문제이다. 〈예제 4.1〉을 분석하기 위해 수집한 데이터는 〈데이터 4.1〉과 같다. 예제와 데이터를 이용하여 단순 선형 회귀 모형이 어떻게 만들어지고, 해석하는지 알아보자.

예제 4.1 | 하나전자 마케팅 담당자의 고민

하나전자 마케팅 담당자는 캠페인 예산 확보를 위해 사장실에 들어갔다. 사장님에게 광고선전비 집행을 위해 3억 원을 편성해 달라고 요청했다. 하지만 사장님은 광고선전비로 매년 2~3억 원씩 지출해왔지만, 그 효과를 체감하기 어렵다며 승인을 보류했다. 그리고 먼저 광고선전비 진행의 효과를 조사하라고 지시했다. 담당자는 효과 확인을 위해 매출이 비슷한 30개 동종 업체의 광고선전비 지출과 매출 간 관계를 분석하고자 한다.

데이터 4.1 | 하나전자에서 수집한 30개 동종 업체의 광고선전비 지출과 매출

업체번호	1	2	3	4	5	6	7	8	9	10	11	12	13	14	15
광고선전비	1.5	3.0	2.0	4.1	1.2	3.9	2.4	5.3	2.9	3.5	4.9	1.7	0.2	2.3	2.0
매출	150.9	153.4	152.1	153.5	151.6	154.5	151.9	155.8	154.1	154.3	155.7	152.3	150.3	153.1	152.4
업체번호	16	17	18	19	20	21	22	23	24	25	26	27	28	29	30
광고선전비	3.3	2.7	1.9	1.7	5.1	1.3	3.2	4.8	0.5	2.6	0.6	3.0	5.2	4.6	2.7
매출	154.4	153.2	152.5	152.3	155.9	151.4	153.0	155.5	150.8	152.5	150.4	152.2	156.1	155.6	152.7

2

회귀 모형 추정

1 | 모형 설정

단순 선형 회귀의 선형성은 모형 적합 전에 산점도를 통해 확인할 수 있다. 오차 항과 관련된 가정은 모형 적합 후 잔차(오차의 추정치) 분석을 통해 확인한다. 회귀 분석의 첫 단계는 산점도를 그리는 것이다. 산점도를 통해 선형성을 만족하는지 확인할 수 있다. 또한 비선형 관계를 갖는다면 적절한 변수 변환variable transformation을 통해 선형 모형으로 적합할 수 있다.

〈그림 4.1〉은 광고선전비와 매출 데이터를 이용해 그린 산점도이다. 그림을 살펴보면, 광고선전비가 증가함에 따라 매출이 선형적으로 증가함을 알 수 있다. 이처럼 선형성을 만족하면 〈식 4.5〉와 같이 선형 모형을 가정할 수 있다.

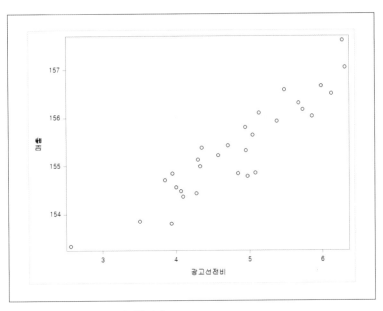

그림 4.1 | 매출과 광고선전비에 대한 산점도

식 4.5 | 광고선전비와 매출로 설정한 단순 선형 회귀 모형

매출 $= \beta_0 + \beta_1 \times$ 광고선전비 $+ \varepsilon_i$

2 | 회귀 계수 추정 방법

회귀 계수를 추정하는 가장 이상적인 방법은 무엇일까? 아마도 주어진 데이터에 대해 오차가 최소가 되는 β_0와 β_1을 찾아내는 것일 것이다. 이때 흔히 사용되는 방법이 최소 제곱법least square method이다. 최소 제곱법은 각 회귀 계수를 오차에 관한 식으로 바꾼다. 그리고 주어진 데이터에서 오차가 최소가 되는 계수 추정치를 구한다. 자세한 산출 방법은 [더 알아보기]를 참고하기 바란다.

3 | 추정 회귀식 구성 방법

데이터 분석 도구는 〈데이터 4.1〉과 같은 데이터를 입력하면 최소 제곱법을 이용하여 회귀 계수를 추정한다. 보통 계수 추정 결과는 〈표 4.4〉와 같이 주어진다. 이 표를 해석하여 추정 회귀식을 구성하는 방법을 알아보자.

표 4.4 | 계수 추정 결과

			Parameter Estimates			
Variable	Label	DF	Parameter Estimate	Standard Error	tValue	Pr>|t|
Intercept	Intercept	1	150.34254	0.39871	377.07	<.0001
ad_exp	광고선전비	1	1.04266	0.08158	12.78	<.0001

〈표 4.4〉의 'Variable'은 두 회귀 계수 β_0와 β_1을 구분하기 위한 영역이다. 'Intercept'는 기울기로 β_0에 대한 추정 결과를 의미한다. 다음으로 'Parameter Estimates'은 회귀 계수에 대한 추정값을 의미한다. 이 값을 살펴보면, Intercept는 150.34254로 추정되었음을 알 수 있다. 또한 광고선전비 ad_exp는 '1.04266'으로 추정되었음을 알 수 있다. 이 사실을 종합하여 추정 회귀식을 만들면 다음과 같다.

식 4.6 | 광고선전비와 매출로 구성한 모형의 추정 회귀식

매출 = 150.34254 + 1.04266 × 광고선전비

단순 선형 회귀 모형은 〈표 4.4〉와 같은 표를 해석하여 〈식 4.6〉과 같은 추정 회귀식을 얻어 구할 수 있다. 이 추정식은 종속 변수(매출)를 예측하거나 독립 변수(광고선전비)가 종속 변수에 미치는 영향의 정도를 추정할 때 사용한다.

더 알아 보기

계수 추정 방법

먼저 단순 선형 회귀식을 오차에 관하여 다시 표현하면 다음과 같은 식을 얻을 수 있다.

식 4.7 | 단순 선형 회귀의 오차에 관한 표현식

$$\varepsilon_i = y_i - \beta_0 - \beta_1 x_i \qquad i = 1, 2, \ldots, n$$

<식 4.7>은 i번째 관측된 데이터에 대한 오차를 나타낸 것이다. 우리가 원하는 것은 유도된 회귀선과 실측치 y값들의 수직거리$^{vertical\ distance}$가 최소가 되도록 계수를 추정하는 것이다. 이런 거리들의 제곱합을 오차 제곱합이라고 하는데 다음과 같이 표현한다.

식 4.8 | 오차 제곱합

$$\sum_{i=1}^{n} \varepsilon_i^2 = \sum_{i=1}^{n} (y_i - \beta_0 - \beta_1 x_i)^2$$

이 식은 미지수 β_0와 β_1에 대한 2차식으로 아래로 볼록한 형태를 갖기 때문에 미분을 통해 최솟값을 찾을 수 있다. 우변의 식을 회귀 계수 β_0와 β_1에 대해 각각 편미분한 뒤 이 식을 0으로 만드는 즉, 기울기가 0이 되는 추정식을 찾으면 <식 4.9>와 같다. 여기서 모 회귀 계수를 최소 제곱법을 통해 추정한 것이기 때문에 ^(hat)을 씌워 추정치임을 명시한다.

식 4.9 | 회귀 계수 추정식

$$\frac{\sum_{i=1}^{n}(x_i - \bar{x})(yi - \bar{y}i)}{\sum_{i=1}^{n}(x_i - \bar{x})^2} \qquad\qquad \hat{\beta}_0 = \bar{y} - \hat{\beta}_1 \bar{x}$$

회귀 계수 $\hat{\beta}_1$과 $\hat{\beta}_0$는 최소 제곱법을 이용해 추정했기 때문에 최소 제곱 추정치$^{least\ squares}$ ^{estimator}라고 한다. 또한, 최소 제곱 추정치로 구성된 회귀식은 최소 제곱 회귀선$^{least\ squares}$ $^{regression\ line}$이라고 하며, 다음과 같이 표현한다.

식 4.10 | 최소 제곱 회귀선

$$\hat{Y} = \hat{\beta}_0 + \hat{\beta}_1 X$$

최소 제곱 회귀선은 항상 찾을 수 있지만, 유일하게 주어지지 않을 수 있다. 주어진 데이터를 <식 4.10>에 적용하면 개별 관측치에 대한 적합값$^{fitted\ value}$를 얻을 수 있다.

3 유의성 검정

유의성 검정은 모형 유의성과 계수 유의성 두 가지가 있다. 먼저, 모형 유의성은 모형에 포함된 모든 기울기가 0인지 검정한다. 두 번째 계수 유의성은 각 계수 값이 0인지를 검정한다. 단순 선형 회귀 모형은 독립 변수가 하나이기 때문에 모형 유의성과 계수 유의성 검정이 사실상 같다. 따라서 단순 선형 회귀에서는 계수 유의성을 중심으로 설명하고, 모형 유의성은 다중 선형 회귀에서 자세히 알아보자.

1 | 모형 유의성 검정

모형 유의성은 모든 기울기 $\beta_1=\beta_2=\cdots=\beta_p=0$인지 검정하는 것과 같다(이때 p는 전체 독립 변수 개수). 하지만 단순 선형 회귀 모형은 $p=1$인 경우로 $\beta_1=0$인지 검정한다. 사실 단순 선형 회귀 모형은 일표본 t-검정을 이용해도 같은 결과를 얻을 수 있다. 하지만 모형 유의성은 기울기가 다수인 경우도 고려해야 하기 때문에 통상 F-검정을 이용한다.

가설 | 단순 선형 회귀 모형의 모형 유의성 검정 가설

$H_0:\beta_1=0$ $H_1:\beta_1\neq0$

표 4.5 | '하나전자 마케팅 담당자의 고민'의 회귀 모형 분산 분석표

Source	DF	Sum of Squares	Mean Square	F Value	Pr>F
Model	1	25.14189	25.14189	163.36	<.0001
Error	28	4.30924	0.15390		
Corrected Total	29	29.45114			

〈표 4.5〉는 회귀 모형을 적합하면 얻는 분산 분석표이다. 이 표는 종속 변수의 전체 변동을 모형이 설명하는 부분인 'Model'과 설명하지 못하는 부분인 'Error'로 나누어 나타낸다. 가설 검정에는 이 둘을 이용해 구한 F-Value를 이용한다. 여기서 우리가 주목해야할 값은 'Pr > F' 유의확률이다. '하나전자 마케팅 담당자의 고민'모형은 유의수준 5%를 기준으로 할 때, 유의확률이 0.05보다 작기 때문에 통계적으로 유의한 모형이라고 할 수 있다.

더 알아
보 기

모형 유의성 검정 통계량 산출 방법

모형 유의성 검정은 종속 변수 y의 변동 즉, 분산을 추정된 모형이 얼마나 잘 설명하는지에 달려있다. 분산 분석을 이용하는데 모형이 설명하는 변동이 모형이 설명하지 못하는 변동보다 클수록 검정 통계량 값이 커지며, 그에 따른 유의확률도 작아진다.

식 4.11 | 단순 선형 회귀 모형의 모형 유의성 검정 통계량

$$F = \frac{MSR}{MSE} \sim F(1, n-2)$$

〈식 4.11〉에서 MSR[mean squared regression]은 회귀 평균 제곱을 의미하고, MSE[mean squared error]로 잔차 평균 제곱을 의미한다. 검정 통계량 F는 독립 변수의 수가 p개일 때, 자유도가 p와 n-p-1인 F분포를 따르는데, 단순 선형 회귀 모형은 독립 변수가 하나이기 때문에 F(1, n-2)인 F-분포를 따르게 된다. 또한 검정 통계량을 살펴보면 MSR이 커질수록 유의확률이 낮아지기 때문에 귀무가설 "추정 회귀식의 기울기는 0이다"를 보다 강하게 기각하게 된다.

2 | 계수 유의성 검정

단순 선형 회귀 모형은 기울기 β_1, 절편 β_0 총 두 계수를 가진다. 각 회귀 계수에 대한 유의성은 검정 통계량 T를 이용한 t-검정으로 확인한다. 먼저 계수 유의성 검정의 가설은 다음과 같다.

가설 | 단순 선형 회귀 모형의 계수 유의성 검정 가설

$H_0: \beta_1 = 0 \qquad H_1: \beta_1 \neq 0$

$H_0: \beta_0 = 0 \qquad H_1: \beta_0 \neq 0$

각 회귀 계수에 대한 귀무가설은 '회귀 계수는 0이다'로 회귀 계수가 모형에 통계적으로 유의한 기여를 하지 못하고 있음을 주장한다. 가설 검정을 위한 검정 통계량을 구하는 방법이 궁금하다면 [더 알아보기]를 참고하기 바란다.

표 4.6 | 회귀 계수에 대한 유의성 검정 결과

Parameter Estimates						
Variable	Label	DF	Parameter Estimate	Standard Error	tValue	Pr>|t|
Intercept	Intercept	1	150.34254	0.39871	377.07	<.0001
ad_exp	광고선전비	1	1.04266	0.08158	12.78	<.0001

회귀 계수 추정치에 대한 유의성 검정 결과는 모형 설정에서 살펴본 'Parameter Estimates' 표를 통해 확인할 수 있다. 이 표의 'Pr >| t |'가 각 계수에 대한 t-검정 결과의 유의확률이기 때문이다. <표 4.6>의 유의확률 Pr>| t |을 살펴보면 절편과 광고선전비 모두 유의수준 5%에서 귀무가설이 기각된다. 즉, 광고선전비에 대한 계수 추정치가 유의수준 5%에서 통계적으로 유의하다. 또한 표에서 추정치에 대한 표준오차를 확인할 수 있다. 이 표준오차를 이용하면 각 계수에 대한 신뢰구간 등을 계산할 수 있다.

더 알아
보 기

회귀 계수 추정치에 대한 검정 통계량

회귀 계수 추정치에 대한 검정 통계량은 다음과 같이 자유도$^{degree\ of\ freedom;\ df}$가 n-2인 t-분포를 따르는데, 이는 관측치 수에서 회귀 계수의 개수를 뺀 것과 같다.

식 4.12 | 단순 선형 회귀 모형의 계수 유의성 검정 통계량

$$t_1 = \frac{\hat{\beta}_1}{S.E.(\hat{\beta}_1)} \sim t_{(n-2)} \qquad\qquad t_0 = \frac{\hat{\beta}_0}{S.E.(\hat{\beta}_0)} \sim t_{(n-2)}$$

회귀 계수 유의성 검정을 위한 검정 통계량 t_1과 t_0는 각 계수 추정치를 각 계수에 대한 표준오차로 나눠준 것과 같다. 표준오차는 어떤 추정량에 대한 표준편차의 추정치이다. 즉, 추정량의 표준편차에 대한 추정치이기 때문에 t-검정에서 모분산이 알려지지 않은 경우에 해당한다.

식 4.13 | 각 회귀 계수 추정치에 대한 분산

$$var(\hat{\beta}_1) = \frac{\sigma^2}{\Sigma(x_i-\bar{x})^2} \qquad\qquad var(\hat{\beta}_0) = \sigma^2\left[\frac{1}{n}+\frac{\bar{x}^2}{\Sigma(x_i-\bar{x})^2}\right]$$

회귀 계수 추정치에 대한 분산은 <식 4.13>과 같다. σ^2은 오차 항의 모분산으로 알지 못하기 때문에 σ^2의 불편 추정치인 오차 제곱합(SSE)을 자유도로 나눠준 잔차 평균 제곱(MSE)을 이용한다. 각 회귀 계수에 대한 표준오차는 다음과 같이 구할 수 있다.

식 4.14 | 각 회귀 계수에 대한 표준오차

$$S.E.(\hat{\beta}_1) = \sqrt{\frac{MSE}{\Sigma(x_i-\bar{x})^2}} \qquad\qquad S.E.(\hat{\beta}_0) = \sqrt{MSE\left[\frac{1}{n}+\frac{\bar{x}^2}{\Sigma(x_i-\bar{x})^2}\right]}$$

4

유의성 검정은 추정한 모형이 통계적으로 유의한지를 검정한다. 유의성을 만족하는 모형은 독립 변수가 종속 변수에 통계적으로 유의한 영향을 준다. 하지만 유의성은 독립 변수가 종속 변수를 얼마나 잘 설명하는지 그 질적인 면까지 나타내지는 않는다. 즉, 유의한 모형이라도 독립 변수가 종속 변수를 설명하는 부분이 작을 수 있다. 이 때문에 회귀 모형을 평가할 때는 독립 변수가 종속 변수를 얼마나 설명하는지를 적합도goodness-of-fit로 파악할 수 있다.

표 4.7 | 회귀 모형 적합도 평가를 위한 세 가지 방법

	방법	설명
1	y_i와 $\hat{y}_i$에 대한 산점도	y_i와 $\hat{y}_i$에 대한 산점도 상 점들이 주로 대각선 상에 분포한다면 모형이 잘 적합되었다고 볼 수 있음
2	결정 계수 (Coefficient of determination)	결정 계수가 1에 가까울수록 모형 종속 변수의 변동 중 모형에 의해 설명되는 변동이 많다는 것을 의미
3	평균 제곱근 오차 (Root mean square error)	평균 제곱근 오차가 작을수록 적합값과 실측값 간 차이인 잔차가 평균적으로 작다는 것을 의미

1 | 그래프

〈그림 4.2〉는 y_i와 $\hat{y}_i$에 대한 산점도이다. y_i는 실제 관측된 매출을 의미하고, $\hat{y}_i$는 광고선전비로 회귀 모형이 예측한 예측값이다. 회귀 모형이 오차 없이 매출을 정확히 예측한다면, 산점도의 각 점은 대각선 위에 놓이게 된다. 즉, y_i와 $\hat{y}_i$에 대한 산점도는 모형의 예측 결과가 얼마나 정확한지 시각적으로 확인할 수 있는 방법이다.

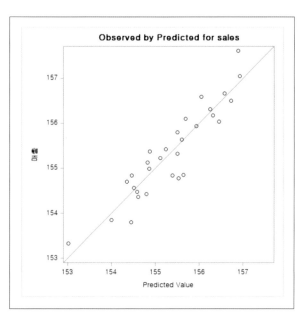

그림 4.2 | '하나전자 마케팅 담당자의 고민' 회귀 모형의 y_i와 $\hat{y}_i$에 대한 산점도

2 | 결정 계수

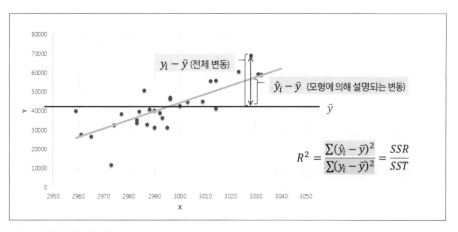

그림 4.3 | 결정 계수의 구성

결정 계수coefficient of determination는 종속 변수의 전체 변동 중 회귀 모형으로 설명되는 변동의 비율이다. 결정 계수가 1에 가까운 모형일수록 모형이 설명하는 부분

의 크기인 설명력이 높다. 만약 결정 계수가 0.8이면, 모형은 종속 변수의 전체 변동 중 80%를 설명한다.

3 | 평균 제곱근 오차

평균 제곱근 오차root mean square error; RSME는 추정 모형의 예측 정확도 평가를 위한 지표이다. RMSE는 회귀선을 기준으로 실측치가 평균적으로 얼마나 벗어나 있는지를 나타낸다. 이 값은 작을수록 좋은 모형이라고 말할 수 있다. 하지만 RMSE는 y값의 단위에 영향을 받기 때문에 종속 변수가 다른 모형과의 비교에는 적합하지 않다.

식 4.15 | 평균 제곱근 오차 산출식

$$RMSE = \sqrt{\frac{1}{n-p} \sum_{i=1}^{n} (yi - \hat{y_i})^2}$$

표 4.8 | '하나전자 마케팅 담당자의 고민' 회귀 모형의 결정 계수와 평균 제곱근 오차

Root MSE	0.39230
Dependent Mean	155.35567
Coeff Var	0.25252
R-Square	0.8537
Adj R-Sq	0.8485

〈표 4.8〉은 '하나전자 마케팅 담당자의 고민' 회귀 모형의 평균 제곱근 오차와 결정 계수를 분석한 결과 표이다. RMSE는 회귀선을 기준으로 실측치가 평균적으로 0.39 단위 벗어나 있는 것을 나타내고 있다. 이때, 종속 변수의 측정 단위가 '억 원'임을 고려하면 모형 적합값과 실측값이 평균 약 4천만 원 정도 차이를 보임을

알 수 있다. 하지만, 종속 변수 평균Dependent Mean이 155억 원인 점을 고려하면 크게 벗어났다고 보기 어렵다. 결정 계수는 0.8537로 종속 변수의 전체 변동 중 약 85.37%가 모형에 의해 설명되고 있음을 알 수 있다. 보통 사회과학에서는 결정 계수가 0.3(30%) 이상일 경우 비교적 현상을 잘 설명한다고 해석한다. 이를 통해 광고선전비가 매출에 큰 영향을 주고 있음을 알 수 있다.

5 실습

단순 선형 회귀 문제는 [선형 회귀] 작업으로 분석할 수 있다. 실습에서는 앞서 살펴본 광고선전비를 독립 변수로, 매출을 종속 변수로 지정한 회귀 모형을 [선형 회귀] 작업을 통해 어떻게 수행할 수 있는지를 중심으로 알아본다. [선형 회귀] 작업을 위한 입력 데이터는 다음과 같은 형태를 가진다.

NO	AD_EXP	SALES
1	4.97	155.53
2	4.70	155.84
3	4.08	154.53
4	4.54	155.48
5	4.80	155.04
6	3.19	153.86
7	4.57	155.22
8	5.62	155.99
9	4.44	154.47

그림 4.4 │ 단순 선형 분석을 위한 데이터: 100개 업체에서 조사한 광고선전비와 매출

이 데이터는 광고선전비 'AD_EXP'와 매출 'SALES' 두 변수를 가진다. 이 데이터를 활용하여 [선형 회귀] 작업을 이용한 단순 선형 회귀 분석 방법을 알아보자.

1 │ 데이터와 작업 가져오기

플로우를 새로 만들고, 데이터와 작업을 〈그림 4.5〉와 같이 가져온다.

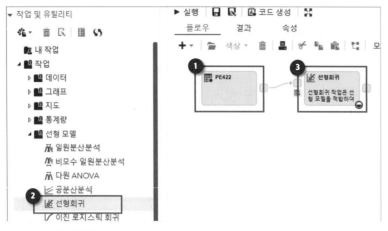

그림 4.5 | 데이터와 작업 가져오기

❶ 실습 데이터 'PE422'를 플로우로 이동

❷ [작업 및 유틸리티]의 [작업] 아래에 있는 [통계량]에서 [선형 회귀] 작업을 플로우로 이동

❸ [선형 회귀] 작업과 데이터를 연결한 뒤 [선형 회귀] 노드를 더블 클릭

2 | 데이터

데이터 탭에서는 종속 변수와 독립 변수를 설정한다. [종속변수:]에는 매출 'SALES'를 할당한다. 독립 변수는 [분류변수:], [연속변수:]에 할당할 수 있다. 먼저 [분류변수:]는 범주형 독립 변수를 할당할 수 있고, 수치형 독립 변수는 [연속변수:]에 할당한다. 실습에서 사용할 독립 변수는 광고선전비 'AD_EXP'이기 때문에 [연속변수:]에 독립 변수를 할당한다.

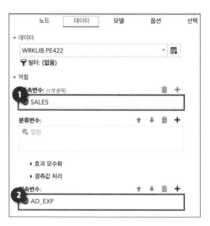

그림 4.6 | 선형 회귀 작업 데이터 설정

❶ [종속 변수:]에 매출 'SALES'를 할당

❷ [연속변수:]에 광고선전비 'AD_EXP'를 할당

3 | 모델

[모델] 탭은 모형 구조를 설정하기 위한 탭이다. [선형 회귀] 작업은 단순, 다중, 비선형 등 다양한 회귀 모형을 지원한다. 이번 실습에서는 단순 선형 회귀 모형을 이용하기 때문에 다음과 같이 'AD_EXP' 변수를 모델 효과에 추가한다.

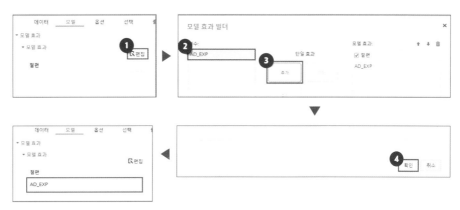

그림 4.7 | 모델 효과 편집

❶ [모델] 탭의 [모델 효과]의 [편집]을 선택

❷ [변수:]에서 독립 변수로 활용할 'AD_EXP'를 한 번 클릭

❸ [추가] 버튼을 클릭하여 [모델 효과:]에 'AD_EXP' 변수를 추가

❹ [모델 효과 빌더]에서 [확인] 버튼을 클릭

[편집]을 이용해 변수를 추가하면, [모델 효과]에 'AD_EXP'가 추가된다. 참고로 [절편]은 모형에 절편을 포함할지를 나타낸다. 만약 모형에 절편을 제외하고 싶다면, [편집]의 [모델 효과 빌더]에서 [모델 효과:]의 체크 박스 [절편]을 해제하면 된다.

더 알아
보기

절편은 언제 필요 없을까?

절편interceptor은 모형에 항상 포함되어야 할까? 보통은 모형을 설정할 때, 별다른 생각 없이 절편을 포함한다. 하지만 절편은 독립 변수가 0일 때, 종속 변수의 평균을 의미하기 때문에, 독립 변수가 0일때, 종속 변수가 0일 수밖에 없다면, 절편은 필요하지 않다. 예를 들어 다음 같은 경우 절편을 포함해서는 안 된다.

- 주행 거리와 연료 사용량
- 방문자 수와 처리 시간
- 제품 생산량과 배송 시간
- 몸무게와 키

이 중 '주행거리'와 '연료사용량'의 관계를 생각해 보자.

식 4.16 | '주행거리'와 '연료사용량'의 관계식

$$주행거리 \times \beta + \alpha = (연료사용량)$$

이 모형은 주어진 주행거리에 β를 곱하고, α를 더하는 방법으로 연료사용량을 추정한다. 일반적인 상황에서 이 모형은 크게 틀리지 않는다. 하지만 만약 주행을 하지 않은 경우 어떨까? 상식적으로 멈춰 있는 자동차는 연료를 사용하지 않는다. 하지만 이 모형에 이 상황을 대입하면, 차가 멈춰 있음에도 불구하고, 연료 사용량은 0이 아닌 α가 된다. 즉, 값을 가진다. 이는 상식에 벗어난 결과다. 좀 더 수학적으로 말하면, 독립 변수와 종속 변수의 함수가 원점을 지나는 상황을 모형이 설명하지 못하는 것이다. 따라서 이 경우 절편을 '0'으로 고정해 주어야 한다.

4 | 옵션

[옵션] 탭에서는 회귀 모형 결과로 출력할 통계량과 도표를 선택할 수 있다. 통계량에는 앞으로 배울 다중공선성, 잔차 분석을 위한 도표를 출력하는 옵션이 포함되어 있다. 단순 선형 회귀 분석 실습에서는 옵션은 다음과 같이 기본값을 이용하면 된다.

데이터	모델	옵션	선택	출력

▾ 방법
신뢰수준:
95% ▾

▾ 통계량
통계량 표시:
기본 통계량 ▾

▾ 도표
　▾ 진단 및 잔차 도표
　　☑ 진단 도표
　　　표시:
　　　도표 패널 ▾
　　☑ 각 설명변수에 대한 잔차
　　　표시:
　　　도표 패널 ▾
　　▸ 추가 진단 도표
　▸ 산점도
최대 도표점 개수:
기본(5,000) ▾

❶ 🏃 버튼을 눌러 [작업] 실행

그림 4.8 | 옵션

5 | 작업 실행 및 결과 확인

작업을 실행하면, 다양한 표와 그림이 출력된다. 이중 단순 선형 회귀 분석에 사용할 표는 다음과 같다.

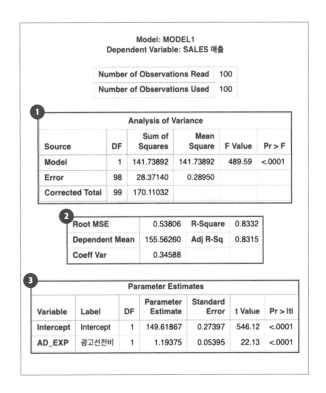

Model: MODEL1
Dependent Variable: SALES 매출

Number of Observations Read	100
Number of Observations Used	100

❶
Analysis of Variance

Source	DF	Sum of Squares	Mean Square	F Value	Pr > F
Model	1	141.73892	141.73892	489.59	<.0001
Error	98	28.37140	0.28950		
Corrected Total	99	170.11032			

❷
Root MSE	0.53806	R-Square	0.8332
Dependent Mean	155.56260	Adj R-Sq	0.8315
Coeff Var	0.34588		

❸
Parameter Estimates

Variable	Label	DF	Parameter Estimate	Standard Error	t Value	Pr > |t|
Intercept	Intercept	1	149.61867	0.27397	546.12	<.0001
AD_EXP	광고선전비	1	1.19375	0.05395	22.13	<.0001

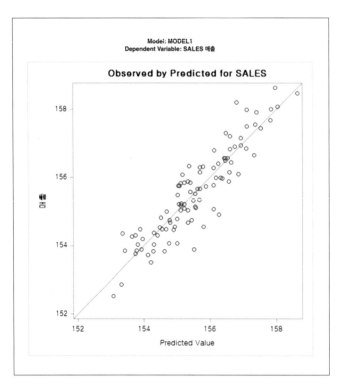

그림 4.9 | 작업 실행 결과

❶ [선형 회귀] 작업을 실행하면 다양한 표와 그래프가 나온다. 먼저 모형 유의성은 'Analysis of Variance' 표에서 확인할 수 있다. 이 표는 분산 분석 표로 모형에 대한 유의성 검정 결과를 보여준다. 이 표에서 'Pr > F'가 모형이 유의한가에 대한 유의확률을 나타낸다. 이 경우 Pr > F는 0.0001 보다 작기 때문에 모형은 통계적으로 유의함을 알 수 있다.

❷ 이 표는 모형 적합도에 대한 결과를 나타낸다. 'Root MSE'는 앞서 설명한 RMSE를 의미하고, 'R-Square'는 결정 계수다. 결정 계수를 해석하면, 광고선전비가 매출의 분산 중 약 83%를 설명함을 알 수 있다.

❸ 'Parameter Estimates'는 각 회귀 계수에 대한 유의성 검정 결과를 나타내는 표이다. 'Variable'은 어떤 변수인지를 나타낸다. 그리고 'Parameter Estimate'은 회귀 계수를 의미한다. 마지막으로 'Pr > |t|'는 회귀 계수에 대한 유의확률로, 절편과 광고선전비의 회귀 계수 모두 유의함을 알 수 있다.

3

No Code Data Analysis

다중 선형 회귀

다중 선형 회귀^{multiple linear regression} 모형은 단순 선형 회귀 모형의 확장으로 수치형 종속 변수 하나에 독립 변수가 둘 이상인 모형이다. 세상에는 하나의 원인만으로 발생하는 사건은 거의 없다. 사건 대부분은 여러 원인이 결합하여 일어난다. 다중 선형 회귀는 이처럼 종속 변수에 영향을 주는 요인이 다수인 경우 사용한다. 다중 선형 회귀 모형은 단순 선형 회귀 모형의 확장으로, 독립 변수가 늘어났기 때문에 추정할 회귀 계수도 독립 변수 수만큼 늘어난다. 또한 단순 선형 회귀 모형과 같이 오차의 선형성, 독립성, 등분산성 등을 가정한다.

식 4.17 | 다중 선형 회귀 모형

$$Y = \beta_0 + \beta_1 X_1 + \beta_2 X_2 + \cdots + \beta_p X_p + \varepsilon \qquad \varepsilon \sim^{iid} N(0, \sigma^2)$$

독립 변수를 늘리면, 더 많은 변수를 모형에 포함할 수 있다. 그 결과 모형은 대체로 정교해진다. 하지만, 독립 변수가 많아지면, 그만큼 분석에 주의해야 할 사항들도 늘어난다. 〈표 4.9〉는 대표적인 다중 선형 회귀 분석 시 고려해야 할 사항이다. 먼저 (1) 다중공선성은 모형에 포함된 독립 변수가 서로 연관되어 있는 경우 발생한다. 다중공선성이 있는 모형은 신뢰하기 어렵기 때문에 처리가 필요하다.

(2) 가변수는 회귀 모형에 범주형(질적) 변수를 포함하는 방법이다. 회귀 모형은 보통 수치형 독립 변수를 사용하지만, '가변수'를 이용하면 범주형 변수도 활용할 수 있다. (3) 변수 선택은 종속 변수를 설명하는 과정에서 유의한 영향을 미치는 변수를 가려내기 위한 방법이다. 이 방법을 이용하면 불필요한 변수를 변수를 모형에서 제외시킬 수 있다.

표 4.9 | 다중 선형 회귀 분석 시 추가 고려사항

고려사항	설명
(1) 다중공선성 (Multicollinearity)	• 독립 변수가 서로 연관되어 있는 경우 다중공선성 문제가 발생 • 다중공선성은 변수 선택과 같은 차원 축소 방법을 통하여 해결할 수 있음
(2) 범주형 독립 변수 (Qualitative predictors)	• 범주형 독립 변수가 모형에 포함되는 경우 '가변수'를 이용해 처리
(3) 변수 선택 (Variable selection)	• 변수가 너무 많으면, 간혹 과적합 문제가 발생 • 불필요한 변수를 제거하여 과적합을 막고, 모형을 보다 강건robust하게 만드는 방법

1 다중 선형 회귀 문제

A 리테일은 광고가 매출에 얼마나 큰 영향을 미치는지 알고 싶다. 하지만 단순히 광고비와 매출만을 분석하니 유동인구가 많고, 규모가 큰 매장은 별다른 광고비 지출이 없어도 매출이 높아 광고비 효과를 제대로 검증하기 하기 어려웠다. 반면, 규모가 작은 매장의 경우 광고비 지출을 늘려, 매출이 증가했음에도 전체 매출에서 차지하는 비율이 너무 작아 분석에 제대로 반영되지 않는 문제가 발생했다. 즉, 매출에 큰 영향을 미치는 '매장 규모'를 분석에 반영한 뒤 광고가 매출에 미치는 영향을 살펴볼 필요가 있었다. 이 때문에 분석 담당자는 전체 매장 중 15개 매장을 임의 선별하여 광고비(AD_EXP), 매장 크기(SIZE), 매출(SALES) 세 가지를 조사했다.

데이터 4.2 | 15개 점포에서 수집한 분석 데이터

NO	AD_EXP	SIZE	SALES
1	149	13	4014
2	150	10	3986
3	148	9	3982
4	141	10	3942
5	160	9	3994
6	143	6	3863
7	140	8	3944
8	146	9	3964
9	146	10	3980
10	144	12	3987
11	144	10	3958
12	158	13	4049
13	149	7	3932
14	154	6	4022
15	148	16	3982

2 다중 선형 회귀 모형의 추정

1 | 모형 설정

■ 산점도 행렬을 이용한 사전 검토

다중 선형 회귀 모형은 산점도를 통해 크게 두 가지를 확인한다. 첫째, 독립 변수와 종속 변수의 관계가 선형인지를 확인한다. 만약 둘의 관계가 비선형이라면, 변수 변환을 한 뒤 회귀 모형을 설정한다. 둘째, 서로 연관되어 있는 독립 변수가 있는지 확인한다. 독립 변수 간 선형 상관관계가 큰 경우 다중공선성 문제가 발생한다. 이 경우 차원 축소 방법으로 문제를 해결한다.

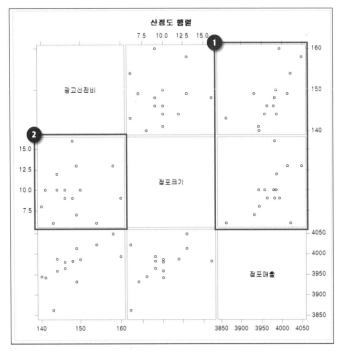

그림 4.10 | 광고선전비, 점포 크기, 점포 매출의 산점도 행렬

산점도 행렬scatter matrix은 셋 이상의 변수 간 관계를 종합적으로 확인할 때 유용한 그래프이다. 이 그래프는 선택한 모든 변수 쌍의 그래프를 그려준다. ① 〈그림 4.10〉을 살펴보면 광고선전비와 점포 크기, 점포 매출은 모두 선형 관계임을 추정할 수 있다. ② 반면 점포 크기와 광고선전비는 서로 어떤 상관관계를 발견하기 어렵다. 이 경우 변수 변환이나 차원 축소 없이 바로 모형을 설정한다.

② 다중 선형 회귀 모형 설정

다중 선형 회귀 모형은 단순 선형 회귀 모형과 같은 방법으로 설정할 수 있다.

식 4.18 | 광고비와 매장 크기로 매출을 추정하는 회귀식

매출 $= \beta_0 +$ 광고비 $\times \beta_1 +$ 매장크기 $\times \beta_2 + \varepsilon_i$

2 | 계수 추정

다중 선형 회귀 모형은 최대 우도 추정법maximum likelihood estimation과 통상 최소 제곱법ordinary least squares; OLS 방법 등으로 회귀 모수 $\beta_0, \cdots, \beta_p$를 추정한다. 추정 회귀식은 다음과 같다.

식 4.19 | 다중 선형 회귀 모형 추정식

$$\hat{Y} = \hat{\beta}_0 + \hat{\beta}_1 X_1 + \cdots + \hat{\beta}_p X_p$$

다중 선형 회귀 모형의 계수는 복잡한 계산 과정을 거쳐 추정할 수 있다. 데이터 과학 도구에서 데이터와 변수 역할을 할당하여 작업을 실행하면, 〈표 4.10〉과 같은 계수 추정 결과를 얻을 수 있다. 이 표는 단순 선형 회귀 모형에서 살펴본 것과 같은 원리로 구성되어 있다.

표 4.10 | 다중 선형 회귀 모형의 계수 추정 결과

Parameter Estimates						
Variable	Label	DF	Parameter Estimate	Standard Error	tValue	Pr>|t|
Intercept	Intercept	1	3212.04106	199.15836	16.13	<.0001
AD_EXP	광고선전비	1	4.68625	1.35201	3.47	0.0047
SIZE	점포 크기	1	6.85747	2.83226	2.42	0.0322

추정 모형의 회귀 계수는 'Parameter Estimate'에서 확인할 수 있다. 또한 각 계수가 통계적으로 유의한지 여부는 유의확률 'Pr > | t |'을 통해 검정한다. 먼저 유의성 검정 결과부터 살펴보면, 유의수준 5%에서 'Intercept, 광고선전비, 점포 크기' 모두 유의확률이 5% 미만으로 통계적으로 유의함을 알 수 있다. 다음으로 계수 추정치를 이용하여 추정 모형을 구성하면 다음과 같다.

식 4.20 | 다중 선형 회귀 모형으로 추정한 점포매출 추정 회귀식

(점포매출)=3212.04106+광고선전비×4.6825+점포크기×6.85747

3 유의성 검정

다중 선형 회귀 모형은 모든 독립 변수의 기울기가 0인지로 유의성을 검정한다. 만약 어떤 독립 변수 x의 기울기 β가 0이라면, 이 독립 변수가 어떤 값을 가지든지 종속 변수는 유의한 영향을 받지 않는다. 따라서 유의성 검정의 가설은 다음과 같다.

가설 | 단순 선형 회귀 모형의 모형 유의성 검정 가설

$H_0: \beta_1 = \beta_2 = \ldots = \beta_p = 0$ $H_1 : \beta_1, \cdots, \beta_p$ 중 적어도 하나는 0이 아니다

가설 검정을 위한 검정 통계량은 F-통계량을 이용한다. 보통 유의성 검정은 분산 분석표로 얻은 F-통계량의 유의확률이 5%보다 작은지 여부로 판단한다.

표 4.11 | 다중 선형 회귀 모형의 유의성 검정 결과

Analysis of Variance					
Source	DF	Sum of Squares	Mean Square	F Value	Pr>F
Model	2	16705	8352.25151	9.96	0.0028
Error	12	10058	838.20253		
Corrected Total	14	26763			

다중 선형 회귀 모형의 유의성 검정 결과 〈표 4.11〉의 해석은 단순 선형 회귀 모형과 동일하다. 다만 Model의 'DF'가 1이 아니고, 2라는 점에서 차이가 있다. 자유도는 추정 모수의 개수에서 하나를 뺀 값을 가진다. 다중 선형 회귀 모형은 절편과 두 변수의 기울기를 추정했기 때문에 총 세 개의 모수를 추정했다. 따라서 Model의 DF 즉, 자유도는 2가 된다.

4 수정된 결정 계수

회귀 모형의 적합도는 보통 예측한 종속 변수와 관측한 종속 변수를 이용한 산점도나 결정 계수, 평균 제곱근 오차로 평가한다. 하지만 결정 계수 R2는 독립 변수 개수가 증가하면 점점 커지는 성질을 가지고 있기 때문에 독립 변수를 추가하면, 실제로 종속 변수에 유의한 영향을 주지 않음에도 결정 계수가 커지는 현상이 발생한다. 이러한 문제를 보완하고자 만들어진 결정 계수가 수정된 결정 계수adjusted R-Square이다. 수정된 결정 계수는 다음과 같이 구한다.

식 4.21 | 수정된 결정 계수

$$AdjR^2 = 1 - \frac{SSE / (n-k-1)}{SST(n-1)}$$

- SST : 총제곱합
- n : 관측치의 개수
- k : 독립 변수의 개수

수정된 결정 계수를 구하는 공식을 살펴보면, 다른 값이 모두 변하지 않고 독립 변수의 개수 k만 증가하면 수정된 결정 계수는 작아지게 된다. 반면 1-(SSE/SST)만으로 계산되는 결정 계수는 〈그림 4.11〉과 같이 변하지 않는다.

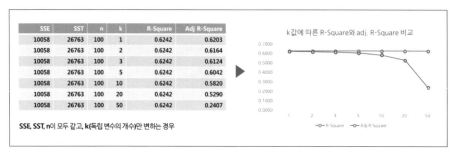

그림 4.11 | 수정된 결정 계수와 결정 계수 비교

5 질적 독립 변수

1 | 질적 독립 변수란?

질적 변수는 범주형 변수와 같은 개념이다. 질적 변수에는 순서 정보를 포함한 순위형ordinal 변수와 서로 다르다는 정보만 포함한 명목형nominal 변수가 포함된다. 예를 들면, 소득 수준(상, 중, 하), 제품 선호도(좋음, 보통, 싫음) 등은 순위형 변수이고, 성별(남, 여), 지역 구분(광역시, 중소도시, 읍면동) 등은 명목형 변수이다. 순위형 변수는 순서에 맞게 1, 2, 3과 같은 숫자로 변환하여, 수치형 변수로 취급하는 경우도 있다. 반면, 명목형 변수는 서로 다르다는 정보만 알 수 있기 때문에, 같은 1, 2, 3으로 변경하여도 이들 간의 대소를 말할 수 없다.

2 | 가변수

회귀 모형에 명목형 독립 변수nominal variable를 포함하려면 변수를 바로 사용할 수는 없고, 지시 변수indicator variable 또는 가변수dummy variable로 변환하여 사용한다. 가변수는 질적 변수의 상태에 따라 0 또는 1 두 가지 값을 주로 사용한다. 이 두 값은 독립 변수가 가질 수 있는 두 가지 가능한 상태 정보를 나타낸다. 주의할 점은 가변수가 1을 갖는다고 0보다 더 크다는 것을 의미하지 않으며, 단순히 관측치가 속하는 상태의 유무만을 나타낸다.

표 4.12 | 가변수 생성 예시

근무 기업 유형 (원래 변수)	공기업 여부 (dummy1)	대기업 여부 (dummy2)	중소기업 여부 (dummy3)
공기업	1	0	0
대기업	0	1	0
중소기업	0	0	1
기타(reference)	0	0	0

가변수는 질적 변수가 갖는 수준level 수가 g라고 할 때 g-1개의 변수를 만들게 된다. 예를 들면, 근무 기업 유형이 공기업, 대기업, 중소기업, 기타 총 4가지 수준을 가진다면 가변수는 '공기업 근무 여부', '대기업 근무 여부', '중소기업 근무 여부' 총 3가지를 만든다. '기타 근무 여부'는 나머지 변수가 모두 0인 경우로 변수를 따로 만들지 않는다. 가변수로 만들지 않는 범주를 기저 범주base category 또는 대조 그룹control group, 참조reference라고 한다.

3 | 해석

가변수는 특정 참조를 기준으로 만들기 때문에 일반적인 독립 변수와 해석 방법이 다르다. 예를 들어 나이와 근무지(공기업, 대기업, 중소기업, 참조: 기타)를 독립 변수로 연봉을 예측하는 회귀 모형을 생각해 보자. 이 모형에서 공기업의 회귀 계수가 200이면, 나이가 같은 사람 중 공기업인 사람이 기타인 사람보다 약 200만 원 더 높은 연봉 기댓값을 가짐을 의미한다. 가변수는 단순히 다른 독립 변수가 같다는 조건만으로 계수를 해석해서는 안 된다.

6 실습

다중 선형 회귀 분석은 단순 선형 회귀와 같이 [선형 회귀] 작업을 이용한다. 실습에 활용할 데이터는 〈그림 4.12〉과 같다. 이 데이터는 100개 점포에서 점포 매출에 영향을 줄 것으로 예상되는 정보를 수집하여 기록했다. [선형 회귀] 작업을 이용하여 점포 매출에 영향을 주는 변수와 그 정도를 알아보자.

NO	AD_EXP	STOR_SZ	MGR_EXPC	COMP_NUM	STOR_SLS
1	149	13	0	6	4028
2	147	9	6	8	4141
3	150	5	4	2	4132
4	148	4	1	10	3922
5	144	4	2	6	3983
6	146	9	1	6	3994
7	151	7	1	3	4016
8	151	6	3	8	4060
9	154	7	2	3	4027
10	154	6	3	8	4112

No	변수 영문명	변수 한글명
1	NO	점포 번호
2	AD_EXP	광고선전비
3	STOR_SZ	점포 크기
4	MGR_EXPC	관리자 근무기간(년)
5	COMP_NUM	경쟁업체 수
6	STOR_SLS	점포 매출

그림 4.12 | 100개 점포의 정보

이 데이터는 점포 번호, 광고선전비, 점포 크기, 관리자 근무기간(년), 경쟁업체 수, 점포 매출 변수를 포함하고 있다. 먼저 점포 번호는 각 점포를 구분하기 위한 변수로, ID에 해당한다. 이 문제의 종속 변수는 '점포 매출'이다. ID를 제외한 모든 변수는 수치형 변수이다. 종속 변수와 독립 변수가 모두 수치형 변수이기 때문에 다중 선형 회귀 모형으로 분석하는 것이 바람직하다.

1 | 데이터와 작업 가져오기

작업에 앞서 새로운 플로우를 만들고, <그림 4.13>과 같이 분석에 활용할 데이터와 [선형 회귀] 작업을 가져와 연결한다.

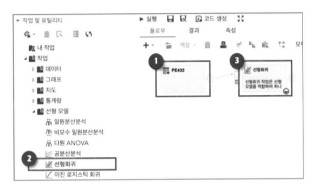

그림 4.13 | 데이터와 작업 가져오기

❶ 실습 데이터 'PE432'를 플로우로 이동
❷ [작업 및 유틸리티]의 [작업] 아래에 있는 [통계량]에서 [선형 회귀] 작업을 플로우로 이동
❸ [선형 회귀] 작업과 데이터를 연결한 뒤 [선형 회귀] 노드를 더블 클릭

2 | 데이터

데이터 탭에서는 회귀 모형에 포함할 변수를 역할에 맞게 할당한다. 이 모형의 종속 변수는 매출 'STOR_SLS'이고, NO를 제외한 나머지 변수는 [연속변수] 항목에 할당하여, 독립 변수로 활용한다.

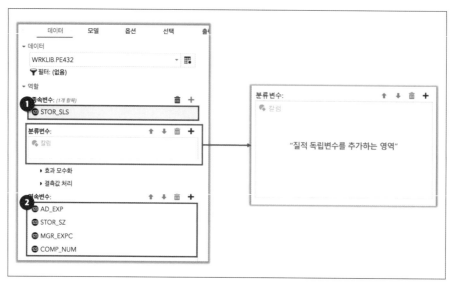

그림 4.14 | 선형 회귀 작업 데이터 설정

❶ [종속 변수:]에 매출 'STOR_SLS'를 할당
❷ [연속변수:]에 독립 변수 'AD_EXP, STOR_SZ, ..., COMP_NUM'을 할당

실습 데이터에는 질적 독립 변수가 포함되어 있지 않다. 하지만 만약 독립 변수 중 질적 독립 변수가 포함되어 있다면 〈그림 4.14〉 오른쪽과 같이 [분류변수:]에 질적 독립 변수를 추가하여 반영할 수 있다.

3 | 모델

모델 탭은 [편집]을 통해 모형에 포함할 독립 변수를 선택하고, 모형의 형태를 정할 수 있다. 예를 들어 독립 변수들 간 상호작용이 있다면 [교차]를 활용하여 반영할 수 있다. 또한 독립 변수의 효과를 제곱으로 반영하고 싶을 경우 [다항차수]를 이용하여 포함할 수 있다. 실습에서는 제곱이나 상호작용은 모형에 포함하지 않고, 다음과 같이 모든 독립 변수를 모형에 포함한다.

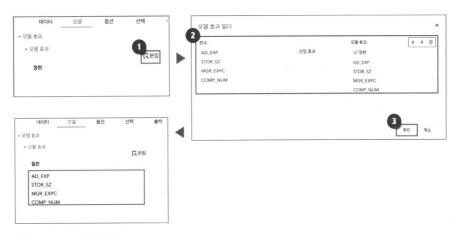

그림 4.15 | 모델 효과 편집

- ❶ [편집] 클릭
- ❷ [모델 효과 빌더]의 [변수:]에 있는 변수 'AD_EXP, STOR, ..., COMP_NUM'(모든 변수)를 선택한 뒤 [추가] 버튼 클릭
- ❸ [확인] 버튼 클릭

4 | 옵션

[옵션] 탭에서는 모형의 성능을 평가하거나, 가정을 만족하는지 확인하기 위한 선택사항 등이 포함되어 있다. 하지만 특별히 보고싶은 도표나 통계량이 없다면, 기본값을 그대로 이용하여도 충분하다. 필요한 내용은 이후 '가정 진단'이나 '회귀 모형 평가' 등에서 자세히 다룬다. 🏃 버튼을 눌러 [작업] 실행한다.

5 | 작업 실행 및 결과 확인

[선형 회귀] 작업을 실행하면 〈그림 4.16〉과 같은 표가 나타난다. 결과에는 여러 가지 도표와 그래프가 출력되지만, 실습에서는 모형이 얼마나 유의하고, 데이터를 잘 설명하는지 살펴보기 위한 도표를 중점적으로 다룬다. 그리고 투입된 독립

변수 중 유의한 변수가 무엇인지 확인한다.

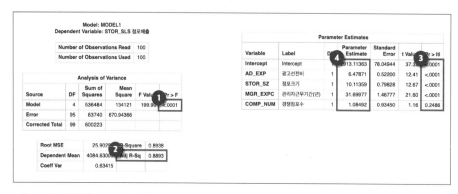

그림 4.16 | 모형 적합 및 모수 추정 결과

❶ 'Analysis of Variance' 표는 단순 선형 회귀에서 설명한 것과 같이 모형이 유의한지 검정한 결과이다. 귀무가설은 '모든 독립 변수의 회귀 계수는 0이다'이다. 즉, 귀무가설이 기각된다면, 적어도 독립 변수 중 하나는 종속 변수에 통계적으로 유의한 영향을 미친다는 것을 의미한다. 이 경우 'Pr > F'는 '<. 0001'로 귀무가설이 기각되어 4가지 독립 변수 중 적어도 하나가 종속 변수에 유의한 영향을 미친다는 것을 알 수 있다.

❷ 이 표에는 모형의 성능지표들이 나타나 있다. 다중 선형 회귀 모형의 경우 'Adj. R-Sq'를 자주 살펴본다. 조정된(수정된) 결정 계수로 이 통계량으로 모형이 데이터를 얼마나 설명하는가를 알 수 있다. 이 경우 'Adj. R-Sq'는 0.8893으로 모형이 종속 변수의 전체 변화(또는 변동)의 약 88.9%를 설명하는 것을 알 수 있다. 이 값은 인과관계가 명확히 떨어지는 자연과학에서는 높은 기준을 제시하는 경우가 많지만, 다양한 원인으로 변하는 사회과학 문제의 경우 0.3, 약 30%정도만 되어도 높다고 평가하는 경우가 많다. 따라서 이 모형은 종속 변수를 잘 설명한다고 말할 수 있다.

❸ 'Parameter Estimates'은 독립 변수의 기울기(회귀 계수)가 0인지 검정한 결과를 표로 나타낸다. 결과를 살펴보면, '경쟁 점포 수'를 제외한 모든 변수(intercept 포함)의 유의 확률이 '< .0001'로 매우 작은 걸 알 수 있다. 이 결과를 통하여 매출은 광고선전비, 점포 크기, 관리자 근무기간(년) 등에 따라 유의한 차이를 보이는 것을 알 수 있다.

❹ 이 표의 'Parameter Estimates' 값은 각 회귀 계수 값을 나타낸다. 이 값을 통하여 특정 독립 변수가 한 단위 변했을 때, 종속 변수가 얼마나 변하는지 알 수 있다. 다만 회귀 계수는 다른 독립 변수가 변화가 없을 때 종속 변수와 독립 변수의 관계를 나타내기 때문에 해석에 주의가 필요하다. 이 값을 이용하면, 다음과 같은 회귀 식을 얻을 수 있다.

$\widehat{(매출)}$ = 2913.11 + 6.48 × 광고선전비 + 10.11 × 점포크기 + 31.70 × 관리자경력(년)

'경쟁점포 수'의 경우 매출에 유의한 영향을 주지 않기 때문에 회귀식에서 제외했다. 매출에 '^(hat)'을 씌운 이유는 회귀식에 각 변수 값을 대입하여 얻은 결과는 실제 매출이 아닌, 매출을 추정한 결과이기 때문이다.

4

No Code Data Analysis

회귀 모형의 가정 진단

선형 회귀 모형은 선형성, 등분산성, 독립성, 정규성 등을 가정한다. 보통 모형이 가정을 크게 이탈하지 않으면, 모형 신뢰도에 큰 영향을 주지 않는다. 하지만 모형이 한 가정을 크게 벗어나거나, 여러 가지 가정을 동시에 위반할 경우 잘못된 결론을 내릴 수 있다. 따라서 회귀 분석에서 가정 진단은 중요하다. <표 4.13>는 선형 회귀 모형의 가정, 진단 방법과 해결 방법이다.

표 4.13 | 선형 회귀 분석의 가정 진단 방법과 해결 방안

가정	진단 방법	해결 방안
선형성linearity	산점도, 상관 계수	변수 변환, 비선형 모형 적합
독립성Independence	Durbin-Watson, AFC, 잔차 분석	시계열 모형 적합 등
정규성normality	Q-Q plot, 정규성 검정	변수 변환, 신규 변수 투입 등
등분산성equal variance	잔차 분석, 등분산 검정	변수 변환, 가중 회귀 분석 등
특이값 없음no outliers	잔차 분석, 지레값, 쿡의 거리 등	특이값을 찾아 검토 후 제거
다중공선성 없음 no multicollinearity	상관 계수, VIF 등	변수 제거, 주성분 분석 등

6가지 가정 중 대다수는 '잔차'를 분석하여, 진단할 수 있다. 따라서 본격적인 가정 진단과 해법을 배우기 전에 잔차가 무엇이고, 어떻게 분석하는지를 먼저 알아보자.

1

잔차 분석

1 | 잔차 분석이란?

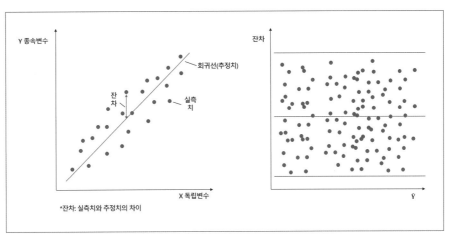

그림 4.17 | 잔차의 의미와 가정을 만족할 때 잔차의 분포

잔차residual는 추정한 회귀 모형으로 예측한 종속 변수 값과 실제 종속 변수 값의 차이이다. 잔차는 모형의 가정을 진단하거나 예측력을 평가할 때 유용하다. 특히 잔차를 이용하여 모형 가정을 진단하는 것을 잔차 분석이라고 한다. 잔차 분석은 주로 산점도를 이용하고, 보통 잔차 분석에 앞서 잔차를 표준화하는 것이 일반적이다. 잔차 분석은 주로 회귀 모형으로 예측한 예측값 $\hat{Y}$과 잔차를 두 축으로 산점도를 그려 분석하거나, 각 독립 변수와 잔차를 두 축으로 하여 산점도로 분석한다. 잔차 분석은 선형 회귀 모형이 가정을 잘 만족하는지 확인할 때 유용하다. 만약 잔차가 〈그림 4.17〉 오른쪽과 같이 분포하여 있다면 모형은 가정을 잘 만족한다.

모형이 가정을 이탈한 경우 잔차는 어떤 경향성이나 패턴을 가지고, 분포한다. 이 분포 형태는 가정 진단에서 자세히 알아보자.

2 | 표준화 잔차

표준화 잔차Studentized Residual는 잔차를 평균과 표준편차를 이용해 표준화한 값을 말한다. 잔차는 일반적으로 종속 변수의 단위에 따라 값의 크기가 다르다. 예를 들어 종속 변수가 무게라면 파운드와 kg을 바로 비교할 수 없듯이 잔차 또한 마찬가지다. 따라서 잔차 크기에 대한 일반적인 기준을 말하기 어렵고, 잔차에서 단위를 제거한 표준화 잔차를 잔차 분석에서 많이 활용한다. 다만 잔차를 표준화한다고 하여 분포의 형태가 바뀌는 것은 아니며, 단지 평균을 0, 표준편차를 1로 변환할 뿐이다.

3 | 실습

선형 회귀 모형을 만들면 예측값과 실측값의 차이로 잔차를 얻을 수 있다. [선형 모델]에 속한 작업은 모두 [출력] 탭에서 잔차를 계산한 결과를 데이터로 저장할 수 있다. 이번 실습에서는 100개 점포의 정보를 저장한 데이터 'PE432'로 잔차를 데이터로 저장하는 법을 알아본다.

NO	AD_EXP	STOR_SZ	MGR_EXPC	COMP_NUM	STOR_SLS
1	149	13	0	6	4028
2	147	9	6	8	4141
3	150	5	4	2	4132
4	148	4	1	10	3922
5	144	4	2	6	3983
6	146	9	1	6	3994
7	151	7	1	3	4016
8	151	6	3	8	4060
9	154	7	2	3	4027
10	154	6	3	8	4112

No	변수 영문명	변수 한글명
1	NO	점포번호
2	AD_EXP	광고선전비
3	STOR_SZ	점포크기
4	MGR_EXPC	관리자근무기간(년)
5	COMP_NUM	경쟁업체수
6	STOR_SLS	점포매출

그림 4.18 | 100개 점포의 정보(PE432)

◼ 데이터와 작업 가져오기

먼저 실습에 활용할 데
이터 PE432와 선형 회
귀 작업을 가져와 <그
림 4.19>와 같이 연결
하고, 선형 회귀 작업을
더블 클릭하여 설정을
변경한다.

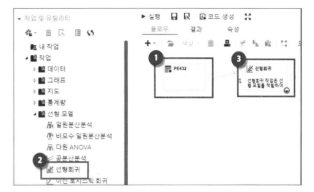

그림 4.19 │ 데이터와 작업 가져오기

❶　실습 데이터 'PE432'를 플로우로 이동
❷　[작업 및 유틸리티]의 [작업] 아래에 있는 [통계량]에서 [선형 회귀] 작업을 플로우로 이동
❸　[선형 회귀] 작업과 데이터를 연결한 뒤, [선형 회귀] 노드를 더블 클릭

◼ 데이터와 모델

데이터 탭에서는 [종속 변수]에 매출 'STOR_SLS'를 할당하고, NO를 제외한 나머
지 변수는 [연속변수] 항목에 할당하여, 독립 변수로 활용한다. [모델]에서는 모든
독립 변수를 모형에 포함한다.

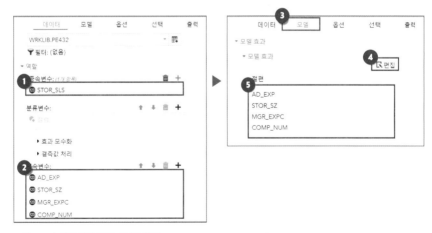

그림 4.20 │ 선형 회귀 작업 데이터 설정

❶ [종속 변수:]에 매출 'STOR_SLS'를 할당

❷ [연속변수:]에 독립 변수 'AD_EXP, STOR_SZ, ..., COMP_NUM'을 할당

❸ [모델] 탭으로 이동

❹ [편집] 클릭

❺ [모델 효과 빌더]의 [변수:]에 있는 변수 'AD_EXP, STOR, ..., COMP_NUM'(모든 변수)를
선택한 뒤 [추가] 버튼 클릭

❸ 출력과 실행

잔차를 계산한 결과는 [출력] 탭을 이용하여 데이터를 내보낼 수 있다. [출력] 탭은
적합한 모형으로 예측한 결과 잔차, 표준화 잔차 등 다양한 계산 결과를 별도 데이
터로 저장하는 옵션을 제공한다. 이번 실습에서는 [예측값], [잔차], [스튜던트화
잔차] 세 가지를 선택하여 내보낸다.

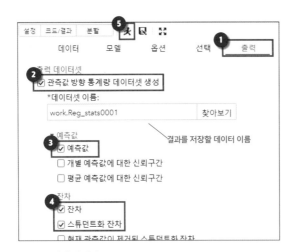

그림 4.21 | 출력 설정

❶ [출력] 탭으로 이동

❷ [출력 데이터셋]에서 [관측값 방향 통계량 데이터셋 생성] 클릭

❸ [예측값] 하위의 [예측값] 체크 박스를 클릭

❹ [잔차] 하위에 있는 [잔차]와 [스튜던트화 잔차] 체크 박스를 클릭

❺ 🏃 버튼을 눌러 [작업] 실행

☑ 작업 실행 및 결과 확인

작업을 실행하면 결과가 출력된다. 앞서 선택한 예측값, 잔차, 스튜던트화 잔차를 모두 확인하기 위해 [출력 데이터] 탭을 선택하고, 결과 확인에 방해가 되는 독립변수는 보이지 않도록 설정한다. 그리고 결과를 확인한다.

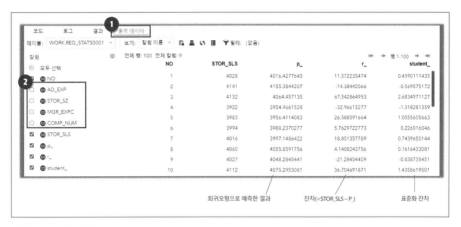

그림 4.22 | 출력 데이터

❶ [출력 데이터] 탭으로 이동

❷ [칼럼]에서 독립 변수 'AD_EXP, STOR_SZ, …, COMP_NUM'의 체크 박스를 모두 해제

출력 칼럼 |

- P_: 추정한 회귀 모형으로 예측한 결과
- r_: 표준화 이전의 잔차로 종속 변수의 단위에 영향을 받음
- student_: 표준화된 잔차로 모형이 가정을 만족하는 경우 통상 -2와 2(또는 -3과 3) 사이에서 무작위로 분포

2 선형성

1 | 선형성이란?

선형성 진단은 종속 변수와 독립 변수가 선형 관계를 가지는지 확인하는 진단 방법을 말한다. 선형 회귀 모형은 독립 변수와 종속 변수의 선형 관계를 가정한다. 선형성 진단은 주로 산점도와 상관 계수를 이용한 방법을 사용한다.

2 | 진단 방법

❶ 산점도

산점도는 두 수치형 변수를 각각 x와 y축으로 하여 데이터를 점 형태로 나타내는 그래프이다. 선형성 진단에서 산점도는 독립 변수와 종속 변수를 각각 x와 y축으로 설정하고, 두 변수 간 관계를 관찰한다. 종속 변수가 여럿인 다중 선형 회귀 모형의 경우 각 독립 변수를 종속 변수를 모두 산점도로 그리기도 하고, 산점도 행렬을 이용하여 한 번에 관찰하기도 한다. 산점도 행렬은 각 독립 변수 간 관계도 관찰할 수 있다는 장점이 있다. 산점도를 활용한 방법은 선형성 진단은 물론, 비선형 관계를 가지는지까지 확인할 수 있다는 장점이 있다. 하지만, 독립 변수가 많은 경우 각각에 대하여 모두 산점도를 그려야 하는 번거로움이 있다.

독립 변수와 종속 변수가 선형성을 만족하면 산점도는 <그림 4.23>의 (1)과 같이 1차 함수 형태를 가진다. 반면 선형성을 만족하지 않을 경우 (2), (3)과 같이 1차 함수 이외의 모양을 나타낸다. 또한, 산점도를 자세히 살펴보면 (2)번 산점도는 y가 x의 2차 함수 형태를, (3)번 산점도는 y가 x의 sin함수 형태를 가짐을 추정할 수 있다. 이와 같이 산점도는 단순히 선형성에 대한 진단 이외에도 선형성 가정을 위반할 경우 어떻게 처리할지에 대한 실마리를 얻을 수도 있다. 하지만 개별 산점도는 독립 변수가 많으면, 같은 작업을 반복해야 하는 불편함이 있다. 이 경우 산점도 행렬을 이용하면 보다 쉽게 독립 변수 다수에 대한 선형성을 확인할 수 있다.

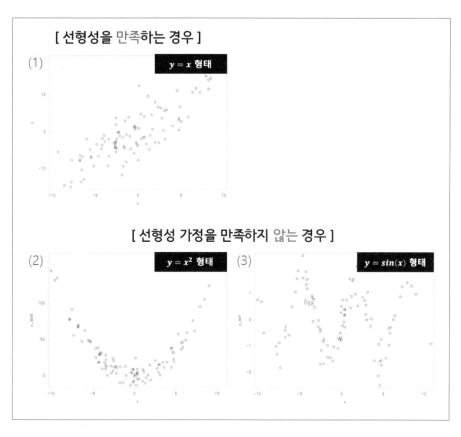

그림 4.23 | 산점도를 이용한 선형성 진단

② 상관 계수

선형성 진단에서는 독립 변수와 종속 변수의 상관 계수로 선형성을 진단한다. 독립 변수와 종속 변수의 상관 계수가 1이나 -1에 가까운 값을 가진다면, 선형성 가정을 만족한다고 볼 수 있기 때문이다. 이런 상관 계수는 독립 변수의 개수가 많은 경우와 객관적인 수치 기준이 필요한 경우 유용하다.

하지만 상관 계수는 두 변수의 관계를 하나의 값으로 나타내기 때문에 중요한 정보를 놓칠 수 있다. 예를 들어 〈그림 4.24〉의 (2)와 (4)는 선형 상관관계는 아니지만, 일정한 패턴을 가진다. 그러나 상관 계수는 선형 상관관계만 알 수 있기 때문에 (2), (4) 번의 상관 계수는 각각 0.05069와 0.17875로 0에 가까운 값을 가진다.

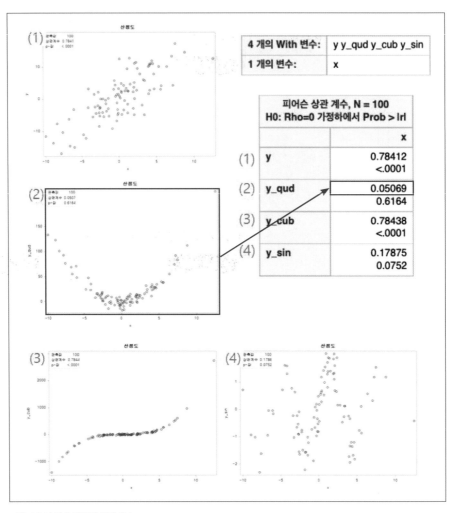

그림 4.24 | 관계 유형별 상관 계수

3 | 해결 방법

모형이 선형 가정을 이탈한 경우 일반적으로 변수 변환variable transformation 방법을
이용하여 선형성 문제를 해결한다. 물론 변수 변환으로 문제가 해결되지 않는다
면, 비선형 모형을 가정하는 것도 가능하다. 하지만, 비선형 모형은 결과 해석이
어렵기 때문에 보통 권장하지 않는다. 변수 변환 방법을 예시를 통해 살펴보자.

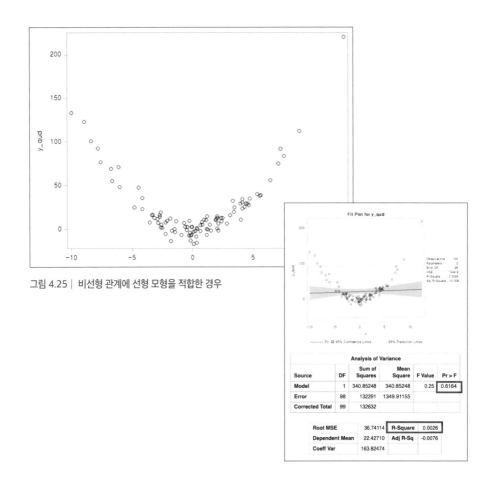

그림 4.25 │ 비선형 관계에 선형 모형을 적합한 경우

〈그림 4.25〉는 종속 변수 Y와 독립 변수 X 두 변수로 그린 산점도이다. 산점도를 살펴보면, Y는 X의 제곱의 형태로 증가하는 것을 추론할 수 있다. 이 경우 선형 모형을 적합하면 〈그림 4.25〉 오른쪽과 같이 추정한 회귀 모형이 데이터를 제대로 설명하지 못하게 된다. 그 결과 모형에 대한 유의성 검정 결과의 유의확률 'Pr > F'는 0.6164로 상당히 높고, 모형 적합도를 나타내는 R-Square 값도 0.0026으로 상당히 낮은 걸 알 수 있다. 〈그림 4.25〉는 눈으로 살펴보아도 두 변수의 관계가 'Y = X²' 꼴임을 추론할 수 있다. 따라서 X에 루트를 씌워 변환하면 Y를 선형식으로 설명할 수 있다.

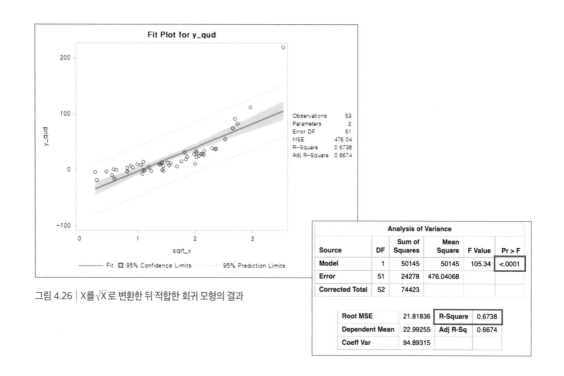

그림 4.26 | X를 √X로 변환한 뒤 적합한 회귀 모형의 결과

〈그림 4.26〉은 X를 √X로 변환한 뒤 모형을 적합한 결과이다. 〈그림 4.26〉 왼쪽의 'Fit Plot for y_qud'를 살펴보면 회귀 직선(굵은 청색)이 데이터를 비교적 잘 설명하는 것을 알 수 있다. 또한 〈그림 4.26〉 오른쪽의 'Analysis of Variance' 표의 유의 확률 Pr > F 역시 '< .0001'로 매우 작은 걸 알 수 있다. 마지막으로 모형 적합도도 R-Square 0.6738로 변환 전의 0.0026보다 훨씬 높은 걸 알 수 있다. 이처럼 변수 변환 방법은 비선형 문제를 해결하는 좋은 수단이 될 수 있다.

4 | 실습

선형성은 독립 변수와 종속 변수의 산점도를 통해 눈으로 확인할 수 있다. 이 방법이 가장 직접적이고 정확하다. 하지만 회귀 모형 적합 결과로 출력되는 각 독립 변수와 잔차로 그린 도표를 통해서도 선형성을 확인할 수 있다. 실습에서는 'PE442' 데이터를 이용하여 잔차 분석과 변수 변환 방법을 간단히 알아본다. 이를 위해 'PE442' 데이터를 가져와 두 변수 X와 Y를 각각 [종속 변수], [연속변수]에 할당한 다음 작업을 실행한다.

■ 실행 결과 확인

작업을 실행하면 〈그림 4.27〉과 같은 [Residual by Regressors for 종속 변수]
그래프를 확인할 수 있다. 이 그래프를 살펴보면 X1을 X축으로 하는 경우 대체
로 잔차는 무작위로 분포한다. 하지만 X2를 X축으로 하는 경우 잔차는 'V'자 형으
로 분포한다. 이 결과를 보고, X2와 Y는 서로 선형 관계가 아님을 유추할 수 있다.
X2가 한 단위 증가할 때, Y는 제곱으로 증가하는 것이다. 따라서 X대신 X의 제곱
을 모형에 포함시킨다.

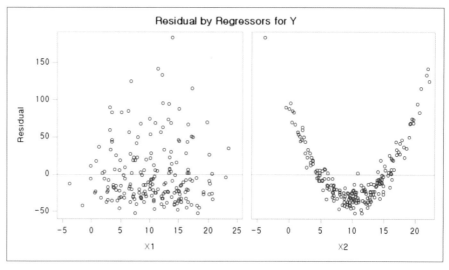

그림 4.27 | Residual by Regressors for Y

■ 변수 변환

변수 변환은 [작업]의 [데이터] 밑에 있는 [데이터 변환] 작업으로 수행할 수 있다.
[데이터 변환] 작업은 주어진 변수를 '역 제곱, 역, 제곱, …, 제곱' 등 다양하게 변환
할 수 있다. 또한 SAS 함수를 직접 이용하는 [사용자 정의 변환 지정] 기능도 지원
한다. 이번 실습에서는 변수 X2를 제곱 변환하도록 한다. 제곱 변환을 수행할 경
우, 변환된 변수에는 'SQR_'가 붙는다.

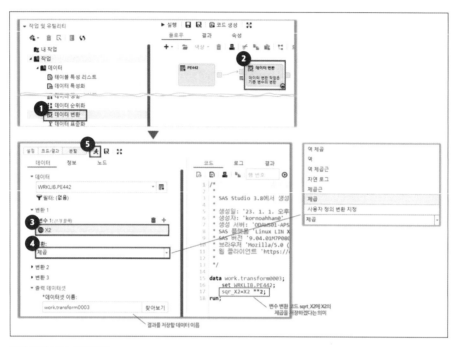

그림 4.28 | 변수 제곱 변환

❶ [작업 및 유틸리티]의 [작업] 아래에 있는 [데이터]에서 [데이터 변환] 작업을 플로우로
   이동

❷ [데이터 변환]과 실습 데이터 'PE442'를 연결하고, 작업을 더블 클릭

❸ [변수 1:]에 변환할 변수 X2를 할당

❹ [변환:]에는 [제곱]을 선택

❺ 🏃 버튼을 눌러 [데이터 변환] 작업 실행

[출력 데이터셋]은 변환 결과를 저장할 데이터 이름을 지정하는 항목이다. 따로
지정하지 않는 경우 〈그림 4.28〉과 같이 'work.transform숫자'의 형태로 이름
이 자동 할당된다. 데이터 변환의 오른쪽 [코드] 탭을 살펴보면, 변환 방법에 따
라 파란 박스의 식이 달라지는 것을 알 수 있다. 만약 보다 다양한 변환이 필요한
경우라면 [변환:]에서 [사용자 정의 변환 지정]을 선택하고, 매뉴얼에서 변환 함
수를 직접 찾아 넣으면 된다. 예를 들어, 주어진 변수에 절댓값을 넣고 싶은 경우
'ABS(X2)'를 [사용자 정의 변환]에 직접 입력하면 된다.

❸ 변환 모형 적합

변환 결과 데이터는 'work.transform0003'으로 저장되었다. 이제 이 데이터를 가져와 [선형 회귀] 작업을 이용하여 X1과 SQR_X2를 입력

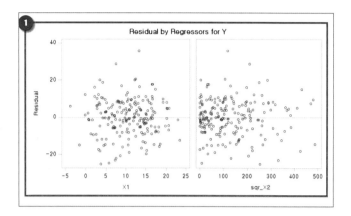

변수로 하여 다시 모형을 적합한다. 그러면 [Residual by Regressors for Y]와 모형 적합도와 계수 추정 결과가 〈그림 4.29〉와 같이 출력된다.

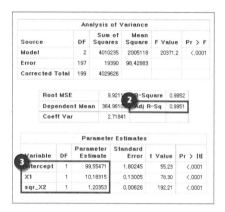

그림 4.29 | 변수 변환 모형 적합 결과

❶ 〈그림 4.29〉을 살펴보면, X1, sqr_X2 모두에서 어떠한 패턴이 발견되지 않고, 잔차가 무작위로 분포한 것을 알 수 있다.

❷ 실제로 변수 변환 이전의 모형의 수정된 결정 계수는 0.9160이었고, 변수 변환을 수행한 모형의 수정된 결정 계수는 0.9951로, 결정 계수가 약 8%p 증가한 걸 알 수 있다.

❸ 변수 변환을 수행하면, 추정 회귀식에도 변환 내용을 반영해야 한다. 이 모형의 최종 회귀식은 다음과 같다.

$$\hat{Y} = 99.55671 + 10.18315X_1 + 1.2(X_2)^2$$

3 독립성

1 | 독립성이란

선형 회귀 모형은 오차가 서로 독립이라고 가정한다. 독립성 가정은 보통 시간에 따라 관찰된 시계열 데이터에서 깨지기 쉽다. 예를 들어 서로 다른 두 사람의 몸무게는 연관되어 있지 않을 가능성이 높다. 하지만 한 사람의 몸무게를 두 번 측정하면, 오늘의 몸무게는 어제와 크게 다르지 않기 때문에 서로 연관되어 있을 가능성이 높다. 이런 이유로 같은 시점에 서로 다른 개체에서 수집한 횡단면 자료는 독립성 가정이 잘 지켜진다. 하지만 개체들이 서로 연관성을 가질 우려가 있거나, 시간에 따라 관측된 자료의 경우 독립성 진단이 필요하다. 독립성은 잔차 그래프나 AFC 그래프, Durbin-Watson 통계량 등으로 확인할 수 있다.

2 | 진단 방법

❶ 잔차 분석

독립성 가정은 잔차 분석을 통해 확인할 수 있다. 독립성 가정을 검토할 때는 데이터가 시간이나 공간상의 순서에 따라 기록되었다면, 이 순서 정보를 활용해 잔차를 분석한다. 이때 산점도의 X축은 순서를, Y축은 표준화된 잔차를 이용한다. 관측치의 순번이 있을 때 사용하는 그래프를 인덱스 플롯index plot이라고 한다. 만약 관측치의 순번이 없다면 독립 변수와 표준화 잔차로 잔차를 분석한다.

독립성 가정을 위반한 경우 잔차는 〈그림 4.30〉과 같이 어떤 추세나 주기를 가진다. 보통 시계열 데이터는 계절성seasonality이나 시간에 따른 경향성trend을 가져 이런 현상이 자주 나타난다. 이렇게 잔차가 특정 패턴을 가지는 경우 가정 위반에 대한 처리가 필요하다.

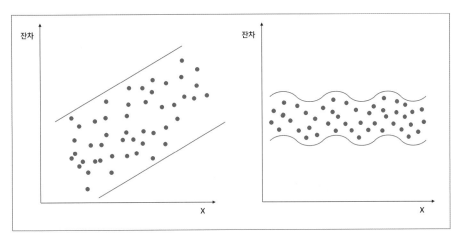

그림 4.30 | 독립성 가정을 위반하는 경우

② ACF 그래프

자기 상관 함수Auto Correlation Function; ACF는 시간이나 순서에 따라 기록된 데이터에 사용하는 그래프이다. 이 그래프는 현재 값과 과거 시차lag의 상관 계수를 시각화한다. 'Lag'는 〈그림 4.31〉 오른쪽과 같이 이전 시차를 의미한다. Lag2, Lag3, …은 각각 2시차, 3시차 전의 값을 말한다. 〈그림 4.31〉 왼쪽의 ACF 그래프는 0~25 시차를 준 변수에 대한 상관 계수를 나타냈다. 그래프의 X축은 시차를, Y축은 각 시차 변수와의 상관 계수다. Lag0은 같은 변수이기 때문에 상관 계수가 1이다.

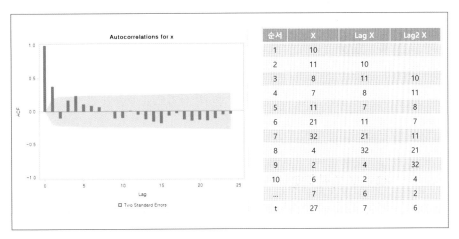

그림 4.31 | 자기 상관 함수 그래프

ACF 그래프를 활용하여 독립성 가정을 확인하는 경우 0시차를 제외한 나머지 시차 중 신뢰구간(파란색 구간)을 벗어나는 시차가 있는지 확인한다. 〈그림 4.31〉의 ACF 그래프의 경우 Lag1이 신뢰구간을 벗어났다. 이 의미는 X변수와 1시차 전의 X변수가 서로 상관관계를 가진다는 의미로 X는 독립이 아니다. 같은 방법으로 잔차를 분석하면 잔차의 독립성을 확인할 수 있다.

❸ 더빈-왓슨Durbin-Watson 통계량

1차 자기상관autocorrelation을 검정하기 위한 더빈-왓슨Durbin-Watson 통계량을 이용한 독립성 검정은 보통 더빈-왓슨 통계량이 2와 근사하면 인접한 오차들은 독립성을 만족하고, 0에 가까우면 양(+)의 자기상관을, 4에 가까우면 음(-)의 자기상관이 있음을 의미한다.

3 | 해결 방법

시간에 따라 관측된 시계열 데이터는 시계열 분석을 이용하여 독립성 문제를 해결할 수 있다. 물론 이 외에도 회귀 모형에 계절성을 반영한 가변수를 포함하거나, 자기 상관을 갖는 잔차에 대해서만 시계열 모형을 적합하는 2-step 모델링 방법도 있다.

4 | 실습

독립성 진단 실습에서는 [선형 회귀] 작업으로 추출한 잔차를 이용하여 ACF 그래프를 구하는 방법을 알아본다.

❶ 선형 회귀 작업

실습에서는 'PE432' 데이터를 이용한다. [선형 회귀] 작업에서 종속 변수는 'STOR_SLS'를 입력하고, 나머지 변수는 'AD_EXP, …, COMP_NUM'은 독립 변수로 할당한다. 앞서 다중 선형 회귀 실습에서와 같이 [모델]을 설정한다. 마지막으로 출력은 다음 〈그림 4.32〉와 같이 설정한 뒤 작업을 실행한다.

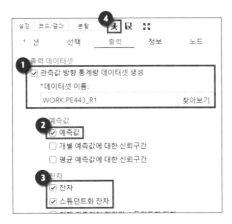

그림 4.32 | [선형 회귀] 작업의 출력 옵션

❶ [출력 데이터셋]의 [데이터 셋 이름:]에 'WORK.PE443_R1'을 입력

❷ [예측값] 체크

❸ [잔차], [스튜던트화 잔차] 체크

❹ 🏃 버튼을 눌러 작업 실행

🔢 데이터와 작업 가져오기

ACF 그래프는 [작업]의 [예측] 밑에 있는 [시계열 탐색] 작업을 이용하여 그릴 수 있다. 〈그림 4.33〉과 같이 'WORK.PE443_R1' 데이터와 [시계열 탐색] 작업을 워크플로우로 가져와 연결한다.

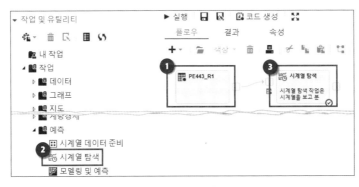

그림 4.33 | [시계열 탐색] 작업과 잔차 데이터 가져오기

❶ 'WORK.PE443_R1' 데이터를 플로우로 이동

❷ [작업]의 [예측] 밑에 있는 [시계열 탐색] 작업을 플로우로 이동

❸ 작업과 데이터를 연결한 뒤 [시계열 탐색] 작업을 더블 클릭

❹ 🏃 버튼을 눌러 작업 실행

❸ 시계열 탐색 작업 설정 및 실행

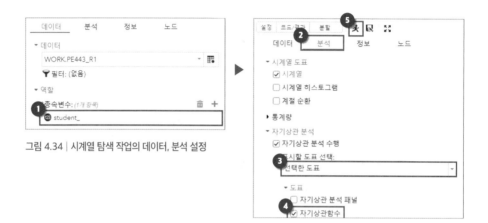

그림 4.34 | 시계열 탐색 작업의 데이터, 분석 설정

❶ [종속 변수:]에 'student_' 지정

❷ [분석] 탭으로 이동

❸ [자기상관 분석]에서 [표시할 도표 선택:] 옵션을 [선택한 도표]로 변경

❹ [도표]의 [자기상관함수] 체크

❺ 🏃 버튼을 눌러 작업 실행

◢ 결과 확인

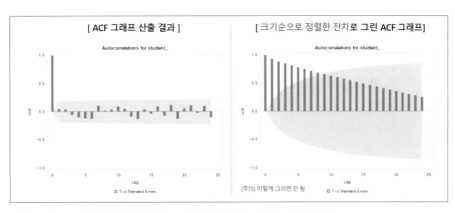

그림 4.35 | ACF 그래프 산출 결과와 잔차 크기 순으로 정렬한 뒤 그린 ACF 그래프 비교

작업을 실행하면 〈그림 4.35〉와 같은 ACF 그래프가 출력된다. 결과를 살펴보면, 각 시차Lag 중 어느 하나도 신뢰구간을 벗어나지 않아 유의한 자기상관이 없는 것을 알 수 있다. 즉, 잔차는 독립성 가정을 충족한다. 다만 데이터가 어떤 순번이나 시간을 기준으로 관측되었다면, ACF 그래프를 그릴 때도 해당 순번을 기준으로 정렬한 뒤 그리거나, [데이터]에서 [추가 역할]을 확장한 다음 [시간ID]에 해당 변수를 할당해야 독립성 가정 위반이 있는지 정확히 확인할 수 있다. 또 한 가지 주의할 점은 잔차 분석을 목적으로 잔차를 정렬한 뒤 ACF 그래프를 그리는 경우 잔차를 정렬한 뒤 ACF 그래프를 그리면 〈그림 4.35〉오른쪽과 같이 매우 유의한 자기 상관이 나타난다. 이때는 당황하지 말고, 순서가 없는 데이터라면 임의로 정렬하거나 ID를 기준으로 정렬한 뒤 다시 ACF를 산출하면 된다.

4   정규성

1 | 정규성이란?

정규성normality은 오차항이 정규 분포를 따른다는 가정이다. 오차가 정규 분포를 크게 이탈하면 분석 결과를 신뢰하기 어렵다. 왜냐하면 회귀 모형의 계수 추정과 유의성에 활용하는 t-분포와 F-분포는 정규 분포에서 파생된 분포이기 때문이다. 오차항은 회귀 모형에 포함되지 않은 수많은 독립 변수들의 영향을 합한 것과 같다. 회귀 분석은 모형에 포함되지 않은 독립 변수들의 영향은 매우 적고, 있더라도 무작위적이라고 가정한다. 정규성 진단은 이 오차항이 무작위적인지를 진단하는 것이기도 하다.

2 | 진단 방법

정규성 진단은 잔차가 무작위로 분포하는지를 통해 확인할 수 있다. 또한 잔차의 Q-Q Plot을 이용하여 시각적으로 확인할 수 있다. 하지만 도표로 명확히 알기 어려운 경우에는 정규성 검정과 같은 검정 방법을 활용하는 것이 바람직하다.

① Q-Q Plot

Q-Q Plot은 데이터가 정규분포를 따르는지를 시각적으로 확인할 수 있는 도표이다. 데이터가 정규분포를 따를 경우 Q-Q Plot의 데이터는 〈그림 4.36〉 왼쪽과 같이 도표 대각선을 중심으로 분포한다. 반면, 데이터가 정규분포를 따르지 않으면 데이터는 도표의 대각선에서 크게 벗어난다. 오차항의 정규성은 잔차로 Q-Q Plot을 그려 확인한다. Q-Q Plot을 이용한 정규성 진단은 보통 표준화된 잔차가 Q-Q Plot의 대각선에 위치해 있는가를 기준으로 판단한다.

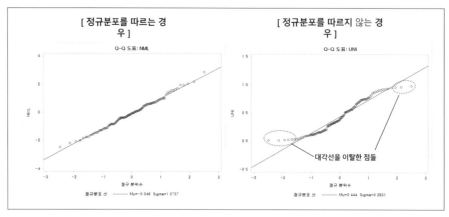

그림 4.36 | 정규분포 vs. 그 외 분포 Q-Q Plot 비교

Q-Q Plot으로 오차항의 정규성을 확인하는 경우 주의할 점이 있다. 모형에 불필요한 독립 변수가 포함된 경우 Q-Q Plot은 정규성 가정을 위반하는 것처럼 보일 수도 있다. 따라서 회귀 분석에서 Q-Q Plot은 모형이 독립성, 등분산성을 만족하고, 모형 적합도(R-Square)가 일정 수준 이상인 경우에 의미를 가진다.

② 정규성 검정

정규성 검정은 크게 세 가지 방법을 주로 사용한다. 정규성 검정 방법은 콜모고로프-스미르노프Kolmogorov-Smirnov, 크래머-폰 미제스Cramer-von Mises, 앤더슨-달링Anderson-Darling이 주로 사용되는데, 어떤 방법으로 정규성을 확인해도 큰 문제가 없다. 정규성 검정의 귀무가설은 'H_0: 잔차는 정규분포를 따른다'이기 때문에, 귀무가설이 채택될 경우 정규성 가정을 만족한다.

[정규분포를 따르는 경우]

NML에 대한 적합 정규분포

정규 분포에 대한 적합도 검정				
검정	통계량		p 값	
Kolmogorov-Smirnov	D	0.04178234	Pr > D	>0.150
Cramer-von Mises	W-Sq	0.02381746	Pr > W-Sq	>0.250
Anderson-Darling	A-Sq	0.16408165	Pr > A-Sq	>0.250

[정규분포를 따르지 않는 경우]

UNI에 대한 적합 정규분포

정규 분포에 대한 적합도 검정				
검정	통계량		p 값	
Kolmogorov-Smirnov	D	0.10954688	Pr > D	<0.010
Cramer-von Mises	W-Sq	0.24016357	Pr > W-Sq	<0.005
Anderson-Darling	A-Sq	1.66244355	Pr > A-Sq	<0.005

그림 4.37 | 정규분포를 따르는 경우 vs. 정규분포를 따르지 않는 경우, 정규성 검정 결과 표 비교

<그림 4.37>을 살펴보면, 데이터가 정규분포를 따르는 경우(<그림 4.37> 왼쪽), P 값이 모두 매우 큰 것을 알 수 있다. 즉, 귀무가설 '데이터는 정규분포를 따른다'를 기각할 수 없다. 반면, 정규분포를 따르지 않는 경우(<그림 4.37> 오른쪽)는 P 값이 모두 작아 귀무가설이 기각됨을 알 수 있다.

3 | 해결 방법

정규성 위반은 크게 두 가지 원인으로 인해 발생한다. 첫째, 모형에 고려되지 않은 중요한 독립 변수가 있는 경우이다. 이 경우 선행 연구를 찾아보고, 누락된 주요

변수를 관찰해 추가하는 것이 최선이다. 둘째, 종속 변수와 독립 변수가 비선형 관계를 가지는 경우이다. 이 경우 변수 변환을 통해 선형성 가정 위반을 처리하는 것이 바람직하다.

4 | 실습

정규성 진단 실습에서는 추출한 잔차를 이용한 정규성 검정 방법을 알아본다. 정규성 검정은 [통계량]의 [분포분석] 작업을 이용하여 수행한다. 실습에 앞서 독립성 진단 실습에서와 같이 'PE432' 데이터로 회귀 모형을 적합한 뒤 잔차와 예측치 등을 포함한 데이터를 'WORK.PE444_R1'으로 저장한다.

■ 데이터와 작업 가져오기

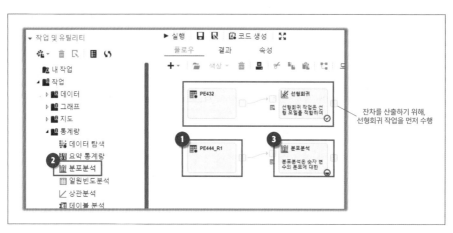

그림 4.38 | WORK.PE444_R1 데이터와 [분포분석] 작업 가져오기

❶ 'PE432'를 [선형 회귀] 작업으로 적합하여 얻은 'PE444_R1' 데이터를 플로우에 위치
❷ [작업]의 [통계량]에 위치한 [분포분석] 작업을 플로우로 위치
❸ [분포분석]과 'PE444_R1' 데이터를 연결하고 작업을 더블클릭

② 데이터와 옵션 설정

분포 분석 작업에서 표준화 잔차를 분석 변수로 설정한다. 그리고 정규 Q-Q 도표
와 적합도 검정을 수행하도록 옵션을 변경하고 작업을 실행한다.

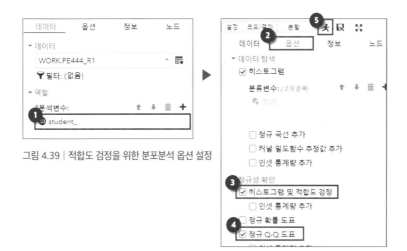

그림 4.39 | 적합도 검정을 위한 분포분석 옵션 설정

❶ [분석변수:]에 'student_' (표준화된 잔차)를 할당
❷ [옵션] 탭으로 이동
❸ [정규성 확인]에서 [히스토그램 및 적합도 검정] 체크
❹ [정규 Q-Q 도표] 체크
❺ 🏃 버튼을 눌러 작업 실행

③ 결과 확인

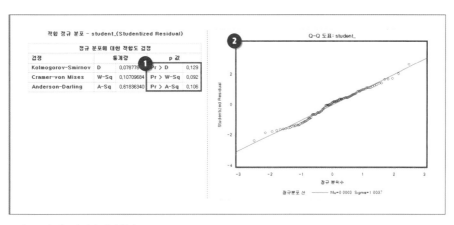

그림 4.40 | 정규성 진단 결과 확인

❶ 유의수준 5%에서 귀무가설 "잔차는 정규분포를 따른다"를 기각할 수 없다. 세 가지 검정 방법의 유의확률은 각 0.129, 0.092, 0.106으로 유의수준 5%를 상회하기 때문이다. 따라서 잔차가 정규분포를 따르지 않는다는 주장은 기각된다.

❷ Q-Q 도표를 살펴보면 관측치 대부분이 대각선을 중심으로 분포되어 있다. 시각적으로 살펴보아도 잔차는 정규분포를 따르는 것을 알 수 있다.

작업 실행 결과로 출력된 Q-Q 도표와 적합도 검정 결과를 확인하고 잔차가 정규성 가정을 만족하는지 검정한다.

5 등분산성

1 | 등분산성이란?

선형 회귀 모형은 오차항의 등분산성equal variance을 가정한다. 등분산 가정은 상수 분산constant variance이라고도 한다. 반대로 이분산성heteroscedasticity 문제라고 말하기도 한다. 세 가지 모두 회귀 모형의 오차항의 분산이 같지 않음을 나타내는 표현이다.

이분산 문제는 주로 종속 변수가 연속형이 아닌, 이산형(건수, 개수, 횟수 등)이거나 비율(%)인 경우 그리고 이상치가 포함된 경우 발생한다. 이분산 문제가 발생한 경우 변수 변환이나 특수한 모형으로 해결할 수 있다.

2 | 진단 방법

등분산 가정은 잔차 분석과 등분산 검정 두 가지 방법으로 확인할 수 있다. 등분산 가정을 확인하는 경우 통상 독립 변수 X의 증감에 따라 분산이 변하지 않는지를 눈으로 관찰한다. 등분산 검정은 검정 방법을 이용하여 각 관측치에 대한 잔차의 분산이 통계적으로 유의한 차이가 있는지를 검정한다.

1️⃣ 잔차 분석

〈그림 4.41〉은 X변수에 따른 잔차의 분포를 나타낸 잔차 도표이다. 잔차가 등분산 가정을 만족하지 않는 경우 잔차는 〈그림 4.41〉 왼쪽과 같이 X값에 따라 잔차가 점점 커지거나 작아지는 형태를 가진다. 반면, 등분산 가정을 만족하면 〈그림 4.41〉 오른쪽과 같이 잔차가 일정하게 분포한다.

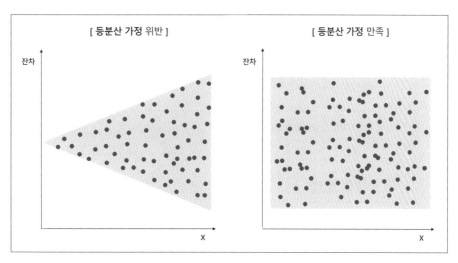

그림 4.41 | 잔차 도표를 이용한 등분산성 검토

2️⃣ 등분산 검정

등분산 검정은 평균 비교, 분산 분석에서도 많이 활용한다. 등분산 검정 방법에는 Barlett, Brown & Forsythe, Levene, O'Brien 등이 있다. 이중 회귀 분석에서는 모형 적절성 검정model specification test을 이용한다. 이 검정의 귀무가설은 '오차항(또는 잔차)은 등분산이다'이다(물론 이 외에도 두 가지 가설이 더 있음). 따라서 이 검정 방법은 등분산 가정 위반이 있는지 확인하는 데에 사용할 수 있다. 다음 〈그림 4.42〉는 등분산 가정을 위반한 경우 만족한 경우에 대한 검정 결과를 비교한 것이다. 결과를 살펴보면, 등분산 가정이 위반되는 경우 유의확률이 0.0003으로 매우 작은 것을 알 수 있다.

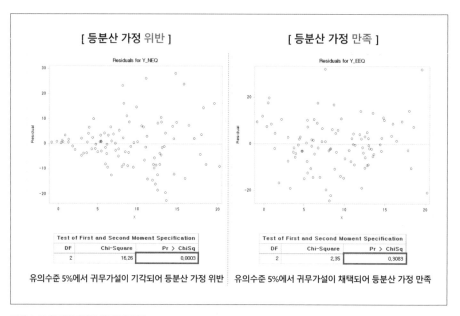

그림 4.42 | 모형 적절성 검정 결과 비교

3 | 해결 방법

이분산 문제가 발생한 경우, 해법은 크게 세 가지다. 첫째, 이상치가 존재할 경우 제거하는 방법이다. 이상치가 모형에 포함될 경우 선형 모형은 이분산 문제 외에도 다양한 문제가 발생한다. 따라서 이상치가 보인다면, 제거하는 것이 좋다. 이상치 확인 및 처리 방법에 대한 자세한 내용은 다음 장에서 자세히 다룬다. 둘째 방법은 변수 변환이다. 가장 널리 쓰이는 변수 변환 방법은 로그(log) 변환이다. 로그 변환은 분산을 안정화하여 이분산 문제를 해결하는데 유용하다. 만약 종속 변수가 '1, 2, 3, 4'와 같은 개수라면, 분포 형태에 따라 제곱근 변환이나 삼각함수 변환을 고려하기도 하지만, 자주 사용하는 방법은 아니다. 따라서 이분산 문제가 발생했다면, 우선 종속 변수를 로그나 제곱근 변환한 뒤 다시 잔차를 분석해 보도록 한다. 셋째, 가중 최소 제곱법weighted least squares을 이용한 회귀 모형으로 대체하는 방법이다. 이 방법은 회귀 모형의 모수를 오차항의 분산에 반비례하여 가중 값을 주는 방법으로 계수를 추정한다. 그 때문에 이분산 문제가 있더라도 신뢰할 수 있는 계수 추정치를 얻을 수 있다. 세 가지 방법 중 처음 두 가지 방법을 사용할 것을 권장하며, 만약 그래도 해결되지 않는다면, 모형에 고려하지 않은 중요 변수는 없는지와 같은 근본적인 문제를 확인한 뒤 세 번째 방법을 사용하기를 권장한다.

4 | 실습

등분산성 진단 실습은 잔차 분석과 모형 적절성 검정 두 가지로 나누어 진행할 수 있다. 하지만 잔차 분석은 이미 앞에서 그 방법을 다루었기 때문에 생략한다. 또한 모형 적절성 검정은 기존 회귀 모형 적합 절차에서 옵션을 〈그림 4.43〉과 같이 변경하면 바로 구할 수 있기 때문에 따로 실습으로 다루지 않겠다.

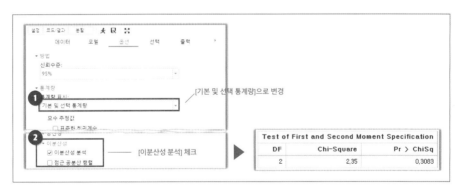

그림 4.43 | 등분산 검정을 위한 [선형 회귀] 옵션 설정 방법

❶ 등분산성을 진단하려는 회귀 작업을 선택한 뒤 [옵션] 탭으로 이동하고, [통계량 표시:] 에서 [기본 및 선택 통계량]을 선택
❷ 옵션 탭 하단의 [이분산성] 항목에서 [이분산성 분석]을 체크

'이분산성 분석'을 체크한 뒤 작업을 실행하면, 〈그림 4.43〉 오른쪽과 같은 표가 새롭게 출력된다. 이 표는 이분산성을 포함한 몇 가지 가설에 대한 검정 결과이다. 이 가설 검정의 유의확률 'Pr > ChiSq'가 유의수준 5%를 이하인 경우, 모형이 등분산 가정을 만족하지 않음을 의미한다. 〈그림 4.43〉의 경우, 유의확률이 유의수준 5%를 초과하기 때문에 모형이 등분산 가정을 벗어났다는 데이터 과학적인 증거를 찾을 수 없다고 말할 수 있다.

6

이상치

1 | 이상치란?

이상치outlier는 다른 데이터와 많이 떨어진 데이터를 말한다. 주어진 데이터의 평균과 분산으로 모집단의 분포를 추정하는 모수 통계량은 이상치에 민감하게 반응한다. 예를 들어 평균은 이상치 하나로 그 값이 민감하게 바뀌는 경향이 있다. 이 때문에 t-검정, 분산 분석, 회귀 분석 등과 같은 모수적인 방법론들은 이상치가 없음을 가정한다.

2 | 이상치의 유형

선형 회귀 분석은 종속 변수와 독립 변수 두 가지 변수를 기준으로 이상치와 높은 지레점으로 나누어 설명한다. 그리고 이 둘을 통틀어 영향력이 있는 관측 개체 influential observation라고 하기도 한다. 여기서 영향력이 있다는 의미는 한 개체 또는 소수의 개체가 회귀 모형에 큰 영향을 미치기 때문이다. 하지만 이상치나 높은 지레점이라고 하여 반드시 영향력이 있는 관측치가 되는 것은 아니다.

1 이상치

이상치는 모형으로 예측한 추정값과 실측값 간에 차이가 큰 데이터이다. 이상치는 어떤 종속 변수 값이 다른 종속 변수 값과 크게 벗어나 발생한다. 쉽게 말하면 Y 기준 이상치다. 〈그림 4.44〉를 살펴보면 이상치가 있는 경우 회귀식의 기울기 및 적합도, 유의확률이 모두 크게 바뀌는 것을 알 수 있다. 이 경우 이상치 하나로 회귀식의 기울기는 '1.96121'에서 '1.27958'로 상당히 완만해진 것을 알 수 있다. 그 결과 이상치를 제외한 나머지 관측치에서 더 큰 잔차를 가지게 되어 모형 적합도가 크게 떨어지고, 유의확률 또한 커진 것을 알 수 있다.

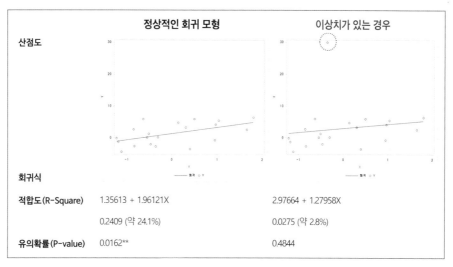

그림 4.44 | 이상치가 유무에 따른 회귀 모형 추정 결과 비교

2 높은 지레점

높은 지레점은 독립 변수 X 관점의 이상치를 말한다. X 값 중 유난히 다른 X들과 멀리 떨어진 관측치가 있을 때 발생한다. 〈그림 4.45〉는 높은 지레점을 갖는 데이터로 회귀 모형을 적합한 결과이다. 이 회귀 모형은 높은 지레점을 가진 관측치가 회귀식에 큰 영향을 미쳤다. 그 결과 회귀 모형의 기울기는 1.9612에서 −0.0997로 부호와 크기 모두가 크게 변했다. 또한 적합도는 24.1%에서 3.8%로 약 20.3%p 감소했다. 유의확률 역시 크게 높아져 0.4077이 된 것을 알 수 있다.

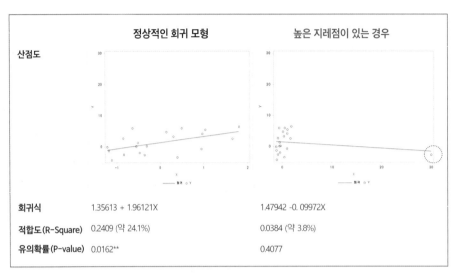

	정상적인 회귀 모형	높은 지레점이 있는 경우
산점도		
회귀식	1.35613 + 1.96121X	1.47942 -0. 09972X
적합도(R-Square)	0.2409 (약 24.1%)	0.0384 (약 3.8%)
유의확률(P-value)	0.0162**	0.4077

그림 4.45 | 높은 지레점이 있는 경우

3 | 진단 방법

이상치와 높은 지레점을 찾는 방법은 그래프, 표준화 잔차, 지레값을 이용한 세 가지 방법이 있다. (1) 표준화 잔차studentized residuals로 이상치를 찾는 경우 표준화 잔차의 절댓값이 2 또는 3보다 큰 관측치를 이상치로 취급한다. (2) 높은 지레점은 '지레값'을 통해 찾을 수 있다. 지레값은 관측치 수가 n개이고, 독립 변수 수가 p개일 때, $1/n \leq h_i \leq 1$ 사이의 값을 가지며, 평균은 $(1+p)/n$를 갖는다. 따라서 이 값이 평균보다 훨씬 큰 경우 해당 관측치를 높은 지레점이라고 의심할 수 있다. 보통 $2(p+1)/n$ 즉, 평균의 2배 보다 큰 경우 높은 지레점으로 간주한다. (3) 그래프를 이용한 방법은 〈그림 4.44〉와 〈그림 4.45〉와 같이 산점도를 그려 회귀선을 벗어나는 관측치를 선택하여 찾을 수 있다.

영향력 있는 관측치를 찾는 방법은 (1) 측정 대상이 되는 관측치를 포함한 추정 회귀 계수(β 값)와 제외한 추정 회귀 계수를 비교하는 방법과 (2) 측정 대상 관측치를 포함 모형의 예측치(y 값)와 제외한 모형의 예측값을 비교하는 방법을 주로 사용한다. 대표적인 방법은 Cook의 거리(Cook's distance), Welsch & Kuh의 측도, Hadi의 영향력 측도가 있다. 각 방법은 〈표 4.14〉의 기준을 토대로 영향력 있는 관측치 여부를 판단한다. 자세한 방법은 더 알아보기를 참고하자.

표 4.14 | 영향력 있는 관측치를 찾는 방법과 기준

탐색 대상	방법	기준
이상치	표준화 잔차standardized residual	$|d_i| > 2$ or 3
높은 지레점	지레값leverage value	$h_i > 2(p+1)/n$
영향력 있는 관측치	쿡의 거리Cook's distance	$C_i > 1$
	Welsch & Kuh의 DFITS	$|DFITS_i| > 2\sqrt{(p+1)/(n-p-1)}$
	Hadi의 영향력 측도	H_i의 크기

각 방법에 제시된 기준은 절대적인 것은 아니며, 보통 산점도를 이용하여, 설명한 지표들을 그려보고 유난히 값이 튀는 점들을 중심으로 관측치를 면밀한 검토하여, 문제가 될만한 관측치를 추린다.

영향력 있는 관측치를 찾는 방법

1. 지레값

식 4.22

$$h_i = \frac{1}{n} + \frac{(x_i - \bar{x})^2}{\sum(x_i - \bar{x})^2}$$

독립 변수가 다수인 경우 통상 지레값을 이용해 높은 지레점을 찾는다. 지레값은 관측치의 수가 n개이고, 독립 변수의 수가 p개일 때, $\leq h_i \leq 1$ 사이의 값을 갖고, 평균은 (1+p)/n를 갖는다. 따라서 이 값이 평균보다 훨씬 큰 경우 해당 관측치를 높은 지레점이라고 의심할 수 있다. 보통 2(p+1)/n 즉, 평균의 2배 보다 큰 경우 높은 지레점으로 간주한다.

2. Cook의 거리

Cook의 거리Cook's distance는 전체 데이터에서 얻은 회귀 계수와 측정 대상 관측치를 제거한 회귀 계수의 차이를 측정하는 방법 또는 이 둘에 대한 예측값 간 차를 측정하는 방법을 이용한다. i번째 관측치에 대한 Cook의 거리는 다음과 같이 측정한다.

식 4.23 | Cook의 거리

$$C_i = \frac{\sum_{J=1}^{n}(\hat{y}_j - \hat{y}_j(i))^2}{\sigma^2(p+1)}, \qquad i=1, 2, \dots, n$$

<식 4.23>에서 $\hat{y}_j(i)$는 i번째 관측치를 제외한 뒤 적합한 모형의 예측값이다. 만약 어떤 관측치의 영향력이 크다면, 해당 관측치를 제외할 때 회귀 모형 예측 결과가 큰 차이를 보일 것이기 때문에 C_i값은 커지게 된다. 보통 $C_i > 1$인 경우 영향력 있는 관측치로 본다.

3. Welsch & Kuh의 DFITSDifference in Fits

Welsch & Kuh이 제안한 DFITS는 전체 데이터로부터 얻은 적합값과 i번째 관측치를 제거하고 얻은 적합값의 차이를 $\hat{\sigma}(i)\sqrt{h_i}$로 나눠준 값으로 식으로 나타내면 다음과 같다.

식 4.24 | Welsch & Kuh의 DFITS

$$\text{DFITS}_i = \hat{y}_j - \frac{\hat{y}_j(i)}{\hat{\sigma}(i)\sqrt{h_i}}, \qquad i=1, 2, \dots, n$$

보통 DFITS_i의 절댓값이 $2\sqrt{(p+1)/(n-p-1)}$보다 큰 경우 영향력이 있는 관측치로 분류한다.

4. Hadi의 영향력 측도

Hadi의 영향력 측도는 영향력 있는 개체는 종속 변수와 독립 변수 모두에 영향을 많이 주는 개체라는 점에서 착안하여 영향력을 산출하는 방법으로 다음과 같이 구할 수 있다.

식 4.25 | Hadi의 영향력 측도

$$H_i = \left(\frac{h_i}{1-h_i}\right) + \left(\frac{p+1}{1-k_i}\right)\left(\frac{d_i^2}{1-d_i^2}\right), \qquad i=1, 2, \dots, n$$

<식 4.25>에서 $d_i = e_i/\sqrt{SSE}$로 정규화 잔차normalized residual이다. 만약 어떤 관측치가 독립 변수 또는 종속 변수에서 특이값에 해당한다면, H_i는 큰 값을 가질 수 있다.

4 | 해결 방법

이상치는 발생 원인에 따라 다르게 처리한다. 데이터 수집 과정에서 발생한 오류로 생긴 이상치는 그 원인을 파악해 값을 수정해 주거나 제거한다. 하지만 충분한 정보가 수집되지 않아 발생한 이상치는 단순히 제거하기보다는 추가 정보를 수집해 해결할 것을 권장한다. 특히 앞선 그래프와 같이 특정 값들이 뭉쳐서 회귀선을 이탈한 경우 누락된 독립 변수가 없는지 확인해야 한다. 만약 이상치를 제거할 수 없거나, 탐색이 어려운 경우라면 로버스트 회귀 모형을 이용해 그 영향력을 감소시킬 수 있다.

5 | 실습

실습에서는 [선형 회귀] 작업으로 이상치와 높은 지레점을 찾는 방법을 알아본다. 이상치와 높은 지레점은 산점도나 잔차 도표를 통해 시각적으로 확인할 수 있다. 실습에서는 표준화 잔차, Cook의 거리 등과 같은 측도를 이용한 방법을 통해 이상치와 높은 지레점을 찾는 방법을 다룬다.

■ 데이터와 작업 가져오기

새로운 프로세스 플로우를 생성하고, 실습에 활용할 데이터 'PE446'과 작업을 〈그림 4.46〉과 같이 가져와 처리한다.

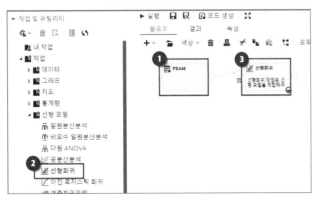

그림 4.46 | 실습 데이터와 작업

❶ 'PE446'을 플로우로 이동

❷ [작업]의 [선형 모델] 밑에 있는 [선형 회귀] 작업을 플로우로 이동

❸ 작업과 데이터를 연결한 뒤 [선형 회귀] 노드를 더블클릭

② 데이터와 모델 설정

실습 데이터의 X와 Y를 각각 종속 변수와 독립 변수로 할당하고, 모델을 구성한다.

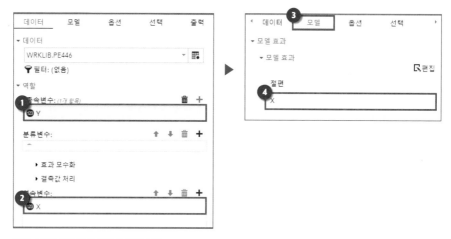

그림 4.47 │ 변수 역할 할당 및 모형 구성

❶ [종속 변수:]에 Y를 할당

❷ [연속변수:]에 X를 할당

❸ [모델] 탭으로 이동

❹ [편집]을 클릭하여 X를 모형에 포함시킴

③ 옵션 설정

이상치와 높은 지레점을 찾기 위해 출력할 진단 도표를 추가한다. 그리고 진단 도
표에서 바로 어떤 관측치가 이상치 또는 높은 지레점에 속하는지를 확인하기 위
해 극단점 레이블을 표시하도록 진정한다.

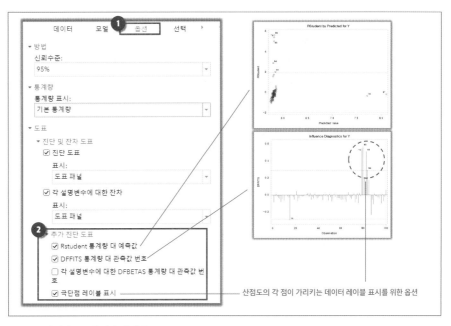

그림 4.48 | 진단 도표 출력 옵션 선택

❶ [옵션] 탭으로 이동

❷ [추가 진단 도표]에서 [Rstudent 통계량 대 예측값], [DFFITS 통계량 대 관측값 번호],
[극단점 레이블 표시]를 모두 선택

4 출력 설정

출력 설정은 데이터로 결과를 출력하기
위한 설정이다. 이 설정에서는 이상치 및
높은 지레점 탐색을 위한 통계량을 출력
하도록 설정을 변경한다. 이 출력 결과는
이상치나 높은 지레점에 해당하는 관측
치 ID를 확인하는 용도로도 활용한다.

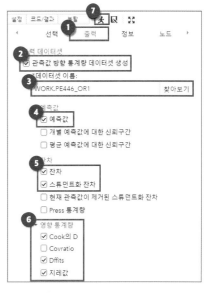

그림 4.49 | 출력 설정 변경 내용

❶ [출력] 탭으로 이동

❷ [출력 데이터셋]의 [관측값 방향 통계량 데이터셋 생성]을 선택

❸ [데이터셋 이름:]에 'WORK.PE446_OR1'을 입력(원하는 다른 이름으로 지정해도 됨)

❹ [예측값]에서 [예측값] 체크

❺ [잔차]에서 [잔차] 및 [스튜던트화 잔차] 체크

❻ [영향 통계량]에서는 [Cook의 D], [Dffits], [지레값]을 선택

❼ 🏃 버튼을 눌러 작업 실행

❺ 결과 확인

작업을 실행하면 모형 적합 결과에 대한 도표를 포함한 다양한 도표가 출력된다. 이 중 이상치와 높은 지레점을 확인하려면 먼저 [Fit Plot for Y]를 확인한다. 이 도표는 적합 모형(회귀선)과 실제 데이터(파란 점)를 도표로 나타낸 그래프이다. 이 도표를 통해 이상치와 높은 지레점이 있는지 확인할 수 있다.

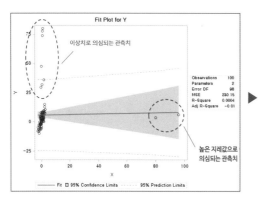

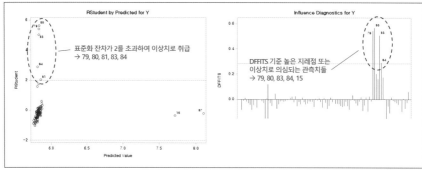

그림 4.50 | 적합 모형 시각화 결과와 표준화 잔차 분석을 통한 이상치 탐색

〈그림 4.50〉을 살펴보면, [Fit Plot for Y]에는 대략 이상치 7개와 높은 지레값 2개가 보인다. 이 값들의 번호는 [Rstudent by Predicted for Y]와 [Influence Diagnostics for Y]에서 확인할 수 있다. 먼저 [Rstudent by Predicted for Y]를 살펴보면 표준화 잔차가 2보다 크거나 -2보다 작은 점은 '79, 80, 81, 83, 84'가 있다. 그리고 '15, 87'은 높은 지레점으로 추정된다. [Influence Diagnostics for Y]의 경우도 비슷한 개체들이 이상치로 표시된 것을 알 수 있다. 다음은 출력 데이터의 결과를 확인해 보자.

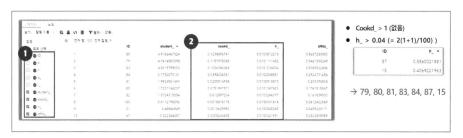

그림 4.51 | 출력 데이터를 활용한 이상치 탐색

❶ 〈그림 4.51〉은 출력으로 지정한 데이터의 출력 결과이다. 먼저 이 데이터에서 관심 대상이 아닌 변수들은 모두 체크를 풀어 보이지 않도록 한다.

❷ 앞선 도표로 살펴보지 못한 Cookd(Cook'd)와 지레값(h_)을 살펴보자. 데이터를 이용하는 경우 테이블 상단의 변수 이름을 클릭하여 정렬 기능을 이용하자.

❸ Cook'd의 경우 1을 기준으로 하지만 1을 초과하는 관측치는 보이지 않았다. 반면, 지레값은 관측치와 데이터 개수로 산출한 기준값이 0.04인데, 이 값을 초과하는 관측치가 87, 15였다.

이 데이터의 경우 도표 출력에 나타난 극단치의 레이블 값이 ID와 일치했지만, 보통은 레이블은 데이터 순서로 나타난다. 따라서 해당 순서의 데이터의 ID를 찾아 따로 기록해 두어야 하고, 그런 경우 데이터 출력 결과는 유용하게 쓰일 수 있다.

⑥ 이상치 제거와 모형 재적합

도표와 통계량으로 이상치를 찾았다면, 이제 이상치를 제거하고 다시 모형을 적합하여야 한다. 이상치는 [선형 회귀] 작업의 [필터:] 기능을 이용한 조건식으로 제거할 수 있다.

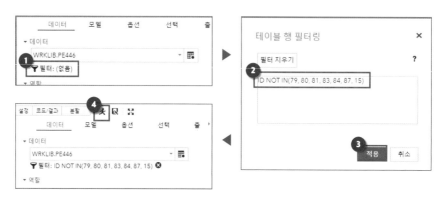

그림 4.52 | 이상치 제거 방법

❶ 이전에 작업하던 [선형 회귀]의 [데이터] 탭에서 [필터:]를 클릭

❷ 제거할 이상치 ID를 조건문으로 입력

   → 'ID NOT IN(79, 80, 81, 83, 84, 87, 15)'는 ID가 IN이하 괄호에 포함된 값인 관측치를 제거하겠다는 의미임

❸ 조건문 입력이 끝났다면 [적용] 버튼을 클릭

❹ 🏃 버튼을 눌러 작업 실행

⑦ 재적합 모형 결과 확인

첫 번째 적합에서 발견한 이상치를 제거했다고, 모형 적합이 모두 끝난 것은 아니다. 이상치를 제거한 다음 적합한 모형에서 새로운 이상치가 발견될 수 있기 때문이다. 이상치를 찾는 데에 사용하는 통계량들은 '상대적'인 기준으로 산출한다. 즉, 현재 고려하는 데이터와 떨어진 정도를 기준으로 한다. 따라서 이상치를 제거하면, 처음 고려한 이상치를 제외한 나머지 데이터와 떨어진 데이터가 이상치로 다시 취급될 수 있다. 하지만 이상치를 제거하고, 다시 모형을 적합하기를 계속 반복

하는 것은 좋은 방법은 아니다. 자칫 모형으로 추정한 결과가 현상을 제대로 설명하지 못할 수 있기 때문이다. 하지만 〈그림 4.53〉과 같이 이상치를 제거했음에도 몇몇 관측치가 다른 관측치와 크게 떨어져 있다면 제거해 주는 것이 좋다.

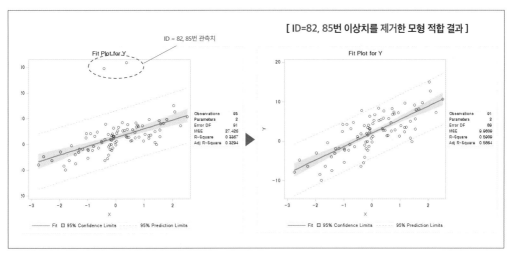

그림 4.53 | 이상치를 제거한 모형의 이상치가 있는 경우

〈그림 4.53〉 왼쪽 [Fit Plot for Y]의 상단에 위치한 두 관측치는 ID = 82, 85번 관측치이다. 이 두 관측치를 제거하고 다시 적합한 모형의 회귀선은 〈그림 4.53〉오른쪽과 같다. 이 회귀선에는 크게 동떨어진 관측치가 없는 것을 알 수 있다. 이처럼 이상치를 제거할수록 모형의 적합도는 높아진다. 그런 이유로 논문이나 실험에서 연구가 잘 수행된 것처럼 보이기 위해 이상치를 과도하게 제거하는 경우도 있다. 하지만 이상치는 어디까지나 상대적인 기준으로 탐색하는 것이기 때문에 이렇게 마구 제거할 경우 중요한 관측치들을 잃을 수 있다. 이상치를 제거하면 연구 모형의 적합도와 유의도는 높아질 수 있지만, 과도한 이상치 제거는 연구 윤리에 위배될 수 있으며, 과장되거나 잘못된 결론을 내릴 수 있다는 사실을 잊어서는 안 된다.

7 다중공선성

1 | 다중공선성이란?

◼ 다중공선성 문제

다중공선성multicollinearity은 독립 변수 X들 간에 겹치는 정보가 많은 경우 발생한다. 정확히는 독립 변수 간의 선형 종속linear dependency이 심한 경우 발생하는 문제이다. 예를 들어, BMI와 몸무게를 한 모형에 포함할 경우, 몸무게는 BMI와 키의 함수이기 때문에 이 두 변수 간에는 많은 정보가 중복된다. 그 결과 모형이 몸무게 변수의 변화에 보다 민감하게 변하게 되어 모형 안정성이 심하게 떨어지게 된다. 또한 다중공선성이 심한 경우 최소 제곱법으로 추정한 모형은 유일한 해를 갖지 않게 되고, 그 결과 안정성이 떨어진다. 다중공선성이 심하지 않더라도 최소 제곱 추정치를 구하기 어렵고, 구하더라도 분산이 커져 추정치를 신뢰하기 어렵다.

◼ 다중공선성의 징후

이론을 바탕으로 만든 모형의 결과가 이론과 차이가 크면, 다중공선성을 의심해야 한다. 예를 들어, 종속 변수와 독립 변수 관계가 이론과 반대이거나, 중요하다고 알려진 변수의 표준오차가 크거나 유의하지 않은 경우, 이론적으로 원점을 지나는 모형이 아님에도 절편이 유의하게 나오지 않는 경우 등이 이에 해당한다. 또한 모형 안정성이 심각하게 떨어지는 경우 결과가 서로 모순된 경우에 다중공선성을 의심해 보아야 한다.

다중공선성의 징후들

❶ 종속 변수와 독립 변수가 원래 양의 관계를 가짐에도 불구하고 기울기가 음수로 나타나는 경우

❷ 원점을 지나는 회귀식이 아님에도 절편이 유의하지 않게 나오는 경우

❸ 하나 이상의 독립 변수를 추가 또는 제거하면 회귀 계수 추정치가 크게 변화하는 경우

❹ 이론적으로 중요한 회귀 계수가 큰 표준오차를 갖거나 유의하지 않은 경우

❺ R^2 값이 매우 큼에도 불구하고 각 독립 변수가 유의하지 않은 경우

약한 다중 공선성은 모형에 큰 영향을 주지 않는다. 하지만 다중공선성이 일정 수준 이상이면 모형 신뢰도가 크게 떨어져 결과를 사용할 수 없다. 앞과 같은 다중공선성 징후가 나타나면 심각한 수준의 위반이 발생했을 가능성이 높아 정확한 진단이 필요하다.

2 | 진단 방법

다중공선성은 주로 산점도와 상관 계수로 가능성을 진단한 뒤, 분산 팽창 인자variance inflation factor; VIF나 상태 지수condition index와 같은 통계량으로 얼마나 심각한지 그 정도를 확인한다.

■ 다중공선성 가능성 진단

다중공선성의 가능성은 보통 독립 변수를 이용한 산점도 행렬scatterplot matrix이나 상관행렬을 통해 확인한다. 두 방법은 회귀 분석에 앞서 선형성 가정 검토나, 판별 타당성Discriminant Validity 검토를 목적으로 살펴보기 때문에, 분석 초기에 다중공선성 가능성을 확인하는 데에 유용하다.

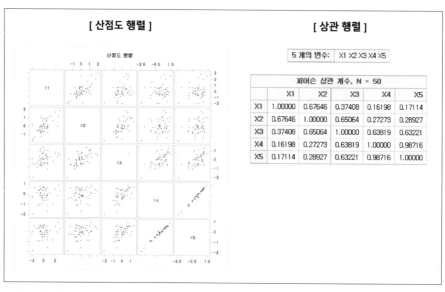

그림 4.54 | 산점도 행렬(좌)과 상관 행렬(우)

독립 변수들 간에 다중공선성이 존재하면, 산점도 행렬은 〈그림 4.54〉와 같이 각 독립 변수(X_1, X_2, X_3, X_4, X_5)가 서로 선형 관계를 가진다. 또한 이 경우 상관 행렬의 계수들도 전반적으로 1이나 -1에 가까운 높은 선형 상관관계를 나타낸다. 〈그림 4.54〉 우측 산점도 행렬을 살펴보면 상관 계수가 0.60~0.98로 1에 가까운 높은 양의 선형 상관관계를 가지는 독립 변수가 있는 것을 알 수 있다.

② 분산 팽창 인자

분산 팽창 인자variance inflation factor; VIF는 각 독립 변수를 나머지 모든 독립 변수를 이용해 적합한 회귀 모형의 결정 계수(R2)를 이용해 얻는다. 결정 계수 값이 커질수록 VIF 값은 커지며, 통상 VIF > 10인 경우, 다중공선성이 심각한 수준이라고 판단한다(VIF>10이면, 다른 독립 변수에 의해 해당 독립 변수가 약 90%이상 설명된다는 것과 같음).

Parameter Estimates						
Variable	DF	Parameter Estimate	Standard Error	t Value	Pr > |t|	Variance Inflation
Intercept	1	0.04112	0.14309	0.29	0.7751	0
X1	1	1.14865	0.18511	6.21	<.0001	1.87743
X2	1	0.94012	0.31401	2.99	0.0045	3.00062
X3	1	0.64934	0.37724	1.72	0.0922	2.94988
X4	1	2.96993	1.45598	2.04	0.0474	41.47457
X5	1	-0.91225	1.56232	-0.58	0.5623	40.21643

그림 4.55 | 분산 팽창 인자 산출 결과표

앞서 살펴본 데이터는 산점도 행렬과 상관 행렬을 통해 다중공선성 가능성을 확인했다. 〈그림 4.55〉는 앞서 살펴본 데이터로 VIF 값을 계산한 결과이다. 결과를 살펴보면, VIF > 10인 변수가 2개인 것을 확인할 수 있다. 또한 각 회귀 계수의 유의확률을 살펴보면 X_3, X_4, X_5는 5% 이상의 높은 유의확률을 나타내 유의하지 않으며, 기울기 역시 유의확률이 0.775로 높은 것을 알 수 있다.

더 알아 보기

VIF > 10은 절대적인 기준은 아니다.

독립 변수들이 서로 직교하는 경우(다중공선성이 없는 경우), VIF는 1을 갖는다. 하지만 VIF>10 인 경우 심각한 다중공선성으로 보는 것은 어디까지나 기존 연구자들의 경험적, 주관적 판단에 근거한 것임에 기억해야 한다. 추정된 선형 회귀 모형의 결정 계수가 작은 경우 작은 VIF를 갖는 회귀 계수 추정값도 불안정할 수 있다. 또한, 이 반대의 경우도 성립할 수 있다.

1 다중공선성 진단이 필요한 이유

산점도 행렬이나 상관 행렬도 다중공선성의 가능성을 확인한 경우, VIF나 상태지수 등으로 다중공선성의 심각성을 꼭 확인해야 한다. 모형 유의성과 적합도가 높은 모형도 다중공선성이 높을 수 있기 때문이다. 이 경우, 추정한 모형의 회귀 계수는 크기와 방향 모두를 신뢰할 수 없고, 계수에 대한 유의성 검정 결과 역시 신뢰할 수 없다.

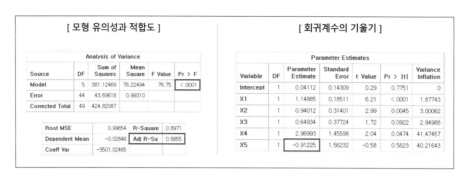

[모형 유의성과 적합도]

Analysis of Variance

Source	DF	Sum of Squares	Mean Square	F Value	Pr > F
Model	5	381.12469	76.22494	76.75	<.0001
Error	44	43.69618	0.99310		
Corrected Total	49	424.82087			

Root MSE	0.99654	R-Square	0.8971
Dependent Mean	-0.02846	Adj R-Sq	0.8855
Coeff Var	-3501.02465		

[회귀계수의 기울기]

Parameter Estimates

Variable	DF	Parameter Estimate	Standard Error	t Value	Pr > |t|	Variance Inflation
Intercept	1	0.04112	0.14309	0.29	0.7751	0
X1	1	1.14865	0.18511	6.21	<.0001	1.87743
X2	1	0.94012	0.31401	2.99	0.0045	3.00062
X3	1	0.64934	0.37724	1.72	0.0922	2.94988
X4	1	2.96993	1.45598	2.04	0.0474	41.47457
X5	1	-0.91225	1.56232	-0.58	0.5623	40.21643

그림 4.56 | 모형 유의성과 적합도(좌), 회귀 계수의 기울기(우)

〈그림 4.56〉은 앞서 살펴본 심각한 다중공선성 문제를 가진 데이터로 적합한 모형의 유의성 검정 결과이다. 이 모형은 심각한 다중공선성이 있지만 모형은 매우 낮은 유의확률을 보여 유의함을 알 수 있다. 또한 모형 적합도 역시 수정된 결정 계수가 0.8855로 모형이 종속 변수의 전체 분산 중 약 89%를 설명하는 높은 적합도를 나타냈다. 만약 다중공선성을 확인하지 않았다면, 이 모형은 매우 우수한 모형이라고 생각하기 쉽다. 그 결과 원래 유의한 독립 변수임에도 영향을 주지 않는다고 결론을 내릴 수 있고, 양의 관계를 가짐에도 음의 관계를 가진다고 결론을 내리는 심각한 오류를 범할 수 있다.

3 | 해결 방법

다중공선성을 해결하는 가장 쉬운 방법은 VIF 값이 가장 큰 변수부터 순차적으로 모형에서 제거하는 방법이다. 다중공선성이 가장 심각한 변수를 제거한 다음 다시, VIF를 계산하여 다중공선성 문제가 여전히 있는지 확인하고 있다면, VIF가 큰 변수를 다시 제거하기를 반복한다. 이 외에도 수축이나 변수 추출 등의 방법으로 다중 공선성을 해결할 수도 있다. 먼저 수축shrinkage은 모형이 자체적으로 해결하는 방법으로 추가 계수를 추정할 때, 제약식 두어 회귀 계수를 수축시키는 LASSO나 Ridge regression 등이 있다. 이 방법은 다중공선성 문제를 상쇄시킨다. 물론 LASSO는 모형적합 단계에서 각 독립 변수의 가중치 조절하여 변수 선택 효과도 갖고 있다. 변수 추출feature extraction은 주성분 분석principal component analysis; PCA, 오토인코더autoencoder 등이 있다. 이 방법들은 각 변수에서 주요 정보를 중복없이 추출해 다중공선성을 해결한다. 다만 추출 방법 원 변수를 변형한다는 단점이 있어 모형을 해석하기 어려워지는 한계가 있다. 이런 이유로 해석이 중요한 경우에는 처음 소개한 방법을 주로 사용한다.

4 | 실습

다중공선성은 산점도, 상관 계수 등으로 가능성을 확인하고, VIF로 정도를 확인한다고 하였다. 산점도나 상관 계수를 확인하는 방법은 이미 다루었기 때문에 실습에서 다루지 않겠다. VIF 역시 [선형 회귀] 작업의 옵션 설정만 〈그림 4.57〉과 같이 변경하면 쉽게 얻을 수 있다.

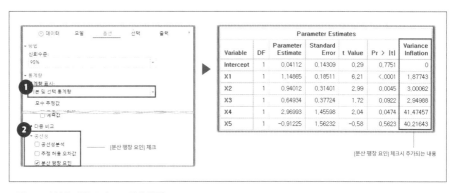

그림 4.57 | 분산 팽창 요인, VIF 산출 방법

5

No Code Data Analysis

모델 선택

1

모델 선택

1 | 모델 선택이란?

모델 선택model selection은 모든 모형에서 고려하는 중요한 일부 변수를 선택하여 보다 간결한 모형을 구성하는 방법이다. 회귀 분석에서 사용하는 모델 선택은 변수 선택variable selection이라고 하기도 하며, 차원 축소 방법 중 부분집합 선택subset selection에 속한다.

2 | 필요성

모델 선택은 모형을 보다 간결하고, 강건robust하게 만든다. 회귀 모형에 영향력이 너무 낮거나 필요 없는 변수가 포함될 경우 모형은 안정성이 떨어지고, 관리가 어려워진다. 그 때문에 필요 없는 변수를 제거하여 중요한 변수들의 효과를 보다 정확하게 살펴보는 것이 좋다. 또한 모델 선택은 불필요한 변수를 제거하여 다중공선성multicollinearity 문제를 해결하는 데에도 어느 정도 도움이 된다. 마지막으로 회귀 모형을 예측에 활용하는 경우, 간결한 모형은 지속적인 데이터 수집이 필요한 독립 변수가 적다는 장점이 있다.

3 | 모델 선택 절차

모델 선택은 모형에 포함할 가능성이 있는 후보 독립 변수 중 유의하거나 중요한 변수를 선택한다. 이때 모든 독립 변수가 포함된 모형을 완전모형full model이라고 한다. 완전모형에서 일부 변수를 선택하여 구성한 모형은 축소모형reduced model이라고 한다. 모델 선택 방법은 축소모형에서 중요한 변수를 추가해 나갈 수도 있고, 완전모형에서 변수를 줄여 나갈 수도 있다.

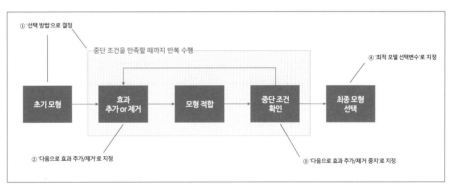

그림 4.58 | 모델 선택 절차

모델 선택 절차는 〈그림 4.58〉과 같이 초기 설정한 모형에 독립 변수를 추가 또는 제거한 뒤, 미리 정한 중단 조건을 만족하는지 확인한다. 만약 중단 조건을 만족지 않는다면, 다시 독립 변수를 추가 또는 제거하기를 반복한다. 이 과정에서 데이터 과학자는 다음 네 가지를 사전에 정하여야 한다.

변수 선택을 위한 사전 설정:
❶ 모델은 어떤 선택 방법으로 뽑을 것인가? → '선택 방법'
❷ 후보 독립 변수를 어떤 순서로 모형에 포함 또는 제거할 것인가? → '효과 추가/제거' 기준

❸ 모델 선택 절차를 어떤 기준으로 멈출 것인가? → '효과 추가/제거 중지' 기준
❹ 여러 후보 모델 중 선택 모델을 어떤 기준으로 뽑을 것인가? → '최적 모델 선택 변수'

① 모델 선택 방법은 주로 전진 선택, 후진 제거, 단계별 선택 세 가지 방법을 많이 사용하며, 이 외에도 LASSO와 같은 수축shrinkage 방법을 이용하기도 한다. 이번 에는 주로 사용하는 세 가지 방법을 다룬다. ②~④ 번은 변수 선택 과정에서 필요한 설정들이다. 이 설정들은 모두 모형 평가 지표인 결정 계수, 수정된 결정 계수, AIC, BIC 등을 기준으로 이용한다. 이 중 모델 선택 중지 기준은 이전 단계 모형의 기준 지표가 현재 단계 모형의 기준 지표보다 떨어지는 경우(예를 들어, adj. R2가 더 작아진 경우) 중지한다.

2 선택 방법

1 | 전진선택

전진선택forward selection 방법은 초기 모형을 절편만 있는 영 모형empty model; null model로 한다. 그리고 각 독립 변수를 사전에 정한 기준으로 순차적으로 모형에 포함하면서 모형을 적합한다. 그리고 정해진 중단 기준을 만족하면 선택을 멈추고 최종 모형을 선정한다.

2 | 후진제거

후진제거backward elimination 방법은 모든 독립 변수가 포함된 완전 모형에서 시작한다. 그리고 사전에 정한 기준 지표 순으로 변수를 하나씩 제거하는 방법으로 최적 모형을 선택한다.

3 | 단계별 선택

단계별 선택은 전진선택에서 변수를 추가 또는 제거할 수 있도록 한 방법이다. 따라서 초기모형은 영 모델로 전진선택과 같다. 다만 단계별 선택에서는 추가된 변수 외에도 모형에 이미 포함된 변수 중 제거할 변수가 없는지 단계마다 확인하여 제거한다.

3 선택 통계량

모델 선택은 모형의 성능을 평가하기 위한 기준 통계량이 필요하다. 모델 선택의 기준이 되는 통계량을 선택 통계량이라고 한다. 선택 통계량은 '모수 절약 원칙'에 기초하여 모형을 평가하고 선택한다. 모수 절약 원칙은 모형이 어느 정도 이상의 적합도를 가진다면, 되도록 적은 변수를 사용하여야 한다는 원칙이다. 모수 절약 원칙을 기준으로 선택 통계량은 대부분 모형의 오차를 나타내는 부분과 모형에 포함된 독립 변수 개수를 나타내는 두 가지 부분으로 나누어져 있으며, 그 값이 작을수록 좋은 모형임을 의미한다.

1 | Akaike 정보기준

Akaike 정보기준Akaike's information criterion; AIC은 오차와 독립 변수 개수를 기준으로 모형 성능을 평가하기 위한 지표로 줄여 AIC라고도 부른다. 이 지표는 모형 성능이 우수할수록 보다 작은 값을 가진다. AIC를 구하는 공식은 〈식 4.26〉과 같다. 다만 세부 공식은 문헌마다 다소 차이가 있다. 하지만 모형 간 성능 비교의 우열에는 어떤 공식을 사용하여도 상관없다. AIC는 관측치가 독립 변수 대비 적은 경우 너무 작아지는 단점이 있다. 그 때문에 표본 수가 적은 경우 AIC를 보정한 AICCcorrected AIC를 사용한다. AICC의 경우 표본 수가 충분히 확보되었다면 AIC와 거의 같은 값을 가지게 된다.

식 4.26 | Akaike 정보기준

$$AIC = n \log \left(\frac{SSE}{n} \right) + 2p + n + 2$$

- SSW : 노타제곱합
- n : 관측치의 개수
- k : 독립 변수의 개수

2 | Bayesian 정보기준

Bayesian 정보기준은 BIC라고도 부르며 AIC와 같이 오차와 독립 변수 개수를 기준으로 모형을 평가한다. 다만 모형에 포함된 독립 변수 개수 증가에 따른 벌점이 AIC보다 큰 특징을 가진다. 이 지표는 모형 성능이 우수할수록 작은 값을 가진다. BIC와 유사한 지표로는 슈바르츠-베이지만 정보기준Schwarz-Bayesian Information Criterion: SBC이 있는데 수식을 살짝 변형한 형태이며, 같은 성질을 가지기 때문에 BIC, SBC, SBIC를 같게 취급하기도 한다.

식 4.27 | Bayesian 정보기준

$$BIC = n \log \left(\frac{SSE}{n} \right) + 2(p + 2) \left(\frac{n\hat{\sigma}^2}{SSE} \right) - 2 \left(\frac{n\hat{\sigma}^2}{SSE} \right)^2$$

- SSW : 노타제곱합
- n : 관측치의 개수
- p : 독립 변수의 개수

3 | Mallows의 Cp

Mallows의 Cp는 Mallows의 이름(C. L. Mallow)의 첫 글자 'C와' 산점도를 뜻하는 Plot의 'p'를 따와 명명한 지표이다. 이 지표는 AIC, BIC와 같이 오차와 독립 변수 개수를 기준으로 모형 성능을 평가한다. Cp는 p+1과 Cp를 이용하여 그린 산점도로 적당한 모형을 찾는 데에 사용하였다. 하지만 보통은 Cp 값이 추정 모수 개수와 비슷하면, 우수한 모형으로 취급한다. 예를 들어, 독립 변수가 3개인 경우, Cp가 4와 비슷하다고 하면 우수하다고 말할 수 있다. 또한 Cp는 표본의 개수가 충분히 큰 경우 유효하기 때문에 표본 수가 적은 경우에는 사용하지 않는 것이 좋다.

식 4.28 | Mallow's Cp

$$allow's\ Cp = \frac{SSE}{\hat{\sigma}^2} + 2p - n$$

- SSW : 노타제곱합
- n : 관측치의 개수
- p : 독립 변수의 개수

4 선택 도표

모델 선택은 다양한 독립 변수 조합을 시도하며, 최적의 모형을 탐색하는 과정이다. 모델 선택은 알고리즘에만 의존할 수도 있지만, 데이터 과학자가 선택 절차를 상세하게 살펴보며 최적 모형을 직접 찾아보는 경우도 있다. 선택 도표는 각 변수 선택 단계에서 어떤 독립 변수가 포함되었고, 얼마나 중요하게 작용하는지를 확인할 수 있도록 돕는다. 또한 각 단계별로 앞서 살펴본 AIC, BIC 등의 성능지표가 어떻게 변화하는지 관찰할 수 있다.

1 | 기준 도표

기준 도표는 〈그림 4.59〉 윗쪽과 같이 각 모델 선택 단계별로 선택 통계량이 어떻게 변화하는지 관찰할 수 있는 도표이다. 기준 도표는 수정된 결정 계수, AIC, AICC, BIC, SBC의 증감을 각 모델 선택 단계별로 시각화 한다. 그리고 가장 성능 지표가 우수한 모형을 별모양으로 표시한다. 〈그림 4.59〉 아랫쪽은 앞서 다중 선형 회귀에서 살펴본 100개 업체 데이터에 단계별 선택을 적용한 결과이다. 결과를 살펴보면 영 모델에서 시작하여 최종적으로 'STOR_SZ'까지 포함된 모형이 선택된 것을 확인할 수 있다. 각 선택 통계량을 살펴보면 AIC, AICC, SBC, BIC는 변수가 추가됨에 따라 점점 값이 작아지는 것을 알 수 있다. 반면 수정된 결정 계수 Adj R-Sq는 점점 값이 커지는 것을 알 수 있다.

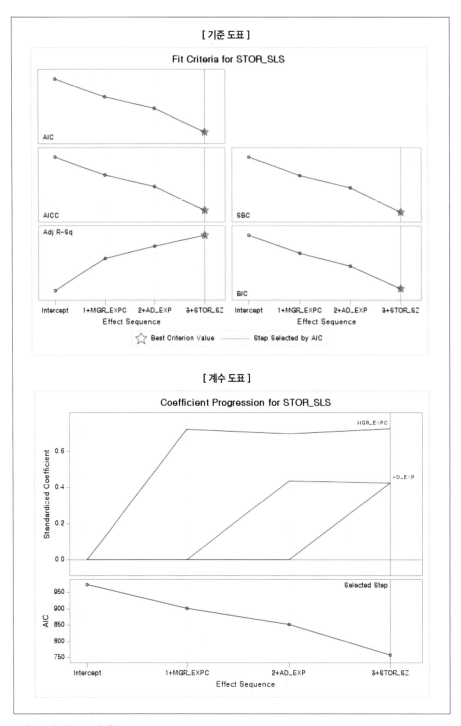

그림 4.59 | 기준 도표와 계수 도표

2 | 계수 도표

계수 도표는 모델 선택 단계별로 모형에 포함된 독립 변수의 표준화 회귀 계수 변화를 그래프로 나타낸다. 이 도표는 새로운 변수가 추가 또는 제거됨에 따라서 모형에 포함된 독립 변수의 중요도 또는 영향도가 어떻게 바뀌는지를 관찰할 수 있다. 즉, 기준 도표는 변수 추가 또는 제거에 따른 모형 성능 변화를 관찰하는 것이 주 목적이라면, 계수 도표는 각 변수의 영향도 변화를 관찰하는 것이 주 목적이다. 〈그림 4.59〉 아랫쪽은 계수도표이다. 도표를 살펴보면 모델 선택 첫 단계에서는 모든 계수가 0인 것을 알 수 있다. 이처럼 계수 도표는 모형에 포함되지 않은 변수의 계수는 모두 0으로 나타낸다.

5 실습

실습에서는 앞서 살펴본 모델 선택 방법과 통계량 그리고 도표를 [선형 회귀] 작업으로 구현하는 방법을 알아본다. 실습에 활용할 데이터는 'PE451'데이터이다. 실습 데이터는 〈그림4.60〉과 같은 구조와 형태를 가진다.

No	변수 영문명	변수 한글명	유형
1	NO	점포번호	숫자
2	AD_EXP	광고선전비	숫자
3	STOR_SZ	점포크기	숫자
4	STOR_RATNG	점포SNS별점	숫자
5	MGR_EXPC	관리자근무기간(년)	숫자
6	STAF_AVG_EXPC	직원평균근무기간(년)	숫자
7	COMP_NUM	경쟁점포수	숫자
8	DMS_YN	직영점여부	숫자
9	STOR_AREA	점포위치(지역코드)	숫자
10	STOR_SLS	점포매출	숫자

NO	AD_EXP	STOR_SZ	STOR_RATNG	MGR_EXPC	STAF_AVG_EXPC	COMP_NUM	DMS_YN	STOR_AREA	STOR_SLS
1	142	12	9	2	1	6	0	3	4074
2	151	15	1	8	2	10	0	5	4359
3	154	13	5	1	4	7	0	1	4225
4	149	8	10	4	1	3	0	3	4158
5	149	10	4	5	2	4	0	3	4158
6	151	6	9	4	1	9	1	5	4180
7	152	11	3	7	0	5	0	4	4234
8	154	12	1	3	2	7	0	5	4169
9	155	10	10	7	3	8	0	2	4322
10	146	6	9	6	3	5	0	2	4194

그림 4.60 | PE451 데이터 구조

1 | 데이터와 작업 가져오기

실습을 위해 프로세스 플로우를 새로 만들고, 실습 데이터를 가져온다. 모델 선택 [선형 회귀] 작업에 기능으로 포함되어 있기 때문에, [선형 회귀] 작업을 가져와 실습 데이터와 연결한다.

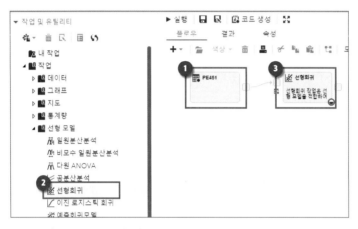

그림 4.61 | 데이터와 작업 가져오기

❶ 실습 데이터 'PE451'을 플로우로 위치
❷ [선형 회귀] 작업을 플로우로 이동
❸ 데이터와 작업 노드를 연결하고 [선형 회귀] 노드를 더블클릭

2 | 데이터와 모델 설정

실습 데이터에 포함된 변수를 역할과 유형에 맞게 할당한다. 그리고 모델로 이동하여 [편집]을 통해 모델 효과를 〈그림 4.62〉과 같이 할당한다.

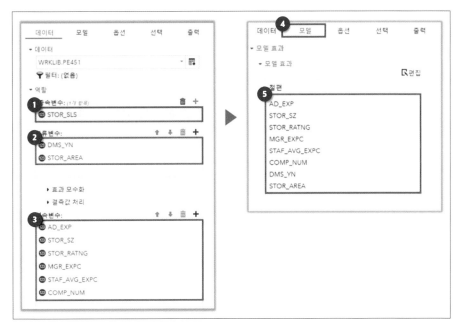

그림 4.62 | 선형 회귀 작업 데이터 및 모델 설정

❶ [종속 변수:]에 매출 'STOR_SLS'를 할당
❷ [분류변수:]에 'DMS_YN, STOR_AREA'를 할당
❸ [연속변수:]에 독립 변수 'AD_EXP, STOR_SZ, ..., COMP_NUM'을 할당

3 | 모델 선택 설정

[모델 선택]은 [선형 회귀]의 [선택] 탭에서 설정할 수 있다. 모델 선택은 선택사항으로 기본값은 '없음'으로 할당되어 있다. 모델 선택 방법을 지정하여 작업 실행 시 모델 선택이 수행되도록 하고, 선택 도표 또한 모두 출력되도록 설정을 변경한다.

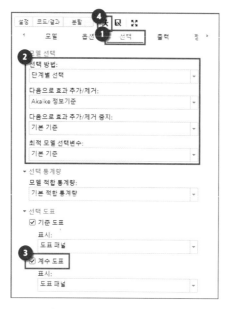

그림 4.63 | 모델 선택 설정 변경

❶ [선택] 탭으로 이동

❷ [선택 방법:]을 [단계별 선택]으로 변경하고, 선택 통계량 [다음으로 효과추가/제거]는
[Akaike 정보기준]으로 변경

❸ [선택 도표]에 [계수 도표]를 추가

❹ 🏃 버튼을 눌러 작업 실행

[모델 선택] 옵션 세부 설명:

• [다음으로 효과 추가/제거:] 옵션은 모델 선택에서 고려하는 변수의 추가 또는 제거 순서
를 결정하기 위해 사용할 선택 통계량을 지정하는 옵션이다.

• [다음으로 효과 추가/제거 중지:]는 모델 선택 중지 기준 지표를 지정하기 위한 옵션이다.
이 옵션은 따로 지정하지 않으면 [다음으로 효과 추가/제거]에서 선택한 선택 통계량을 기
준으로 중지 단계를 선택한다. 만약 [다음으로 효과 추가/제거]도 따로 선택하지 않은 경
우, SBC를 기본값으로 한다.

• [최적 모델 선택변수:]는 모델 선택 단계를 거치며, 생성한 여러 모델 중 어떤 모델을 최종
모형으로 선정할지 정하기 위한 성능 지표를 선택하기 위한 옵션이다. 이 옵션은 AIC, BIC
등 다양한 성능지표를 지원한다. 만약 [기본 기준]을 이용할 경우, 모델 선택의 가장 마지
막 단계에서 선택된 모형을 선택 모형으로 한다.

4 | 작업 실행 및 결과 확인

1 Selection Summary

작업을 실행하면, 다양한 결과가 출력된다. 실습에서는 이중 모델 선택과 관련된 결과만 살펴보겠다. 첫 번째 살펴볼 결과는 'Selection Summary' 표이다. 이 표는 각 변수 선택 단계별로 어떤 변수가 추가 또는 제거되었는지를 나타낸다. 이 표의 'Step'은 각 변수 선택 단계를 의미한다. 단계별 선택은 영 모델을 기준으로 변수 선택이 진행되기 때문에 Step 0에는 절편인 intercept만 포함된 것을 알 수 있다. 선택 통계량으로 AIC를 선택했기 때문에 각 단계별 AIC가 출력된 것을 알 수 있다. 'Stop Details'는 변수 선택이 종료된 지점을 나타낸다. 이를 살펴보면 'COMP_NUM'을 추가하던 시점의 AIC가 3886.6135이고, 추가하기 전 AIC가 3886.2421 이기 때문에 모델 선택을 중지한 것을 알 수 있다.

Step	Effect Entered	Effect Removed	Number Effects In	Number Parms In	AIC
0	Intercept		1	1	5078.8228
1	MGR_EXPC		2	2	4797.9255
2	STAF_AVG_EXPC		3	3	4443.0665
3	STOR_SZ		4	4	4249.7572
4	AD_EXP		5	5	3968.5764
5	DMS_YN		6	6	3886.2421*

Stepwise Selection Summary

* Optimal Value of Criterion

Selection stopped at a local minimum of the AIC criterion.

Candidate For	Effect	Candidate AIC		Compare AIC
Entry	COMP_NUM	3886.6135	>	3886.2421
Removal	DMS_YN	3968.5764	>	3886.2421

Stop Details

그림 4.64 | 변수 선택 요약 결과표

② 선택 도표

앞선 설정에서 계수 도표를 선택했기 때문에 선택 도표는 <그림 4.65>와 같이 두 개가 출력된다. 결과를 살펴보면 각 단계별 성능지표가 최종단계에서 모두 가장 우수한 것을 알 수 있다. 또한 표준화 계수 도표 역시 모형에 포함된 독립 변수는 일정한 계수 값을 가지는 것을 확인할 수 있다. 표준화 계수의 크기로 미뤄보았을 때 관리자 근무기간 MGR EXPC가 매출에 상당히 큰 영향을 미치는 것을 알 수 있다.

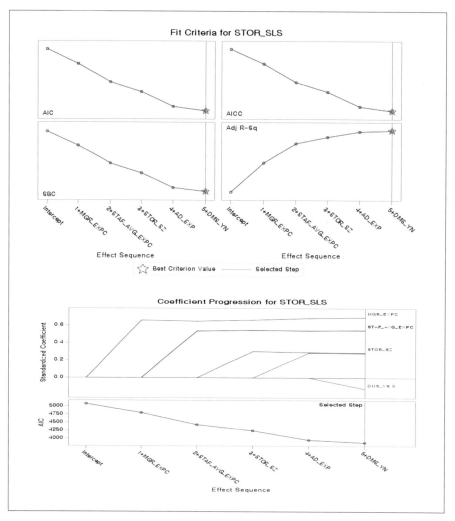

그림 4.65 | 선택 도표 결과

❸ 선택된 모형 결과

모델 선택을 설정할 경우, 〈그림 4.66〉과 같이 최종 선택된 모형에 대한 정보가 출력된다. 만약 각 단계의 적합 결과를 함께 보고 싶다면 [선택] 탭의 [상세 정보]에서 설정을 변경하면 된다. 결과를 살펴보면 최종 선정된 모델에는 'AD_EXP, STOR_SZ, MGR_EXPC, STAF_AVG_EXPC, DMS_YN' 5개 독립 변수(또는 효과)가 포함된 것을 알 수 있다. 이하 내용은 최종 선택된 모델에 대한 회귀 분석 결과이며, 해석 방법은 다중 선형 회귀에서 알아본 것과 같다.

Stepwise Selection Summary

Step	Effect Entered	Effect Removed	Number Effects In	Number Parms In	AIC
0	Intercept		1	1	5078.8228
1	MGR_EXPC		2	2	4797.9255
2	STAF_AVG_EXPC		3	3	4443.0665
3	STOR_SZ		4	4	4249.7572
4	AD_EXP		5	5	3968.5764
5	DMS_YN		6	6	3886.2421*

* Optimal Value of Criterion

Selection stopped at a local minimum of the AIC criterion.

Stop Details

Candidate For	Effect	Candidate AIC		Compare AIC
Entry	COMP_NUM	3886.6135	>	3886.2421
Removal	DMS_YN	3968.5764	>	3886.2421

그림 4.66 | 선택된 모형 (Selected Model)

6

No Code Data Analysis

예측 회귀

1

예측 회귀

예측 회귀 모형Predictive Regression Models은 일반적인 회귀 모형과 같은 방법으로 모형을 추정하지만, 설명보다 예측력에 중점을 두고 회귀 모형을 구성하는 방법론이다. 예측 회귀는 설명을 목적으로 하는 회귀와 크게 세 가지 차이가 있다. 첫 번째 오차에 대한 가정은 크게 고려하지 않는다. 예측을 목적으로 하기 때문에 예측력만 높일 수 있으면 잔차에 대한 여러 가정은 크게 신경 쓰지 않는다. 두 번째, 데이터를 나누어 활용한다. 예측이 목적인 경우 데이터 분할 방법을 이용하여, 예측력을 보다 정확하게 평가한다. 세 번째 배포를 고려한다. 예측이 목적인 경우, 대부분 모형을 시스템에 배포하여 지속적으로 예측 결과를 얻는 것에 관심이 있다. 그 때문에 스코어링과 모니터링 방법도 고려되어야 한다. 예측 회귀는 실무에서 활용도가 높기 때문에 알아 두면 유용하게 활용할 수 있다.

2 데이터 분할

데이터 분할data partition은 예측 모형의 성능을 평가하는 데에 가장 널리 사용되는 표본추출 방법이다. 이 방법은 모형을 학습(또는 적합)할 데이터와 검증과 평가에 쓰일 데이터를 사전에 나눈다. 이를 통해 일반적인 성능을 보다 정확히 추정한다.

1 | 데이터 분할

데이터 분할 방법은 데이터를 학습용training, 평가용validation, 검증용testing 세 가지 역할로 나눈다. 데이터 역할 중 평가와 검증은 혼용하여 쓰는 경우가 있기 때문에 영문을 함께 병기하여 주는 것이 좋다. 데이터 분할의 목적은 모형을 만드는 데에 사용하지 않은 데이터로 모형을 평가하여 보다 정확한 예측력을 검증하기 위해서이다. 데이터 분할은 분석 대상 데이터를 4 : 3 : 3 비율로 학습, 평가, 검증 세 가지 역할로 나눈다. 하지만 경우에 따라 학습과 평가만을 이용하는 경우도 있으며, 이 경우 7:3 비율이 많이 쓰인다. 통상 데이터를 각 역할로 분할하여 할당할 때는 단순 임의 추출simple random sampling을 사용한다. 하지만 만약 중요한 층이 있는 경우 층화 임의 추출stratified random sampling을 이용한다.

그림 4.67 | 데이터 분할

분할한 데이터는 각 역할에 차이가 있다. 먼저 학습용 데이터는 오직 모형 학습에만 사용되는 데이터이다. 모형은 이 데이터가 속한 관측치를 잘 예측하도록 만들어진다. 두 번째 평가용 데이터는 모형 학습에 일부 쓰이지만 대체로 모형을 평가하는 목적으로 쓰인다. 평가용 데이터는 변수 선택이나 모형의 설정 등과 같이 미세한 조정에 영향을 준다. 보통 여러 가지 모형의 성능을 비교하는 경우, 평가용 데이터에서의 예측력을 기준으로 비교한다. 마지막으로 검증용 데이터 모형의 최종적인 성능과 과적합overfitting 등을 확인하는 데에 사용한다. 과적합 문제는 주로 복잡한 모형이 학습용 데이터를 너무 과하게 학습하여, 자잘한 변동까지 모형에 반영하여 발생하는 문제이다. 과적합이 발생한 모형은 예측력이 떨어지기 때문에 실효성이 떨어진다. 보통 과적합은 학습, 평가, 검증에서 모형의 성능을 비교하여 그 차이가 큰지를 기준으로 판단한다. 과적합이 심한 경우, 학습용 데이터에 비해 평가와 검증용 데이터에서 모형 성능이 크게 떨어지는 특징이 나타난다.

표 4.14 | 데이터 역할별 기능

역할	기능
학습Training	모형 학습
평가Validation	모형 학습에 부분적으로 활용, 주로 모형 평가
검증Testing	모형 검증

2 | 시간이 개입된 경우

예측 회귀는 '미래를 예측'하는 경우와 '새로운 대상을 예측'하는 두 가지로 나누어 생각할 수 있다. 첫 번째 미래를 예측하는 경우, 독립 변수는 이미 발생한 사건들로 구성된다. 그리고 종속 변수는 아직 발생하지 않은 미래의 사건으로 만들어진다. 예를 들어 가입 가망도, 이탈 징후 등을 예측하는 문제가 그렇다. 이 문제들은 아직 발생하지 않은 서비스 가입과 이탈을 이미 벌어진 일들로 예측하는 문제들이다. 이런 문제에서는 검증용 데이터를 가장 최근 시점으로 구성한다. 반면 시간이 개입되지 않은 예측도 있다. 예를 들면 판별이나 분류 문제가 그렇다. 이미지를 데이터로 입력 받아 양품인지 여부를 판별하는 문제, 이메일 본문을 입력 받아 스팸메일 여부를 분류하는 문제 등이 이에 해당한다. 시간이 개입되지 않은 문제들은 학습, 평가, 검증용 데이터를 정해진 비율대로 임의로 나누면 된다.

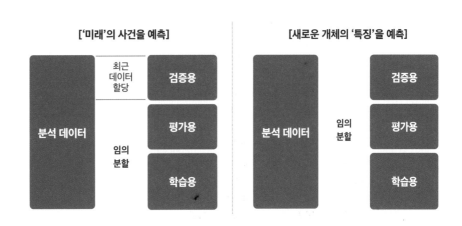

그림 4.68 │ 미래를 예측하는 경우와 새로운 대상을 예측하는 경우의 데이터 분할 방법 비교

'미래'의 사건을 예측하는 경우의 데이터 분할을 예로 설명해 보겠다. 한 회사가 매월 고객의 행동 정보와 거래 정보를 집계하여 수집한다고 하자. 그리고 이 정보를 토대로 다음달의 평균 구매금액을 예측하려고 한다. 이 경우 이미 구성한 매월 고객 행동 정보 데이터에 〈그림 4.68〉과 같이 다음달 실제 평균 구매금액만 종속변수로 추가하면 분석 데이터를 만들 수 있다.

변수(생성 순서)						기준년월	고객번호	3개월구매빈도	3개월구매금액	3개월내구매경과일	3개월온라인채널방문빈도	취한상품개수	장바구니상품개수	다음달평균구매금액
#	변수	유형	길이	레이블		202202	1	4	2995	30	17	7	9	1179
1	STD_YM	문자	6	기준년월		202202	2	5	3098	30	11	15	9	1376
2	CUSNO	숫자	8	고객번호		202202	3	2	3008	22	12	16	6	1425
3	MM3_BUY_CNT	숫자	8	3개월구매빈도		202202	4	7	2987	36	11	8	11	1004
4	MM3_BUY_AMT	숫자	8	3개월구매금액		202202	5	3	2979	29	13	7	7	1095
5	MM3_BUY_LDT	숫자	8	3개월내구매경과일		202202	6	5	3050	30	14	6	8	1131
6	MM3_ONLN_VST_CNT	숫자	8	3개월온라인채널방문빈도		202202	7	4	2928	27	8	7	9	1019
7	MM3_LIKE_PRDT_CNT	숫자	8	취한상품개수		202202	8	3	3002	25	15	8	6	1172
8	MM3_CART_PRDT_CNT	숫자	8	장바구니상품개수		202202	9	3	3055	27	15	9	5	1179
9	NXT_AVG_BUY_AMT	숫자	8	다음달평균구매금액		202202	10	5	2938	34	26	10	9	1433

그림 4.69 │ 예측 회귀 문제 데이터 예시

〈그림 4.69〉는 'PE460' 데이터이다. 이 데이터는 월 단위로 고객의 직전 3개월 간의 합계 구매 빈도, 금액, 방문 경과일 등의 행동 정보를 가지고 있다. '다음달평 균구매금액'은 '202202'(2022년 2월)을 기준으로 하는 경우, 다음달인 2022년 3월 한 달간 구매 금액을 집계한 것이다. 실무에서는 이와 비슷한 구조로 데이터를 구성 하여 예측 모형을 만든다.

STD_YM	빈도	백분율	누적 빈도	누적 백분율	
			기준년월		
202201	500	6.67	500	6.67	학습 또는 평가로 임의 할당
202202	500	6.67	1000	13.33	
202203	500	6.67	1500	20.00	
202204	500	6.67	2000	26.67	
202205	500	6.67	2500	33.33	
202206	500	6.67	3000	40.00	
202207	500	6.67	3500	46.67	
202208	500	6.67	4000	53.33	
202209	500	6.67	4500	60.00	
202210	500	6.67	5000	66.67	
202211	500	6.67	5500	73.33	
202212	500	6.67	6000	80.00	
202301	500	6.67	6500	86.67	검증용으로 할당
202302	500	6.67	7000	93.33	
202303	500	6.67	7500	100.00	

그림 4.70 | 기간 빈도표

〈그림 4.70〉은 'PE460' 데이터의 기준년월별 관측치 빈도를 산출한 결과이다. 이 결과를 살펴보면 데이터는 고객 500명을 대상으로 2022년 1월~2023년 3월까지 수집된 것을 알 수 있다. 이와 같이 시간에 따라 관측된 데이터로 예측 모형을 구 성할 때는 최근 몇 개월 검증용 데이터 미리 할당한다. 이 경우 2023년 1월~3월이 적당해 보인다. 그리고 나머지 데이터는 임의로 분할하여 학습 또는 평가로 할당 한다.

예측력 평가

1 | 평가 방법

예측력 모형의 평가는 흔히 MSE^mean squared error를 많이 사용한다. MSE는 오차를 자유도로 나눠 평균적인 오차를 추정한다. 하지만 MSE는 선형 모형에서는 유용하지만, 신경망이나 의사결정 나무와 성능 평가에 유용하지 않다. 따라서 SSE를 관측치 개수 N으로 나눠 구하는 ASE^average squared error를 성능 평가에 많이 사용한다. 〈그림 4.71〉은 Train, Validate, Test 데이터에 대한 ASE 산출 결과이다. 이 값을 토대로 모형의 평균 오차를 알 수 있다. ASE 값은 작을수록 모형 성능이 우수하다는 의미를 가진다.

Root MSE	29.70809
Dependent Mean	1235.19905
R-Square	0.9856
Adj R-Sq	0.9856
AIC	32697
AICC	32697
SBC	28539
ASE (Train)	881.09939
ASE (Validate)	940.20983
ASE (Test)	928.97945

* ASE = SSE/N

그림 4.71 | 예측력 평가 지표 예시

2 | 과적합 문제

과적합^Overfitting 문제는 모형이 데이터를 너무 과하게 학습하여 발생하는 문제이다. 사회과학 연구나 실험을 목적으로 수집한 데이터는 필연적으로 오차를 수반한다. 한 가지 사건에도 수많은 원인이 개입하고, 이 효과들이 미치는 영향은 시간이나 상황에 따라 조금씩 바뀌기 때문이다. 필연적인 오차가 있음에도 예측 모형이 의미를 가지는 이유는 (잘)변하지 않는 주요한 효과를 찾아낼 수 있기 때문이다. 예측이나 설명, 두 문제 모두 핵심은 주요한 효과를 찾는 것이다. 한 가지 사건에 100가지 원인이 있다면, 이중 가장 영향력이 큰 4~5가지 정도를 찾는 것으로 충분하다는 이야기다. 나머지 95~96가지는 오차 또는 잡음으로 취급한다. 그렇기 때문에 예측 문제는 데이터를 '모두' 반영하는 것이 아닌 '충분히' 반영해야 한다. '주어진 데이터를 모두 익히는 것은 좋은 것 아닌가?' 하는 의구심이 드는 독자도 있을 것이다. 다음 〈그림 4.72〉를 보자.

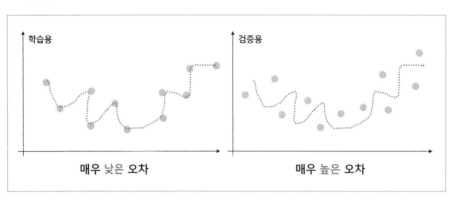

그림 4.72 | 과적합 문제 예시

예측의 목적은 학습에 활용한 데이터를 모두 맞히는 것이 아니고, 미래 혹은 새로운 데이터의 종속 변수를 정확히 맞히는 것이다. 〈그림 4.72〉를 살펴보면 과적합 문제가 발생하면 학습용 데이터는 100% 정확하게 맞힐 수 있지만 평가용 데이터에서는 오히려 성능이 떨어지는 것을 알 수 있다. 과적합 문제를 일상에 빗대어 표현하면, 기출문제로 공부하면서 문제의 유형을 익히는 것이 아닌 답만 외우는 것과 같다. 같은 문제가 나오면 답을 외운 사람은 100점을 맞는다. 하지만 비슷한 유형의 답이 다른 문제가 나오면 답만 외워서는 좋은 점수를 받기 어렵다. 결국은 문제의 유형과 이론적 배경을 익히는 것이 기출문제를 푸는 이유이다. 이와 같이 좋은 모형은 답을 외운 모형이 아니라, 유형과 이론적 배경을 배운 모형이다.

4 스코어링

예측 모형은 다양한 분야에서 활용된다. 앞서 배운 예측 모형은 코스피나 나스닥 같은 지수를 예측하는 데에도 활용할 수 있다. 기업의 경우, 고객의 구매 금액이나 매출 등을 예측하는 데에도 활용한다. 이번에는 모형을 활용하는 방법을 알아보자.

1 | 스코어링

스코어링scoring은 새로운 데이터를 모형에 입력하고, 예측 값을 얻는 과정이다. 간단한 회귀 모형은 단순한 계산식으로 스코어링이 가능하기 때문에 별도의 절차나 방법을 몰라도 된다. 하지만 복잡도가 높은 모형은 '스코어 코드'로 예측 값을 산출한다. 스코어 코드는 모형을 시스템에 한 부분으로 활용할 때 주로 사용한다. 예를 들어 매월 주기적으로 고객 구매 금액을 예측하여, 마케팅 대상을 결정하려고 한다면 스코어 코드를 시스템에 적용한다. 스코어링 절차는 〈그림 4.73〉과 같다.

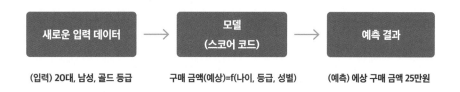

그림 4.73 | 스코어링 절차

2 | 배포

배포deployment는 개발한 모형을 시스템에 적용하는 작업을 말한다. 모형을 개발할 때는 독립 변수와 종속 변수가 모두 있는 데이터를 이용하여 모델을 얻는다. 하지만 시스템에서 운영될 때는 독립 변수만 존재하는 데이터로 아직 알 수 없는 미래나 대상을 예측해야 한다. 모형 개발에서는 기출문제를 풀었다면, 배포 이후에는 시험을 보는 것이다. 하지만 모형을 얻었다고 바로 시스템에 적용하는 것은 아니다. 테스트를 거치며 모형 안정성, 성능, 효율성 등을 먼저 검토한다.

모형을 운영할 때는 몇 가지 주의할 점이 있다. 첫 번째는 가용성이다. 모형에 포함된 독립 변수 중에는 간혹 더 이상 수집되지 않거나, 수집 주기가 너무 길거나, 종속 변수가 관찰된 뒤에 수집되는 경우가 있다. 이 경우 운영 시에 활용할 수 있는 변수로 다시 모형을 만들어야 한다.

두 번째 효율성이다. 복잡한 독립 변수를 만들다 보면, 시스템 자원이 과도하게 많이 필요한 경우가 있다. 이 경우 비효율적으로 처리되는 부분을 고쳐야 한다. 특히 비즈니스나 통계에 기반을 둔 데이터 과학자들의 경우, 비효율적인 데이터 처리로 인해 시스템 운영을 담당하는 IT부서와의 마찰이 종종 있다. 빅데이터 시대가 도래하여, 하드웨어 자원이 아무리 풍부해졌다고 하지만, 그 이상으로 다루는 데이터의 양과 유형도 다양해졌다. 이런 이유로 간결한 모형은 효율성 측면에서 유리한 면이 많다.

세 번째 모니터링이다. 데이터 과학에서 다루는 모형은 '그때는 맞지만, 지금은 틀릴 수 있는' 모형이다. 영원 불멸의 모형은 없다. 오랜 시간이 지나면 사람들의 생활 양식과 가치관 경제 수준 등과 같은 것들이 변한다. 이런 변화는 중장기적으로 예측력을 저해하는 원인이 된다. 따라서 예측 모형 운영에는 모니터링이 필요하다. 모니터링은 예측력이 과거에 비해 떨어지지는 않는지, 독립 변수나 종속 변수의 분포가 과거와 크게 달라지지는 않았는지 등을 관찰하는 것을 의미한다. 만약 모니터링을 통해 모형 예측력이 크게 떨어진 것을 발견했다면 모형 재개발이 필요하다.

5 실습

실습에서는 먼저 데이터를 분할하고, 예측 회귀로 모형을 구성한 뒤 스코어링을 하는 방법까지 알아본다. 실습 데이터는 'PE460' 데이터로 〈그림 4.74〉와 같은 구조를 가진다.

데이터는 본문의 예시에서 살펴본 데이터로, 'STD_YM'은 집계 기준년월을 나타낸다. 'CUSNO'는 고객 번호이다. 9번째 칼럼인 'NXT_AVG_BUY_AMT'는 종속 변수로 기준년월 이후 1개월 내에 평균 구매 금액을 의미한다. 나머지 변수는 독립 변수로 고객 구매 관련 행동 정보를 기준년월을 기준으로 집계한 결과이다. 실습에서는 이 데이터를 기준년월을 기준으로 검증 데이터를 나눈 뒤, 나머지 데이터로 학습과 평가를 7:3 비율로 나눈다. 그 다음 각 역할에 맞게 모형을 학습하고, 스코어 코드를 생성한다.

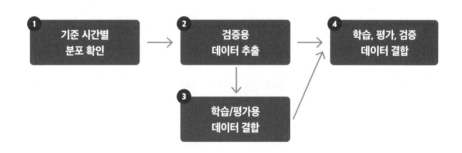

변수(생성 순서)			
#	변수	유형	길이	레이블
1	STD_YM	문자	6	기준년월
2	CUSNO	숫자	8	고객번호
3	MM3_BUY_CNT	숫자	8	3개월구매빈도
4	MM3_BUY_AMT	숫자	8	3개월구매금액
5	MM3_BUY_LDT	숫자	8	3개월내구매경과일
6	MM3_ONLN_VST_CNT	숫자	8	3개월온라인채널방문빈도
7	MM3_LIKE_PRDT_CNT	숫자	8	찜한상품개수
8	MM3_CART_PRDT_CNT	숫자	8	장바구니상품개수
9	NXT_AVG_BUY_AMT	숫자	8	다음달평균구매금액

기준년월	고객번호	3개월구매빈도	3개월구매금액	3개월내구매경과일	3개월온라인채널방문빈도	찜한상품개수	장바구니상품개수	다음달평균구매금액
202202	1	4	2995	30	17	7	9	1179
202202	2	5	3098	30	11	15	9	1376
202202	3	2	3006	22	12	16	6	1425
202202	4	7	2987	36	11	8	11	1004
202202	5	3	2979	29	13	7	7	1095
202202	6	5	3050	30	14	6	8	1131
202202	7	4	2928	27	8	7	9	1019
202202	8	3	3002	25	15	8	6	1172
202202	9	3	3055	27	15	9	5	1179
202202	10	5	2936	34	26	10	9	1433

그림 4.74 | PE460 데이터 구조

1 | 데이터 분할

그림 4.75 | 데이터 분할 작업 순서

데이터 분할은 [일원빈도분석]으로 어떤 데이터를 관찰한 기준년월을 살펴보고, 검증용 데이터로 활용할 기간을 결정한다. 그 다음 [데이터 필터]로 해당 기간의 데이터를 추출하고, [값 재코딩]으로 파티션 변수를 생성한다. 그리고 나머지 데이터로 학습/평가용 데이터를 임의로 분할한 뒤, 앞서 나눈 검증용 데이터와 다시 결합하여 한 데이터 셋을 구성한다.

1 분포 확인

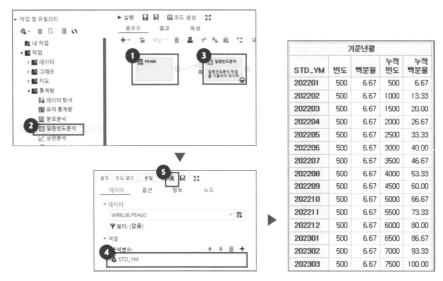

기준년월				
STD_YM	빈도	백분율	누적 빈도	누적 백분율
202201	500	6.67	500	6.67
202202	500	6.67	1000	13.33
202203	500	6.67	1500	20.00
202204	500	6.67	2000	26.67
202205	500	6.67	2500	33.33
202206	500	6.67	3000	40.00
202207	500	6.67	3500	46.67
202208	500	6.67	4000	53.33
202209	500	6.67	4500	60.00
202210	500	6.67	5000	66.67
202211	500	6.67	5500	73.33
202212	500	6.67	6000	80.00
202301	500	6.67	6500	86.67
202302	500	6.67	7000	93.33
202303	500	6.67	7500	100.00

그림 4.76 | 분포 확인 절차

❶ 새로운 프로세스 플로우를 만들고, 실습 데이터 'PE460'을 플로우로 이동

❷ [작업]의 [통계량]에서 [일원빈도분석]을 선택하고, 플로우로 이동

❸ 데이터와 작업을 연결한 뒤 [일원빈도분석] 작업을 더블클릭

❹ [분석변수:]에 기준년월 STD_YM을 할당

❺ 🏃 버튼을 눌러 작업 실행

〈그림 4.76〉의 실행 결과를 살펴보고, 검증용 데이터로 활용할 기간을 선택한다. 실습에서는 최근 3개월인 2023년 1~3월을 검증용으로 활용한다.

2 검증용 데이터 추출 및 분할변수 생성

[데이터 필터] 작업을 이용하여, 〈그림 4.77〉과 같이 검증용 데이터를 추출한다.

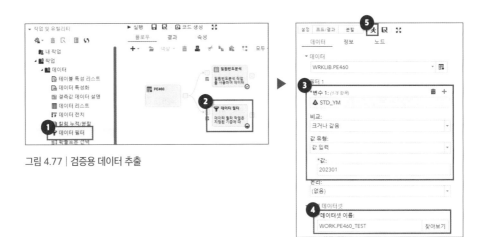

그림 4.77 | 검증용 데이터 추출

❶ [작업]의 [데이터]에서 [데이터 필터]를 선택하여 플로우로 이동

❷ 실습 데이터 PE460과 [데이터 필터] 작업을 연결하고, 작업을 더블클릭

❸ [필터1]의 [변수1:]에 'STD_YM' 기준년월을 할당하고, [비교:]에는 [크거나 같음]을 선택한 뒤 [값:]에 '202301'을 입력

  → 'STD_YM ≥ 202301'로 조건을 주어 데이터를 추출하기 위한 설정

❹ [출력 데이터셋] 영역을 확장하고, [데이터셋 이름:]에 'WORK.PE460_TEST'를 입력

❺ 🏃 버튼을 눌러 작업 실행

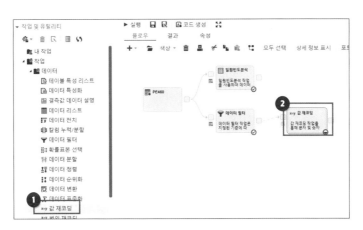

그림 4.78 | 값 재코딩 작업 가져오기

❶ [데이터]의 [값 재코딩] 작업을 플로우로 가져와 [데이터 필터]와 연결

❷ [값 재코딩] 작업을 더블클릭

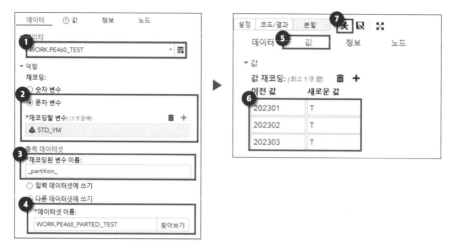

그림 4.79 | 값 재코팅 작업 설정

❶ [데이터]에 앞서 필터링으로 추출 'PE460_TEST'를 할당

❷ [역할]의 [재코딩:]은 [문자 변수]로 지정하고, [재코딩할 변수:]는 'STD_YM'을 선택

❸ [출력 데이터셋]의 [재코딩된 변수 이름:]은 '_partition_'으로 지정

| 주의 | 파티션 변수 이름은 임의로 넣으면 안 됨

❹ [데이터셋 이름:]에는 'WORK.PE460_PARTED_TEST'를 할당

❺ [값] 탭으로 이동

❻ 각 기준년월을 모두 'T'로 할당 → 'T'는 Test의 약자임

❼ 🏃 버튼을 눌러 작업 실행

③ 학습/평가용 데이터 분할

학습과 평가용 데이터는 [데이터 분할] 작업을 이용한다. 작업 순서는 먼저 실습 데이터에서 검증용 데이터를 제외한 나머지 데이터를 추출하고, [데이터 분할] 작업으로 학습과 평가용 데이터를 7:3 비율로 분할한다. [데이터 분할] 작업은 '필터' 기능을 지원하기 때문에 [데이터 필터] 작업은 따로 이용하지 않아도 된다.

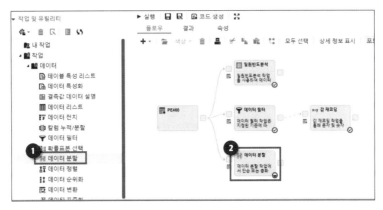

그림 4.80 | 데이터 분할 작업 가져오기

❶ [작업]의 [데이터]에서 [데이터 분할] 작업을 선택하여 플로우로 이동

❷ 'PE460' 데이터와 작업을 연결한 뒤 작업 노드를 더블클릭

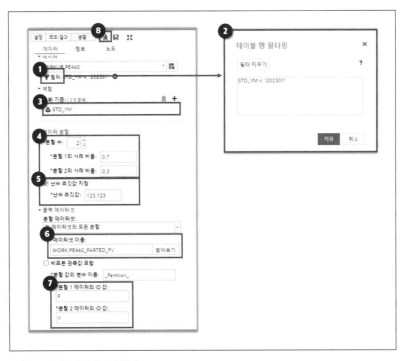

그림 4.81 | 데이터 분할 작업 설정

❶ [필터]를 클릭

❷ [테이블 행 필터링]에 STD_YM < '202301'을 입력하고, [적용]을 클릭

→ STD_YM이 202301월 보다 작은 데이터를 추출

❸ [층화 기준:]으로 'STD_YM' 변수를 선택

→ 학습과 평가 데이터가 특정 기준년월에 쏠리지 않게 하기 위한 설정

❹ [분할수:]를 '2'로 선택한 뒤, 분할 1은 0.7, 분할 2는 0.3을 입력

❺ [난수 초깃값 지정]을 클릭하고, 난수 초깃값을 '123123'을 입력

→ 난수 초깃값random seed이 같은 경우, 같은 분할 결과를 확인할 수 있음

❻ [데이터셋 이름:]에 'WORK.PE460_PARTED_FV'를 입력

❼ [분할 1 데이터의 ID 값:]을 F, [분할 2 데이터의 ID 값:]을 V로 입력

❽ 🏃 버튼을 눌러 작업 실행

❹ 학습, 평가, 검증 데이터 결합

선행 작업으로 얻은 두 데이터 'WORK.PE460_PARTED_TEST'와 'WORK.
PE460_PARTED_FV'를 [데이터 결합] 작업으로 연결한다.

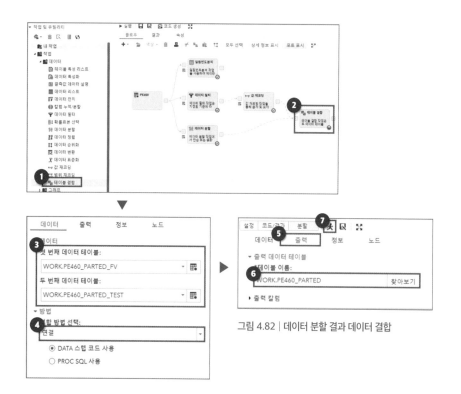

그림 4.82 | 데이터 분할 결과 데이터 결합

❶ [데이터]에서 [테이블 결합] 작업을 선택한 뒤 플로우로 이동

❷ [테이블 결합] 작업과 이전 작업들을 <그림 4.82>와 같이 연결하고, [데이터 결합] 노드를 더블클릭

❸ [첫 번째 데이터 테이블:]에 'WORK.PE460_PARTED_FV'를 지정하고, [두 번째 데이터 테이블:]에는 'WORK.PE460_PARTED_TEST' 데이터를 지정

❹ [결합 방법 선택:]에서는 [연결]을 선택

❺ [출력] 탭으로 이동

❻ [테이블 이름:]은 'WORK.PE460_PARTED'를 선택

❼ 🏃 버튼을 눌러 작업 실행

5 데이터 분할 결과

Partition	기준년월	고객번호	3개월구매빈도	3개월구매금액	3개월내구매경과일	3개월온라인채널방문빈도	찜한상품개수	장바구니상품개수	다음달평균구매금액
V	202201	1	4	2995	30	17	7	9	1179
F	202201	2	5	3098	30	11	15	9	1376
V	202201	3	2	3008	22	12	16	6	1425
F	202201	4	7	2987	36	11	8	11	1004
V	202212	497	4	3038	28	15	10	7	1269
V	202212	498	4	2956	21	18	11	7	1559
F	202212	499	4	2993	27	12	5	9	1078
V	202212	500	4	2961	29	9	9	7	965
T	202301	1	5	3075	42	10	8	6	683
T	202301	2	4	2897	24	13	8	13	1352
T	202301	3	8	3012	26	10	13	5	1287
T	202301	4	4	2927	32	20	16	10	1489
T	202303	498	6	3007	39	21	10	9	1180
T	202303	499	2	3027	43	21	14	6	1021
T	202303	500	3	2879	28	18	10	8	1246

그림 4.83 | 'PE460' 데이터 분할 결과

<그림 4.83>은 작업 실행 결과로 출력되는 데이터의 일부를 나타낸 것이다. '_Partition_' 변수를 살펴보면, 2022년 1월~2022년 12은 'V, F'가 임의로 할당된 것을 알 수 있다. 반면 2023년 1~3월은 모두 'T'로 할당된 것을 확인할 수 있다. 검증용 데이터를 최근 데이터로 설정하는 작업은 필수 사항은 아니며, 모형 성능은 보다 실제와 가깝게 살펴보기 위한 절차이다.

2 | 예측 모형 학습

SoDA는 회귀 모형을 [선형 회귀]와 [예측회귀모델] 두 가지로 나누어지 지원한다.
이 두 작업은 사실 같은 회귀이다. 다만 [예측회귀모델]은 데이터 분할 기능을 지
원한다는 차이가 있다. 따라서 [예측회귀모델] 작업에서는 데이터 분할 기능을 이
용하는 방법을 중점으로 알아본다.

■ 작업 가져오기

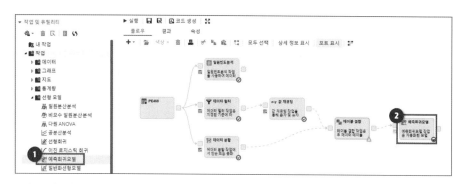

그림 4.84 | 예측회귀모델 작업 가져오기

❶ [작업]의 [선형 모델]에서 [예측회귀모델]을 선택하여 플로우로 이동
❷ [예측회귀모델]을 [테이블 결합]과 연결한 뒤 더블클릭

② 데이터 설정

데이터 설정에서는 앞서 분할 결과를 결합한 'WORK.PE460_PARTED' 데이터를
이용한다. 이 데이터는 모형 적합에 앞서 미리 데이터를 분할했다. 그렇기 때문에
[데이터] 탭에서 분할 변수와 각 역할 값을 할당한다.

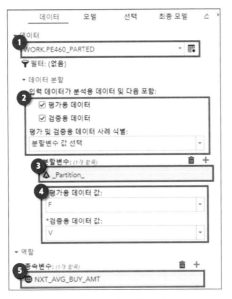

그림 4.85 | 데이터 선택 및 변수 역할 지정

❶ [데이터]에 'WORK.PE460_PARTED'를 할당

❷ [데이터 분할]의 [평가용 데이터], [검증용 데이터]를 체크하고, [평가 및 검증용 데이터 사례 식별:]은 [분할변수 값 선택]을 이용

❸ [분할변수:]에 '_Partition_'을 할당

❹ [평가용 데이터 값:]에 'F', [검증용 데이터 값:]에는 'V'를 할당

❺ [종속 변수:]에는 'NXT_AVG_BUY_AMT'를 할당

❻ [독립 변수:]에는 'CUSNO'와 'STD_YM'을 제외한 나머지 변수 할당

사전에 데이터 분할을 하지 않은 경우, [평가 및 검증용 데이터 사례 식별:]을 [표본 비율 지정]으로 변경한다. 이 경우 [예측회귀모델]이 임의로 데이터를 분할한다. 따라서 임의로 데이터를 분할하는 경우 앞서 살펴본 데이터 분할 절차를 생략하고, [예측회귀모델]에서 지원하는 데이터 분할 기능을 이용해도 좋다.

③ 스코어링 코드 내보내기

스코어링 코드는 스코어링에 사용하는 코드로 SoDA의 경우 '.sas' 파일로 결과를
출력한다. [예측회귀모델]은 [스코어링] 탭에서 스코어링 코드를 내보낼 수 있다.

그림 4.86 | 스코어링 설정

❶ [스코어링] 탭 이동
❷ [스코어링 코드 저장] 체크
❸ 🏃 버튼을 눌러 작업 실행

[파일:] 이하 경로는 스코어링 코드를 저장할 경로와 스코어링 코드 이름을 의미한
다. 이 경로와 스코어링 코드 이름은 필요에 따라 변경한다. 스코어링 코드 이름의
기본값은 'score.sas'이다.

④ 결과 확인

작업을 실행하면 〈그림 4.87〉과 같은 결과를 확인할 수 있다. '결과 확인'에서는
앞서 살펴본 회귀와 예측 회귀의 차이를 중심으로 확인한다.

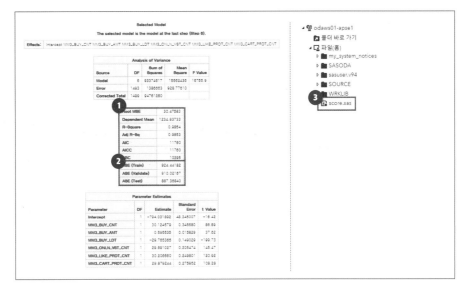

그림 4.87 | 모형 적합 및 스코어링 코드 출력 결과

❶ 변수 선택 등을 통해 최종적으로 얻은 회귀 모형에 대한 성능 지표이다. 이 결과는 검증
용 데이터에서 산출한 결과이다.

❷ 이 결과는 각 역할의 데이터에 대한 'ASE'를 출력한 것이다. 이 결과에서는 학습/평가와
검증의 ASE를 비교한다. 만약 검증용 데이터의 ASE가 학습/평가에 비하여 매우 크다면
과적합을 의심해 보아야 한다. 이 결과의 경우 검증용 데이터의 ASE가 학습과 평가용
데이터의 ASE보다 작기 때문에 과적합 문제는 없는 것으로 보인다.

→ 보통은 검증용 데이터의 ASE가 큰 경우가 더 많음

❸ 스코어링 코드 출력 결과이다. 이 파일을 sas 코드로 구성되어 있다. 자세한 활용 방법
은 이후에 다룬다.

3 | 스코어링

스코어링은 독립 변수를 이용하여, 종속 변수를 예측하는 절차를 의미한다. 예측 모
형을 활용할 때는 직접 산식을 이용하여 예측할 수도 있다. 하지만 모형이 복잡한
경우, 스코어링 코드를 이용하는 방법이 보다 유용하다. 스코어링 코드에는 별다른
내용이 있는 것은 아니며, 모형 적합을 통해 얻은 함수를 코드로 저장한 것이다.

◼ 스코어링

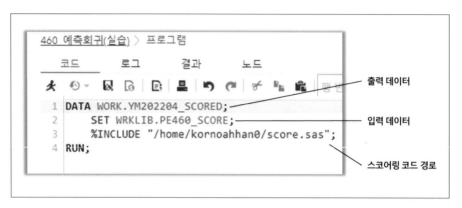

그림 4.88 | 스코어링 방법

스코어링은 [유틸리티]의 [SAS 프로그램] 작업을 이용하여 수행한다. 수행 방법은 입력 데이터와 출력 데이터를 지정하고, 스코어링 코드를 불러오는 구조로, 〈그림 4.88〉과 같다.

◼ 스코어링 결과

칼럼		STD_...		CUSNO	P_NXT_AVG_BUY_AMT	MM3_
☑ 모두 선택						
☑ ⚠ STD_YM			1	202204	1	1205.6398491
☑ CUSNO			2	202204	2	1359.4116457
☑ P_NXT_AVG_BUY_AMT			3	202204	3	1424.0226409
☑ MM3_BUY_CNT			4	202204	4	1023.2761034
☑ MM3_BUY_AMT			5	202204	5	1016.4294811
☑ MM3_BUY_LDT			6	202204	6	1118.7598641
☑ MM3_ONLN_VST_CNT			7	202204	7	986.0158623
☑ MM3_LIKE_PRDT_CNT			8	202204	8	1209.2977143
☑ MM3_CART_PRDT_CNT			9	202204	9	1181.6577516
			10	202204	10	1442.3966997

전체 행: 500 전체 칼럼: 9

그림 4.89 | 스코어링 결과

작업을 실행하면 〈그림 4.89〉와 같이 'P_NXT_AVG_BUY_AMT'라는 예측 결과 변수가 생성된 걸 확인할 수 있다. 이 변수는 주어진 독립 변수를 이용하여 종속 변수를 예측한 결과이다.

5

분류

No Code Data Analysis

1

분류란?

분류classification는 종속 변수가 범주형 변수인 문제를 말한다. 분류 문제는 쓰레기 분리 수거를 생각하면 이해가 편하다. 분리 수거의 과정을 살펴보자. 먼저 쓰레기의 특징을 살펴보고 종이류, 플라스틱류, 일반쓰레기 등으로 분류한다. 특징(독립 변수, X)을 살펴보고 쓰레기 유형(종속 변수, Y)을 찾는다. 여기에 해당하는 데이터 과학 모형이 바로 분류 모형이다. 데이터 과학의 분류 모형은 주로 특정 범주에 속할 가능성을 예측하며, 이 예측 확률을 사후확률Posteriori Probability이라고도 한다. 분류 모형은 종속 변수가 직업, 종교, 성별 같은 범주형 변수이기 때문에, 모형 평가 기준도 회귀 모형과 다르다. 분류 모형은 주로 '얼마나 정확히 분류했는가'를 평가 기준으로 삼는다.

분류의 위상

표 5.1 | 데이터 과학의 프레임워크

종속 변수 dependent variable	독립 변수 independent variable	대표 방법론	목적	분류
수치형 Numerical	범주형	t-검정t-test 분산 분석ANOVA	회귀 Regression	지도 학습 Supervised Learning
	수치형	상관 분석correlation analysis		
	범주형 /수치형	선형 회귀Linear Regression 포아송 회귀Poisson Regression		
범주형 categorical	범주형	카이제곱 검정Chi-Square Test 피셔의 정확 검정 Fisher's Exact Test 코크란-맨틀-핸첼 검정 Cochran-Mantel-Haenzel Test 맥니마 검정McNemar's Test	분류 classification	
	범주형 /수치형	로지스틱 회귀Logistic Regression 선형 판별 분석 Linear Discriminant Analysis; LDA		
범주형 /수치형	범주형 /수치형	k-인접이웃 K-Nearest Neighbors; k-NN 트리기반 모형Tree Based Model 서포트 벡터 머신 Support Vector Machine; SVM 인공 신경망Neural Network		
없음	수치형	주성분 분석 Principal Component Analysis; PCA 군집 분석Clustering	탐색 Exploration	비지도 학습 Unsupervised Learning
	범주형	연관성 분석 AR: Association Rule		

회귀와 분류

선형 회귀 모형은 설명이 쉽고, 예측에도 유용한 장점이 있다. 때문에 선형 모형을 이용하여, 분류 모형을 만드는 방법을 쉽게 생각해 볼 수 있다. 하지만 이 경우 몇 가지 문제가 발생할 수 있다. 이번에는 '성공, 실패'와 같이 두 범주를 갖는 종속 변수를 가정하여 문제점에 대해 알아보자. 종속 변수가 두 범주를 가지는 경우, 각 범주를 0, 1로 나타낼 수 있다. 또한 이 모형은 〈식 5.1〉과 같이 설정할 수 있다.

식 5.1 | 두 범주를 가진 종속 변수를 가지는 선형 회귀 모형

$$y_i = X_1\beta_1 + X_2\beta_2 + \cdots + X_p\beta_p + \epsilon$$

이 모형은 종속 변수가 범주형이라는 점 외에는 회귀에서 살펴본 선형 회귀 모형과 별다른 차이점은 없다. 하지만 범주형 종속 변수를 선형 회귀 모형으로 적합할 경우 크게 4가지 문제가 발생한다. 각각에 대해 알아보자.

1 | 예측 범위

선형 회귀 모형은 종속 변수의 범위를 -∞ ~ +∞로 가정한다. 하지만 종속 변수가 가질 수 있는 값은 1 또는 0이다. 그 결과 선형 회귀를 이용하여 모형을 적합할 경우, 〈그림 5.1〉과 같이 0 보다 작거나 1보다 큰 값으로 예측하는 문제가 발생한다. 그 때문에 억지로 사용한다고 해도 사후에 값을 보정하는 작업이 필요하다.

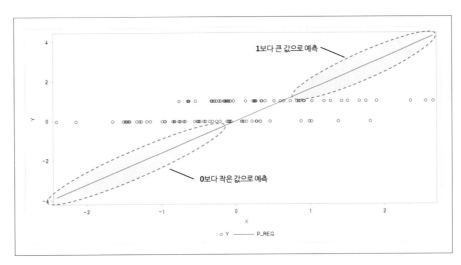

그림 5.1 | 종속 변수가 가능한 범위를 넘어서는 오류

2 | 오차항의 비정규성

선형 회귀 모형은 오차항이 정규분포를 따른다고 가정한다. 하지만 종속 변수가 0 또는 1의 값만 가지는 경우, 추정 회귀 모형은 〈그림 5.2〉와 같이 독립 변수의 값이 매우 커지거나 작아짐에 따라 회귀선이 실측 값을 크게 벗어나게 된다. 그 결과 실측 값과 예측 값의 차이인 오차 역시 독립 변수의 크기에 따라 일정한 추세를 가지고 변하기 때문에 정규 분포를 따르지 않는다.

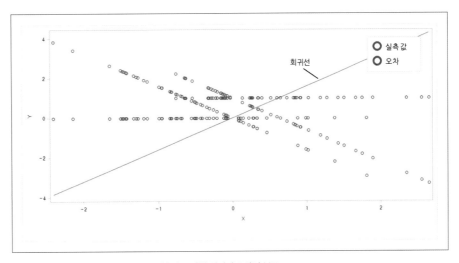

그림 5.2 | 두 범주를 가진 종속 변수를 예측하는 선형 회귀의 오차의 분포

더 알아
보기

오차항의 비정규성의 수리적 표현

종속 변수 Y_i가 1과 0 두 가지 값만 가지는 범주형 변수인 경우, 오차항 $\epsilon_i = Y_i - x^T \beta$로 표현할 수 있다. 오차는 다음 Y_i에 따라 다음과 같이 두 가지 값만 취하게 된다.

- $Y_i = 1$이면, $\epsilon_i | Y_i = 1 - x^T \beta$
- $Y_i = 0$이면, $\epsilon_i | Y_i = -x^T \beta$

오차 ϵ_i는 두 가지 값만 취할 수 있기 때문에 오차는 연속형이 아니라 이산형 확률 변수이고, 따라서 정규분포를 가정할 수 없다.

3 | 오차항의 이분산성

선형 회귀 모형은 오차항의 등분산성을 가정한다. 하지만 종속 변수가 0 또는 1의 값만 가지는 경우, 등분산 가정 역시 비정규성과 같은 원인으로 만족할 수 없다. 분산은 각 값이 평균을 중심으로 벌어진 정도를 나타낸다. 따라서 오차항의 분산 역시 X 값에 따라 달라지게 된다. 즉, 오차항의 분산은 일정하지 않다.

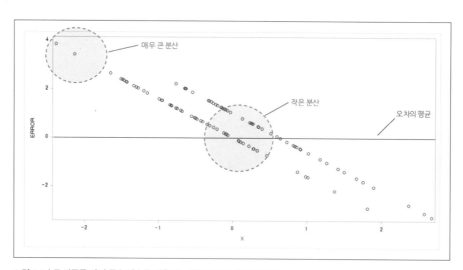

그림 5.3 | 두 범주를 가진 종속 변수를 예측하는 선형 회귀의 오차의 분포

4 | 현상을 제대로 설명하지 못함

선형식과 확률은 서로 어울리지 않는다. '내일 비가 올 확률은 50%이다'라는 주장은 누구나 부담 없이 할 수 있다. 왜냐하면 비가 오거나 안 오거나 둘 중 하나일 테니 말이다. 어찌됐든 틀리지 않은 주장이다. 하지만 '내일 비가 올 확률은 99%'라는 주장이 있다. 이 주장은 매우 강한 확신이 내포되어 있다. 그 때문에 매우 강력한 증거가 필요할 것이다. 이처럼 확률은 양 극단 0%와 100%에 가까워질수록 매우 강력한 증거가 필요하다. 반면 평균에 가까울수록 쉽게 주장할 수 있다. 하지만 선형 모형은 이런 확률의 성질을 제대로 반영하지 못한다. 0에 가깝다고 1에 가깝다고 선형 모형의 기울기가 변하는 것이 아니기 때문이다. 이런 면에서 선형 모형은 분류 문제를 현실적으로 반영하지 못한다.

표 5.2 | 선형 회귀를 이용한 분류가 부적절한 이유

이유	설명
예측 결과의 범위 차이	회귀 모형은 예측 값 범위가 '$-\infty \sim +\infty$' 이지만 분류는 특정 범주(또는 특정 범주에 속할 확률)
오차항의 비정규성	오차항의 확률분포가 정규분포를 따르지 않음
오차항의 이분산성	오차항의 분산은 일정하지 않음
현상 설명에 부적합	어떤 사건의 발생 확률은 대부분은 비선형으로 증가 또는 감소

두 범주를 가진 종속 변수로 선형 모형을 적합하는 경우 발생하는 문제의 원인은 크게 두 가지로 압축할 수 있다. 첫째, 선형식과 종속 변수가 가질 수 있는 값의 괴리이다. 이 때문에 분포 가정이나 예측 결과의 범위 차이가 발생했다. 둘째, 종속 변수가 X 변수에 따라 선형으로 증감한다는 문제였다. 현실에서는 100%나 0%를 말하는 데에는 보다 강력한 증거가 필요하다. 하지만 이점이 선형식으로 반영할 수 없다. 선형식의 경우 예측 확률을 50%에서 51% 증가하기 위한 X 값의 변화 폭과 99%에서 100%로 증가하기 위한 X 값의 변화폭이 같다.

표 5.3 | 선형 회귀를 이용한 분류의 문제점과 원인

문제점	원인
예측 결과의 범위 차이	
오차항의 비정규성	선형식의 범위와 종속 변수의 범위가 다름
오차항의 이분산성	
현상 설명에 부적합	선형식은 X의 모든 범위에 대하여 같은 기울기가 모두 같음

3 분류의 유형

분류 문제는 두 변수의 연관관계를 검정하는 검정 문제와 모형을 이용한 추론 두 가지로 나누어 생각할 수 있다. 검정 문제는 앞서 추론에서 살펴본 카이제곱 검정, 피셔의 정확 검정 등이 있다. 모형을 이용한 분류 문제는 종속 변수의 범주가 두 개인 경우와 셋 이상인 경우로 나누어 생각할 수 있다. 예를 들어 기업 부실을 예측하는 문제는 '부실, 정상' 두 가지 범주로 분류할 수 있다. 반면 상품의 카테고리, 기사의 유형, 댓글의 감성 등을 분류하는 문제는 셋 이상의 범주로 나뉜다. 셋 이상의 범주를 가지는 경우 각 범주들 간의 순서가 있는 경우와 단순히 다르기만 한 경우로 나누어 볼 수도 있다. 각 분류 유형에 따른 방법론은 다음 〈표 5.4〉와 같다.

표 5.4 | 모형 기반의 분류 방법

범주의 개수	순서	방법론
2개	상관없음	로지스틱 회귀logistic regression 프로빗 회귀probit regression
3개 이상	있음	순위 로짓 모형ordered logit model 순위 프로빗 모형ordered probit model
	없음	다항 로짓 모형multinomial logit model

분류 방법에는 통계 학습에 기반한 로지스틱 회귀, 판별 분석과 기계 학습에 기반한 의사결정나무, 서포트 벡터 머신, 인공 신경망 등이 있다.

2

No Code Data Analysis

로지스틱 회귀

로지스틱 회귀 모형logistic regression model은 종속 변수가 두 범주를 가지는 질적 변수이고, 연속형 또는 범주형 독립 변수를 가지는 회귀 모형이다. 이 모형은 D. R. Cox가 1958년에 제안한 확률 모델로 독립 변수의 선형 결합을 이용하여 특정 사건의 발생 가능성을 예측한다. 이 모형은 다른 분류 모형과 비교하여 적당한 예측력과 높은 설명력을 가진다. 이런 특징으로 로지스틱 회귀 모형은 신용평가, 기업 부도 예측, 재방문 예측 등 다양한 영역에서 활용되고 있다. 로지스틱 회귀 모형의 종속 변수는 '성공, 실패', '우량, 불량'과 같이 두 가지 범주를 가지며, 편의상 두 범주는 '0, 1'로 표현한다. 보통 관심의 대상이 되는 범주를 1로 두고, '관심 이벤트'라고 한다.

식 5.2 | 로지스틱 회귀 모형

$$\ln \left(\frac{P(Y=1 \mid X=x_1, x_2, \cdots, x_p)}{1-P(Y=1 \mid X=x_1, x_2, \cdots, x_p)} \right) = \beta_0 + \beta_1 X_1 + \cdots + \beta_p X_p$$

〈식 5.2〉는 p개의 독립 변수를 가지는 로지스틱 회귀 모형을 나타낸 것이다. 로지스틱 회귀의 왼쪽 항의 'P(Y=1|X=x_1, x_2, x_p)'는 각 독립 변수의 값이 'x1, x2, ······

, xp'인 경우 Y=1일 확률을 의하며, 'π(x)'로 표현하기도 한다(주어진 x에서의 이벤트 발생 확률이기 때문). 예를 들어 부실 기업을 예측하는 경우, '부채=1억 원, 유동자산=5천만 원, ……' 일 때 부실(Y=1)일 가능성이 몇 %인지를 의미한다. 즉 로지스틱 회귀의 왼쪽 항은 주어진 독립 변수에서 관심 이벤트가 발생할 확률과 그렇지 않을 확률의 비에 자연로그(natural log; ln)을 취한 결과로 표현한다. 오른쪽 항은 선형 회귀 모형과 같이 독립 변수들의 선형 결합이다. 이때 독립 변수의 선형 결합과 종속 변수를 연결하는 역할을 하는 함수를 연결 함수link function라하는데, 로지스틱 회귀에서는 대표적인 연결 함수로 로짓logit을 사용한다.

1 로지스틱 회귀 문제

로지스틱 회귀 모형은 종속 변수의 범주가 '성공, 실패'와 같이 두 개인 경우 사용하는 모형이다. 독립 변수의 경우 질적, 양적 어떤 변수를 사용하여도 상관없다. 하지만 질적 변수를 사용하는 경우, 가변수로 변환하여 모형에 포함하여야 한다. 예제를 통해 로지스틱 회귀 모형에 대해 알아보자.

예제 5.1 | VVIP 고객의 재방문 예측

H 백화점은 고객 맞춤형 서비스를 보다 효율적으로 제공하기 위해, 어떤 VVIP 고객이 다음 주에 백화점을 방문할지를 미리 예측하려고 한다. 그래서 데이터 과학팀에게 이 문제를 의뢰했다. 데이터 과학팀은 먼저 VVIP 고객을 전담하는 담당자와의 인터뷰를 수행했다. 그 결과 VVIP 고객들은 보통 2주에 1번 이상 방문하며, VVIP 고객 내 등급에 따라 방문 빈도가 다르고, 대체로 선호 브랜드의 신제품이 출시된 경우 1주 내에 방문한다는 사실을 알게 되었다. 인터뷰 결과와 자체 데이터 분석 결과를 토대로 데이터 과학팀은 데이터를 수집하여 모형을 구성하기로 한다.

〈예제 5.1〉은 '재방문 여부'를 종속 변수로 하는 분류 문제이다. 데이터 과학팀은 문제를 의뢰 받고, 다시 담당자와의 인터뷰를 진행했다. 이처럼 많은 데이터 과학 문제는 분야 전문가와의 인터뷰를 통해, 분석의 기본 틀을 잡는 경우가 많다. 분야 전문가는 데이터 과학 지식이 없는 경우가 많다. 때문에 이들이 가진 지식을 변수나 모형으로 표현하는 것은 매우 중요한 데이터 과학자의 역할이다. 데이터 과학팀은 앞선 인터뷰 결과와 자체 데이터 분석 결과를 토대로 〈데이터 5.1〉과 같이 VVIP 고객 500명의 데이터를 수집했다.

데이터 5.1 | VVIP 고객 500명의 데이터

ID	재방문 여부	구매 도달률(%)	방문 경과일	고객 등급	선호 브랜드 신상품 출시 여부
1	0	45.16	3	3	0
2	0	73.39	4	2	0
3	0	52.32	9	1	0
4	0	15.01	7	3	0
5	0	22.76	7	3	0
495	0	31.27	9	2	0
496	0	47.70	5	2	0
497	0	19.68	7	4	0
498	0	44.09	11	4	0
499	0	52.96	17	4	0
500	0	74.46	12	3	0

〈데이터 5.1〉의 '구매 도달률(%)'은 해당 VVIP 고객의 주 평균 구매 금액 대비 이번 주 구매 금액의 비율을 의미한다. 이 변수가 100%에 가까울수록 해당 고객은 평소 구매하던 금액에 가까운 금액을 이미 구매했다는 의미를 지닌다. 이 변수는 데이터 과학팀이 탐색적 데이터 분석을 통하여 발견한 변수이다. 이처럼 데이터 과학 프로젝트는 분야 전문가의 지식과 실제 데이터 탐색 과정을 통해 얻은 인사이트 모두를 이용한다.

1 | 로지스틱 회귀 모형의 이해

선형 회귀 모형을 분류에 사용할 수 없었던 이유는 모형의 좌변과 우변이 정의되는 범위가 다르다는 점과 확률적인 현상을 제대로 반영하지 못한다는 이유 때문이었다. 로지스틱 회귀는 종속 변수에 로짓 변환을 적용하여 이 문제들을 해결한 방법이다. 그렇다면 왜 하필이면 로짓 변환을 이용한 것일까? 이유를 이해하기 위해 앞서 살펴본 로지스틱 모형을 Y에 관한 식으로 〈식 5.3〉과 같이 변형한다.

식 5.3 | 로지스틱 회귀 모형

$$P(Y = 1 \mid X = x_1, x_2, \cdots, x_p) = \left(\frac{\exp(\beta_0 + \beta_1 X_1 + \cdots + \beta_p X_p)}{1 + \exp(\beta_0 + \beta_1 X_1 + \cdots + \beta_p X_p)} \right)$$

〈식 5.3〉의 오른쪽 항을 살펴보면, 선형 결합 결과를 지수 함수exponential function의 비로 감싼 것을 알 수 있다. 이때 사용한 함수 'f(X) = EXP(X) / (1 + EXP(X))'가 바로 로지스틱 함수이다.

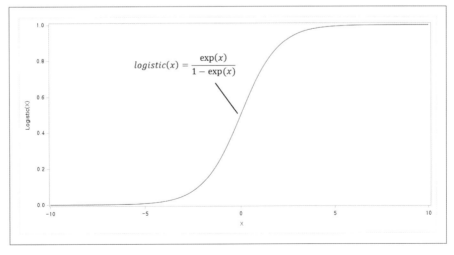

그림 5.4 | 로지스틱 함수의 성질

로지스틱 함수는 '-∞ ~ +∞'의 값을 인수로 입력 받아 '0~1'사이 값을 반환하는 성질을 가지고 있다. 또한 입력 변수가 증가함에 따라 초기에는 천천히 증가하다가 점점 빨라지고, 로지스틱 함수 값이 0.5를 넘어서면 다시 서서히 증가속도가 감소하는 성장 곡선growth curve 형태를 가진다. 이런 로지스틱 함수의 성질은 앞서 살펴본 선형 회귀 모형을 이용한 이항 분류의 문제를 해결하기에 적합하다.

2 | 모형 설정

'〈예제 5.1〉 VVIP 고객의 재방문 예측' 문제를 해결하기 위한 로지스틱 모형은 아래 〈식 5.4〉와 같이 설정할 수 있다.

식 5.4 | VVIP 고객의 재방문 예측을 위한 로지스틱 회귀 모형

$$재방문\ 확률 = \frac{\exp(\beta_0+\beta_1구매도달률+\beta_2방문경과일+\beta_3고객등급+\beta_4선호브랜드출시:1)}{1+\exp(\beta_0+\beta_1구매도달률+\beta_2방문경과일+\beta_3고객등급+\beta_4선호브랜드출시:1)}$$

다른 모든 변수를 통제한 상태에서 독립 변수를 구매도달률을 한 단위 증가시키면, 재방문 확률은 얼마나 높아질까? 〈식 5.4〉를 보아서는 딱 뭐라고 말하기 어렵다. 하지만 〈식 5.2〉와 같은 형태로 〈식 5.4〉를 변형하면, 식의 왼쪽 항은 '재방문 확률 / 재방문 하지 않을 확률'로 표현된다. '성공, 실패'의 비율을 오즈odds라고 부르고, 오즈에 자연로그 ln을 취한 값을 로그-오즈라고 부른다. 즉, 로지스틱 회귀 모형은 다른 모든 독립 변수가 일정할 때, 특정 변수를 한 단위 증가시키면 기울기 β만큼 로그-오즈가 증가한다.

식 5.5 | VVIP 고객의 재방문 예측을 위한 로지스틱 회귀 모형의 변형

재방문 확률의 로그 − 오즈 = $\beta_0+\beta_1$구매도달률+β_2방문경과일+β_3고객등급+β_4선호브랜드출시

더 알아
보기

오즈와 로그-오즈의 성질

오즈odds는 성공 확률을 실패 확률로 나눈 비를 나타내는 값이다. 오즈는 0~∞ 사이의 값을 가진다. 만약 오즈가 0에 가까우면, 성공 확률이 매우 낮고, ∞에 가까우면 성공 확률이 아주 높은 것을 의미한다.

식 5.6 | 오즈

$$Odds = \frac{p}{1-p}$$

오즈는 <그림5.5>와 같이 ln를 취하면 -∞~∞ 사이의 값을 가진다.

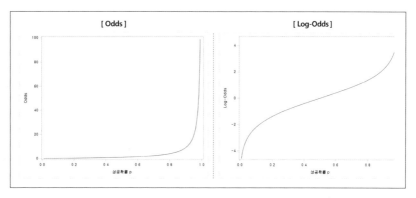

그림 5.5 | 오즈와 로그-오즈

3 | 회귀계수 추정 방법

로지스틱 회귀 모형은 최대 우도 또는 가능도 추정법maximum likelihood estimation; MLE 으로 모수를 추정한다. 이 추정 방법은 표본의 확률 분포를 가정한다. 그리고 주어진 표본을 가능한한 잘 뽑힐 수 있도록 하는 모수를 확률 분포 함수를 이용하여 추정한다. 로지스틱 회귀 모형의 종속 변수는 베르누이 분포를 따르기 때문에 로지스틱 회귀 모형의 각 β들을 추정하기 위한 가능도 함수는 <식 5.7>과 같은 형태를 가진다.

식 5.7 | 독립 변수가 한 개인 경우의 로지스틱 회귀 모형의 최대가능도 함수

$$\text{In } L(\beta_0, \beta_p) = \sum_{i=1}^{n} Y_i(\beta_0 + \beta_0 X_i) + \sum_{i=1}^{n} \text{In}[1 + \exp(\beta_0 + \beta_1 X_i)]$$

로지스틱 회귀 모형은 가능도 함수가 최대가 되는 계수 추정치 β_0, β_1을 Fisher 스코어나 Newton-Raphson 방법으로 추정한다. 이 방법들은 최소제곱법과 달리 미리 지정한 수렴기준convergence criteria을 만족할 때까지 반복적인iterative 시도로 모수를 추정 방법이다. 그 때문에 관측 데이터가 한 범주에 너무 치우쳐 있거나, 독립 변수들의 단위 차이가 너무 크거나, 관측치 개수가 너무 적은 경우 모수를 제대로 추정하지 못할 수 있다. 통상 추정 모수 1개당(독립 변수 + 1개) 10개 이상의 관측치가 필요하다고 알려져 있다.

더 알아
보기

최대 가능도 추정법

최대 가능도 추정법에 대한 이해를 위해 베르누이 분포를 따르는 모집단에서 추출된 10개의 표본이 다음과 같이 존재한다고 하자.

데이터 5.2 | 베르누이 분포를 따르는 모집단에서 추출한 표본 10개

성공, 실패, 성공, 실패, 성공, 실패, 실패, 실패, 성공, 성공

<데이터 5.2>는 성공과 실패가 모두 5개이다. 이 데이터를 통해 베르누이 분포의 모수 성공 확률 P를 최대 가능도 방법으로 추정해보자. 최대 가능도 추정법을 사용하려면 먼저 모집단의 분포를 가정해야 한다. 이 경우 베르누이 분포를 가정했기 때문에 모집단의 확률 질량 함수는 다음과 같다.

식 5.8 | 베르누이 분포의 확률 질량 함수

$$f(x) = p^x(1-p)^{1-x}$$

앞의 함수에서 x는 1(=성공)또는 0(=실패)을 가진다. 만약 x가 성공(=1)이라면 f(x)는 성공 확률 p를 반환하고, x가 실패(=0)이면 실패 확률 1-p를 반환한다. 하지만 모수가 p인 베르누이 분포를 따르는 임의 모집단에서 표본 10개를 <데이터 5.2>와 같이 추출했다. 즉 x는 알고 p를 모르는 상황이다. 이때 주어진 표본 'x1, x2, xn'이 동시에 관찰될 확률은 <식 5.9>와 같다.

식 5.9 | 베르누이 분포를 따르는 모집단에 추출 n개 표본에 대한 동시 발생 확률

$$f(x_1, ..., x_n) = p^{x1}(1-p)^{1-x1} \times p^{x2}(1-p)^{2-x2} \times \cdots \times p^{xn}(1-p)^{1-xn} = \prod_{i=1}^{n} p^{xi}(1-p)^{1-xi}$$

∏는 합의 기호 시그마를 곱으로 바꾼 것이라고 생각하면 된다. 최대 가능도 추정법은 위 <식 5.9>의 값이 최대가 되는 모수 p를 찾는 추정 방법이다. <식 5.9>를 모수 p에 관한 함수로 바꾼 함수를 가능도 함수^likelihood function^라고 하고, 계산을 보다 쉽게 하기 위해 로그를 취해 로그 우도를 이용하기도 한다.

식 5.10 | 최대 가능도 함수와 로그 최대 가능도 함수

$$L(p; x_1, ..., x_n) = \prod_{i=1}^{n} p^{x1}(1-p)^{1-x1}$$

최대 가능도 함수

$$IN\ L(p; x_1, ..., x_n) = \left(\frac{p}{1-p}\right) + n \mid n(1-p)$$

로그 최대 가능도 함수

그렇다면 이 함수가 최대가 되는 p는 어떻게 구할까? 이 함수가 최대가 되도록 하는 모수는 최적화 방법을 통해 산출한다. 로지스틱 회귀 모형의 경우 주로 Fisher 스코어나 Newton-Raphson 방법을 이용한다. 최대 가능도 추정법을 이용하여 앞선 <데이터 5.2>를 이용해 p를 추정하면, 그 결과 p는 0.5가 된다.

4 | 추정 회귀식 구성

로지스틱 회귀 모형은 최대 가능도 추정법으로 추정한다. 이 추정 방법은 앞서 살펴보았듯 직접 계산하기 어렵기 때문에 통계 프로그램을 이용하여 계수를 추정한다. 때문에 추정 방법의 원리 정도만 알고 있어도 충분하다. 데이터 과학자에게 보다 중요한 내용은 프로그램으로 추정 결과를 이해하고, 해석하는 능력이다. 이번에는 프로그램이 추정한 결과를 토대로 로지스틱 회귀 모형을 구성하는 방법을 알아보자.

표 5.5 | 로지스틱 회귀 모형의 추정 결과

Analysis of Maximum Likelihood Estimates				
Parameter	DF	Estimate	Standard Error	Wald Chi-Square	Pr>ChiSq
Intercept	1	-2.6799	0.9346	8.2227	0.0041
X1	1	-0.0391	0.0120	10.6665	0.0011
X2	1	0.2782	0.0756	13.5272	0.0002
X3	1	-0.5419	0.2263	5.7311	0.0167
X4	1	3.0425	0.5049	36.3101	<.0001

〈표 5.5〉는 로지스틱 회귀 모형의 계수 추정 결과를 나타낸 표이다. 표의 구성은 통계 프로그램 대부분이 비슷하다. 표의 'Parameter'는 독립 변수의 기울기와 절편을 가리킨다. 'Estimate'는 최대 가능도 추정법을 추정한 추정 값을 의미한다. 'Estimate'를 토대로 회귀 모형을 구성하면 다음과 같다.

식 5.11 | VVIP 고객의 재방문 예측을 추정 로지스틱 회귀 모형

재방문 확률의 로그 - 오즈 = 2.6799-0.0391×구매도달률+0.2782×방문경과일-0.5419×고객등급+3.0425×선호브랜드출시

〈식 5.11〉을 통해 먼저 각 재방문에 미치는 경향의 방향을 살펴보자. 먼저 '구매도달률'은 재방문 확률에 부(-)의 영향을 미치는 것을 알 수 있다. VVIP 고객은 이번 주 구매 금액이, 주 평균 구매 금액에 근접하거나 넘어설수록 다음 주에 방문할 확률이 낮아지는 것을 알 수 있다. '방문경과일' 변수는 재방문에 정(+)의 영향을 미

쳤다. 방문한지 오래되었을수록 다음 주 방문 확률이 높아짐을 의미한다. '고객등급'은 부(-)의 영향을 미쳤다. VVIP 고객은 다시 1, 2, 3, 4등급으로 나뉜다. 이 등급은 1에 가까울수록 더 높은 것이다. 그 때문에 등급 값이 클수록(등급이 낮을수록) 재방문 확률이 낮아짐을 알 수 있다. '선호브랜드출시' 변수는 정(+)의 영향을 미쳤다. 각 고객이 선호하는 브랜드의 신제품이 출시되면 다음 주 방문 확률은 높아졌다.

5 | 독립 변수의 효과 분석

로지스틱 회귀 모형은 회귀계수의 증감에 따라 확률이 일정하게 변하지 않는다. 그 때문에 선형 회귀 모형과 같이, 독립 변수가 한 단위 증가했을 때 종속 변수가 얼마나 변하는지를 말하기 어렵다. 로지스틱 회귀 모형의 경우, 확률의 부분 변화partial change in probability나 확률의 이산 변화discrete change in probability 등의 방법으로 근사적인 효과를 확인하기도 한다. 하지만 이 방법들 모두 정확한 효과를 말하기 어렵다. 그 때문에 오즈비odds ratio; OR를 이용한 해석이 가장 널리 쓰이고 있다. 〈표 5.6〉은 로지스틱 회귀 모형을 적합하면, 대부분의 프로그램에서 출력하는 오즈비 추정 결과표이다. 이번에는 이 표를 해석하는 방법을 알아본다.

표 5.6 | 오즈비 추정 결과

	Odds Ratio Estimates		
Effect	Point Estimate	95% Wald Confidence Limits	
X1	0.962	0.939	0.984
X2	1.321	1.139	1.532
X3	0.582	0.373	0.906
X4	20.957	7.790	56.378

각 변수의 추정 오즈비는 'Point Estimate'에서 확인할 수 있다. 예를 들어 구매 도달률 X1 변수의 오즈 비는 0.962이다. 이를 해석하면 다른 독립 변수가 일정할 때

구매 도달률이 한 단위 증가하면 재방문의 오즈비는 약 0.962배 감소한다는 의미이다. 보통 오즈비는 오즈의 퍼센트 변화percentage change in the odds로 설명한다. 오즈의 퍼센트 변화는 다음과 같은 식으로 간단히 구할 수 있다.

식 5.12 | 오즈의 퍼센트 변화 계산식

Odds의 Percentage 변화 = 100×(Odds Ratio - 1)

〈식 5.12〉에 구매 도달률의 오즈비 0.962를 대입하면, -3.8%인 것을 알 수 있다. 즉, 구매도달률이 한 단위 증가하면 재방문의 오즈는 3.8% 감소함을 의미한다. 오즈가 3.8% 감소한다는 의미는 구매 도달률이 한 단위 증가하면 재방문 확률과 재방문하지 않을 확률의 비가 3.8% 감소한다는 의미이다. 이와 같은 해석이 가능한 이유는 로지스틱 회귀 모형의 로짓이 로그-오즈와 같고, 로그-오즈는 독립 변수의 선형 결합과 같기 때문이다.

〈표 5.6〉의 오즈비는 각 독립 변수가 한 단위 증가할 경우 종속 변수의 오즈비가 몇 배 증가할지를 나타낸다. 즉 '오즈비<1'인 독립 변수는 종속 변수에 부(-)의 영향을 주고, '오즈비=1'인 독립 변수는 종속 변수에 영향을 주지 않으며, '오즈비>1'인 종속 변수에 정(-)의 영향을 준다. 〈표 5.6〉의 '95% Wald Confidence Limits'는 각 독립 변수의 오즈비 신뢰 구간을 나타낸다. 만약 이 신뢰 구간이 1을 포함한다면, 해당 독립 변수는 종속 변수에 유의수준 5%에서 통계학적으로 유의미한 영향을 주지 못함을 의미한다.

표 5.7 | 오즈 비에 따른 독립 변수의 영향 방향

오즈비Odds Ratio; OR	독립 → 종속	상세 설명
OR > 1	정(+)	-
OR = 1	없음	OR의 신뢰구간이 1을 포함하는 경우
OR < 1	부(-)	-

1 | 모형 유의성 검정

로지스틱 회귀 모형의 유의성 절편을 제외한 모든 회귀계수가 0인지를 검정하는 것과 같다. 로지스틱 회귀 모형의 유의성 검정 방법은 우도비 검정likelihood ratio test, 스코어 카이제곱 검정score chi-Square test, 와드 검정 등이 있다. 이들 검정 방법 간에는 약간의 차이는 있지만, 검정 결과는 대부분 일치한다. 그렇기 때문에 우도비 검정을 중심으로 모형 유의성 검정 방법을 알아본다.

1 가설 설정

식 5.13 | 로지스틱 회귀 모형의 모형 유의성 검정 가설

$H_0: \beta_1 = \beta_2 = \cdots = \beta_p = 0$ $H_1: \beta_1, \cdots, \beta_p$ 중 적어도 하나는 0이 아니다

모형 유의성 검정의 귀무가설은 모형에 포함된 모든 기울기가 0인가 하는 것이다. 즉, 귀무가설이 주어진 유의수준 하에 귀무가설이 기각되면 모형에 포함된 기울기 중 적어도 하나는 유의수준에서 0이 아님을 의미한다.

2 검정 통계량

우도비 검정은 p개의 독립 변수를 가진 제안 모형proposed model의 가능도와 절편만 포함한 영 모형null model의 가능도를 비교한다. 만약 독립 변수 모두가 유의하지 않다면, 이 두 가능도는 서로 비슷한 값을 나타내게 된다. 반면 유의미한 독립 변수가 하나라도 있다면, 이 둘은 유의미한 차이를 보이게 될 것이다. 우도비 검정은 이 원리를 이용하여 검정을 수행한다. 검정 이름이 '우도비'인 것도 두 모형의 우도를 비교한다는 의미에서 지어진 이름이다.

식 5.14 | 우도비 검정의 검정 통계량

$$LR = -2\ell n \ L(\widehat{\beta_2}) + 2\ell n \ L(\widehat{\beta_0}, \widehat{\beta_1}, ..., \widehat{\beta_p})$$

〈식 5.14〉의 'L0'은 가능도 또는 우도 함수를 의미한다. 우도비 검정 통계량은 원래 두 가능도 $L(\widehat{\beta_0})$, $L(\widehat{\beta_0}, \widehat{\beta_1})$의 비 즉, '$L(\widehat{\beta_0}, \widehat{\beta_1}), \cdots, \beta_p)/L(\widehat{\beta_0})$'이다. 하지만 계산 편의를 위해 자연로그를 취한 뒤 우도비를 계산하기 때문에 〈식 5.14〉와 같은 형태를 취한다. 하지만 그 의미는 같다. LR이 클수록 모형 유의도는 높아진다. 우도비 검정은 카이제곱 분포를 이용하여 수행한다. LR은 귀무가설이 참일 때 자유도가 p+1인 카이제곱 분포를 따르게 된다.

❸ 유의성 검정

로지스틱 회귀 모형의 유의성 검정 결과는 보통 〈표 5.8〉과 같은 형태로 주어진다. 표를 살펴보면 'Test'에는 'Likelihood Ratio, Score, Wald' 세 가지가 있는 걸 알 수 있다. 각각은 검정 방법을 의미하며, 이중 우도비 검정은 'Likelihood Ratio'이다. 가설 검정은 'Pr > ChiSq'와 사전에 정한 유의수준을 비교하는 방법을 수행한다.

표 5.8 | 모형 유의성 검정 결과

Testing Global Null Hypothesis: BETA=0			
Test	Chi-Square	DF	Pr>ChiSq
Likelihood Ratio	60.0488	4	<.0001
Score	77.9089	4	<.0001
Wald	43.6522	4	<.0001

유의성 검정 결과표를 토대로 가설을 검정하면, 가설 검정 결과의 유의확률은 0.001미만으로 귀무가설은 유의수준 1%에서도 기각됨을 알 수 있다. 유의수준을

5%로 설정한 경우, 귀무가설 '모형의 모든 회귀 계수는 0과 같다'는 유의수준 5%에서 기각된다. 즉 모형에 포함된 독립 변수 중 적어도 하나는 종속 변수에 통계학적으로 유의미한 영향을 미친다고 말할 수 있다.

2 | 계수 유의성 검정

로지스틱 회귀모형의 개별 회귀계수 β에 대한 검정은 와드 검정 통계량Wald test statistic을 이용한 카이제곱 검정을 수행한다. 계수 유의성 검정의 가설은 〈식 5.15〉와 같다.

1 가설 설정

식 5.15 | 로지스틱 회귀 모형의 계수 유의성 검정 가설

$H_0 : \beta_j = 0$ $\qquad\qquad\qquad\qquad$ $H_1 : \beta_j \neq 0$

j번째 독립 변수의 회귀 계수에 대한 귀무가설과 대립가설은 〈식 5.15〉와 같다. 귀무가설은 'j번째 독립 변수의 회귀계수가 0이다'이다. 따라서 귀무가설이 주어진 유의수준에서 기각된다면 해당 회귀계수는 통계학적으로 유의하다는 의미이다.

2 검정 통계량

최대 우도 추정법으로 추정한 모수는 표본의 크기가 큰 경우 근사적으로 정규분포를 따르게 되고, 정규분포를 따르는 확률 변수의 제곱은 카이제곱 분포를 따르게 된다. 〈식 5.16〉은 와드 카이제곱 검정 통계량이다. 이 통계량은 귀무가설이 참일 때 자유도가 1인 카이제곱 분포를 따른다.

식 5.16 | 와드 검정 통계량 Wald Test Statistic

$$W = \left(\frac{\hat{\beta}}{\sqrt{Var(\beta)}} \right)^2$$

❸ 가설 검정

와드 통계량은 로지스틱 회귀 모형을 추정한 결과로부터 직접 계산할 수도 있지만, 이미 계산된 결과가 함께 출력되기 때문에 굳이 계산하지 않아도 된다. 〈표 5.9〉는 'VVIP 고객의 재방문 예측' 모형의 추정 결과표이다. 회귀계수에 대한 가설 검정은 이 표의 유의확률 'Pr 〉 ChiSq'가 사전에 정한 유의수준보다 작은지를 기준으로 수행한다. 참고로 앞서 설명한 검정 통계량은 표의 'Wald Chi-Square'를 확인하면 알 수 있다.

표 5.9 | 로지스틱 회귀 모형의 추정 결과

Analysis of Maximum Likelihood Estimates					
Parameter	DF	Estimate	Standard Error	Wald Chi-Square	Pr>ChiSq
Intercept	1	-2.6799	0.9346	8.2227	0.0041
X1	1	-0.0391	0.0120	10.6665	0.0011
X2	1	0.2782	0.0756	13.5272	0.0002
X3	1	-0.5419	0.2263	5.7311	0.0167
X4	1	3.0425	0.5049	36.3101	<.0001

유의수준을 5%로 설정하고, 각 변수에 대한 계수 유의성을 판단해 보자. 절편 Intercept는 유의확률이 0.0041로 설정한 유의수준 0.05보다 작기 때문에 귀무가설을 기각한다. 즉, 절편은 유의수준 5%에서 통계학적으로 유의하다. 같은 방법으로 나머지 계수 추정치에 대한 가설 검정을 수행하면, 이 모형은 모든 계수 추정치가 유의수준 5%에서 통계학적으로 유의함을 알 수 있다.

4 모형 적합도

모형 적합도model goodness of fit는 모형이 데이터를 설명하는 정도를 말한다. 유의성 검정의 목적은 모형이 유의미한지를 확인하는 것이다. 반면 적합도는 '모형이 데이터를 얼마나 잘 설명하는가'를 확인하는 것을 목적으로 한다. 로지스틱 회귀 모형의 적합도는 절편만 포함한 영 모형null model과 독립 변수를 모두 포함한 제안 모형proposed model의 모형 적합 통계량model fit statistics을 비교하는 방법으로 평가한다.

1 | -2 log likelihood (-2 Log L)

-2 Log L은 앞서 설명한 로그 가능도를 의미한다. 로그 가능도는 클수록 모형의 적합도가 높음을 의미한다. 그렇기 때문에 로그 가능도에 -2를 곱한 '-2 log L'은 작을수록 적합도가 높다는 의미이다. 이 통계량으로 적합도를 평가할 때는 영 모델과 제안 모형의 -2 Log L 값을 비교하여, 제안 모형의 통계량이 얼마나 작은지를 기준으로 평가한다.

2 | Akaike's information criterion (AIC)

AICAkaike's information criterion는 1973년 Akaike가 제안한 모형 적합도 통계량이다. 이 통계량은 앞서 살펴본 로그 가능도에 독립 변수의 개수에 대한 벌점을 주는 항을 추가한 통계량이다. 또한 AIC는 모형에 포함된 독립 변수와 표본의 크기가 서로 다른 모형들 간의 비교도 가능하다. AIC는 독립 변수가 p개이고, 관측치가 n개인 경우 다음과 같이 정의된다. <식 5.17>의 Mp는 독립 변수가 p개인 제안 모형을 의미한다.

식 5.17 | AIC 통계량

$$AIC = \frac{-2\ln L(M_p) + 2(p+1)}{n}$$

AIC는 제안 모형의 표본 크기가 모두 같다면, n을 나누지 않기도 한다. 로지스틱 회귀 모형의 적합도는 영 모델과 제안 모형을 비교하는 것이기 때문에 n을 나누지 않고 계산한 결과를 이용하기도 한다.

3 | Schwarz (Bayesian information) criterion (SC)

SC Schwarz (Bayesian information) criterion 통계량은 AIC와 마찬가지로 로그 가능도와 독립 변수의 개수 p를 이용한다. 다만 SC의 경우 벌점을 부여할 때, ln(n)을 고려한다는 차이가 있다. SC 역시 작을수록 모형 적합도가 높음을 나타낸다. 적합도를 살필 때는 영 모델의 SC와 제안 모형의 SC를 비교하여 그 정도를 확인한다.

식 5.18 | SC 통계량

$$SC = -2\ln L(M_p) + (p+1)\ln n$$

4 | 모형 적합 통계량 표

모형 적합 통계량 표는 〈표 5.10〉과 같은 구조를 가진다. 실제 분석에서는 이 표를 이용하여 모형 적합도를 확인할 수 있다.

표 5.10 | 모형 적합 통계량

Model Fit Statistics		
Criterion	Intercept Only	Intercept and Covariates
AIC	217.816	165.768
SC	222.031	186.841
-2 Log L	215.816	155.768

〈표 5.10〉의 'Criterion'은 적합 통계량을 나타내며, 'Intercept Only'는 영 모델에 대한 각 적합 통계량 계산 결과이다. 그리고 'Intercept and Covariates'은 제안 모형의 적합 통계량이다. 이 두 통계량을 비교해보자. 먼저 AIC의 경우 제안 모형은 165.768이고, 영 모델은 217.816이다. 제안 모형의 AIC가 영 모델보다 약 52 정도 더 낮은 걸 알 수 있다.

5 실습

실습에서는 [이진 로지스틱 회귀] 작업을 이용하여, 로지스틱 회귀 모형을 적합하는 방법을 알아본다. 실습 데이터는 'VVIP 고객 재방문 예측' 데이터 'PE520'을 이용한다. 이 데이터는 예제와 같은 변수로 구성되어 있지만, 대상 고객이 1,000명으로 예제보다 더 많은 고객의 정보를 담고 있다. 이 데이터를 이용하여 로지스틱 회귀 모형을 적합하여 보자.

데이터 5.2 | 1,000명의 고객으로부터 수집한 VVIP 고객 재방문 예측 데이터 구조

ID	재방문 여부	구매도달률 (%)	방문 경과일	고객 등급	선호 브랜드 신상품 출시 여부
1	0	81.73	7	3	0
2	0	35.67	9	3	0
3	0	44.21	15	4	0
4	0	61.10	5	4	0
5	0	46.84	8	4	0
…	…	…	…	…	…
995	0	83.11	5	2	1
996	0	37.79	10	2	0
997	1	44.44	7	4	0
998	0	58.56	9	4	0
999	0	43.85	13	2	0
1000	0	27.64	8	3	0

1 | 데이터와 작업 가져오기

실습을 위해 새로운 프로세스 플로우를 만들고, 작업과 데이터를 〈그림 5.7〉과 같이 가져온다.

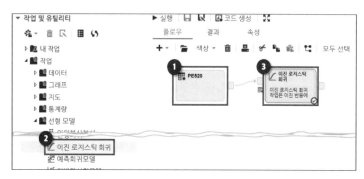

그림 5.6 | 실습 데이터와 이진 로지스틱 회귀 작업 가져오기

❶ 'PE520' 데이터를 플로우로 이동
❷ [작업]의 [선형 모델]에서 [이진 로지스틱 회귀] 작업을 플로우로 이동
❸ [이진 로지스틱 회귀] 작업을 더블클릭

2 | 데이터

[데이터] 탭에서는 종속 변수와 독립 변수를 지정한다. 그리고 이 둘을 연결할 연결함수와 관심 이벤트를 지정한다. 관심 이벤트는 분석 목적에 따라 다르며, 이 경우 '재방문 = 1'이 관심 사항이기 때문에 '1'을 지정한다.

그림 5.7 | 변수 역할 설정

❶ [역할]의 [반응:]에 종속 변수 'Y'를 지정
❷ [관심 이벤트:]에 '1'을 할당
❸ [연결 함수:]에 [로짓]을 선택
❹ [설명변수]의 [연속변수:]에 'X1……X4'를 할당

설정을 끝냈다면, 🏃 버튼을 눌러 작업을 실행한다.

3 | 결과 확인

작업을 실행한 뒤, [결과]에 출력된 표와 그림을 살펴보자. 모형 적합 결과를 살펴보자.

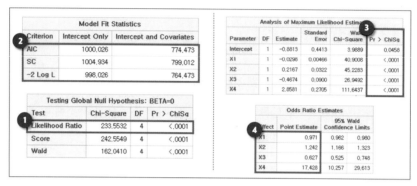

그림 5.8 | 로지스틱 회귀 모형 적합 결과

❶ 유의성 검정 결과는 'Testing Global Null Hypothesis: BETA=0' 테이블에서 확인할 수 있다. 이 테이블의 'Likelihood Ratio'는 우도비 검정을 의미한다. 우도비 검정 통계량으로부터 얻은 유의확률은 '< .0001'로 매우 작은 것을 알 수 있다. 모형은 통계학적으로 유의미한 것을 알 수 있다.

❷ 모형 적합 통계량을 살펴보면 'AIC, SC, -2 Log L' 모두 영 모델보다 제안 모델의 값이 작은 것을 알 수 있다.

❸ 계수 유의성 검정 결과는 'Analysis of Maximum likelihood Estimates' 표에서 확인할 수 있다. 표를 살펴보면, 절편을 포함한 모든 변수가 유의수준 5%에서 통계학적으로 유의한 것을 알 수 있다.

❹ 각 변수의 효과의 정도와 방향은 'Odds Ratio Estimates' 표에서 확인할 수 있다. 이 표를 살펴보면 구매도달률 X1, 고객등급 값 X3는 작을수록 재방문 가능성이 높아지고, X2 방문경과일, X4 선호 브랜드 신제품 출시 여부는 클수록 재방문 가능성이 높아지는 것을 알 수 있다. X4 선호브랜드 신규 제품 출시 여부의 경우 오즈비가 17.428로 한 단위 증가했을 때 재방문의 오즈는 약 16배 높아지는 것을 알 수 있다. 다른 변수들도 같은 방법으로 그 효과와 영향의 정도를 확인할 수 있다.

3

No Code Data Analysis

판별 분석

판별 분석discriminant analysis은 범주의 개수가 2개 이상인 범주형 종속 변수(또는 반응 변수)와 연속형 독립 변수(또는 판별 변수)를 갖는 데이터에 이용 가능한 분석 방법이다. 독립 변수를 이용해 사전에 알려진 종속 변수의 범주를 잘 판별discriminant할 수 있는 모형을 찾는 것을 목적으로 한다. 이하 내용에서는 종속 변수의 각 범주는 부분 집단이라고 하겠다. 판별 분석은 다변량 정규분포에 기초한 선형 판별 분석linear discriminant analysis; LDA과 이차 판별 분석quadratic discriminant analysis; QDA 등이 있다. 판별 분석은 주어진 데이터로부터 〈식 5.19〉와 같은 판별 함수를 추정한다.

식 5.19 | 판별 함수

$$L_1(X) = \alpha_1 + \beta_{11}x_1 + \cdots + \beta_{1g}x_P$$
$$L_2(X) = \alpha_2 + \beta_{21}x_1 + \cdots + \beta_{1g}x_P$$
$$\vdots$$
$$L_g(X) = \alpha_g + \beta_{g1}x_1 + \cdots + \beta_{1g}x_P$$

〈식 5.19〉는 부분 집단이 g개이고, 판별 변수가 p개인 경우의 판별 함수이다. 선형 판별 분석은 부분 집단 개수만큼 판별 함수 추정한다. 그리고 주어진 독립 변수에서 각 판별 함수의 예측 확률을 비교하여 가장 확률이 높은 집단으로 대상을 분류한다. 선형 판별 분석은 부분 집단이 셋 이상인 경우에도 쉽게 확장하여 사용할 수 있다. 다만 판별 분석에서는 판별 변수는 각 부분 집단별로 정규분포를 따르고, 서로 독립임을 가정한다(공식 가정은 '다변량 정규분포'를 따른다).

1 판별 분석 문제

판별 분석은 주어진 판별 변수를 이용하여, 부분 집단을 추론하는 문제에 주로 사용한다. 대표적인 판별 분석 문제는 신용등급 분류, 식물 또는 동물의 품종 분류 등과 같은 문제가 있다. 예제를 통해 판별 분석 방법에 대해 알아보자.

예제 5.2 | 100개 기업에 대한 전문가의 평가

A 증권사는 각 기업의 재무담당자로부터 조사한 위험 지표로 주가가 오를 기업과 떨어질 기업을 판별하려고 한다. 관련 문헌 조사를 통해 '금리, 환율, 구매자, 공급자, 경쟁사' 위험을 판별지표로 선택했다.

〈예제 5.2〉는 대표적인 판별 분석 문제이다. 이 문제는 향후 1분기 내에 주가가 오를 기업과 떨어질 기업을 판별하는 데에 재무담당자의 '위험 평가 점수'가 유효한지를 확인하는 것을 목적으로 한다. 데이터 수집 결과는 〈데이터 5.3〉과 같다.

데이터 5.3 | 100개 기업에 대한 위험 평가 정보와 향후 1분기 주가 등락

기업ID	주가등락	금리위험	환율위험	구매자위험	공급자위험	경쟁사위험
1	상승	104	127	117	135	50
2	상승	92	127	109	166	52
3	상승	113	128	110	147	51
4	하락	101	127	107	157	50
5	상승	102	119	110	155	48
......	......	......	......	......	......	......
95	하락	110	92	100	81	150
96	상승	113	89	98	80	151
97	상승	110	89	100	81	150
98	하락	109	91	100	79	150
99	하락	110	90	102	80	149
100	하락	109	90	100	80	151

2 판별 함수

판별 함수는 어떤 개체가 특정 범주(종속 변수)에 속할 가능성을 예측하는 함수이다. 판별 함수는 크게 선형과 이차 판별 함수 두 가지로 나뉜다. 이 둘은 각 부분 집단 간 독립 변수의 공분산 행렬이 동질적인지 여부에 따라 선택하여 사용한다. 만약 이 공분산 행렬이 같다면 선형 판별 함수를, 그렇지 않은 경우 이차 판별 함수를 판별 분석에 사용한다.

1 | 선형 판별 함수

선형 판별 함수Linear discriminant function; LDF는 각 부분 집단 간 공분산 행렬이 같다고 가정할 수 있을 때 사용하는 판별 함수이다. 공분산 행렬이 같다고 가정하는 이유는 판별 함수를 추정하는 과정에서, 공통 분산을 가정하기 때문이다. 판별 함수를 유도하는 자세한 내용은 [더 알아보기]를 참고하기 바란다.

표 5.11 | 판별 함수 추정 결과

Linear Discriminant Function for Y			
Variable	Label	상승	하락
Constant		-326.42366	-331.43611
X1	금리위험	0.84279	0.85979
X2	환율위험	1.29458	1.35121
X3	구매자위험	1.26862	1.22245
X4	공급자위험	1.27842	1.25179
X5	경쟁사위험	1.45581	1.50459

분석 프로그램을 이용하면 추정한 판별 함수를 〈표 5.11〉과 같이 'Linear Discriminant function for Y' 표로 출력한다. 이 결과로 추정한 각 부분 집단의 판별 함수는 〈식 5.20〉과 같다. 〈식 5.20〉의 두 판별 함수의 차이를 이용하면, 각 변수가 각 부분 집단에 속할 확률에 정(+), 부(-) 중 어떤 영향을 주는지를 알 수 있다. 차이를 이용하는 이유는 판별 함수는 각 집단에 속할 확률을 계산하는 데에 사용하는 함수이기 때문이다. 예를 들어 어떤 변수는 두 판별 함수 모두에서 계수가 음수여도, 이 둘의 차이를 구하면, 상대적으로 양의 영향을 주는 변수를 판단할 수 있다.

식 5.20 | 판별 함수 추정식

$$L_1(X) = 326.424 + 0.843x_1 + 1.295x_2 + 1.269x_3 + 1.278x_4 + 1.456x_5$$
$$L_2(X) = 331.436 + 0.860x_1 + 1.351x_2 + 1.222x_3 + 1.252x_4 + 1.505x_5$$
$$\vdots$$
$$L_2(X) - L_1(X) = -5.012 + 0.017x_1 + 0.057x_2 - 0.046x_3 - 0.027x_4 + 0.049x_5$$

〈식 5.20〉의 '$L_2(X) - L_1(X)$'를 살펴보자. 우선 두 판별 함수의 차이가 가진 의미를 생각해보자. 이 값이 양수인 경우, 하락 가능성이 상승보다 높다는 의미를 지닌다. 반면 이 값이 음수인 경우는 하락의 가능성이 더 높다는 의미이다. 따라서 두 판별 함수의 차이로 얻은 판별 함수에서 각 판별 변수의 계수의 부호는 하락의 가능성을 높이는가 줄이는가를 의미한다. 예를 들어 금리위험을 나타내는 x1변수는 계수가 0.017로 양수이다. 이를 해석하면 전문가들이 금리위험이 높다고 판단한 그룹은 대체로 주가가 하락한 그룹에 속한다는 의미를 가진다.

**더 알아
보기**

선형 판별 함수의 추정

n개의 관측치로부터 판별 변수가 p개와 부분 집단이 G개인 데이터를 관찰한 경우를 생각해 보자. 수식표현을 편리하게 하기 위해 판별 변수들은 $X=(x_1, x_2, \cdots, x_p)^\mathrm{T}$로 표현한다. 판별을 위한 함수를 다 확률에 기초하여 다음과 같은 함수로 생각할 수 있다.

식 5.21 | 일반적인 판별 함수

$$P(y=g \mid X), \qquad g=1, 2, \ldots, G$$

판별 변수가 다변량 정규분포를 따를 때, 판별 함수는 다음과 같다.

식 5.22 | 판별 변수가 다변량 정규분포를 따르는 경우의 판별 함수

$$f_g(X; \mu_g, \Sigma_g) = \frac{1}{2\pi^{\frac{p}{2}} |\Sigma_g|^{\frac{1}{2}}} \exp\left[-\frac{1}{n}(X-\mu_g)^\mathrm{T} \Sigma_g^{-1}(X-\mu_g)\right]$$

μ_g는 부분 집단 독립 변수의 모평균을 의미한다. Σ_g는 각 종속 변수 그룹에 따른 공분산 행렬을 나타낸다. 위 식을 살펴보면 판별 함수 $f_g\,(X;\mu_g,\ \Sigma_g)$는 오직 $\left[-\frac{1}{2}(\mathrm{X}\text{-}\mu_g)^\mathrm{T}\Sigma_g^{-1}(\mathrm{X}\text{-}\mu_g)\right]$항에 한하여 독립 변수 X에 영향을 받는다.

선형 판별 분석은 판별 변수의 다변량 정규분포를 가정하고, 부분 집단의 공분산 행렬 같음($\Sigma_1=\Sigma_2=\cdots=\Sigma_g=\Sigma$)을 가정한다. 따라서 선형 판별 분석 결과가 유효하기 위해서는 이 가정을 만족해야 한다. 선형 판별 분석은 부분 집단을 가능한 많이 떨어지도록 하는 선을 찾는다. 이를 좀 더 구체적으로 설명하면 부분 집단 간 분산을 최대화할 수 있는 새로운 축을 찾는 것과 같다. 만약 부분 집단이 충분히 떨어져 있다면, 각 부분 집단의 관측치들 간 거리차가 커지고 이들간 분산이 커지기 때문이다. 판별 함수의 공분산 행렬이 같다는 가정을 반영하면 판별 함수는 다음과 같이 간단해진다.

식 5.23 | 선형 판별 분석의 판별 함수

$$f_g\,(X;\mu_g,\Sigma\,) = \frac{1}{2\pi^{\frac{p}{2}}\,|\Sigma_g|^{\frac{1}{2}}}\,\exp\left[-\frac{1}{n}(\mathrm{X}\text{-}\mu_g)^\mathrm{T}\Sigma^{-1}(\mathrm{X}\text{-}\mu_g)\right]$$

앞의 판별 함수의 μ_g와 Σ를 각 그룹별 종속 변수의 표본평균($\bar{X}_g$)과 표본 공분산(S)으로 대체하면 다음과 같다.

식 5.24 | 추정된 선형 판별 분석의 판별 함수

$$\hat{f}_g\,(\bar{X};\bar{X}_g,\,S) = \frac{1}{2\pi^{\frac{p}{2}}\,|\Sigma_g|^{\frac{1}{2}}}\,\exp\left[-\frac{1}{2}(X-\bar{X}_g)^\mathrm{T}\,S^{-1}(X-\bar{X}_g)\right]$$

주어진 데이터로부터 추정된 위 판별 함수는 $\left[-\frac{1}{2}(X-\bar{X}_g)^\mathrm{T}\,S^{-1}(X-\bar{X}_g)\right]$값에 비례하고 해당 항을 판별 변수에 관하여 풀면 다음과 같은 선형 식을 얻을 수 있다.

식 5.25 | 선형 판별 함수 추정 결과

$$L_g(X) = -\frac{1}{2}\,\bar{X}_g^\mathrm{T}\,S^{-1}\bar{X}_g + \bar{X}_g^\mathrm{T}\,S^{-1}X$$

앞의 식의 $\left[-\frac{1}{2}\,\bar{X}_g^\mathrm{T}\,S^{-1}\bar{X}_g\right]$항은 표본으로부터 값을 얻을 수 있는 상수항이다. 해당 항은 각 그룹별로 다른 값을 갖는다. 판별 변수 X에 대한 기울기에 해당하는 $[\,\bar{X}_g^\mathrm{T}\,S^{-1}]$항 역시 그룹별로 다

른 값을 갖는 상수 벡터 형태로 나타낼 수 있다. 앞서 구한 식의 $\left[-\frac{1}{2}\bar{X}^{\mathrm{T}}_{g}S^{-1}\bar{X}_{g}\right]$ 항을 α_g벡터로 나타내고, $\left[\bar{X}^{\mathrm{T}}_{g}S^{-1}\right]$ 항을 β_g벡터로 나타내면 판별식은 다음과 같이 간단한 선형식으로 얻어진다.

식 5.26 | 선형 판별 함수

$$L_g(X) = \alpha_g + \beta_g^T X$$

앞의 식을 풀어 선형식 형태로 표현하면 다음과 같다.

식 5.27 | 부분 집단이 G개인 경우, 추정된 선형 판별 함수

$$L_1(X) = \alpha_1 + \beta_{11}x_1 + \cdots + \beta_{1g}x_p$$
$$L_2(X) = \alpha_2 + \beta_{21}x_1 + \cdots + \beta_{1g}x_p$$
$$\vdots$$
$$L_G(X) = \alpha_G + \beta_{G1}x_1 + \cdots + \beta_{1g}x_p$$

앞의 결과를 통해 선형 판별 분석을 이용하면 각 그룹에 대한 일정한 함수값을 얻을 수 있다는 사실을 알 수 있다.

2 | 이차 판별 함수

이차 판별 함수Quadratic Discriminant Function; QDF는 부분 모집단의 공분산 행렬이 같다고 가정하기 어려운 경우 유용한 방법이다. 이차 판별 함수의 경우보다 완화된 가정을 이용한다는 점에서 장점을 가지지만, 선형 판별 분석과 달리 해석이 어려운 단점이 있다. 또한 해석 불가능한 다른 기계학습 모형에 비해 성능이 두드러지게 뛰어난 것도 아니기 때문에 자주 사용하는 방법은 아니다. 하지만 판별 분석이 필요한 경우 공분산이 동질적이지 않다면, 이차 판별 함수를 판별 함수로 사용하는 것이 바람직하다.

이차 판별 함수의 유도

이차 판별 함수는 선형 판별 함수의 Σ_g가 서로 다른 경우이기 때문에 다음과 같이 정의된다.

식 5.28 | 이차 판별 함수

$$f_g\,(X;\mu_g, \Sigma_g)= \frac{1}{2\pi^{\frac{p}{2}}\,|\,\Sigma_g|^{\frac{1}{2}}}\,\exp\left[-\frac{1}{2}(X\text{-}\mu_g)^{\mathrm{T}}\Sigma_g^{-1}(X\text{-}\mu_g)\right]$$

앞서 살펴봤던 p개의 다변량 정규분포를 따르는 독립 변수에 대한 판별 함수를 기준으로 살펴보면 앞의 판별 함수 역시 선형 판별 함수 도출과 같은 원리로 모평균 행렬과 공분산 행렬을 표본평균 행렬(μ_g)과 표본 공분산 행렬(Σ_g)로 대체하여 나타내면 다음과 같다.

식 5.29 | 추정된 이차 판별 함수

$$\hat{f}_g\,(\bar{X};\bar{X}_g, S) = \frac{1}{2\pi^{\frac{p}{2}}\,|\,\Sigma_g|^{\frac{1}{2}}}\,\exp\left[-\frac{1}{2}(X-\bar{X}_g)^{\mathrm{T}}\,S^{-1}(X-\bar{X}_g)\right]$$

주어진 데이터로부터 추정된 위 판별 함수는 $[(X-\bar{X}_g)^T S_g^{-1}(X-\bar{X}_g)]$ 항에 비례한다. 따라서 앞선 판별 함수와 비례하는 항을 이용해 판별 함수를 재정의하면 다음과 같다.

식 5.30 | 부분 집단이 G개인 경우, 추정된 이차 판별 함수

$$Qg(X)= (X-\bar{X}_g)^{\mathrm{T}}\,S_g^{-1}(X-\bar{X}_g)$$

판별 변수에 대한 공분산 행렬이 모두 같다는 가정이 성립하지 않으면 앞과 같은 함수를 이용해 판별 분석을 수행해야 한다. 식의 $[S_g^{-1}]$이 그룹별로 다른 값을 갖기 때문에 위 식은 선형식이 아닌 이차식으로 표현된다. 따라서 앞의 함수를 이차 판별 함수라고 한다.

공분산 동질성 검정

선형 판별 분석과 이차 판별 분석은 공분산 행렬의 동질적인지에 따라 선택하여 사용한다. 따라서 분석 방법의 타당성을 확인하려면 주어진 데이터에서 종속 변수의 각 범주에 따라 독립 변수의 공분산 행렬이 동질적인지 확인하는 것이 필요하다. 이때 사용하는 검정 방법이 공분산 동질성 검정이다.

1 | 가설 설정

부분 집단이 G개인 경우를 생각해보자. 이때 각 부분 집단별 판별 변수의 분산 차가 없다면, 공분산은 동질적이다. 따라서 공분산 동질성 검정은 각 범주의 모공 분산 행렬들 $\Sigma_1, \Sigma_2, \cdots, \Sigma_G$가 서로 같은지를 검정한다.

식 5.31 | 공분산 동질성 검정의 가설

$$H_0 : \Sigma_1 = \Sigma_2 = \cdots = \Sigma g \qquad\qquad H_1 : H_0 \ is \ not \ true$$

2 | 검정 통계량

각 부분 집단의 모공 분산에 대한 동질성 검정은 우도비 검정을 이용한다. 우도비 검정은 주어진 데이터의 동시 발생 확률이 가장 높도록 각 부분 집단의 공분산 행렬을 추정한다. 그 다음 H_0 하에서 공통 공분산 행렬에 대한 합동 추정량과 각 부분 집단의 공분산 행렬의 우도 비를 이용하여 검정한다. 공분산의 동질성 검정에 활용하는 검정 통계량은 다음과 같다.

식 5.32 | 공분산의 동질성 검정을 위한 통계량

$A = MC^1$

〈식 5.32〉의 M은 합동 공분산과 각 부분 집단의 공분산 행렬의 우도비를 나타내는 부분이다. C^{-1} 상수 부분이다. 이 검정 통계량은 표본 크기가 커지면, 자유도가 (g-1)p(p+1)/2인 카이제곱 분포에 근사한다. 여기서 'g'는 부분 집단의 개수를 의미하며, p는 판별 변수의 개수를 의미한다. 검정 통계량은 각 부분 집단의 관측 치수가 같은 경우에 사용가능한 방법이다. 하지만 보통은 이 검정 통계량을 조금 수정하여, 부분 집단의 관측 치수가 다른 경우에도 사용할 수 있는 검정 통계량을 이용한다.

3 | 가설 검정

모공 분산에 대한 동질성 검정 결과는 보통 〈표 5.12〉와 같은 결과표로 확인할 수 있다. 이 표의 'Pr > ChiSq'는 유의확률이다. 이 유의확률이 사전에 정한 유의수준보다 작은가를 확인한다. 이 경우 유의확률은 0.1693으로 통상 많이 사용하는 유의수준 5%보다 큰 것을 알 수 있다. 따라서 귀무가설을 기각할 수 없으며, 부분 집단의 공분산은 통계학적으로 서로 다르다고 말할 수 없다.

표 5.12 | 공분산 동질성 검정 결과

Test of Homogeneity of Within Covariance Matrices		
Chi-Square	DF	Pr>ChiSq
20.068917	15	0.1693

이와 같이 공분산의 동질성 검정 결과 공분산의 동질성 가정이 만족한다면, 선형

판별 함수를 이용한 판별 분석이 보다 좋다. 왜냐하면 이차 판별 함수의 경우, 해석이 어려워 결과에서 알 수 있는 정보가 제한적이기 때문이다.

4 변수 선택

판별 분석 모형은 판별 함수를 이용하여 각 변수의 판별력을 기준으로 변수 선택을 수행할 수 있다. 변수 선택의 개념은 회귀모형의 변수 선택 방법과 유사하다. 주로 쓰이는 선택 방법은 '단계별 선택, 전진 선택, 후진 선택' 세 가지 방법이 있다. 선택 기준은 각 변수의 판별력에 대한 유의확률을 기준으로 하며 변수 추가 또는 제거를 위한 기준은 통상 0.15(15%)를 많이 사용한다.

1 | 변수 선택 기준

판별 분석에 쓰이는 판별 변수 중에는 종속 변수의 각 범주를 구별하는 데에 기여도가 낮거나 없는 변수도 포함될 수 있다. 또한 개별 판별 변수와 종속 변수를 1:1로 보았을 때에는 유효하지만, 다른 판별 변수와 종합적으로 고려할 경우, 유효하지 않은 경우도 있다. 이처럼 정보 중복이 있거나 판별력이 낮은 변수는 모형에서 제외하는 것이 타당하다. 판별 분석에서는 유효하지 않은 변수를 각 범주 내 분산과 범주간 분산의 증감을 이용한 부분 F-통계량partial F-statistics를 이용 기준으로 선택한다. 보통은 부분 F-통계량 값으로 산출한 유의확률이 15% 이하인 경우 제외 대상으로 삼고, 이보다 작은 경우 포함 대상으로 사용한다.

2 | 변수 선택 방법

■ 전진 선택

전진 선택forward inclusion method은 영 모형에서 시작하여, 판별력이 높음 변수를 하나씩 모형에 포함해 나가는 변수 선택 방법이다. 변수 선택을 위해 부분 F-통계량으로 각 독립 변수 또는 판별 변수의 판별력을 평가한다. 그리고 이들 변수 중 판별력이 가장 높은 변수를 모형에 포함한다. 그 다음 나머지 변수를 하나씩 모형에 포함하여 가장 판별력을 크게 높이는 변수를 모형에 포함한다. 이와 같은 방법으로 더 이상 선택되는 변수가 없을 때까지 판별력 평가를 지속한다.

② 후진 제거

후진 제거법backward elimination method은 모든 판별 변수를 포함한 제안 모형에서 시작하여, 유효하지 않은 변수를 하나씩 제거해 나가는 변수 선택 방법이다. 이 방법은 먼저 모든 판별 변수를 포함한 제안 모형을 적합하고, 각 판별 변수의 부분 F-통계량을 살펴보고, 기준에 미치지 못하는 변수를 하나씩 모형에서 제외해 나간다. 후진 제거법은 제안 모형에서 변수를 하나씩 제거해 나간다는 의미로 '선택법'보다는 '제거법'으로 많이 표기한다. 하지만 책에 따라 '후진 선택'으로 표기하는 경우도 있다.

③ 단계별 선택

단계별 선택법stepwise method은 영 모형에서 시작하여, 각 단계마다 변수를 추가하고 제거하기를 반복하는 방법이다. 이 방법은 먼저 변수를 추가하고, 이미 모형에 포함된 변수와 추가된 변수 중 선택 기준에 미치지 못하는 변수를 제거하기를 반복한다. 다만 이전 단계에서 제거된 변수를 완전 배제하는 것이 아니라, 다음 단계에서 선택 대상에 포함시킨다. 이전 단계에서 제거된 변수를 다시 후보로 고려하는 이유는 변수들 간의 복합적인 상호작용으로 판별력에 영향을 미칠 수 있기 때문이다.

3 | 변수 선택 방법의 특징

앞서 설명한 변수 선택 방법을 사용한다고 해서 항상 가장 좋은 모형을 만들 수 있는 것은 아니다. 가장 좋은 변수 조합을 찾기 위해서는 가능한 모든 조합을 고려해야 한다. 하지만 이 경우 변수 개수가 늘어남에 따라 계산량이 기하급수적으로 증가한다. 그 때문에 이런 한계점에 대한 대안으로 앞서 설명한 선택 방법을 이용하는 것이다. 앞서 설명한 세 가지 변수 선택 방법은 제안 모형과 영 모형 중 어떤 것에서 시작하는가에 따라 다소 차이가 있을 수 있다. 대체로 제안 모형에서 시작하는 후진 제거법은 많은 변수가 모형에 포함되는 경향이 있다. 반면, 영 모형에서 시작하는 전진 선택이나 단계별 선택법은 비교적 적은 변수가 포함되는 경향이 있다. 또한 고려하는 변수와 관측치가 많은 경우 후진 제거법은 단계마다 모형을 적합하는 시간이 비교적 오래 걸린다는 단점이 있다.

5 실습

데이터 5.4 | 1,000개 기업에 대한 위험 평가 정보와 향후 1분기 주가 등락

기업ID	주가등락	금리위험	환율위험	구매자위험	공급자위험	경쟁사위험
1	상승	104	127	117	135	48
2	상승	92	127	109	166	68
3	상승	113	128	110	147	57
4	하락	101	127	107	157	46
5	상승	102	119	110	155	33
...	...	...	...	...	...	...
995	하락	101	101	111	81	165
996	상승	101	97	80	87	144
997	하락	97	107	88	90	152
998	하락	116	93	96	64	167
999	하락	119	96	103	94	154
1000	하락	104	95	83	89	146

실습에서는 [판별 분석] 작업을 이용하여, 판별 분석을 수행하는 방법을 알아본다. 실습에는 '100개 기업에 대한 전문가의 평가'를 확장한 '1000개 기업에 대한 전문가의 평가' 데이터 'PE530'을 이용한다. 데이터는 앞서 살펴본 예제와 똑같은 변수를 가진다. 다만 대상 기업이 1,000개로 예제보다 더 많은 기업에 대한 조사 결과이다. 이 데이터를 이용하여 판별 분석을 수행하여 보자.

1 | 데이터와 작업 가져오기

실습을 위해 새로운 프로세스 플로우를 만들고, 작업과 데이터를 〈그림 5.9〉와 같이 가져온다.

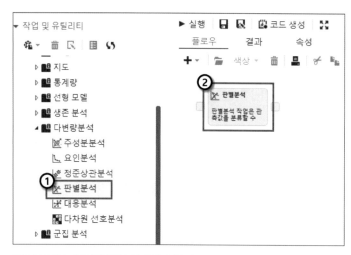

그림 5.9 | 실습 데이터와 판별 분석 작업 가져오기

❶ [작업]의 [다변량분석]에서 [판별 분석] 작업을 플로우로 이동
❷ [판별 분석] 작업을 더블클릭

2 | 데이터

[데이터] 탭에서는 분석에 이용할 데이터 'PE530'을 지정하고, 그룹 변수와 양적
변수를 설정한다.

그림 5.10 | 데이터와 변수 역할 설정

❶ [데이터]에 'PE530'을 할당
❷ [그룹변수:]에는 종속 변수 'Y'를 할당
❸ [양적변수:]에는 'X1 …… X5'를 할당

3 | 옵션

[판별 분석] 작업은 판별 분석 외에도 'K 최근접 이웃' 방법과 같은 다른 분류 기능
을 지원한다. 일반적인 선형 판별 분석이나 2차 판별 분석을 사용하는 경우 모수
방법을 이용한다. 선형 판별 함수는 주어진 판별 변수의 공분산이 동질적일 때 사
용한다. 하지만 검정 없이 이를 알 수 없기 때문에 우선 '2차' 판별 함수를 선택하
고 공분산이 동질적인지 검정한다. SAS의 경우, 공분산이 통계학적으로 동질적인
경우, 자동으로 선형 판별 분석 결과를 출력한다.

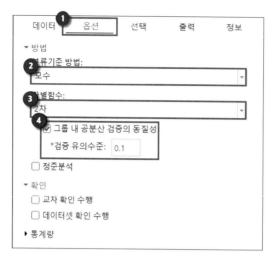

그림 5.11 | 분류 기준 및 판별 함수 설정

❶ [옵션] 탭으로 이동

❷ [분류기준 방법:]을 [모수]로 지정

❸ [판별 함수:]를 [2차]로 선택

❹ [그룹 내 공분산 검증의 동질성]을 체크

4 | 선택

[선택]은 변수 선택을 위한 탭이다. 판별 분석은 단계별, 전진, 후진 세 가지 선택
방법을 지원한다. 그리고 사전에 변수를 추가 또는 유지하기 위한 유의수준을 정
한다. 실습에서는 [단계별 선택]을 이용한다.

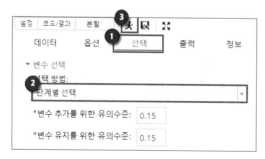

그림 5.12 | 변수 선택을 위한 옵션 설정

❶ [선택] 탭으로 이동

❷ [변수 선택]의 [선택 방법:]을 [단계별 선택]으로 선택

❸ 버튼을 눌러 작업을 실행

5 | 결과

작업을 실행하면 다양한 표가 출력된다. 실습에서는 공분산의 동질성 검정과 모형 적합 결과 표를 해석하는 방법을 알아보자. 먼저

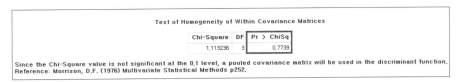

Test of Homogeneity of Within Covariance Matrices		
Chi-Square	DF	Pr > ChiSq
1.113236	3	0.7739

Since the Chi-Square value is not significant at the 0.1 level, a pooled covariance matrix will be used in the discriminant function. Reference: Morrison, D.F. (1976) Multivariate Statistical Methods p252.

그림 5.13 | 공분산의 동질성 검정 결과

공분산의 동질성 검정은 '부분 집단의 모 공분산 행렬이 서로 같다'를 귀무가설로 한다. 즉, 귀무가설을 기각할 수 없다면 통계학적으로 각 부분 집단의 모 공분산이 동질적이라고 볼 수 있다. 〈그림 5.13〉을 살펴보면 유의확률 'Pr > ChiSq'가 0.7739로 통상 많이 사용하는 유의수준 5%보다 큰 걸 알 수 있다. 따라서 귀무가설을 채택한다.

Linear Discriminant Function for Y			
Variable	Label	상승	하락
Constant		−122.33031	−121.63067
X4	공급자위험	1.32729	1.30308
X5	경쟁사위험	0.90454	0.92525

그림 5.14 | 모형 적합 결과

〈그림 5.14〉는 주어진 데이터로 추정한 판별 함수이다. 앞서 부분 집단의 모 공분산이 동질적이었기 때문에, 선형 판별 분석을 수행한 결과가 출력된다. 또한 이 결과는 변수 선택이 수행된 것으로 그림을 살펴보면 5개 변수 중 2개가 선택된 걸 알 수 있다. 결과를 통해 1,000 기업의 주가 등락에 영향을 미치는 주요 원인은 '공급자위험'과 '경쟁사위험'임을 알 수 있다. 모형 결과로 얻은 선형 판별 함수는 다음과 같다.

식 5.32 | 추정한 판별 함수 결과

$$L_1(X) = 122.330 + 1.327x_4 + 1.303x_5$$
$$L_2(X) = -121.630 + 0.9.5x_4 + 0.925x_5$$
$$\vdots$$
$$L_2(X) - L_1(X) = 0.69964 - 0.02421x_4 + 0.02071x_5$$

〈식 5.32〉를 살펴보면 공급자위험(x4) 변수는 계수가 −0.02421로 음수이다. 이를 해석하면 전문가들이 공급자 위험이 높다고 판단한 그룹은 대체로 주가 하락했음을 알 수 있다. 반대로 경쟁사위험(x5)이 높다고 판단한 기업은 주가가 상승한 그룹에 속했다는 사실을 알 수 있다.

4

No Code Data Analysis

분류 모형의 평가

분류 모형의 평가에서는 종속 변수의 범주가 두 개인 분류 모형을 평가하는 방법을 다룬다. 분류 모형은 보통 예측 결과로 특정 부분 집단에 속할 확률을 출력하는데, 이 확률을 이용한 분류 방법을 먼저 알아본다. 그리고 분류 결과로 모형의 성능을 평가할 때 사용하는 혼돈 행렬과 ROC 등을 알아본다.

1

분류 방법

부분 집단이 두 개인 경우 분류 모형은 특정 집단에 속할 확률을 결과로 출력한다. 그 결과 실제 모형을 이용한 분류에는 어떤 값을 기준으로 분류할지를 정해주는 작업이 필요하다. 이때 사용하는 기준을 임계치cut-off라고 한다. 이번에는 이 임계치를 결정하는 방법을 알아본다.

1 | 50%를 기준으로 하는 방법

분류 기준으로 가장 흔히 사용하는 임계치는 50%이다. 사전에 주어진 정보가 없다면 두 범주 중 어느 하나에 속할 확률은 50%로 보는 것이 자연스럽기 때문이다. 그래서 많은 분류 모형은 기본 분류 임계치를 50%로 택하고 있다. 하지만 이 기준은 몇 가지 한계를 가지고 있다.

2 | 사전 확률을 기준으로 하는 방법

사전 확률prior probability은 독립 변수의 효과를 반영하기 이전의 종속 변수의 평균 발생 비율을 의미한다. 예를 들어 부도 기업을 분류하는 문제의 경우, 주어진 데이터의 '부도율'이 사전 확률이 된다. 많은 분류 문제에서 사전 확률은 50%보다 작다. '재구매, 재방문, 가입, 부도, 이탈' 등과 같은 비즈니스적으로 중요한 사건들은 대부분 낮은 확률로 발생하기 때문이다.

분류 모형의 예측 확률은 모형을 적합 또는 학습할 때 사용한 데이터의 사전 확률에 의존한다. 예를 들어 기업 부실을 예측하는 모형을 만드는 경우, 적합 데이터의 부실율이 5%라면, 분류 모형으로 예측한 확률의 평균도 5%에 가까운 값을 가진다. 그렇기 때문에 '50%'를 기준으로 분류를 수행하면, 대부분의 대상이 다수 범주로 분류된다. 어떤 경우에는 모든 관측치가 한 범주로 분류되는 경우도 있다. 이 경우 모형의 분류 결과는 유효하지 않다. 그 때문에 사전 확률을 임계치로 사용하는 방법은 좋은 대안이 될 수 있다.

3 | 비용을 고려한 기준 선정

간단한 검사 결과로 암 발병을 예측하는 분류 모형이 있다. 분류 모형은 환자들을 '암, 정상' 두 가지 범주로 분류한다. 이때 암인 환자를 정상으로 분류하는 것과 정상인 환자를 암으로 분류하는 것 중 어떤 것이 더 치명적일까? 먼저 암인 환자를 정상으로 분류한다면, 추가 검사를 수행하지 않을 것이다. 그 결과 환자는 치료 시기를 놓치게 되어 소중한 생명을 잃을 수도 있다. 반면, 정상인을 암으로 분류한다면, 다시 정밀 검사를 시행한다. 그 결과 추가 검사 비용이 발생하지만, 정상인 환자는 본인이 정상이라는 정밀 검사 결과를 확인하고 다시 일상으로 돌아갈 것이다. 이 경우 두 범주에 대한 예측 오류의 비용이 다르다. '암 환자를 정상'으로 분류하는 비용이 훨씬 비싸다.

이 경우 임계치를 보다 비싼 이벤트로 많이 분류되도록 조정하기도 한다. 예를 들면, '암에 걸렸을 가능성'을 예측하는 분류 모형의 경우, 암일 확률이 사전 확률에 비해 낮은 경우에도 암으로 분류하도록 임계치를 조정한다. 보통 이런 경우 임계치는 검출률^{captured response}이 90%~100%가 되도록 한다. 검출률은 '암으로 분류한 대상 중 실제 암 환자 / 전체 암 환자 수'이다. 보통은 100을 곱해 %로 나타낸다.

2 혼돈 행렬

1 | 혼돈 행렬

혼돈 행렬confusion matrix은 범주가 두 개인 분류 모형의 예측 결과와 실측 값을 비교하여, 모형 성능을 평가할 때 활용하는 표이다. 이 표는 보통 실측을 행으로 예측을 열로 구성한다. 표의 'Positive, Negative'는 두 범주를 의미하며, 보통 관심 사건을 Positive로 본다. 예를 들어, '암, 정상'을 나누는 경우, 암을 Positive으로 하고, 정상을 Negative로 한다. 혼돈 행렬은 〈표 5.13〉과 같이 구성한다. 이 행렬을 구성하는 각 성분 'TP, FN, FP, TN'과 그 주변 합들 간의 비는 모형 성능 평가 지표를 구하는 데에 사용한다.

표 5.13 | 혼돈 행렬

구분		예측Predictive Class		합계
		Positive	Negative	
실측 Actual Class	Positive	TP True Positive	FN False Negative	TP+FN
	Negative	FP False Positive	TN True Negative	FP+TN
합계		TP+FP	FN+TN	N (=TP+FN+FP+TN)

혼돈 행렬의 값 'TP, FN, FP, TN'은 다음 〈표 5.14〉와 같은 의미를 가진다. 각각을 살펴보면, 먼저 TP는 모형이 관심 범주로 정확히 분류해낸 빈도를 의미하며, 진양성으로 해석할 수 있다. 하지만 한글로는 자주 사용하지 않는다. FP는 관심 집단을 다른 집단으로 잘못 분류한 빈도로, 위양성이라고 한다. 보통 위양성으로 분류한 빈도는 낮을수록 좋다. FN은 비 관심 집단을 관심 집단으로 잘못 분류한 빈도이다. 마지막으로 TN은 비 관심 집단을 비 관심 집단으로 잘 분류한 빈도이다.

표 5.14 | 혼돈 행렬 각 항의 의미

한글 용어	영문 용어(약어)	의미(예시)	분류 성공 여부
진양성	Ture Positive (TP)	암 환자를 모형이 암 환자로 분류한 건수	O
위양성	False Positive (FP)	정상인을 모형이 암 환자로 분류한 건수	X
위음성	False Negative (FN)	암 환자를 모형이 정상인으로 분류한 건수	X
진음성	Ture Negative (TN)	정상인을 모형이 정상인으로 분류한 건수	O

〈그림 5.15〉는 'TP' 등과 같은 표현의 의미를 정리한 그림이다. 가령 진양성 'True Positive'의 'True'는 예측한 범주가 사실인지 여부(Ture, False)를 나타낸다. 'True'로 시작하는 경우, 분류가 정확했다는 의미이고, 'False'로 시작하는 경우 분류 결과가 실제와 다르다는 의미이다. 다음으로 'Positive'는 모형이 어떤 범주로 분류했는가를 나타내는 부분이다. 보통 관심 사건을 'Positive'로 둔다. 따라서 'TP' 는 〈표 5.14〉와 같이 관심 사건을 정확히 분류해낸 건수를 나타낸다.

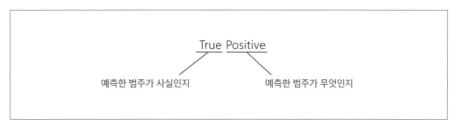

그림 5.15 | 표현 방법의 의미

2 | 성능 지표

1 정확도와 오분류율

정확도accuracy는 전체 관측치 중 정확하게 분류된 관측치의 비율을 의미한다. 정분류율과 혼용하여 사용하기도 한다. 오분류율misclassification rate은 '1-정분류율'로 전체 관측치 중 잘못 분류된 관측치의 비율이다. 정분류율은 높을수록 좋고, 오분류율은 낮을수록 좋다. 정확도는 'ACC'로 줄여서 부르기도 한다. 정확도의 공식은 다음과 같다.

식 5.33 | 정확도

$$ACC = \frac{TP + TN}{N} = 100(\%)$$

② 민감도

민감도sensitivity는 관심 사건이 발생한(Y=1) 개체들 중 정확히 분류한 개체의 비율을 의미한다. 민감도는 재현율recall, 진양성률true positive rate이라고도 한다. 일반적인 분류에서는 민감도와 재현율을 가장 많이 사용한다. 민감도는 관심 사건에 대한 예측 정확도를 평가하기 때문에, 관심 사건이 중요한 모형에서는 매우 관심 있게 살펴보는 지표 중 하나이다. 민감도는 줄여서 'TPR'이라고 한다.

식 5.34 | 민감도

$$TPR = \frac{TP}{TP + FN} \times 100(\%)$$

③ 특이도

특이도specificity는 민감도와 대비되는 개념으로, 전체 비 관심 사건의 발생 건 중 분류가 적중한 건의 비율을 의미한다. 특이도는 선택도selectivity, 진음성률true negative rate이라고도 하며, 줄여서 'TNR'이라고 한다. 특이도는 다음과 같이 구할 수 있다.

식 5.35 | 특이도

$$TNR = \frac{TN}{TP + FP} \times 100(\%)$$

④ 정밀도

정밀도precision는 모형이 관심 사건(Y=1)이라고 분류한 관측치 중 실제로 관심 사건이었던 관측치의 비율을 의미한다. 민감도와 비슷해 보이지만, 모형이 분류한 결과를 기준(분모)으로 한다는 점에서 차이가 있다. 정밀도는 양성 예측도positive predictive value라고도 하며, 줄여서 'PPV'라고 부른다. 정밀도는 말 그대로 모형이 얼마나 정밀하게 관심 사건을 맞추는지를 확인하기 위한 지표이다. 예를 들어, 관심 사건이 희박한 문제의 경우, 정확도는 높지만 정밀도가 0인 경우가 있을 수 있다. 이 경우 모형이 제대로 학습된 것이 아니기 때문에 사용해서는 안 된다. 정밀도는 다음과 같이 구한다.

식 5.36 | 정밀도

$$PPV = \frac{TP}{TP + FP} \times 100(\%)$$

5 F1-스코어

F1-스코어F1-score는 정밀도와 민감도의 조화 평균이다. F1-스코어는 정밀도와 민감도가 모두 높은 경우, 높은 값을 가진다. 따라서 이 값은 높을수록 모형 성능이 뛰어나다는 의미이다. 정밀도와 민감도는 모두 모형이 관심사건을 얼마나 잘 분류하는가를 나타낸다. 다만 정밀도는 모형이 예측한 결과를 기준으로 하며, 민감도는 전체 관심 사건을 기준으로 하는 차이가 있다. F1-스코어는 정밀도와 민감도 모두를 중요하게 취급하는 성능지표이다. 조화 평균을 사용하는 이유는 정밀도와 민감도 중 하나가 너무 낮은 경우, 작은 값을 갖게 하기 위함이다.

식 5.37 | F1-스코어

$$F1-Score \ 2 \times \frac{TPR \times PPV}{TPR + PPV}$$

ROC-곡선

1 | ROC-곡선이란?

분류모형은 특이도와 민감도가 모두 높다면, 좋은 모형이라 할 수 있다. 또한 특이
도와 민감도는 전술한 것과 같이 분류 모형은 다양한 임계치를 어떻게 설정하는
가에 따라 달라진다. ROC 곡선Receiver Operation Characteristic Curve은 모형 성능을 나
타내는 '민감도'와 '1-특이도'를 두 축으로 하여, 여러 가능한 임계치에 따른 변화를
나타낸 그래프이다. ROC 그래프는 모형 성능을 평가할 때, 매우 자주 사용되는
그래프이다.

2 | ROC-곡선의 해석

ROC-곡선은 〈그림 5.16〉과 같이 임곗값을 1~0까지 변화시키며, 민감도와 특이
도가 어떻게 변하는지를 그래프로 나타낸다. 만약 모형이 임의로 찍는 것과 같은
수준으로 예측한다면, ROC 그래프는 대각선(점선)에 위치한다. 모형 성능이 뛰어
날수록 ROC 그래프는 좌상단으로 붙게 된다. 〈그림 5.16〉 왼쪽에는 (A), (B) 두
ROC 그래프가 그려져 있다. 모형의 전반적인 성능은 (B)가 (A)보다 그래프의 좌상
단으로 더 많이 붙어 있기 때문에 (B) 모형이 (A)보다 성능이 뛰어남을 의미한다.

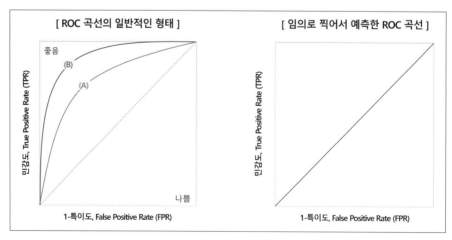

그림 5.16 | ROC-곡선 해석

3 | AU-ROC

AU-ROC^{area under the ROC curve}는 〈그림 5.17〉과 같이 ROC 곡선 아래 면적을 의미하며, 모형 성능이 뛰어날수록 1에 가까운 값을 가진다. AU-ROC는 줄여서 'AUC'라고도 부른다. AU-ROC는 모형의 전반적인 성능을 확인할 때 주로 사용한다. AU-ROC는 ROC 그래프를 수치로 나타냈기 때문에 형태가 비슷한 모형들 간에도 정밀한 비교가 가능하다는 장점이 있다.

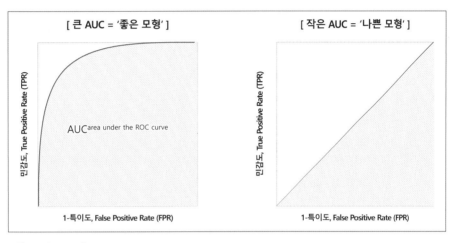

그림 5.17 | AUC 또는 AU-ROC

4 향상도 차트

향상도 표^{lift table}는 사후 확률(모형의 예측 확률)을 기준으로 데이터를 정렬한 다음, 상위 10%, 20%⋯⋯ 100% 등과 같이 분위수를 기준으로 집계한 도표를 말한다. 향상도 차트^{lift-chart}는 향상도 표를 시각화한 그래프이다. 향상도 표와 차트는 분류 모형 평가를 위해 자주 사용하는 방법이다. 이 방법들은 모형 성능을 각 분위수 별로 나누어 살펴볼 수 있다는 장점이 있다.

1 | 향상도 표

향상도 표를 만들기 위해 모형이 예측한 사후 확률을 〈그림 5.18〉 왼쪽과 같이 크기 순으로 정렬한다. 그 다음 정렬한 데이터를 10, 20, 100 분위 등의 구간으로 나누어 집계한다. 〈그림 5.18〉 오른쪽은 10분위로 집계한 결과이다. 〈그림 5.18〉 왼쪽의 순서 1~10번 데이터는 상위 10% 구간으로 집계된다. 집계 결과의 관측치 수는 해당 '상위 n%'에 속한 관측이 개수를 의미한다. 그리고 '관심 사건 (Y=1)'은 실제 범주가 1인 관측치 수를 나타낸다. 따라서 이 경우 10% 구간은 10개 관측치가 속하고, 이 중 8개 관측치가 범주가 1임을 알 수 있다. 같은 방법으로 모든 데이터를 집계하면, 〈그림 5.18〉과 같은 향상도 표를 구성할 수 있다. 이 향상도 표는 아직 완성된 것은 아니며, 이 표를 기준으로 모형 평가 지표들을 산출해야 한다.

[사후 확률이 큰 순으로 정렬]				[분위수를 기준으로 집계]		
순서	사후 확률	실제 범주		상위 n%	관측치 수	관심 사건(Y=1)
1	1.000	1	집계	10	10	8
2	1.000	1		20	10	7
3	0.995	1		30	10	6
4	0.990	1		40	10	5
5	0.989	1		50	10	4
6	0.975	0		60	10	4
7	0.960	1		70	10	3
8	0.940	1		80	10	3
9	0.900	1		90	10	2
10	0.890	0		100	10	1
11	0.850	0		합계	100	43
12	0.810	0		사전 확률		0.430(=43/100)
...	...	...				
98	0.006	1				
99	0.005	0				
100	0.001	0				

전체 관측치 개수

그림 5.18 | 향상도 표를 만드는 방법

2 | 모형 평가 지표

향상도 표를 이용한 모형 평가 지표는 반응률, 검출률, 향상도 등이 있다. 이들 지표는 각 구간별로 집계하여 모형의 전반적인 성능을 확인한다. 하지만 구간 변화에 따른 전반적인 성능 추이를 살피는 경우 누적 지표가 보다 유용하기 때문에 실무에서는 주로 누적 지표를 많이 사용한다.

▮ 반응률과 누적 반응률

반응률response은 각 구간에서 관심 사건이 발생한 관측치의 비율을 의미한다. 예를 들어 관심 사건이 '보험 사기'라고 하고, 상위 10% 구간의 반응률이 80%라고 하자. 이 경우 상위 10%에 속한 건 중 80%가 보험 사기 건임을 의미한다. 반응률은 각 구간별 변화를 통해 모형 성능을 평가할 수 있다. 왜냐하면 좋은 모형은 상위 구간에서 높은 반응률을 나타내고, 하위로 갈수록 반응률이 작아지는 특징을 가지기 때문이다. 반면, 성능이 안 좋은 모형은 반응률이 전 구간에서 비슷한 특징이 있다. 반응률은 각 개별 구간의 특성을 나타낸다면, 누적 반응률은 '해당 구간까지'를 누적하여 산출한 반응률이다. 예를 들어 상위 2번째 구간의 누적 반응률은 '0.750=(8+7)/(10+10)'와 같은 방법을 산출한다.

상위 n%	관측치 수 (A)	관심 사건 수 (B)	누적 관측치 수 (C)	누적 관심 사건 수 (D)	반응률 (= B / A)	누적 반응률 (= D / C)
10	10	8	10	8	(1) 0.800 (= 8/10)	0.800
20	10	7	20	15	0.700	(2) 0.750 (= 15 / 20)
30	10	6	30	21	0.600	0.700
40	10	5	40	26	0.500	0.650
50	10	4	50	30	0.400	0.600
60	10	4	60	34	0.400	0.567
70	10	3	70	37	0.300	0.529
80	10	3	80	40	0.300	0.500
90	10	2	90	42	0.200	0.467
100	10	1	100	43	0.100	0.430

그림 5.19 | 반응률과 누적 반응률 산출 결과

〈그림 5.19〉의 결과를 살펴보자. 〈그림 5.19〉의 상위 10% 행의 '반응률'을 살펴보자. 이 예측 결과는 상위 10% 구간에서 반응률이 0.8로 80%이다. 사후 확률이 높은 상위 10% 중 80%는 실제로 관심 사건이 발생한 관측치라는 의미이다. 상위 10% 구간 꽤나 유용하다. 만약 모형이 없었다면(임으로 구간을 나눈 경우) 상위 10%에서 기대되는 반응률은 43%(사전 확률)이기 때문이다. 또한 반응률은 상위 n%가 커질수록 점점 작아지는 것을 알 수 있다. 즉 이 모형은 상위 구간은 물론 전반적인 성능도 뛰어난 것을 알 수 있다. 누적 반응률 반응률과 달리 이전 구간을 모두 누적한다. 그래서 상위 100% 구간은 반응률이 사전 확률과 같아지는 특징이 있다.

② 향상도와 누적 향상도

향상도[lift]는 모형이 얼마나 분류 정확도를 높혔는지를 나타내는 평가 지표이다. 분류 정확도가 얼마나 높아졌는지 평가하려면 기준이 필요하다. 향상도는 이 기준으로 사전 확률을 이용한다. 사전 확률은 독립 변수 없이 종속 변수로 예측하는 가장 간단한 방법이다. 따라서 독립 변수 중 적어도 하나가 유의하다면 종속 변수의 평균으로 예측하는 것보다는 높은 정확도를 나타낼 것이다. 향상도는 이와 같이 사전 확률 대비, 모형이 예측한 구간 반응률이 얼마나 높은 지로 구한다. 향상

상위 n%	관측치 수 (A)	관심 사건 수 (B)	반응률 (C)	누적 반응률 (D)	향상도 (= C / E)	누적 향상도 (= D / E)
10	10	8	**0.800**	0.800	1.860 (= 0.80 / 0.43)	1.860
20	10	7	0.700	**0.750**	1.628	1.744 (= 0.75 / 0.43)
30	10	6	0.600	0.700	1.395	1.628
40	10	5	0.500	0.650	1.163	1.512
50	10	4	0.400	0.600	0.930	1.395
60	10	4	0.400	0.567	0.930	1.318
70	10	3	0.300	0.529	0.698	1.229
80	10	3	0.300	0.500	0.698	1.163
90	10	2	0.200	0.467	0.465	1.085
100	10	1	0.100	**0.430**	0.233	1.000

사전 확률 (E)

그림 5.20 | 향상도와 누적 향상도 계산 방법

도의 단위는 '배'이다. 〈그림 5.20〉과 같이 상위 10% 구간의 향상도가 1.86이라면, '모형을 이용하면 그렇지 않은 것보다 약 1.86배 정확한 예측이 가능하다'고 말할 수 있다.

누적 향상도는 '반응률' 대신 '누적 반응률'을 사전 확률로 나눠 구한다. 누적 향상도의 경우, 해당 구간까지의 평균적인 향상도를 나타낸다. 예를 들어 〈그림 5.20〉의 상위 20% 구간의 누적 향상도는 1.744이다. 이 의미는 상위 20% 이상인 관측치는 평균 대비 약 1.744배 높은 반응률을 나타낸다는 의미이다. 누적 향상도는 상위 구간을 포함하기 때문에 향상도에 비해 상위 10%가 낮아짐에 따른 변화 폭이 적다. 또한 보통 모형을 활용하는 경우, 특정 구간을 골라 사용하기보다, 선택한 구간 보다 상위인 구간을 모두 포함하여 사용한다.

향상도는 상한이 존재하며, 다른 지표들과 달리 상한이 일정하지 않다. 반응률과 이후 살펴볼 검출률은 최댓값이 1이다. 하지만 향상도의 최댓값은 사전 확률과 상위 n%에 의존한다.

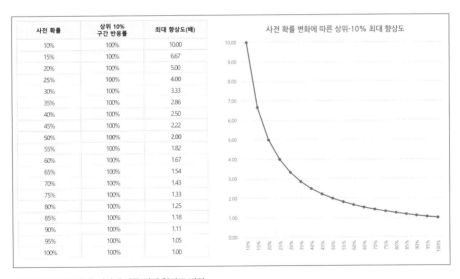

사전 확률	상위 10% 구간 반응률	최대 향상도(배)
10%	100%	10.00
15%	100%	6.67
20%	100%	5.00
25%	100%	4.00
30%	100%	3.33
35%	100%	2.86
40%	100%	2.50
45%	100%	2.22
50%	100%	2.00
55%	100%	1.82
60%	100%	1.67
65%	100%	1.54
70%	100%	1.43
75%	100%	1.33
80%	100%	1.25
85%	100%	1.18
90%	100%	1.11
95%	100%	1.05
100%	100%	1.00

그림 5.21 | 사전 확률 변화에 따른 최대 향상도 변화

〈그림 5.21〉은 사전 확률과 최대 향상도의 관계를 나타낸 표와 그래프이다. 〈그림 5.21〉을 살펴보면, 사전 확률이 커짐에 따라 최대 향상도는 감소하는 것을 알 수 있다. 향상도는 앞서 설명했듯 '사전 확률' 보다 '구간 반응률'이 몇 배 높은지 나타낸다. 〈그림 5.21〉의 사전 확률이 50%인 행을 살펴보면, 최대 향상도는 2배이다. 왜냐하면 구간 반응률이 아무리 높아도 100%이고, 100%는 50%의 두 배이기 때문이다. 반면 사전 확률이 25%라면 같은 원리로 최대 향상도는 4배가 된다.

상위 n% (a)	사전 확률 (b)	구간 반응률 최댓값 (c) (= b/a)	최대 향상도 (= c/b)
1%	1%	100%	100
	0.5%	50%(=0.5%/1%)	100
	0.01%	1%	100
5%	5%	100%	20
	1%	20%	20
	0.5%	10%	20
10%	10%	100%	10
	5%	50%	10
	1%	10%	10

그림 5.22 | 상위 n%에 따른 구간 반응률 최댓값과 최대 향상도 변화

구간을 나누는 단위가 10%라면, 사전 확률이 아무리 작아도 향상도는 10배를 넘길 수 없다. 왜냐하면 상위 10% 구간의 반응률이 100%가 되기 위해서는 사전 확률이 최소 10%는 되어야 하기 때문이다. 〈그림 5.22〉를 살펴보면 구간을 1% 단위로 나누고, 사전 확률이 0.5%인 경우, 구간 반응률의 최댓값은 50%임을 알 수 있다. 사전 확률이 각 구간을 나누는 단위 %보다 작은 경우, 최대 향상도는 구간을 나누는 %에 의존하는 것을 알 수 있다.

③ 검출률과 누적 검출률

반응 검출률captured response은 해당 구간에서 전체 사건 발생 건의 몇 %를 해당 구간에서 검출했는가를 나타내는 평가 지표이다. 반응 검출률은 줄여서 '검출률'이라고도 부른다. 검출률과 반응률은 분자는 서로 같지만, 검출률은 '전체 관심 사

건 발생 관측치 수'를 분모로 한다는 차이가 있다. 검출률과 누적 검출률은 〈그림 5.23〉과 같은 방법으로 구할 수 있다.

상위 n%	관측치 수 (A)	관심 사건 수 (B)	누적 관측치 수 (C)	누적 관심 사건 수 (D)	검출률 (= B / E)	누적 검출률 (= D / E)
10	10	8	10	8	(1) 0.186 (= 8 / 43)	0.186
20	10	7	20	15	0.163	(2) 0.349 (= 15 / 43)
30	10	6	30	21	0.140	0.488
40	10	5	40	26	0.116	0.605
50	10	4	50	30	0.093	0.698
60	10	4	60	34	0.093	0.791
70	10	3	70	37	0.070	0.860
80	10	3	80	40	0.070	0.930
90	10	2	90	42	0.047	0.977
100	10	1	100	43	0.023	1.000

전체 관심 사건 수 (E)

그림 5.23 | 검출률과 누적 반응 검출률

〈그림 5.23〉을 살펴보자. 이 모형은 상위 10% 구간에서 반응 검출률이 약 18.6%이다. 만약 관심 사건을 '보험 사기'로 가정하면, 100명 중 10명만 조사해도 전체 사기꾼 중 약 18.6%를 잡을 수 있음을 의미한다. 누적 반응 검출률은 검출률과 달리 이전 구간을 포함하여 산출한다. 따라서 상위 30% 구간은 10%, 20%, 30%를 모두 포함한 수치이다. 따라서 상위 30% 구간에 속한 30명을 조사하면, 전체 사기꾼의 절반(48.8%)을 적발할 수 있음을 의미한다.

3 | 향상도 그래프

향상도 그래프는 앞서 살펴본 향상도, 반응률, 검출률을 시각화한 그래프이다. 향상도 그래프는 보통 반응률과 검출률을 한 쌍으로 그리고, 향상도는 따로 그리거나 보조축을 이용해 그린다. 대게 그래프는 경향성 파악에 적합한 '누적' 지표로 그린다.

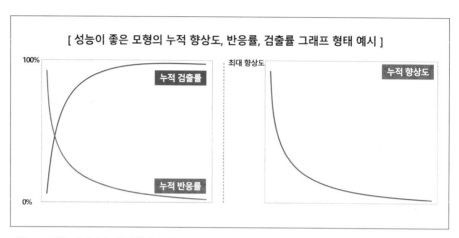

그림 5.24 | 성능이 뛰어난 모형의 향상도, 검출률, 반응률 그래프

모형의 분류 성능이 뛰어난 경우, 누적 검출률, 반응률, 향상도 그래프는 〈그림 5.24〉와 같은 형태를 가진다. 물론 이 이상적인 형태는 사전 확률이 높으면, 보다 완만한 형태를 띄게 된다. 여기서는 그래프의 의미와 경향성을 파악하는 데에 중점을 두자. 먼저 성능이 뛰어난 모형은 상위 구간에서 높은 누적 검출률을 나타낼 것이다. 그 결과 누적 그래프는 상위 50%를 가기 전에 100%에 가까운 값을 가질 것이다. 이 의미는 전체 대상 중 모형으로 예측한 사후 확률이 높은 상위 50%만 조사해도 100%에 가까운 관심 사건 발생 대상을 검출할 수 있다는 의미이다. 다음으로 누적 반응률 그래프는 상위 구간에서는 100%에 가까운 값을 가지고, 점차 하락하는 형태를 가지는 것이 좋다. 만약 상위 구간의 반응률이 모두 높아 상위에서 모두 검출했다면, 이 후 구간은 반응률이 모두 0이 될 것이다. 따라서 상위에서만 높은 반응률을 보이고, 이후 급격하게 감소하는 형태를 가지면 좋은 모형이라고 할 수 있다. 다음으로 누적 향상도이다. 누적 향상도 역시 누적 반응률과 같은 꼴로 급격하게 감소하는 형태를 띠면 좋은 모형으로 볼 수 있다. 다만 상위 구간에서는 '최대 향상도'와 가까운 값을 가져야 한다.

앞서 설명한 이상적인 성능 그래프들은 사전 확률이 10% 미만인 경우에 유효하다. 만약 사전 확률이 50%에 육박할 정도로 높다면, 아무리 성능이 좋은 모형도 〈그림 5.24〉와 같은 구조를 가지기 어렵다. 이 때는 검출률과 반응률, 향상도가 가진 의미에 초점을 두고 모형 성능 그래프를 해석하는 것이 필요하다. 앞서 향상도 표를 구성할 때 사용한 데이터로 그린 성능 그래프는 〈그림5.25〉와 같다. 이 데이터는 사전 확률이 43%로 높은 편이다. 그 때문에 모형이 괜찮은 성능을 보였음에도 앞서 살펴본 모형 성능이 좋은 경우 보다 그래프가 완만한 것을 알 수 있다.

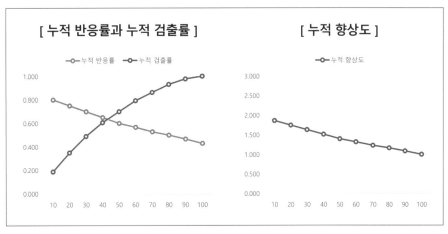

그림 5.25 | 사전 확률이 43%인 데이터를 예측한 모형의 성능 그래프

5 데이터 분할

분류 모형을 평가할 때도 데이터 분할 방법을 이용한다. 데이터 분할 방법에 대한 내용은 이미 회귀에서 자세하게 설명했기 때문에 분류에서는 자세한 설명은 생략한다. 분류 모형에서는 앞서 살펴본 성능 지표와 그래프들을 '학습, 평가, 검증' 데이터 역할별로 산출한다. 모형 간 비교가 필요한 경우에는 검증용 데이터로 가장 우수한 모형(챔피언 모형이라고 함)을 선택한다. 그 다음 선택된 모형의 평가용 데이터로 그린 그래프와 검증용 데이터로 그린 그래프를 비교하여 과적합overfitting 여부를 확인한다. 성능을 살펴보는 지표와 그래프만 다를 뿐 방법은 회귀와 같다.

실습에서는 로지스틱 회귀 모형에서 혼돈 행렬을 얻는 방법과, ROC 도표를 구하는 방법을 알아본다. 그리고 모형의 예측 결과를 활용하여, 향상도 그래프를 그리는 방법을 이어서 알아보겠다. 실습 데이터는 '로지스틱 회귀'에서 활용한 'PE520' 데이터이다. 데이터 구조는 다음과 같다.

데이터 5.5 | VVIP 고객 재방문 예측 데이터 구조

ID	재방문 여부	구매도달률(%)	방문 경과일	고객 등급	선호 브랜드 신상품 출시 여부
1	0	81.73	7	3	0
2	0	35.67	9	3	0
3	0	44.21	15	4	0
4	0	61.10	5	4	0
5	0	46.84	8	4	0
...	...	...	...	...	...
995	0	83.11	5	2	1
996	0	37.79	10	2	0
997	1	44.44	7	4	0
998	0	58.56	9	4	0
999	0	43.85	13	2	0
1000	0	27.64	8	3	0

1 | 혼돈 행렬 구성하기

먼저 혼돈 행렬을 구성하는 방법을 알아보자. 혼돈 행렬을 구성하려면, 먼저 임계치를 결정해야 한다. 실습에서는 임계치를 사전 정보가 없을 때, 주로 사용하는 '0.5'를 이용하겠다. [이진 로지스틱 회귀] 작업에서는 옵션에서 [분류 테이블]을 선택하면 혼돈 행렬을 구할 수 있다. 먼저 '로지스틱 회귀 실습'에서와 같이 데이터, 변수 역할 등을 설정한 뒤 [옵션] 탭으로 이동한다. 그 다음 〈그림 5.26〉과 같이 옵션을 변경하고 작업을 실행한다.

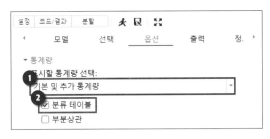

그림 5.26 | 옵션 탭 설정 변경

❶ [옵션] 탭의 [통계량]의 [표시할 통계량 선택:]을 [기본 및 추가 통계량]으로 변경
❷ [분류 테이블] 선택

작업을 실행하면, 〈데이터 5.6〉과 같은 분류 테이블 결과를 얻을 수 있다. 이 결과의 'Prob level'은 임계치를 의미한다. 예를 들어 적색으로 표시된 '0.500'은 임계치를 0.5로 설정하여 얻은 결과를 의미한다.

데이터 5.6 | 분류 테이블 결과

Classification Table									
Prob Level	Correct		Incorrect		Percentages				
	Event	Non-Event	Event	Non-Event	Correct	Sensi-tivity	Speci-ficity	Pos Pred	Neg Pred
0.000	199	0	801	0	19.9	100.0	0.0	19.9	.
0.020	198	25	776	1	22.3	99.5	3.1	20.3	96.2
0.040	196	138	663	3	33.4	98.5	17.2	22.8	97.9
...	...	...	...	...	...	...	...	...	...
0.480	73	766	35	126	83.9	36.7	95.6	67.6	85.9
0.500	70	772	29	129	84.2	35.2	96.4	70.7	85.7
...	...	...	...	...	...	...	...	...	...
0.960	1	801	0	198	80.2	0.5	100.0	100.0	80.2
0.980	0	801	0	199	80.1	0.0	100.0	.	80.1

〈데이터 5.6〉의 결과를 이용하여 혼돈 행렬을 재구성하면 다음 표와 같다.

표 5.15 | 임계치가 0.5일 때 혼돈 행렬

구분		예측Predictive Class		합계
		Positive	Negative	
실측 Actual Class	Positive	70	29	99
	Negative	129	772	901
합계		199	801	1,000

〈표 5.15〉를 이용하여, 정확도, 특이도, 민감도 등을 산출할 수 있다. 하지만 앞서 출력한 〈데이터 5.6〉에서도 이 평가 지표들을 얻을 수 있다. 먼저 정확도는 'Correct'로 84.2%이다. 그리고 민감도와 특이도는 각각 35.2%, 96.4%이다. 필요에 따라 다른 임계값의 결과도 〈데이터 5.6〉에서 찾아 활용할 수 있다.

2 | ROC 그래프를 얻는 방법

ROC 그래프는 앞서 살펴본 'Classification Table'을 그래프로 나타낸 결과이다. [이진 로지스틱 회귀] 모형은 옵션에서 ROC 그래프를 출력하도록 설정할 수 있다.

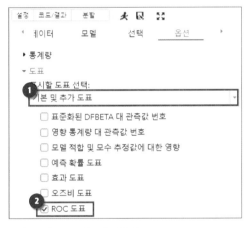

그림 5.27 | ROC 그래프 출력 설정

❶ [옵션] 탭의 [통계량]의 [표시할 도표 선택:]을 [기본 및 추가 도표]로 변경
❷ [ROC 도표] 선택

작업을 실행하면, 〈그림 5.28〉과 같은 ROC 도표가 출력된다. 출력 결과를 살펴보면 ROC 도표가 그래프 왼쪽 상단으로 솟아 있는 것을 확인할 수 있다. AU-ROC는 〈그림 5.28〉의 적색 박스로 표시한 영역에서 확인할 수 있다. 이 모형의 경우 AU-ROC는 0.8133으로 비교적 높은 AU-ROC를 나타낸다.

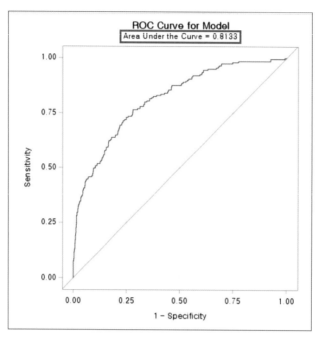

그림 5.28 | ROC 도표 출력 결과

3 | 향상도 도표

SoDA의 경우, 향상도 도표를 직접 지원하지 않는다. 실습에서는 예측 결과를 데이터로 출력하고, 이를 구간화하여 향상도 도표를 구성하는 방법을 알아본다. 과정이 다소 복잡하지만 개념은 어렵지 않다.

1 예측 결과 데이터로 출력하기

앞선 실습에서 이용하던 작업을 이어서 사용한다. 실습에 이용하던 [이진 로지스틱 회귀] 작업을 다시 실행하고, <그림 5.29>와 같이 결과를 데이터로 출력하도록 설정한 뒤 실행한다.

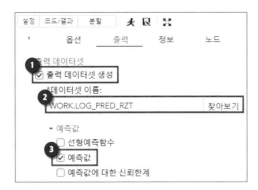

그림 5.29 | 예측값 데이터 출력

❶ [출력] 탭의 [출력 데이터셋]의 [출력 데이터셋 생성]을 설정

❷ [데이터셋 이름:]을 임의로 설정(이 경우 WORK.LOG_PRED_RZT)

❸ [예측값]에서 [예측값]을 체크

작업을 실행하면, <그림 5.30>과 같은 결과 테이블이 출력된 것을 확인할 수 있다.

칼럼	ID	Y	X1	X2
☑ 모두 선택				
☑ ID	1	1	0	81.73	7
☑ Y	2	2	0	35.67	9
☑ X1	3	3	0	44.21	15
☑ X2	4	4	0	61.1	5
☑ X3	5	5	0	46.84	8
☑ X4	6	6	0	35.01	4
☑ _LEVEL_	7	7	1	85.75	10
☑ pred_	8	8	0	42.58	13
	9	9	0	66.46	6

그림 5.30 | 결과 테이블

모형에 의한 예측 결과(사후 확률)는 'pred_'라는 이름으로 만들어진다.

② 사후 확률을 기준 10분위수 산출

사후 확률을 구간화 하는 가장 쉬운 방법은 [순위화] 작업을 이용하는 것이다. 앞서 얻은 사후 확률을 10분위수로 변환하는 방법을 알아보겠다. 먼저 플로우 상에 'LOG_PRED_RZT' 데이터와 [데이터 순위화] 작업을 가져온다.

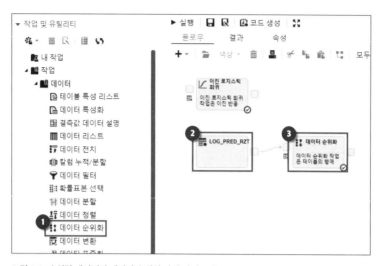

그림 5.31 | 입력 데이터와 데이터 순위화 작업 가져오기

❶ [작업]의 [데이터]에 속한 [데이터 순위화] 작업을 플로우로 이동
❷ 'LOG_PRED_RZT' 데이터와 작업을 연결
❸ [데이터 순위화]작업을 더블 클릭

데이터 순위화 작업은 '순위' 생성은 물론 분위수를 만드는 기능을 포함하고 있다. 실습에서는 10분위를 만드는 방법을 다루지만, 이 작업 이용하여 20분위나 100분위수를 만드는 것 또한 가능하다.

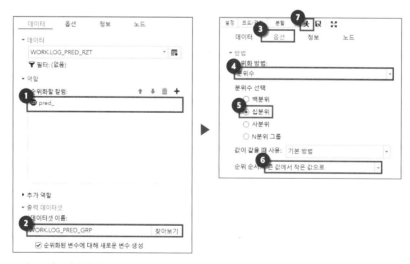

그림 5.32 | 순위화 작업 옵션 설정

❶ [순위화할 칼럼:]에 'pred_' 변수를 할당

❷ [출력 데이터셋]을 확장하고, [데이터셋 이름:]을 임의로 설정
(이 경우, WORK.LOG_PRED_GRP)

❸ [옵션] 탭으로 이동

❹ [순위화 방법:]을 [분위수]로 선택

❺ [분위수 선택]을 [십분위]로 변경

❻ [순위 순서:]를 [큰 값에서 작은 값으로]로 변경

❼ 🏃 작업 실행

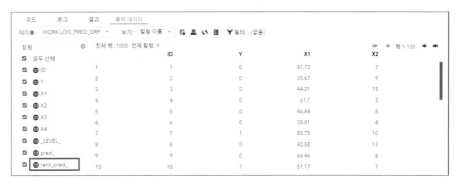

그림 5.33 | 실행 결과

작업을 실행하면, 〈그림 5.33〉과 같은 결과 데이터를 확인할 수 있다. 이 데이터의 'rank_pred_'는 10분위수를 산출한 결과이다. 이 값은 1부터 시작하지 않으며, 0~9까지 값을 가진다. 이 데이터는 향상도 도표를 만들기 위한 기초 자료로 활용한다.

❸ 사후 확률을 기준으로 집계하기

사후 확률을 기준으로 데이터를 집계하는 방법은 [테이블 분석]과 [질의] 두 가지 작업으로 할 수 있다. 실습에서는 [테이블 분석] 기능으로 향상도 지표들을 산출하는 방법과 그 의미를 알아본다.

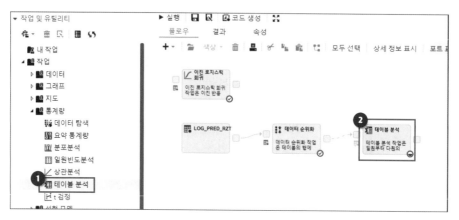

그림 5.34 | 테이블 분석 설정

❶ [작업 및 유틸리티]의 [통계량]에 있는 [테이블 분석] 작업을 플로우로 이동

❷ 작업을 [데이터 순위화] 작업과 연결하고, 더블 클릭

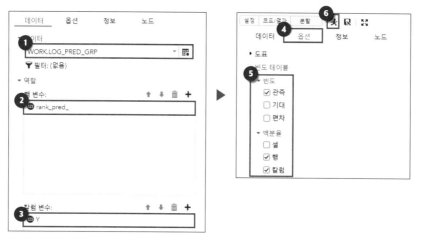

그림 5.35 | 테이블 분석 작업 설정

❶ [데이터]에 앞서 분위수를 산출한 결과 데이터 'WORK.LOG_PRED_GRP'를 할당

❷ [행 변수:]에 'rank_pred_'를 할당

❸ [칼럼 변수:]에 'Y' 할당

❹ [옵션] 탭으로 이동

❺ [빈도 테이블]에서 [관측], [행], [칼럼]을 선택

❻ 🏃 작업 실행

430

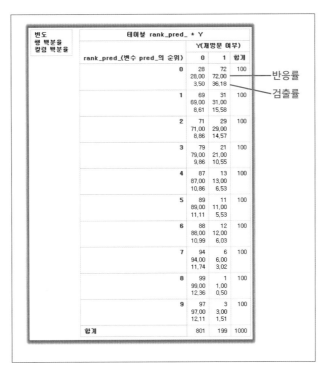

빈도 행 백분율 칼럼 백분율	테이블 rank_pred_ * Y			
		Y(재방문 여부)		
rank_pred_(변수 pred_의 순위)		0	1	합계
0		28 28,00 3,50	72 72,00 36,18	100
1		69 69,00 8,61	31 31,00 15,58	100
2		71 71,00 8,86	29 29,00 14,57	100
3		79 79,00 9,86	21 21,00 10,55	100
4		87 87,00 10,86	13 13,00 6,53	100
5		89 89,00 11,11	11 11,00 5,53	100
6		88 88,00 10,99	12 12,00 6,03	100
7		94 94,00 11,74	6 6,00 3,02	100
8		99 99,00 12,36	1 1,00 0,50	100
9		97 97,00 12,11	3 3,00 1,51	100
합계		801	199	1000

반응률 — (72,00)
검출률 — (36,18)

그림 5.36 | 작업 실행 결과

<그림 5.36>은 작업 실행 결과이다. 결과 테이블의 행은 백분위를 의미하며, 0~9까지가 상위 10%~100%를 의미한다. 열은 실제 재방문 여부를 나타내며, 열이 1인 데이터만 살펴보면 된다. 행과 열이 각각 '0, 1'인 결과는 상위 10%의 재방문 고객의 수와 반응률, 검출률 등을 나타낸다. 결과를 살펴보면 이 모형은 사후 확률 기준 상위 10% 고객은 약 72%가 재방문 고객이었다. 그리고 이 72%의 고객은 전체 재방문 고객의 36%에 해당한다. 이 외 향상도와 누적 지표는 이 표에 기초하여 구할 수 있다.

6

차원 축소

No Code Data Analysis

1

No Code Data Analysis

차원 축소란?

데이터 과학의 차원은 '고려하는 변수의 개수'이다. 따라서 차원 축소는 고려하는 변수를 줄이는 방법이다. 여기서 두 가지 의문이 생긴다. 첫 번째 의문이다. '변수 = 정보'인데, '왜' 굳이 가지고 있는 정보를 줄이는가? 두 번째 의문은 십분 양보하여 차원 축소가 필요하다면, 대체 '어떻게' 줄여야 한다는 말인가?' 이번 단원에서는 차원 축소가 필요한 이유와 그 방법을 알아본다.

표 6.1 | 데이터 과학의 프레임워크

종속 변수 dependent variable	독립 변수 independent variable	대표 방법론	목적	분류
수치형 Numerical	범주형	t-검정t-test 분산 분석ANOVA	회귀 Regression	지도 학습 Supervised Learning
	수치형	상관 분석correlation analysis		
	범주형 /수치형	선형 회귀Linear Regression 포아송 회귀Poisson Regression		
범주형 categorical	범주형	카이제곱 검정Chi-Square Test 피셔의 정확 검정 Fisher's Exact Test 코크란-맨틀-핸첼 검정 Cochran-Mantel-Haenzel Test 맥니마 검정McNemar's Test	분류 classification	
	범주형 /수치형	로지스틱 회귀Logistic Regression 선형 판별 분석 Linear Discriminant Analysis; LDA		
범주형 /수치형	범주형 /수치형	k-인접이웃 K-Nearest Neighbors; k-NN 트리기반 모형Tree Based Model 서포트 벡터 머신 Support Vector Machine; SVM 인공 신경망Neural Network		
없음	수치형	주성분 분석 Principal Component Analysis; PCA 군집 분석Clustering	탐색 Exploration	비지도 학습 Unsupervised Learning
	범주형	연관성 분석 AR: Association Rule		

2 | 차원 축소의 필요성

1 | 변수와 관측치의 관계

회귀 모형은 주어진 독립 변수로 종속 변수를 예측 또는 설명한다. 회귀 모형을 보다 자세히 설명하면, 주어진 데이터에서 오차가 가장 작은 회귀선을 추정한다. 독립 변수가 하나인 경우, 회귀 모형은 관측치 개수에 따라 〈그림 6.1〉과 같이 추정된다.

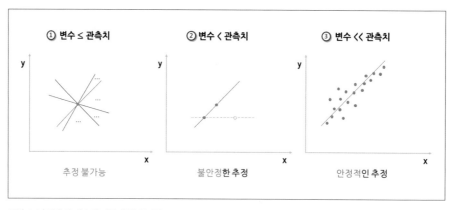

그림 6.1 | 관측치 개수에 따른 추정 회귀선

① '변수 ≤ 관측치'인 경우 회귀 모형은 추정 불가능하다. 〈그림 6.1〉과 같이 정의될 수 있는 회귀선은 무수히 많아지기 때문이다. 하나의 점으로 선을 특정할 수없으며, 이 성질은 독립 변수가 늘어나도 마찬가지로 적용된다. 만약 주어진 데이터의 관측치가 독립 변수보다 적거나 같다면, 차원 축소를 방법을 이용해 문제를 해결할 수 있다. 하지만 변수보다 관측치가 많더라도, 안정적인 모형을 얻기 위해서는 관측치를 충분히 확보해야 한다. 〈그림 6.1〉②번을 살펴보자. 관측치 두 개로 선 하나를 특정할 수 있다. 하지만 이 선은 개별 관측치에 너무 큰 영향을 받는다. 만약, 두 데이터 중 단 하나만 값이 바뀌어도 선은 크게 바뀐다. 따라서 정확한 추정을 위해서는 ③번과 같이 관측치가 변수에 비해 충분히 많아야 한다. 적절

한 표본이 몇 개인지에 대한 논의는 다양하다. 보통은 변수 하나당 최소 관측치 10개 정도가 더 필요하고 생각하면 무난하다.

2 | 시각화의 어려움

차원 축소가 필요한 두 번째 이유는 '표현의 어려움' 때문이기도 하다. 변수가 많을수록 이들 간의 관계를 시각적으로 나타내기 어렵다. 예를 들어, 두 변수의 관계는 산점도 하나로 표현할 수 있다. 하지만 변수가 10개라면 몇 개의 산점도가 필요할까? 변수가 10개인 경우, $_{10}C_2$=45개 그래프가 필요하다. 산점도를 45개나 그리는 것은 여간 번거로운 일이 아니다. 그리고 만약 45개를 그렸다고 할지라도 이 결과로 변수들 간의 관계를 한 눈에 파악하기는 어려울 것이다. 변수가 많은 고차원 데이터의 시각화가 가장 필요한 분석 방법은 다음에 배울 그룹화, 군집 분석이다. 군집 분석은 각 데이터들 간 거리를 이용하여 군집을 만든다. 군집 분석 방법 중에는 군집의 개수를 사전에 정해 주어야하는 경우가 있다. 이때 모든 변수들 간 관계를 고려하여 군집 개수를 정한다면, 불필요하게 많은 시간이 들어갈 것이다. 차원 축소는 주어진 데이터를 충분히 잘 설명하는 보다 적은 수의 데이터를 얻는 것이 주 목적이다. 즉, 가장 중요한 두 변수를 찾아 이들로 관계를 살펴본다면, 완벽하지는 않아도 어느 정도 믿을 수 있는 군집 개수를 얻을 수 있을 것이다. 이 경우 차원 축소는 유용하게 쓰일 수 있다.

3 | 신뢰를 측정하는 방법

'신뢰'는 어떻게 변수로 나타낼 수 있을까? 신뢰는 일상에서 흔히 쓰이는 단어이다. 하지만 이 단어를 딱 뭐라고 정의 내리기는 쉽지 않다. 정확히는 '느낌적인 느낌'으로 사용한다. 관념적이고, 추상적이기 때문이다. 생각해보면 이와 비슷한 단어들은 많다. '사랑, 충성도, 관심, 실망감' 등 이런 변수를 직접적으로 측정하는 것은 불가능에 가깝다. 차원 축소는 이런 관념적인 변수들을 측정하기 위한 도구로 활용된다. 예를 들어, 고객들이 우리 회사를 얼마나 신뢰하는지 알고 싶다면, 이와 관련한 다양한 설문 문항을 구성한다. 가령 'A회사는 내 재산을 잘 관리해 줄 것이다, A회사는 해킹에 대한 대비가 잘 되어 있을 것 같다'와 같은 질문들을 '종합'하여 신뢰도를 측정할 수 있다. 즉, 변수들을 종합하는 과정에서 차원 축소 방법은 유용하게 쓰일 수 있다.

3 차원 축소의 유형

차원 축소의 세부 방법은 다양하며, 지금 계속해서 새로운 방법이 개발되고 있다. 하지만 그 유형은 크게 두 가지로 나눌 수 있다. 첫 번째는 변수 선택 방법이다. 이 방법은 주어진 변수 중 중요도가 낮은 변수를 제거하는 방법이다. 두 번째 방법은 변수 결합으로 특징 추출feature extraction이라고도 한다. 변수 결합은 주어진 변수들을 다양한 알고리즘을 이용하여 더 적은 수의 변수로 줄이는 방법이다. 두 방법의 가장 큰 차이는 변수 선택은 고려하는 변수의 형태가 유지되는 반면, 변수 결합은 원변수의 형태가 변형된다는 점이다.

1 | 변수 선택

변수 선택variable selection 또는 모형 선택model selection 방법은 미리 정한 기준으로 주어진 변수의 중요도를 평가하여 중요도가 낮은 변수를 제거하거나 중요한 변수를 추가하는 등의 방법을 말한다. 앞서 살펴본 전진, 후진, 단계별 선택이 여기에 해당한다. 변수 선택 방법은 주어진 변수의 원형이 유지되는 특징이 있다. 그 때문에 선택 결과를 쉽게 해석할 수 있다는 장점이 있다. 변수 선택은 주로 종속 변수가 주어진 경우, 이 종속 변수를 설명 또는 예측하는 데에 미치는 독립 변수들의 영향을 중심으로 한다.

2 | 변수 결합

변수 결합variable combination은 변수 선택과 대비하여 설명하기 위해 설정한 용어이다. 보통은 특징 추출feature extraction이나 차원 축소dimension reduction라고 부른다. 이 방법은 주어진 변수들에 어떤 함수를 취해 새로운 변수로 탈바꿈하는 방법이다. 보통은 종속 변수를 보다 잘 설명하도록 결합하거나 주어진 변수들의 변이(정보)를 최대한 추출하도록 결합한다. 전통적인 변수 결합 방법으로는 주성분 분석과 요인 분석이 있으며, 최근에는 인공신경망을 활용한 오토 인코더와 같은 방법도 많이 쓰이는 추세이다. 변수 결합은 변수 선택과 달리 주어진 변수의 원형이 유지되지 않는다. 그 때문에 변수 결합 결과는 대체로 어렵지만, 결합 함수가 단순한 경우 어느 정도 유의미한 해석이 가능한 경우도 있다.

표 6.2 | 차원 축소의 유형

유형	지도 학습	비지도 학습
변수 선택	후진 제거 전진 선택 단계별 선택 LASSO	
변수 결합	선형 판별 분석	주성분 분석 요인 분석 변수 군집화 오토 인코더

2

No Code Data Analysis

주성분 분석

주성분 분석principal component analysis; PCA은 서로 상관관계를 가지는 변수들을 상관 관계를 가지지 않는 더 적은 수의 변수들로 줄이는 차원 축소 방법이다. 주성분 분석은 주성분principal component이라는 인공 변수를 만든다. 주성분 분석은 그 자체만 으로도 유의미한 분석 방법이다. 하지만 군집 분석, 회귀 분석 등과 같은 다른 분석 방법들의 한 과정으로 활용하기도 한다.

1

주성분 분석이란?

1 | 주성분 분석이란?

데이터 과학에서 차원은 고려하는 변수의 개수를 의미한다. 따라서 차원 축소는 고려하는 변수의 개수를 줄이는 방법이라 할 수 있다. 예를 들어 '평균 점수'는 대 표적인 차원 축소 사례이다. 수학, 영어, 국어, 과학 등 여러 과목 점수의 평균을 구하면, 4과목으로 표현되어 있는 '성적'을 한 변수를 축소할 수 있다. 그래서 보통 학창 시절 공부를 얼마나 잘하는지 가늠할 목적으로 평균 점수나 반 등수를 물어

본다. 하지만 평균 점수에는 한 가지 함정이 있다. 분산이 고려되지 않는다는 점이다. 그 결과 어려운 시험에서 얻은 높은 점수와 쉬운 시험에서 얻은 높은 점수가 같은 중요도(또는 가중치)를 가진다. 그 결과 어려운 시험에서 높은 점수를 얻은 학생이 억울하게 된다. 주성분 분석은 주어진 변수들의 분포를 고려하여 데이터를 잘 설명할 수 있도록 이 가중치를 다르게 정하는 방법이다.

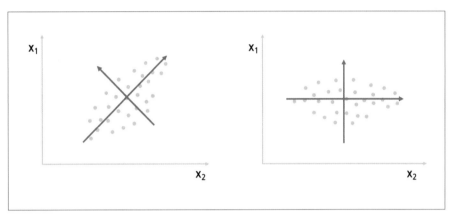

그림 6.2 | 주성분 분석이 적합한 데이터

주성분 분석은 〈그림 6.2〉 왼쪽과 같이 데이터의 변동을 가장 잘 설명할 수 있도록 축을 변경하는 과정이라고 볼 수 있다. 오른쪽 그래프는 이미 주어진 x축과 y축으로도 충분히 데이터의 변동을 잘 설명하고 있기 때문에 주성분 분석을 하기에 좋지 않은 데이터라고 할 수 있다. 주성분 분석은 보통 주어진 변수들이 서로 상관되어 있어 이들 간 중복된 정보를 제외시키는데 유용하다. 이들 간의 중복된 정보를 제외시키는 데에 유용하다. 그 때문에 주성분 분석에 앞서 상관 분석을 통해 변수들 간 상관관계를 살펴보는 경우가 많다.

2 | 주성분 분석의 목적

주성분 분석은 크게 3가지 목적으로 사용한다. 첫째, 독립 변수의 차원을 축소하여 모형을 적합하는 것이다. 이 방법은 과적합, 다중 공선성 등의 문제를 사전에 예방하여 모형의 정도를 높일 수 있다(모형에 대한 직접 해석이 제한되는 단점이 있음). 둘째, 데이터의 잡음 제거에 사용한다. 제1, 2 주성분 등 상위 주성분은 데이터의 핵심 정보만을 포함하는 반면, 하위 주성분은 중요도가 낮은 정보를 포함한다. 이 때문에 상위 주성분을 활용할 경우, 잡음 제거denoising 효과를 기대할 수 있다(실제 주성분 분석을 이용해 이미지 데이터의 잡음을 제거하기도 함). 셋째, 데이터 특성 파악을 위해 이용된다. 주성분을 이용한 시각화를 통해 각 관측치가 어떻게 분포하는지 확인할 수 있다. 이런 정보는 군집 분석 및 분류 분석 등에 유용하게 이용될 수 있다.

2 주성분이란?

1 | 주성분이란

주성분principal component은 주어진 변수들의 선형 결합을 통해 만들어지는 인공 변수이다. 주성분은 주어진 변수들의 정보 또는 변이, 분산을 잘 보존하면서 각 주성분들이 서로 직교orthogonal하도록 추정한다. 여기서 직교한다는 의미는 서로 상관관계가 없다는 의미이다. 또한 주성분은 주어진 변수의 개수만큼 구할 수 있다. 각 주성분 간에는 우열이 있다. 특별한 경우가 아니면, 제1 주성분은 주어진 데이터의 정보를 가장 많이 내포한다. 그 다음은 제2 주성분, …, 제p 주성분(변수가 p개인 경우) 순으로 보유 정보 크기가 작아진다.

2 | 제1 주성분을 얻는 방법

제1 주성분을 구하는 방법을 이해하면, 나머지 주성분을 구하는 방법도 쉽게 이해할 수 있다. 대상 변수가 3개인 경우, 제1 주성분은 선형 회귀 모형과 같이 주어진 변수들의 선형 결합으로 다음과 같이 표현된다.

식 6.1 | 제1 주성분

$$PC_1 = a_{11}X_1 + a_{12}X_2 + a_{13}X_3$$

〈식 6.1〉에서 PC1은 제1 주성분을 의미한다. 그리고 'X1, X2, X3'은 차원 축소 대상 변수들이다. 제1 주성분을 구한다는 의미는 각 변수의 계수 a_{11}, a_{12}, a_{13}을 추정한다는 의미이다. 이 계수 값은 $a_1=(a_{11}, a_{12}, a_{13})$와 같이 벡터로 표현할 수 있으며, 이 벡터를 고유 벡터eigen vector라고 한다. 제1 주성분은 고유 벡터의 각 값 'a_{11}, a_{12}, a_{13}'의 제곱합을 1로 제한하고, PC_1의 분산이 최대가 되도록 추정한다. 이와 같은 제약이 필요한 이유는 고유 벡터의 크기를 제한하지 않으면, 분산도 무한하게 커지기 때문이다.

3 | 제2 주성분을 얻는 방법

제2 주성분을 구하는 방법은 제1 주성분을 구하는 방법과 같다. 다만, 제2 주성분은 제1 주성분과 직교한다는 조건이 추가된다. 직교orthogonal한다는 의미는 두 주성분의 고유 벡터의 곱이 0이라는 의미이다. 개념은 어렵지만 쉽게 설명하면, 제1 주성분과 상관관계를 갖지 않는다는 의미이다. 제1 주성분과 제2 주성분의 기하학적 의미는 〈그림 6.3〉과 같다.

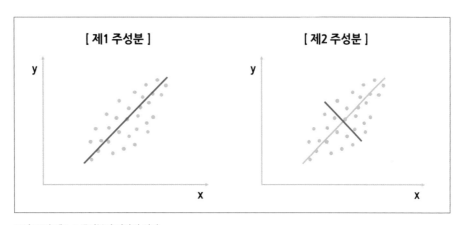

그림 6.3 | 제1, 2 주성분의 기하적 의미

주성분 분석 대상 변수가 x, y로 두 개인 경우, <그림 6.3>과 같이 데이터를 산점도로 나타낼 수 있다. 이때 제1 주성분은 주어진 데이터를 가장 잘 설명하는 직선을 의미한다. 제1 주성분을 그래프로 나타내면 <그림 6.3>의 오른쪽과 같은 파란색 직선으로 표현된다. 제2 주성분은 제1 주성분과 '직교'한다는 제약이 추가된다. 그 결과 <그림 6.3>의 왼쪽과 같은 직선으로 표현된다.

대상 변수가 3개인 경우, 고유 벡터의 성질을 식으로 나타내면 <식 6.2>와 같다. 아래 식의 (1)은 고유 벡터의 크기를 1로 제한한다는 의미이다. (2)는 각 주성분이 서로 직교한다는 의미의 제약식이다.

식 6.2 | 고유 벡터의 성질

(1) $a_i^T a_i = a_{i1}^2 + a_{i3}^2 = 1$

(2) $a_i^T a_j = a_{i1} a_{j1} + \cdots + a_{i13} a_{j13} = 0$

<식 6.2>와 같은 조건을 만족하고, 분산이 최대가 되도록 주성분을 추정하면 <식 6.3>과 같은 선형식을 얻을 수 있다. 이 선형식을 통해 입력 변수 값에 따라 추출한 값을 주성분 점수principal score라고 한다. 그리고 각 주성분의 분산을 고윳값eigenvalue이라고 한다. 고윳값은 그리스어에서 'e'에 해당하는 'λ'(람다라고 읽는다)로 나타낸다. 주성분 분석에서 고윳값은 해당 주성분이 얼마나 많은 정보를 내포하고 있는가를 의미한다. 보통 고윳값은 제1 주성분, 제2 주성분, … 순으로 점점 작아진다.

식 6.3 | 세 변수에서 추출한 주성분 식

$PC_1 = a_{11}X_1 + a_{12}X_2 + a_{13}X_3$

$PC_2 = a_{21}X_1 + a_{22}X_2 + a_{23}X_3$

$PC_3 = a_{31}X_1 + a_{32}X_2 + a_{33}X_3$

3

주성분 개수의 결정

1 | 누적 정보량 비율 기준 선정

이 방법은 주성분 분석 결과로 얻은 주성분이 설명하는 정보량의 비를 기준으로 주성분 개수를 정하는 방법이다. 이때 정보량은 각 주성분의 고윳값 비율로 측정한다. 예를 들면, 주성분 분석으로 'PC$_1$, PC$_2$, PC$_3$'과 같이 주성분 세 개를 얻은 경우를 생각해보자. 이 경우 고윳값 비는 다음과 같이 구할 수 있다.

식 6.4 | 세 주성분에 대한 고윳값 비율

$$\lambda'_1 = \frac{\lambda_1}{\lambda_1 + \lambda_2 + \lambda_3} \qquad \lambda'_2 = \frac{\lambda_2}{\lambda_1 + \lambda_2 + \lambda_3} \qquad \lambda'_3 = \frac{\lambda_3}{\lambda_1 + \lambda_2 + \lambda_3}$$

각 주성분에 의해 설명되는 분산의 정도를 PVE^proportion of variance explained라고 한다. 그리고 만약 세 주성분의 고윳값 비가 각각 '60%, 25%, 15%'라면, 기준 누적 비율을 정해, 해당 기준을 만족할 때까지 주성분을 추가한다. 통상 80%라는 기준이 많이 쓰이지만, 절대적인 기준은 아니다. 예제 상황에서 80%를 기준으로 할 경우, 'PC$_1$, PC$_2$' 두 주성분이 선정된다.

2 | 개별 주성분의 고윳값 크기

카이저^Kaiser의 규칙은 개별 주성분의 고윳값 크기가 1보다 작은 경우, 대상에서 제외해야 한다는 규칙이다. 이 규칙을 이해하기 위해서는 '고윳값 크기가 1보다 작다'의 의미를 이해할 필요가 있다. 특정 주성분의 고윳값 크기가 1보다 작으면, 원 변수(주성분 분석 이전의 변수)가 가진 정보 중 가장 작은 것보다 더 작은 정보를 가진다 의미와 같다. 따라서 주성분이 가치 있는 정보를 가지고 있다고 보기 어렵다. 그래서 1을 기준으로 삼는 것이다. 하지만 이 규칙 역시 절대적인 것은 아니며, 이 규칙을 완화하여 1대신 0.7을 사용하는 경우도 있다.

3 | 스크리 도표

스크리 도표scree plot는 제1 주성분부터 마지막 주성분을 x축으로 하고, 각 주성분의 고윳값을 y축으로 하여, 그린 그래프이다. 스크리 도표는 앞서 살펴본 주성분 선택 방법을 보다 쉽게 사용하기 위한 도표이다. 스크리 도표를 활용한 주성분 선택 기준은 다음과 같이 세 가지가 주로 쓰인다.

❶ '고윳값 > 1'인 주성분까지 사용
❷ 'PVE≈80%'인 주성분까지 사용(보통 70~90%사이를 선택)
❸ 스크리 도표에서 고윳값이 크게 떨어지는 elbow지점 이전까지 사용

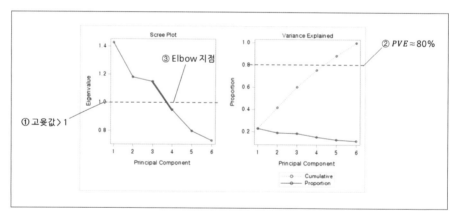

그림 6.4 | 스크리 도표

첫 번째 선정 기준을 이용할 경우 고윳값이 1이상인 3번째 주성분까지 이용하는 것이 좋다. 두 번째 기준인 PVE를 이용하는 경우 도표 오른쪽 'Variance Explained'에서 확인할 수 있다. 이 도표의 점선을 기준으로 0.8 미만에 있는 주성분은 1, 2, 3, 4 총 4개이다. 즉, 두 번째 방법을 이용할 경우 제4 주성분까지 선택된다. 세 번째 방법을 이용하면 왼쪽 도표에서 고윳값Eigenvalue가 급격히 감소하

446

는 4번 주성분부터 제외하는 것이 타당하다. 정리하면 ①번 방법은 제 1~3번 주성분, ②번 방법은 제 1~4번 주성분, ③번 방법은 제 1~3번 주성분이 선택되었다. 이와 같이 적당한 주성분 개수는 선택 방법에 따라 달라진다. 따라서 여러 기준으로 적당한 주성분 개수를 확인한 뒤, 목적에 맞도록 선택하는 것이 좋다.

4 표준화

주성분 분석은 상관 행렬correlation matrix과 공분산 행렬covariance matrix 중 하나를 택하여 주성분을 추출할 수 있다. 공분산 행렬을 이용한 주성분 분석은 각 변수의 척도scale에 영향을 받는다. 이런 척도에 영향을 받는 것을 의도하지 않았다면, 두 가지 대안을 선택할 수 있다. 첫 번째는 상관 행렬을 이용한 주성분 분석을 수행하는 것이다. 상관 행렬은 상관계수에 기초한 주성분 분석 방법으로 상관 행렬의 척도 불변성scale invariant으로 개별 변수의 단위에 영향을 받지 않는다. 또 다른 방법은 사전에 각 변수를 표준화 하는 것이다. 표준화된 변수에 대한 공분산 행렬은 상관 행렬과 같다. 하지만 공분산 행렬에 기초한 주성분 분석이 갖는 장점 역시 존재한다. 상관 행렬에 기초한 주성분의 경우 각 변수의 측정 단위를 임의의 단위로 변경하는 것과 같기 때문에 만약 측정 단위가 동일한 자료인 경우 공분산 행렬에 기초한 주성분 분석이 더 타당한다.

5 실습

실습에서는 [주성분분석] 작업을 이용한 주성분 분석 방법을 알아본다. 실습에는 218명 고객을 대상으로 신규 개발한 VR기기 가용성 조사 결과 데이터를 이용한다. 이 데이터는 유용한지useful, 사용하기 쉬운지easy to use, 배우기 쉬운지easy to learn, 효과적인지effective, 효율적인지efficient를 100점 만점으로 나타낸 데이터이다. 이 데이터를 활용하여, 5개 항목을 주성분으로 묶고, 주성분을 통해 평가를 비슷하게 한 고객 그룹이 몇 개인지 살펴보자.

데이터 6.1 | 새로 개발한 VR기기의 가용성(usability) 조사 결과(데이터: PE620)

User ID	Useful	Easy to use	Easy to learn	Effective	Efficient
1	52	78	94	23	29
2	76	79	89	88	99
3	57	79	90	29	34
4	51	69	68	83	58
5	51	74	90	32	22
…	…	…	…	…	…
213	82	73	85	82	87
214	49	89	98	32	16
215	51	69	74	73	58
216	50	80	89	30	31
217	48	81	90	32	30
218	52	63	72	79	63

1 | 작업 및 데이터 가져오기

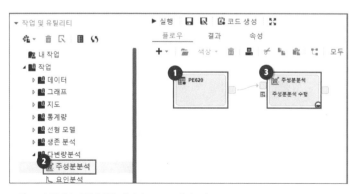

그림 6.5 | 주성분 작업과 실습 데이터 PE620 가져오기

448

❶ 'PE620' 데이터를 플로우로 이동

❷ [작업]의 [다변량분석]에서 [주성분분석] 작업을 플로우로 이동

❸ [주성분분석] 노드를 더블클릭

2 | 데이터 및 옵션 설정

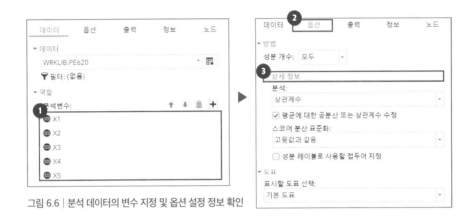

그림 6.6 | 분석 데이터의 변수 지정 및 옵션 설정 정보 확인

❶ [분석변수:]에 X1······ X5 변수 할당

❷ [옵션] 탭으로 이동

❸ [상세 정보 확장]

〈그림 6.6〉의 [분석 변수:]는 주성분 분석 대상 변수를 의미한다. [상세 정보]에
서는 주성분 분석에 관한 다양한 옵션 정보가 포함되어 있다. 이중 [분석:]은 주성
분 분석에 '상관계수, 공분산' 중 무엇을 사용할지 정하는 옵션이다. 실습에서는 일
반적으로 많이 사용하는 기본 옵션을 그대로 사용한다.

3 | 출력 데이터 설정

출력 데이터 설정에서는 추출한 주성분 점수를 각 관측치별로 출력하여, 데이터로 저장하는 방법을 알아본다. 이 결과 데이터는 이후 산점도를 통해 그래프로 나타낼 때 활용할 수 있다.

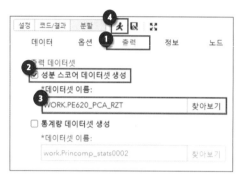

그림 6.7 | 출력 데이터셋 이름 지정

❶ [출력] 탭으로 이동
❷ [출력 데이터셋]의 [성분 스코어 데이터셋 생성] 체크
❸ [데이터셋 이름:]에 'WORK.PE620_PCA_RZT' 입력
❹ 버튼을 눌러 작업을 실행

4 | 주성분 분석 결과

[주성분분석] 작업을 실행하면, 크게 입력 데이터에 대한 정보, 고윳값과 고유 벡터, 스크리 도표 세 유형의 도표가 출력된다. 각각을 살펴보자.

■ 입력 데이터에 대한 정보

결과로 출력되는 입력 데이터 정보는 〈그림 6.8〉과 같이 관측치와 변수 개수, 각 변수의 평균과 표준편차, 각 변수간 상관계수가 포함되어 있다.

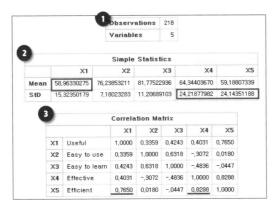

그림 6.8 | 입력 데이터에 대한 기술통계 및 상관분석 표

❶ 관측치와 분석 변수 개수를 나타낸 표이다. 분석 데이터의 관측치 Observation는 218
개이며, 분석 변수 Variables은 5개이다.

❷ 입력 변수의 평균 Mean과 표준편차 StD 정보이다. 표를 살펴보면, X1 Useful은 평균이
58.96이고, 표준편차가 15.32인 것을 알 수 있다. 각 변수별로 비교해보면, X3가 대체
로 높은 점수를 받았고, X4 Effective와 X5 Efficient는 사람에 따라 평이 갈리는 것으로
보인다(편차가 큼).

❸ Correlation Matrix는 각 분석 변수들 간 상관관계를 살펴보기 위한 상관계수를 출력한
표이다. 만약 모든 변수들이 선형 상관관계를 가지지 않는다면, 주성분 분석의 차원 축
소 효과는 기대하기 어렵다. 이 경우, 'X1 Useful, X5 Efficient'가 0.765로 높은 선형 상
관관계를 갖는 것을 알 수 있다. 이 외에도 X4 Effective와 X5 Efficient도 0.8288로 높
은 선형 상관관계를 가진다. 즉, 주성분 분석을 통한 차원 축소 효과를 기대할 수 있다.

2 고윳값과 고유 벡터

주성분 분석은 결과로 고윳값과 고유 벡터를 출력한다. 이 출력 결과를 통해 주성
분을 구하고, 활용할 수 있다.

Eigenvalues of the Correlation Matrix				
	Eigenvalue	Difference	Proportion	Cumulative
1	2,35293732	0,30826117	0,4706	0,4706
2	2,04467615	1,62335722	0,4089	0,8795
3	0,42131893	0,28893628	0,0843	0,9638
4	0,13238265	0,08369769	0,0265	0,9903
5	0,04868496		0,0097	1,0000

Eigenvectors						
		Prin1	Prin2	Prin3	Prin4	Prin5
X1	Useful	0,492230	0,401861	-,301415	-,663307	0,255715
X2	Easy to use	-,046806	0,595102	0,801404	-,029233	0,023680
X3	Easy to learn	-,096760	0,641200	-,464813	0,584623	0,147188
X4	Effective	0,582580	-,261482	0,224971	0,407844	0,612600
X5	Efficient	0,637775	0,069653	0,015424	0,225939	-,732875

그림 6.9 | 고윳값과 고유 벡터 정보

❶ 'Eigenvalues of the Correlation Matrix'는 상관계수로부터 얻은 고윳값을 나타낸다. 표의 첫 번째 행 1은 제1 주성분에 대한(행 순서대로) 고윳값, 고윳값의 차이, PVE, 누적 PVE를 나타낸다. 먼저 제1 주성분의 고윳값은 약 2.35이고, 제2 주성분과는 0.30정도 차이가 난다. 그리고 이 고윳값은 전체 고윳값 합계 중 약 47% 정도를 차지한다. 이어서 제2 주성분의 경우, PVE는 약 40%로 제1 주성분에 비해 7% 정도 낮은 걸 알 수 있다. 또한 제2 주성분까지 누적 PVE는 87.95%이다.

❷ 'Eigenvectors'는 각 주성분별 분석 변수의 가중치를 표로 나타낸 결과이다. 제1 주성분을 대표로 살펴보면, 제1 주성분의 경우 'Useful, Effective, Efficient'가 높을수록 주성분점수가 높아지며, 이중 Efficient의 가중치가 0.63으로 제일 높은 것을 알 수 있다. 하지만 'Easy to use, Easy to learn'의 경우, 높을수록 점수가 낮아진다.

3 스크리 도표

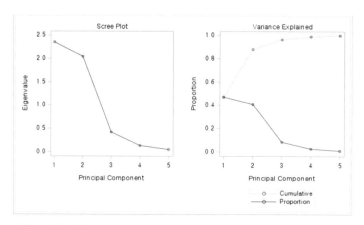

그림 6.10 | 스크리 도표

스크리 도표는 앞서 주성분 개수의 결정에서 살펴본 것과 같다. 이 도표를 통해 적당한 주성분 개수를 추정하면, 대략 2개인 것을 알 수 있다. 제2 주성분 이후로는 고윳값이 1보다 작은 것은 물론이고, 누적 비율(그래프 왼쪽의 점선) 역시 제2 주성분에 0.8을 초과하기 때문이다. 그리고 제3 주성분부터 고윳값이 크게 하락하는 것도 알 수 있다.

5 | 산점도를 활용한 시각화

제1, 2 주성분을 이용하여, 산점도를 그리는 방법을 알아보자.

1 작업 가져오기

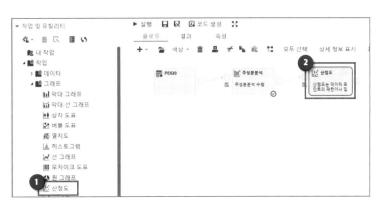

그림 6.11 | 산점도 작업 설정

❶ [작업]의 [그래프]에서 [산점도] 작업을 플로우로 이동
❷ [주성분분석] 노드와 연결한 뒤, [산점도] 노드를 더블클릭

❷ 작업 설정

그림 6.12 | 산점도 작업의 입력 데이터 및 역할 설정

❶ [데이터]에 앞서 주성분 분석 결과로 얻은 'WORK.PE620_PCA_RZT' 데이터를 할당
❷ [역할]의 [X축:]에는 제1 주성분 'Prin1'을 할당하고, [Y축:]에는 제2 주성분 'Prin2'를 할당
❸ 🏃 버튼을 눌러 작업을 실행

❸ 결과

〈그림 6.13〉은 제1, 2 주성분으로 그린 산점도 그래프이다. 그래프를 살펴보면, 두 주성분만으로도 고객의 특성을 잘 나눌 수 있는 것으로 보인다. 고객은 크게 세 가지 유형으로 나뉘었다. 먼저 왼쪽부터 순서대로 살펴보면, 첫 번째 고객들은 제2 주성분 점수는 높지만, 제1 주성분 점수는 낮은 고객들이다. 제1 주성분 점수의 경우 'Useful, Effective, Efficient'에 비례했다. 즉 이 고객들은 새로운 VR기기의 쓰임에 대해 긍정적으로 바라보는 고객들이다. 반면, 두 번째 고객들은 제1 주성분 점수는 보통이고, 제2 주성분 점수가 낮은 고객들이었다. 제2 주성분 점수는 'Effective'에 반비례했다. 즉, 다른 부분들은 보통 이상으로 바라보았지만, VR기기의 효과성에 대해서는 부정적인 고객들이다. 마지막으로 세번째 그룹의 고객들은 제1, 2 주성분 점수가 모두 높은 고객들이다. 전반적으로 모든 면에서 높게 평

가한 고객들로 추정된다.

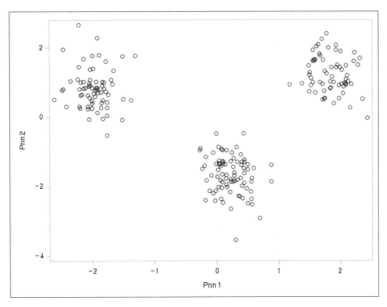

그림 6.13 | 제1, 2 주성분을 활용한 산점도 그래프

3

No Code Data Analysis

요인 분석

요인 분석factor analysis(또는 인자 분석)은 관찰된 변수들 간의 관계를 이용하여, 표면적으로 관찰하기 어려운 잠재 요인latent factor을 찾아 변수를 줄이는 차원 축소 방법이다. 예를 들어 미국의 대입 능력 시험 SAT는 다양한 과목으로 시험을 치르지만 '언어'와 '수리' 두 능력을 측정한다. 이와 같이 요인 분석은 직접 관찰하기 어려운 '신념, 선호, 신뢰 등'과 같은 관념적인 변수들을 관찰로 측정한 다양한 변수를 통하여 추론하고, 이러한 잠재 요인의 선형 결합으로 관찰한 변수를 표현한다.

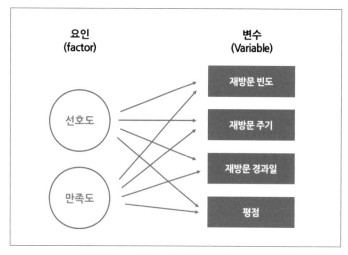

그림 6.14 | 변수와 요인

1 주성분 분석과 요인 분석

주성분 분석과 요인 분석은 관측한 변수를 보다 적은 수의 변수로 줄인다는 점에서 비슷하다. 하지만 이 두 분석 방법은 몇 가지 차이가 있다. 첫째 주성분 분석은 관측한 변수들의 선형 결합으로, 새로운 변수를 만든다. 반면 요인 분석은 추정한 요인들의 선형 결합으로 각 변수를 표현한다. 둘째, 주성분 분석에서 추정한 주성분 간에는 '순서'가 존재한다. 하지만 요인에는 순서가 없다. 셋째, 주어진 변수로 구성된 주성분에는 오차항이 없다. 하지만 요인의 경우, 각 변수 중 요인들로 설명되지 않는 부분이 존재하기 때문에 오차가 있다. 예를 들어, '평점'은 '선호도, 만족도' 외에도 사회적인 요인이 작용할 수도 있다. 가령 주변 사람 모두가 좋다고 말한다면, 본인은 그렇게 마음에 들지 않아도 이상한 사람이 되지 않으려고 높은 평점을 줄 수 있기 때문이다.

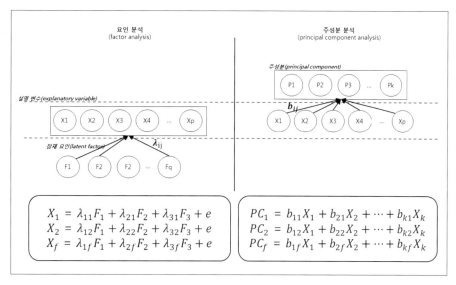

그림 6.15 | 요인 분석 vs. 주성분 분석

요인 분석 모형은 〈그림 6.16〉과 같은 구조를 가진다. 분석 모형은 개념적으로 는 요인들의 선형 결합을 통해 각 변수 'X$_1$, X$_2$, …, X$_q$'를 추정한다. 하지만 관측 변 수는 이미 관측된 변수로 실제 요인 분석 과정은 이 관측 변수들을 이용하여, 요인 과 요인 적재값을 추정한다. 요인들의 선형 결합과 실제 변수 값 간에 차이가 발 생한다. 이 차이를 특수 요인specific factor이라고 한다. 모형은 보통 주성분 요인법 principal factor method이나 최대 우도 추정법maximum likelihood method을 이용하여, 요인 적재값을 추정한다.

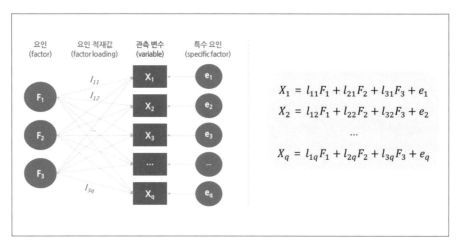

그림 6.16 | 요인 분석 모형의 구조

1 | 주성분 요인법

주성분 요인법principal factor method은 관측값 X의 분산과 공분산 행렬 또는 상관계 수 행렬의 고윳값과 고유 벡터를 이용하여 요인 적재값과 특수 분산을 추정하는 방법이다. 따라서 이 방법은 주성분 분석과 같은 과정으로 수행된다.

2 | 최대 우도 추정법

최대 우도 추정법maximum likelihood method은 X가 다변량 정규분포를 따른다고 가정하고, 우도 함수를 구한다. 그리고 우도 함수가 최대가 되는 요인 적재값과 특수 분산을 추정한다. 다변량 정규분포를 따른다는 가정이 까다로울 수 있지만, 추정 신뢰도가 높아 자주 사용한다.

3 | 요인 회전

요인 적재값을 추정하면, 각 변수들을 요인 적재값을 축으로 하여 좌표 평면에 〈그림 6.17〉과 같이 나타낼 수 있다. 그림 왼쪽의 경우, 변수 'X1, X5, X3'는 F1 요인으로 묶이고, 'X4, X2'는 F2 요인으로 묶이는 것을 알 수 있다. 하지만 그림 오른쪽을 살펴보면, 'X1, X3, X5' 요인은 F1과 F2 모두에서 높은 값을 가져 어느 한 요인으로 묶이지 않는다. 요인 회전factor rotation은 이와 같은 상황이 발생하지 않도록 축을 회전한다. 축을 회전하면 각 변수들이 하나의 인자에서는 큰 값을 갖고, 다른 인자에서는 작은 값을 갖게 된다. 그 결과 〈그림 6.17〉 오른쪽의 적색 축에

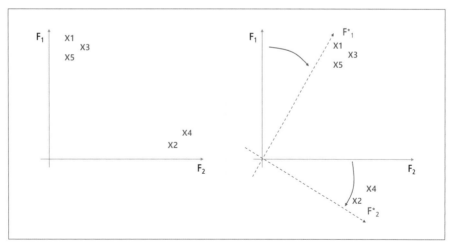

그림 6.17 | 요인 적재값을 기준으로 그린 각 관측 변수의 위치

서와 같이 각 변수를 보다 명확하게 구분할 수 있게 된다. 요인 회전 방법에는 요인 축이 직교하도록 회전하는 직교 회전 방법과 이를 고려하지 않는 사각 회전 방법 등이 있다. 보통은 직교 회전 방법을 많이 사용하며, 특히 이중 'Varimax' 방법이 많이 쓰인다.

1 | 직교 회전

직교 회전orthogonal rotation은 요인 축이 직교하도록 축을 회전하는 방법이다. 이 방법은 크게 Varimax와 Quartimax 방법이 있다. 첫 번째, Varimax 회전은 일반적으로 많이 사용하는 직교 회전 방법이다. 이 방법은 요인 부하 행렬의 열column의 값을 1이나 0에 가깝도록 회전시키는 방법이다. Varimax는 그 이름과 같이 각 열의 요인 적재값들의 제곱의 분산을 최대가 되게 한다. 두 번째, Quartimax 회전은 되도록 한 변수를 설명하는 요인 수를 최대한 줄여서 변수의 해석에 중점을 두는 방법이다.

2 | 사각 회전

사각 회전oblique rotation은 요인 축이 직교하지 않아도, 각 변수의 요인 적재값이 한 요인에서만 커지도록 축을 설정하는 방법이다. 사각 회전 방법에는 Covarimin, Quartimin, Oblimin 회전 등이 있다. 이중 Oblimin 회전이 가장 많이 쓰인다. 이 방법은 요인 축이 직교하지 않아도 요인 적재값이 0 또는 1에 가깝도록 축을 설정한다. 사각 회전 방법은 축이 직교한다는 조건을 배제하기 때문에 해석이 보다 용이하다는 장점이 있다.

4 요인의 개수

요인 분석은 주성분 분석과 같이 관측 변수만큼 요인을 얻을 수 있다. 하지만 요인 분석의 목적은 주어진 변수들을 공통적으로 설명하는 요인을 찾는 것으로 주어진 변수만큼 요인을 얻는 것은 목적에 맞지 않다. 따라서 적당한 요인의 개수를 결정해 주어야 한다. 요인을 정하는 방법은 고윳값을 이용한 방법과 요인 적재값을 이용한 방법 두 가지가 있다.

1 | 고윳값을 이용한 방법

요인 분석도 주성분 분석과 같이 고윳값을 이용하여, 적당한 요인의 개수를 정할 수 있다. 요인 개수를 정하는 기준은 '카이저의 규칙'인 1을 이용하기도 하지만, 요인 분석에서 이 기준 값은 너무 과하다는 주장이 있어 보통은 1 대신 0.7을 많이 이용한다.

2 | 요인 적재값을 기준으로 하는 방법

보통 관찰한 표본이 50개 이상인 경우, 요인 적재값이 0.3보다 크면 요인이 유의한 것으로 알려져 있다.

5 요인 스코어

요인 스코어factor score는 요인 분석으로 추정한 〈그림 6.18〉 왼쪽의 관계식을 그림 오른쪽과 같이 각 요인(F1, F2, …)에 관한 식으로 풀어 추정한 점수를 의미한다. 요인 스코어는 회귀 분석, 가중 회귀 등의 방법을 이용하여 추정한다. 요인 스코어는 데이터 특성 파악이나 회귀 분석, 판별 분석 등과 같은 이후 분석에서 유용하게 쓰일 수 있다.

$$X_1 = l_{11}F_1 + l_{21}F_2 + l_{31}F_3 + e_1$$
$$X_2 = l_{12}F_1 + l_{22}F_2 + l_{32}F_3 + e_2$$
$$\cdots$$
$$X_q = l_{1q}F_1 + l_{2q}F_2 + l_{3q}F_3 + e_q$$

▶

$$F_1 = B_{11}X_1 + B_{12}X_2 + \cdots B_{1q}X_q + \epsilon_1$$
$$F_2 = B_{21}X_1 + B_{22}X_2 + \cdots B_{2q}X_q + \epsilon_2$$
$$F_3 = B_{31}X_1 + B_{32}X_2 + \cdots B_{3q}X_q + \epsilon_3$$

그림 6.18 | 요인 스코어

6 실습

데이터 6.2 | 설문 응답 결과를 코딩한 데이터

ID	X11	X12	X13	X14	X21	X22	X23	X24	X31	X32	X33	X34
1	3	3	1	5	5	4	4	4	2	2	2	1
2	1	1	1	1	1	1	1	2	1	1	1	1
3	3	1	2	1	4	2	2	5	2	2	4	1
4	3	2	3	1	3	5	4	5	4	2	5	5
5	5	5	5	5	3	3	3	2	2	4	2	2
…	…	…	…	…	…	…	…	…	…	…	…	…
495	3	4	4	4	1	1	1	1	5	5	4	5
496	2	3	5	2	5	5	5	4	2	1	1	2
497	4	3	4	2	4	5	4	4	3	1	2	3
498	2	2	3	4	5	2	3	3	5	4	5	5
499	3	4	2	1	1	1	2	1	2	2	3	3
500	4	3	4	3	1	1	1	2	3	2	5	4

S전자는 새로운 디바이스에 대한 소비자들의 느낌을 조사하려고 한다. 조사는 무작위로 선정한 고객 500명을 대상으로 총 12개의 문항을 물어 수행했다. 각 문항들은 제품에 대한 '유용성, 용이성, 유희성'을 측정할 목적으로 설계되었다. 문항에 대한 응답은 '1=매우 아니다, 2=아니다, 3=보통이다, 4=그렇다, 5=매우 그렇다'로 변경하여 기록했다(이와 같은 척도를 리커트 척도라고 함). 〈데이터 6.2〉는 조사 결과를 데이터로 코딩한 결과이다. 이 결과를 이용하여, 각 문항들이 '유용성, 용이성, 유희성'을 제대로 측정하고 있는지 그 타당성을 요인 분석을 통해 확인해 보자.

각 측정 변수별로 측정을 목적으로 한 잠재 요인과 세부 문항 내용은 〈표6.3〉과 같다.

표 6.3 | 변수의 의미

잠재 요인		측정 측도	
		변수 명	질문
Factor1	유용성 (Usefulness)	X11	이 디바이스를 사용한다면, 원하는 작업을 쉽게 할 수 있다
		X12	이 디바이스는 작업 수행 시간을 단축하는 데 도움이 된다
		X13	이 디바이스는 정보를 탐색하는 데에 도움이 된다
		X14	이 디바이스는 필요한 기능을 충분히 지원한다
Factor2	용이성 (Ease of use)	X21	이 디바이스의 사용법은 배우기 쉽다
		X22	이 디바이스는 원하는 작업을 수행하기 쉽다
		X23	이 디바이스는 언제 어디서나 쉽게 사용할 수 있다
		X24	이 디바이스 사용 방법은 다른 사람 설명하기 쉽다
Factor3	유희성 (Enjoyment)	X31	이 디바이스는 내가 원하는 대로 다룰 수 있다
		X32	이 디바이스는 조작감이 재미있다
		X33	이 디바이스는 이용하는 동안 재미있고, 즐거웠다
		X34	이 디바이스는 제공하는 기능은 흥미롭고 재미있다

1 | 작업 및 데이터 가져오기

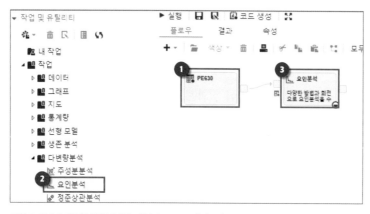

그림 6.19 | 요인분석 작업과 실습 데이터 PE630 가져오기

❶ 'PE620' 데이터를 플로우로 이동

❷ [작업]의 [다변량분석]에서 [요인분석] 작업을 플로우로 이동

❸ [요인분석] 노드를 더블클릭

2 | 데이터

[데이터] 탭에서는 요인 분석에 활용할
(차원 축소 대상) 변수를 지정한다. 실습 예
제의 경우, 총 12개 변수를 모두 투입하
면 된다.

그림 6.20 | 분석 데이터 및 변수 지정

❶ 데이터 탭에서는 분석에 활용할 데
이터 'PE630'을 지정하고(자동 지정
이 안 되어 있다면), [분석 변수:]에
'X11, X12, …, X33, X34'을 할당
한다.

3 | 옵션

[옵션] 탭에서는 요인 추출 방법, 요인 개수, 회전 방법, 출력 도표 및 그래프 등을
모두 지정할 수 있다. 실습에서는 가장 흔히 쓰이는 방법을 중심으로 옵션을 지정
했다. 요인 개수의 경우, 측정하려는 잠재 요인이 '용이성, 유용성, 유희성' 세 가지
이기 때문에 3으로 지정했다. 통계량과 도표의 경우, 따로 지정해주지 않을 경우,
중요한 도표가 생략되기 때문에 〈그림 6.21〉과 같이 지정하는 것이 좋다.

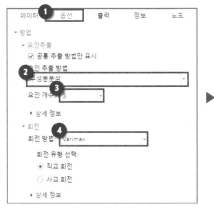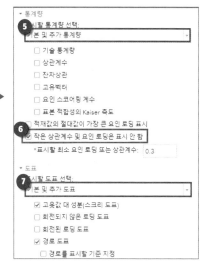

그림 6.21 | 분석 데이터의 변수 지정 및 옵션 설정
정보 확인

❶ [옵션] 탭으로 이동

❷ [요인 추출 방법:]을 [주성분분석]으로 변경

❸ [요인 개수:]를 3개로 지정

❹ [회전]의 [회전 방법:]은 'Varimax'를 선택

❺ [통계량]의 [표시할 통계량 선택:]을 [기본 및 추가 통계량]으로 변경

❻ [작은 상관계수 및 요인 로딩은 표시 안 함] 선택

❼ [도표]의 [표시할 도표 선택:]을 [기본 및 추가 도표]로 변경

옵션 설정이 모두 끝났다면, 버튼을 눌러 작업을 실행한다.

4 | 결과

요인 분석 작업을 실행하면, 다양한 결과들이 출력된다. 이들 결과는 각기 중요한 의미를 가진다. 하지만 모든 도표를 알 필요는 없다. 그렇기 때문에 결과에서는 활용 빈도가 높은 결과 표를 중심으로 알아본다.

■ 주성분 분석 결과

Initial Factor Method: Principal Components

Prior Communality Estimates: ONE

Eigenvalues of the Correlation Matrix: Total = 12 Average = 1				
	Eigenvalue	Difference	Proportion	Cumulative
1	3,21178088	0,31051687	0,2676	0,2676
2	2,90126401	0,30512598	0,2418	0,5094
3	2,59613803	2,11256558	0,2163	0,7258
4	0,48357245	0,05905079	0,0403	0,7661
5	0,42452167	0,03022067	0,0354	0,8014
6	0,39430100	0,00476937	0,0329	0,8343
7	0,38953163	0,02487996	0,0325	0,8668
8	0,36465166	0,02198558	0,0304	0,8971
9	0,34266608	0,01010537	0,0286	0,9257
10	0,33256071	0,02775443	0,0277	0,9534
11	0,30480628	0,05060070	0,0254	0,9788
12	0,25420558		0,0212	1,0000

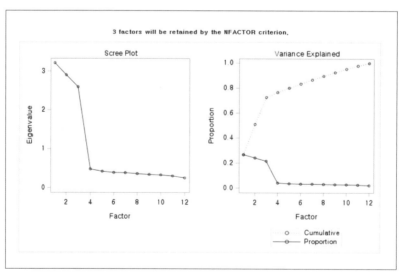

그림 6.22 | 주성분 수에 따른 Eigenvalue와 Scree 도표

❶ <그림 6.22> 윗쪽은 PCA를 통해 얻은 12개 주성분에 대한 Eigenvalue와 비율과 누적 비를 나타낸 표이다. 이 표의 'Cumulative'를 살펴보면, 앞서 선택한 3개의 요인을 포함할 경우 설명 가능한 변동이 전체의 약 72.58%임을 알 수 있다. 또한 제 1~3 주성분까지가 'Eigenvalue > 1'로 카이저의 법칙에도 부합하는 것을 알 수 있다. 즉, 앞서 지정한 요인 개수 3개는 적당하다고 할 수 있다.

❷ <그림 6.22> 아랫쪽은 앞서 구한 주성분 분석 결과로 Scree 도표를 그린 결과이다. 이 역시 제 4주성분에서 급격하게 Eigenvalue가 감소하는 것을 알 수 있다.

❷ 요인 분석 결과 확인

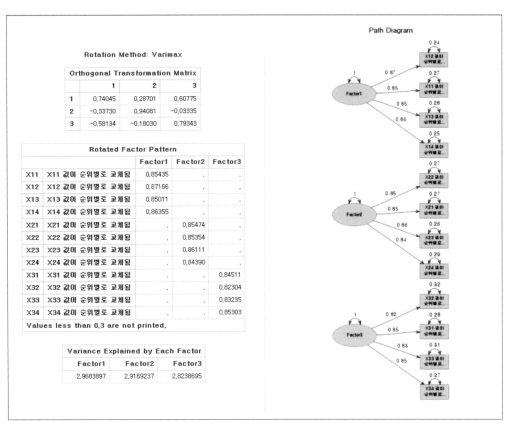

그림 6.23 | 요인 분석 결과

❶ <그림 6.23>은 'Varimax' 방법으로 축을 회전시켜 얻은 요인 분석 결과이다. 결과를 살펴보면, 앞서 설정한 것과 같이 총 세 개 요인이 도출된 것을 알 수 있다. 또한 요인 분석 결과와 설문 설계 결과가 일치하는 것을 알 수 있다. 'X11~X14'가 Factor1, 'X21~X24'가 Factor2, 'X31~X34'가 Factor3으로 각각 할당되었다. 또한 각 요인에 속한 변수의 요인 적재량이 보통 많이 사용하는 기준 0.6보다 높기 때문에 타당도가 높음을 알 수 있다.

❷ 'Variance Explained by Each Factor'는 각 요인에 의해 설명되는 분산의 양을 의미한다. 분산비는 각 요인의 분산비를 전체 변수 개수로 나눠주면 된다. 예를 들어 Factor1의 분산비는 21.2%(= 2.9683897 / 14)가 된다.

❸ <그림 6.23> 오른쪽의 'Path Diagram'은 각 요인 분석 결과를 시각화한 결과이다. 각 요인과 변수들을 연결하는 선에는 요인 적재값이 표시되어 있다.

앞서 얻은 결과들을 토대로 다음과 같은 결과표를 구성할 수 있다. 단 이 결과표의 경우 모든 요인 적재값을 기입하기 위해, '작은 상관계수 및 요인 로딩은 표시 안 함'을 해제한 뒤 재실행한 결과를 이용했다.

표 6.4 | 요인분석 결과표

연구 변수	측정 항목	요인 1	요인 2	요인 3
유용성 (Usefulness)	X11	0.85435	-0.0162	0.00863
	X12	0.87166	0.00475	0.07104
	X13	0.85011	-0.00531	0.04612
	X14	0.86355	0.03574	0.04164
용이성 (Ease of use)	X21	-0.01984	0.85474	0.01932
	X22	0.03939	0.85354	0.00351
	X23	-0.00748	0.86111	-0.01279
	X24	0.00611	0.8439	0.04761
유희성 (Enjoyment)	X31	0.05551	-0.01897	0.84511
	X32	0.06474	0.02977	0.82304
	X33	0.01511	0.01223	0.83235
	X34	0.02708	0.03406	0.85303
Eigen Value		2.97	2.92	2.82
% of Variance		24.74	24.31	23.53
Cumulative %		24.74	49.04	72.58

〈표 6.4〉는 많은 사회과학 연구에서 설문 문항의 타당성을 입증하는 용도로 보여주는 표이다. 이와 같은 요인 분석 방법을 확인적 요인 분석이라고 한다. 〈표 6.4〉 하단의 'Eigen Value'는 'Variance Explained by Each Factor'의 결과를 이용한 것이다. 그리고 '% of Variance'는 각 요인의 Eigen Value를 변수 개수 12로 나눠준 비율이다.

7

그룹화

No Code Data Analysis

1

No Code Data Analysis

그룹화란?

그룹화grouping는 관측치를 묶는 데이터 과학 방법론이다. 그룹화를 위한 방법론으로는 군집 분석clustering과 연관성 분석association Rule 등이 있다.

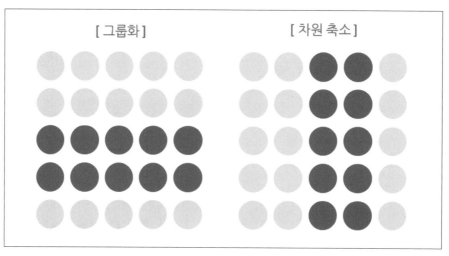

그림 7.1 | 그룹화와 차원 축소

이때 그룹이 같은 관측치는 서로 비슷하고, 다른 그룹에 속한 관측치는 서로 다르다. 예를 들면 성별도 그룹이다. 남성은 남성끼리, 여성은 여성끼리 비슷한 점이 많다. 단순히 옷차림이나 머리 스타일, 신체 조건만 보아도 남자와 여자는 차이가 크다. 성별은 인류가 경험으로 나눈 그룹이다. 반면, 데이터 과학은 데이터를 이용해 그룹을 나눈다. 옷차림, 머리 스타일, 신체 조건이 비슷한 사람을 데이터를 기반으로 두 가지 유형으로 묶는다면 대부분 남자와 여자로 나뉠 것이다. 데이터 과학은 어떤 사회통념이나 편견이 아닌, 객관적인 사실에 기초한다.

1 그룹화의 위상

표 7.1 | 데이터 과학의 프레임워크

종속 변수 dependent variable	독립 변수 independent variable	대표 방법론	목적	분류
수치형 Numerical	범주형	t-검정t-test 분산 분석ANOVA	회귀 Regression	지도 학습 Supervised Learning
	수치형	상관 분석correlation analysis		
	범주형 /수치형	선형 회귀Linear Regression 포아송 회귀Poisson Regression		
범주형 categorical	범주형	카이제곱 검정Chi-Square Test 피셔의 정확 검정Fisher's Exact Test 코크란-맨틀-핸첼 검정Cochran-Mantel-Haenzel Test 맥니마 검정McNemar's Test	분류 classification	
	범주형 /수치형	로지스틱 회귀Logistic Regression 선형 판별 분석Linear Discriminant Analysis; LDA		
범주형 /수치형	범주형 /수치형	k-인접이웃K-Nearest Neighbors; k-NN 트리기반 모형Tree Based Model 서포트 벡터 머신Support Vector Machine; SVM 인공 신경망Neural Network		
없음	수치형	주성분 분석Principal Component Analysis; PCA 군집 분석Clustering	탐색 Exploration	비지도 학습 Unsupervised Learning
	범주형	연관성 분석AR: Association Rule		

2 그룹화와 분류

그룹화와 분류는 주어진 관측치를 특정 그룹으로 분류한다. 하지만 그룹화는 분류와 다르게 학습 데이터에 소속 집단 정보가 없다. 따라서 그룹화는 목적이 명확하지 않은 경우에도 데이터 탐색과 이해를 위해 사용할 수 있다. 그룹화와 분류 모형은 모형을 활용할 때는 특정 그룹에 속할 가능성을 예측하기 때문에 결과가 비슷하다.

3 그룹화의 유형

그룹화는 크게 군집 분석과 연관성 분석 두 가지로 나눌 수 있다. 군집 분석은 비슷한 개체를 묶어 군집cluster으로 만드는 그룹화 방법이다. 이 방법은 각 개체가 얼마나 비슷한지 나타내는 유사성을 이용하여 군집을 만든다. 군집 분석을 위한 방법에는 분할적 군집과 계층적 군집 등이 있다. 연관성 분석은 주어진 데이터에서 어떤 규칙을 찾아내는 방법이다. 이 방법은 책에 따라 군집화와 나누어 분류하기도 한다. 연관 규칙은 규칙을 명시적인 목표 변수로 구성하지 않기 때문에 군집 분석과 닮아 있다. 연관성 분석은 실무에서 자주 사용하는 방법이지만, 이 책에서는 다루지 않는다.

표 7.2 | 그룹화의 유형

유형	특징
군집 분석	유사성, 비유사성에 기초한 그룹 부여
연관성 분석	연관성에 기초한 그룹 부여

2

No Code Data Analysis

군집 분석

1 군집 분석이란?

군집 분석clustering은 그룹화 방법 중 하나로 관측치의 특성 정보를 활용하여, 관측치 간 거리distance 또는 유사도similarity를 계산한다. 그리고 계산 결과를 이용해, 유사한 관측치를 한 그룹으로 묶는다. 군집 분석은 탐색적 분석 방법 중 하나로, 데이터 분석의 시작 단계에서도 활용할 수 있는 장점이 있다.

2 군집 분석의 유형

군집 분석은 크게 분할적 군집partitional clustering과 계층형 군집hierarchical clustering 두 가지 유형으로 나눈다. 분할적 군집은 하나의 관측치는 한 군집에만 할당하는 군집 분석이다. 분할적 군집에는 프로토타입 기반, 분포 기반, 밀도 기반 등의 방법이 있다. 대표적으로 자주 쓰이는 분할적 군집 방법은 k-평균 군집 방법이 있다. 분할적 군집은 군집 형성 과정을 확인하기 어렵고, 초기에 군집 수를 미리 정해줘

그림 7.2 | 군집 분석의 유형

야 하기 때문에 군집이 잘 형성되었는지 확인이 필요하다.

계층형 군집은 한 관측치가 여러 군집에 해당될 수 있으며, 군집 간에 계층 구조가 있는 군집 분석이다. 계층형 군집의 계층 구조는 덴드로그램으로 시각화 할 수 있다. 그 결과 분할적 군집과 달리 군집 형성 과정을 쉽게 이해할 수 있는 장점이 있다. 계층형 군집은 군집 형성 과정에 따라 응집형과 분리형 두 가지로 다시 나뉜다. 두 방법 중 응집형 방법을 많이 사용하며, '단일, 완전, 평균' 등의 방법을 자주 사용한다. 본 도서에서는 〈그림 7.2〉와 같은 다양한 군집화 방법 중 자주 사용하는 7가지 방법을 살펴본다.

표 7.3 | 분할적 군집과 계층형 군집

군집 분석	분할적 군집Partitional Clustering	계층형 군집Hierarchical Clustering
군집의 수	사전에 미리 결정	군집 분석 결과를 통해 결정
데이터의 크기	큰 데이터	비교적 작은 데이터
형성 과정 확인	어려움	가능

3 군집 분석의 활용

1 | 고객 세분화

군집 분석은 고객 세분화customer segmentation에 유용하게 쓰인다. 고객 세분화는 고객을 특정 변수들을 기준으로 나누는 분석 방법이다. 고객 세분화 결과는 다양한 캠페인이나 분석의 기초 자료로 활용된다. 예를 들어 고객의 구매경과일Recency, 구매빈도Frequency, 구매금액Monetry에 기반한 RFM 고객 세분화는 고객 등급을 나누거나 이탈 고객을 예측하기 위한 제반 정보로 활용된다. 이 외에도 각 산업 특성에 따라 평균 잔액, 사용자당 평균 매출ARPU; Average Revenue per User 등과 같은 주요 지표들을 기준으로 고객을 나누기도 한다. 군집 분석은 이런 주요 지표들이 종합적으로 유사한 고객군을 구성하는 데에 유용하다.

2 | 상품 세분화

상품 세분화products segmentation는 각 기업이나 산업에서 판매하는 다양한 상품들을 사전에 정한 지표들을 기준으로 묶는 방법을 말한다. 상품 세분화는 다양한 산업에서 유용하게 쓰일 수 있다. 예를 들어, 금융의 경우 포트폴리오 구성에 활용할 수 있다. 주가 등락의 패턴이 비슷한 상품들을 묶어 군집화하고, 서로 다른 패턴의 상품들을 조합하여 리스크가 낮은 포트폴리오를 구성할 수 있다. 이 외에도 상품 추천을 위한 선제 작업으로 상품 세분화를 활용하기도 한다.

3 | 상품 추천

추천 시스템recommender systems은 고객의 라이프 스타일, 라이프 사이클, 상황 정보 등에 기초하여 알맞은 상품을 적시에 추천하는 것을 주 목적으로 한다. 추천 시스템에 활용되는 정보는 수 없이 많으며, 추천 방법 역시 매우 다양하다. 군집 분석은 구매 패턴이나 선호하는 상품이 유사한 고객들을 묶는다. 그리고 고객이 구매하지 않은 상품 중 같은 그룹에 속한 고객들이 많이 구매했거나 선호하는 상품을 추천하는 데 활용할 수 있다. 군집 분석은 이 외에도 의학, 사회과학 등 다양한 영역에서 범용적으로 활용되고 있다.

3

No Code Data Analysis

계층형 군집

계층형 군집hierarchical clustering은 한 군집 내 부분 군집을 허용하는 군집 분석 방법으로 각 관측치를 군집 하나로 간주하고 특성이 유사한 군집을 순서대로 결합하는 응집형 방법agglomerative method을 주로 사용한다. 계층적 군집 분석은 덴드로그램dendrogram으로 시각화 할 수 있는데, 이를 통해 어떤 관측치가 서로 가까운지 파악할 수 있어 자연적인 계층 구조로 분석할 수 있는 장점이 있다. 하지만, 데이터가 큰 경우 시각화의 결과가 너무 복잡해 이용이 제한되는 단점이 있다. 때문에 계층형 군집 분석은 주로 관측치가 작을 때 많이 이용한다.

1

군집화 방법

계층형 군집의 군집 형성 과정은 〈그림 7.3〉의 1단계와 같이 가장 가까운 관측치를 먼저 묶는다. 그 다음 묶인 군집들 간의 거리를 다시 계산하여 가장 가까운 군집을 〈그림 7.3〉의 2단계와 같이 묶는다. 이 과정을 전체 군집이 모두 묶일 때까지 〈그림 7.3〉의 마지막 단계와 같이 반복한다. 이러한 과정을 거치면 한 관측에 여러 군집이 계층 구조로 할당된다.

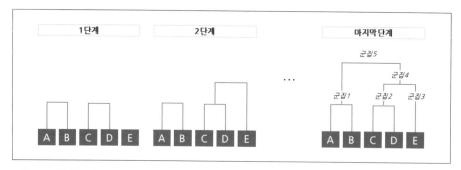

그림 7.3 | 계층형 군집을 만드는 과정

계층형 군집은 〈그림 7.3〉의 마지막 단계를 살펴보면 알 수 있듯 군집들 간의 계층 구조를 가진다. 예를 들어 군집2는 군집4에 속하고, 군집 2,4는 모두 군집5에 속한다. 계층형 군집은 군집의 형성 과정을 덴드로그램이라는 그래프로 살펴볼 수 있다. 데이터 과학자는 이와 같은 그래프를 살펴보고, 적당한 군집의 수를 결정할 수 있으며, 각 군집 간의 거리가 얼마나 되는 지와 같은 유용한 정보를 얻을 수 있다. 앞서 설명한 내용에 기초하여, 계층형 군집의 구성 방법을 일반화하면 다음과 같다.

계층형 군집 구성 방법:

❶ 각 개체를 하나의 군집으로 하여 전체 n개의 군집을 구성

❷ 각 군집 간의 거리를 기준으로 가장 가까운 두 개의 군집을 병합하여 n-1개의 군집을 형성

❸ n-1개의 군집 중 가장 가까운 두 군집을 병합하여 군집을 n-2개로 축소

❹ 군집 수를 줄여 나가며 전체가 하나의 군집을 이룰 때까지 이 과정을 반복

2 비유사성 측도

군집을 만들기 위해서는 먼저 각 관측치들 간 '거리' 또는 '유사도'를 계산해야 한다. 데이터 과학의 거리는 유사도와 대비되는 개념으로 '비유사도'라고도 한다. 이번에는 비유사도를 측정하는 다양한 비유사성 측도에 대해 알아보자.

1 | 거리의 유형

관측치들 간 거리를 측정하는 방법은 다양하다. SoDA의 [군집 관측값] 작업만 해도, 24가지 거리 계산 방법을 지원한다. 하지만 이 모든 방법을 알 필요는 없다. <그림 7.4>는 24가지 방법 중 각 척도 유형별로 사용 빈도가 높은 8가지 방법을 추린 결과이다. 이번에는 이 8가지 중에서도 특히 중요한 '유클리드, 상관계수, 자카드' 거리에 대해 알아본다.

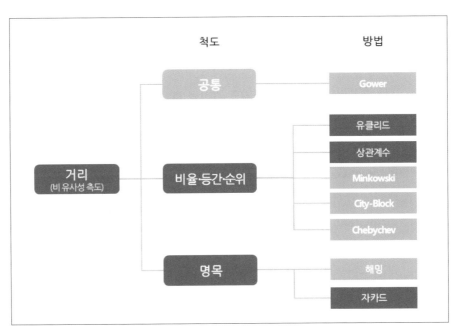

그림 7.4 | 척도에 따른 거리 측정 방법

◼ 유클리드 거리

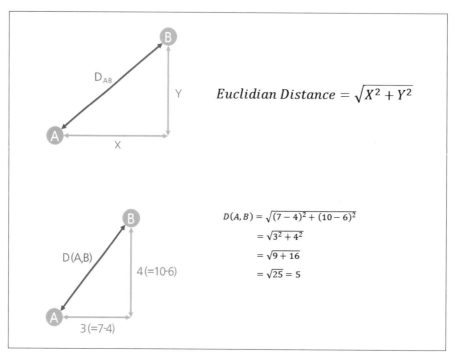

그림 7.5 | 유클리드 거리

유클리드 거리Euclidian distance는 가장 널리 사용하는 비유사성 측도로, 개체 간의 직선 거리를 나타낸다. 유클리드 거리는 피타고라스 정리로 쉽게 계산할 수 있으며, 이해가 쉽다는 장점이 있다. 유클리드 거리 계산 방법을 예제를 통해 알아보자.

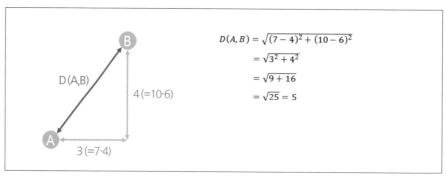

그림 7.6 | 두 점 A(7,10)와 B(4,6)의 유클리드 거리

유클리드 거리를 이용할 때는 단위에 주의가 필요하다. 예를 들어, 소득과 나이를 변수로 거리를 구하는 경우, 단위가 큰 소득으로 나이가 비슷한 나이가 무시될 수 있다. 또한 유클리드 거리는 모양보다는 양을 기준으로 유사성을 측정한다. 고객 구매 데이터를 예로 들면, 유클리드 거리는 소비 규모가 비슷한 고객을 묶어준다. 반면, 소비 규모는 다르지만, 취향이 비슷한 고객 간의 거리는 멀어진다.

② 상관계수 거리

상관계수 거리Correlation distance는 상관계수를 변환한 거리이며, 두 개체가 형태적으로 얼마나 다른지를 기준으로 측정한다. 거리 측정 방법은 두 개체의 변수들을 전치하여, 상관계수를 산출하는 방법으로 구한다. 상관계수를 거리로 변환하기 위해 〈식 7.1〉과 같이, 1에서 상관계수를 빼고 제곱근을 취한다. 이 거리는 두 개체가 강한 음의 상관관계 즉, -1인 경우 $\sqrt{2} \approx 1.414$를 가지고, 두 개체가 강한 양의 상관관계를 가지면 거리는 0이된다.

식 7.1 | 상관계수 거리

$$Correlation\ Distance = \sqrt{1 - Corr(X,\ Y)}$$

상관계수 거리는 '형태'가 비슷한 개체일수록 짧아진다. 예를 들어 〈그림 7.7〉과 같이 상관계수 거리는 관측치의 변수들의 증감 패턴이 유사할수록 작은 값을 가

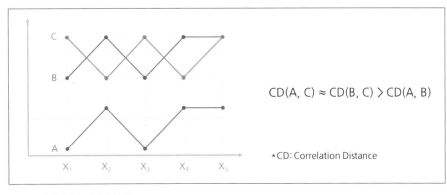

그림 7.7 | 상관계수 거리의 원리

지게 된다. 반면, 'C, D'와 같이 양적으로 비슷하더라도 형태가 다르면, 큰 거리 값을 가지게 된다.

3 자카드 거리

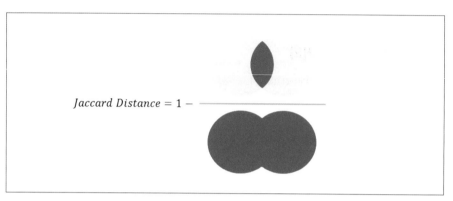

그림 7.8 | 자카드 거리

자카드 거리Jaccard distance는 명목형 변수에 적합한 거리 측도이다. 특히 상품 추천에서 많이 사용하는 측도이다. 자카드 거리는 1에서 값이 일치하는 변수 개수를 전체 개수로 나눈 자카드 유사도를 뺀 것으로 측정한다. 자카드 거리를 구하는 방법을 간단히 알아보자.

데이터 7.1 | 인적사항 데이터

ID	성별	혈액형	최종 학력
1	남	A	학사
2	여	B	학사
3	남	B	석사
4	여	A	박사

1번과 2번의 자카드 거리를 구해보자. 1번과 2번의 '성별, 혈액형'은 모두 불일치

하므로 0으로 두고, 학력은 '학사'로 같기 때문에 1로 둔다. 그리고 비교 대상 변수는 3개이므로 자카드 거리는 다음과 같이 구할 수 있다.

$$JD(1, 2) = 1 - \frac{0+0+1}{3} = \frac{2}{3}$$

2 | 거리의 선택

거리 측정 방법 선택할 때는 주어진 데이터의 자료형과 목적에 대한 고민이 필요하다. 먼저 주어진 데이터가 수치형인지 명목형인지에 따라 거리 측정 방법을 선택해야 한다. 그 다음은 목적에 따라 측정 방법을 달리해야 한다.

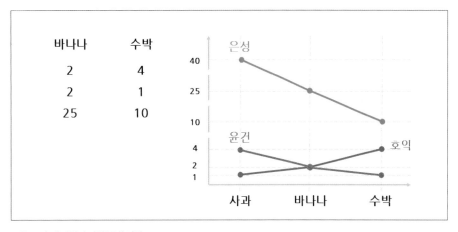

그림 7.9 | 세 사람의 과일 구매 이력

〈그림 7.9〉는 세 사람이 과거 구매한 과일 구매 빈도 데이터와 이를 시각화한 결과이다. 윤건과 비슷한 사람은 호익과 은성 중 누구인지 생각해보자. 구매한 양으로 보았을 때는 윤건은 호익과 비슷하다. 은성에 비해 이 두 사람은 과일을 자주 사지 않는다. 하지만 과일 취향을 보았을 때는 윤건은 은성과 비슷하다. 윤건과 은성 모두 '사과 〉 바나나 〉 수박' 순으로 선호가 나타났다. 이와 같이 거리 측정 목적이 양적으로 유사한 개체들을 묶기 위한 것인지, 아니면 취향 즉, 형태가 비슷한 개체들을 묶기 위한 것인지 고민이 필요하다. 전자의 경우 유클리드 거리가 적합하고 후자의 경우 상관계수 거리가 적합하다.

3 연결법

계층형 군집은 거리가 가까운 관측치 또는 군집을 묶기를 반복하여, 군집을 얻는다. 관측치들 간의 거리는 '유클리드 거리, 상관계수 거리' 등을 통해 계산할 수 있다. 하지만 군집과 군집의 거리를 계산할 수 있는 방법은 다양하다. 가령 각 군집의 중심을 기준으로 거리를 측정할 것인지 아니면, 가장 먼(또는 가까운) 관측치를 기준으로 할지는 모두 데이터 과학자의 선택에 달려 있다. 군집들 간 거리를 계산하기 위한 '기준'을 정하는 방법을 알아보자.

1 | 단일 연결법

단일 연결법single linkage은 각 군집에 속한 관측치들 간 거리 중 가장 짧은 거리를 각 군집들 간 거리로 하는 방법이다. 단일 연결법은 군집 형태가 고리나 소시지 모양일 때 유용하다. 예를 들면 전염병의 경우 최외곽에서 전파되기 때문에 단일 연결법을 이용한 군집화가 유용하게 쓰일 수 있다. 이런 특징으로 단일 연결법은 최외곽의 관측치가 추가 또는 없어질 경우 결과가 크게 바뀔 수 있다.

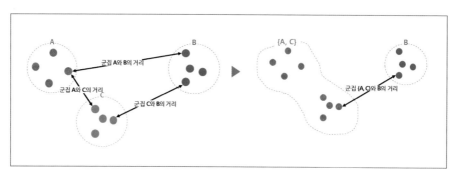

그림 7.10 | 단일 연결법

2 | 완전 연결법

완전 연결법complete linkage은 군집내 관측치들 간 거리 중 제일 큰 값을 각 군집의 거리로 삼는 방법이다. 완전 연결법은 군집내 관측치들 중 가장 짧은 거리를 이용하는 단일 연결법과는 대조적이다. 이런 특징 때문에 '최장 연결법'이라고도 한다. 완전 연결법은 군집의 형태가 구형에 가까운 경우에 적합한 방법이다.

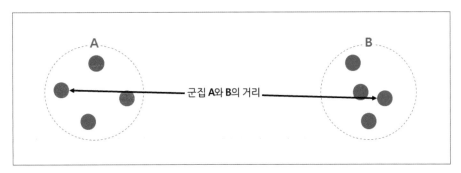

그림 7.11 | 완전 연결법

3 | 평균 연결법

평균 연결법average linkage은 각 군집내 관측치들의 평균 거리를 군집의 거리로 취급한다. 평균 연결법은 군집의 형태가 구형(예를 들어, 수많은 속성들에 기초하여 군집화된

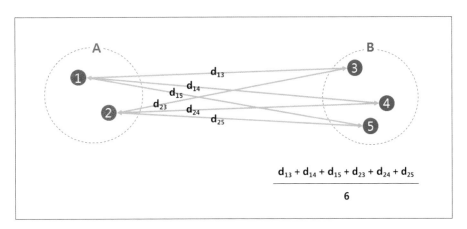

그림 7.12 | 평균 연결법

고객들)에 가까운 경우에 적합하다. 군집은 구형에 가까운 형태를 가질 확률이 높기 때문에 군집 모양을 모르는 경우 완전 연결법과 평균 연결법을 주로 이용한다.

4 | 중심 연결법

중심 연결법centroid linkage은 주어진 군집의 중심을 계산한 뒤, 각 군집의 중심 간 거리를 군집 간 거리로 취급하는 방법이다. 중심 연결법은 각 군집의 중심을 '평균'을 이용하여 구한다.

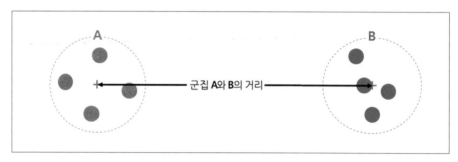

그림 7.13 | 중심 연결법

5 | 중위수 연결법

중위수 연결법median linkage은 주어진 군집의 중심을 계산하여, 각 군집 간 거리를 측정한다는 점에서 중심 연결법과 유사하다. 다만, 중위수 연결법은 평균이 아닌 중위수를 이용하는 차이가 있다. 그 결과 중심 연결법에 비하여, 이상치에 둔감한 장점이 있다.

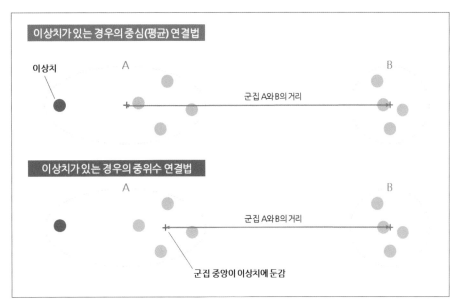

그림 7.14 | 이상치가 있는 경우의 중심 연결법과 중위수 연결법 비교

6 | 와드 연결법

와드 연결법Ward's method은 각 군집의 편차 제곱합을 이용하여, 군집을 구성하는 방법이다. 이 방법은 각 군집들 간의 평균을 구하고, 평균과 각 관측치 간 차이의 제곱합 즉, 편차 제곱합을 산출한다. 그 다음 각 편차 제곱합을 '거리'로 하여 군집을 구성한다. 편차 제곱합은 관측치 수가 많을수록 커지는 특징이 있기 때문에, 와드 연결법을 이용할 경우 크기가 작은 군집들이 먼저 뭉치게 되는 특징이 있다.

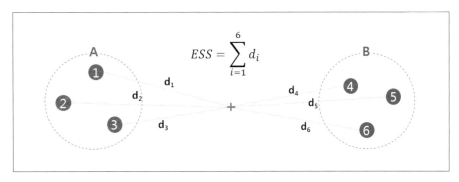

그림 7.15 | 와드 연결법

SoDA의 계층형 군집은 [군집 관측값] 작업을 통해 수행한다. 해당 작업에서 군집
화 방법을 선택 변경하고 싶다면, <표 7.4>의 '클러스터링 방법'과 '군집화 방법'
을 참고하도록 하자. 예를 들어 앞서 설명한 '중위수 연결법'은 SoDA에서 'Gower
의 중위수'라는 이름으로 표기되어 있다. 군집화 방법은 분석 솔루션마다 명명 방
법이 조금씩 차이가 있을 수 있다.

표 7.4 | 계층형 군집을 위한 [군집 관측값] 작업의 설정 이름과 군집화 방법 매칭

No	클러스터링 방법	군집화 방법
1	평균 연결	평균 연결법(Average Linkage)
2	중심성	중심 연결법(Centroid Method)
3	완전 연결	완전 연결법(Complete Linkage) =최장 연결법
4	Gower의 중위수	중위수 연결법(Median Method)
5	단일 연결	단일 연결법(Single Linkage)
6	Ward 최소 분산	와드 연결법(Ward's Minimum-Variance Method)

4 표준화

군집 분석은 각 개체간 거리를 변수에 기초하여 측정한다. 하지만 변수들은 서로
단위가 다를 수 있다. 예를 들어 '월급'과 '나이'는 모두 수치형 변수이지만 이 둘의
단위는 크게 다르다. 예를 들어 월급과 나이로 군집 분석을 한다면 월급에 비해 단
위가 작은 나이가 무시될 가능성이 높다. 이와 같이 주어진 변수의 단위가 다른 경
우, 표준화가 필요하다.

1 | 표준화란?

표준화는 서로 다른 단위를 가진 변수들을 비교할 수 있도록 바꾸는 방법이다. 대표적인 예가 평균과 표준편차를 이용한 표준화이다. 일반적으로 평균을 위치 모수location parameter로 하고, 표준편차를 척도 모수scale parameter로 표준화하는 방법을 사용한다. 표준화 방법은 위치 모수와 척도 모수의 유형에 따라 달라진다. 일반적인 표준화 식은 다음과 같다.

식 7.2 | 표준화 일반식

$$Std\ Value = \frac{Value - Location}{Scales}$$

표준화에서 위치 모수를 빼 주는 이유는 데이터를 0을 중심으로 분포하도록 바꾸기 위해서이다. 그리고 이 값을 척도 모수로 나눠 주면, 데이터는 단위가 없어진다.

2 | 표준화 방법

표준화 방법은 〈표 7.5〉와 같이 다양하지만 이 표준화 방법을 다 알 필요는 없다. 13가지 표준화 방법 중 처음 세 가지를 제외한 나머지는 자주 사용하지 않는다. '표준편차'와 '범위', '사분위수 범위'를 활용한 표준화 방법을 알아보자.

표 7.5 | 표준화 방법

No	표준화 방법	위치Location	척도Scale
1	표준편차Standard deviation	평균	표준편차
2	범위Range	최솟값	범위
3	사분위 범위Interquartile range	중위수	사분위수 범위
4	Andrew's wave 추정	Wave one-step M-estimate	Wave A-estimate
5	유클리드 길이Euclidean length	0	유클리드 길이
6	Huber 추정Huber's estimate	Huber one-step M-estimate	Huber A-estimate
7	최대 절댓값 Maximum absolute value	0	최소 절댓값
8	중위수 절대편차 Median absolute deviation	중위수	중위수 절대편차
9	Minkowski	L(p)	L(p)
10	합계Sum	0	합계
11	Tukey's biweight 추정	Biweight one-step M-estimate	Biweight A-estimate
12	Art, Gnanadesikan 및 Kettenring 추정	평균	AGK estimate (ACECLUS)
13	최소 간격Minimum spacing	중앙 최소 간격	최소 간격

▉ 표준편차를 이용한 표준화

흔히 표준화standardization라고 하면, 표준편차를 이용한 표준화를 의미한다. 표준편차를 이용한 표준화는 원래 변수에서 평균을 뺀 다음 표준편차로 나눠주는 표준화 방법이다. 표준화 결과로 얻은 값을 z-점수z-score라고도 한다. z-점수는 평균을 중심으로 표준편차의 몇 배만큼 떨어져 있는가를 의미한다.

② 범위를 이용한 표준화

정규화normalization라고도 하며, min-max 변환이라고 부르기도 한다. 범위 표준화는 원래 변수에서 최솟값을 뺀 다음, 범위(최댓값-최솟값)로 나눠준다. 정규화된 변수는 최댓값일 때 1이되고, 최솟값일 때 0이 된다. 따라서 모든 값은 0과 1사이의 값을 가진다.

③ 사분위수 범위를 이용한 표준화

'표준편차'와 '범위'를 활용한 표준화 방법은 모두 이상치에 취약하다는 단점이 있다. 데이터에 이상치가 포함된 경우 표준화 값이 한 쪽으로 쏠리는 문제가 생긴다. 반면, 사분위수 범위를 이용한 표준화는 순서에 기초한 사분위수 범위와 중위수를 이용한 표준화 방법이기 때문에 데이터에 이상치가 포함되어 있어도 값이 쏠리는 문제가 생기지 않는다.

3 | 표준화 활용

'표준화의 활용'에서는 군집 분석에서 표준화를 활용하는 방법을 알아보자. 〈데이터 7.2〉은 ○○은행의 고객 중 일부를 추출한 데이터이다. 금융 상품은 소득이나 자산 규모 그리고 연령에 따라 니즈가 바뀐다. 그에 따라 소득과 연령이 비슷한 고객을 묶어 관리한다면, 상품 권유에 유용하게 쓰일 수 있다. 이 데이터를 이용하여, 소득과 연령이 비슷한 고객을 묶어 보자.

데이터 7.2 | 소득, 연령 정보 데이터

고객	소득	연령
A	3,000,000	31
B	2,500,000	28
C	2,800,000	27
D	3,000,000	18
E	4,800,000	35

A고객과 나머지 고객간 유클리드 거리를 표준화 없이 바로 구하면, 〈표 7.6〉과 같은 결과를 얻을 수 있다.

표 7.6 | A고객과 나머지 고객간 유클리드 거리

고객	소득	연령	거리(유클리드)
A	3,000,000	31	0
B	2,500,000	28	500,000
C	2,800,000	27	200,000
D	3,000,000	18	13
E	4,800,000	35	1,800,000

〈표 7.6〉의 '거리(유클리드)'를 살펴보자. 먼저 A와 가장 가까운 고객은 D이다. 이 두 고객은 소득이 같다. 하지만 나이 차이는 13살이나 차이가 난다. 매우 큰 나이 차에도 불구하고, 소득이 같다는 이유만으로 A와 B는 제일 가까운 개체가 된 것이다. 각 변수의 단위 차이가 큼에도 표준화 없이 거리를 구하면, 단위가 큰 변수로 인해 나머지 변수가 무시될 수 있다. 이제 표준화 한 결과로 구한 거리를 다시 살펴보자.

표 7.7 | 표준화한 결과로 다시 구한 A고객과 나머지 고객간 유클리드 거리

고객	소득(표준화 값)	연령(표준화 값)	거리(유클리드)
A	3,000,000 (-0.24265)	31 (0.50787)	0
B	2,500,000 (-0.79414)	28 (0.03174)	0.7286
C	2,800,000 (-0.46325)	27 (-0.12697)	0.6721
D	3,000,000 (-0.24265)	18 (-1.55536)	2.0632
E	4,800,000 (1.74269)	35 (1.14271)	2.0844

〈표 7.7〉의 거리 산출 결과를 살펴보자. 표준화 이전과 달리 이 결과에서는 A와 C가 가장 가까운 것을 알 수 있다. A와 C는 연령과 소득 모두 큰 차이가 없는 것을 알 수 있다. 이와 같이 표준화를 이용할 경우, 보다 정확한 결과를 얻을 수 있다. 하지만 표준화가 절대적으로 좋기만 한 것은 아니다. 만약 두 변수의 단위가 같은 경우라면, 표준화는 결과를 왜곡할 위험이 있다. 또한 표준화 방법은 자카드 거리나 상관계수 거리에서는 굳이 사용하지 않아도 된다.

5 덴드로그램

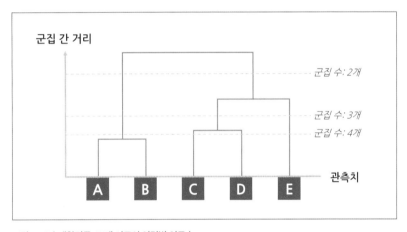

그림 7.16 | 대한민국 17개 시도의 연령별 인구수

덴드로그램dendrogram은 〈그림 7.16〉과 같이 계층형 군집의 형성 과정을 시각적으로 나타낸 그래프이다. 덴드로그램의 Y축은 '거리'를 의미하고, X축은 각 관측치를 나타낸다. 덴드로그램은 거리가 짧은 순으로 각 관측치를 결합하여, 군집이 형성되는 과정을 나무 모양으로 시각화 한다. 덴드로그램은 군집 간 거리가 멀어질수록 군집이 줄어드는 특징이 있다. 이는 응집형 군집의 특성으로 최종적으로 모든 데이터는 하나의 군집으로 모이기 때문이다. 데이터 과학자는 덴드로그램을 통해 군집 형성 과정과 관측치들 간 관계를 쉽게 이해할 수 있다.

덴드로그램의 가장 중요한 기능은 군집 개수 결정에 유용하다는 점이다. 계층형 군집 결과를 통해 데이터 과학자는 다양한 군집 개수를 확인할 수 있다. 하지만 최종적으로 군집 수를 몇 개로 할지 결정해야 하는 경우가 많은데, 이때 덴드로그램을 활용하면, 쉽게 군집 수를 결정할 수 있다. 〈그림 7.16〉과 같이 덴드로그램에 가로 선을 그으면, 이 선과 교차하는 선의 개수가 군집 개수가 된다. 따라서 데이터 과학자는 덴드로그램의 형태와 필요한 군집 개수에 기초하여, 적당한 군집 개수를 선택하면 된다. 덴드로그램은 군집을 검증하는 데에도 유용한다. 덴드로그램을 살펴보면, 기존에 알려진 사실과 데이터로 도출된 사실이 일치하는지 등을 확인할 수 있어, 군집 검증에도 활용할 수 있다.

6 실습

실습에서는 대한민국 17개 시도의 연령별 인구수 데이터를 활용하여, 계층형 군집 분석을 수행한다. 분석에는 [군집 관측값] 작업을 이용한다. 실습 목적은 연령별 인구 구성비가 유사한 시도를 묶는 것이다. 주의할 점은 대한민국 인구의 약 40~50%는 수도권에 집중되어 있다는 점이다. 이 점을 감안하여, 적합한 표준화 방법과 거리 유형을 선택하여 수행한다. 실습 데이터는 다음과 같은 구조를 가진다.

데이터 7.3 | 대한민국 17개 시도의 연령별 인구수

AREA_CD	AREA	A0009	A1019	A2029	A3039	A4049	A5059	A6069	A7079	A8089	A9099	A0100
01	서울	545317	749118	1389483	1425808	1449706	1492802	1297787	713496	321209	42354	1292
02	부산	206377	265934	395398	396427	494742	543722	555859	308718	134148	16081	406
03	대구	157730	217532	294363	279457	363802	415142	351340	184159	89098	10830	238
04	인천	208942	272740	376526	405262	481848	509651	420463	188099	89656	13704	423
05	광주	106977	150857	198619	177417	232740	237879	177332	96069	46682	6305	173
06	대전	102233	140288	203887	187991	226654	239260	197255	95129	46641	6553	181
07	울산	85061	110202	129209	139635	181630	204688	163353	66916	26466	3442	61
08	세종	45951	49002	38379	61083	76504	51667	35788	15705	8079	1398	35
09	경기	1040954	1327726	1737291	1882300	2284603	2293422	1750962	808663	403721	58065	1725
10	강원	96036	132133	170194	160365	215872	262025	267950	138112	81500	11974	337
11	충북	109410	145882	188310	187432	236190	268313	251466	123834	73755	10187	279
12	충남	152498	202299	231139	253435	327001	341662	313734	173947	109748	17137	437
13	전북	110400	167541	198284	176505	253575	297923	277139	168628	103594	15556	462
14	전남	114889	161566	185970	172262	247532	311348	293838	188760	122806	18184	542
15	경북	165119	220579	261320	268368	369977	449269	446069	248866	148945	21453	527
16	경남	229942	318924	341089	362225	519743	576029	514199	259695	138257	20006	384
17	제주	54806	70873	77720	79539	110998	117262	89005	46921	26288	4516	231

이 데이터는 'AREA_CD, AREA, A0009, …, A0100' 총 13개 컬럼을 가진다. AREA_CD와 AREA는 각 지역을 구분하기 위한 컬럼이며, A0009, …, A0100은 연령별 인구수를 나타내는 변수이다. 각 변수는 연령 구간을 의미한다. 예를 들어 A0009는 9세 이하를 의미하고, A1019는 10세~19세 인구수를 의미한다. 마지막 A0100은 100세 이상인 인구수를 의미한다.

1 | 작업 가져오기

계층형 군집 분석은 [군집 관측값] 작업으로 수행한다. 이 작업은 데이터를 직접 연결할 수 없다. 그렇기 때문에 작업 데이터는 다음 단계에서 지정한다. [작업 및 유틸리티]에서 작업을 선택하여, 플로우로 가져온다.

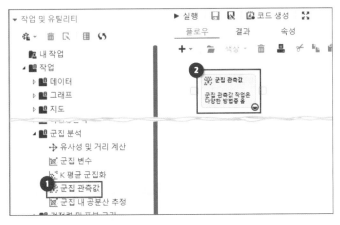

그림 7.17 | 계층형 군집화 작업 가져오기

❶ [작업 및 유틸리티]의 [작업]에서 [군집 분석]을 확장하여, [군집 관측값] 작업을 선택
❷ 작업을 플로우로 이동하고, [군집 관측값] 노드를 더블클릭

2 | 데이터 설정

데이터 설정에서는 군집 분석에 활용할 입력 데이터와 변수 그리고 관측치를 구별할 식별 변수를 지정한다.

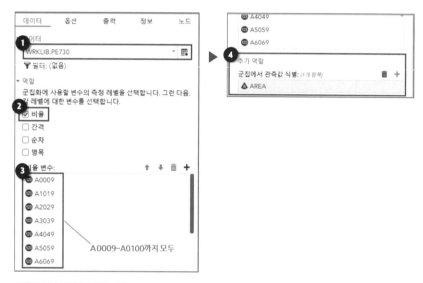

그림 7.18 | 데이터와 변수 지정

❶ [데이터]에서 'PE730' 데이터를 지정

❷ [역할]의 [비율] 선택

❸ [비율 변수:]에 'A0009~A0100' 변수를 모두 지정

❹ [추가역할]을 확장하여, [군집에서 관측값 식별:]에 'AREA' 할당

[역할]은 군집화에 활용할 변수의 척도를 선택하기 위한 항목이다. 변수의 척도를 4가지로 나누어 지정하는 이유는 각 척도마다 사용할 수 있는 거리 유형이 다르기 때문이다. 인구수의 경우, 절대 0(0이 없음을 의미)이 존재하기 때문에 '비율'을 선택하였다.

3 | 옵션 설정

옵션 설정에서는 표준화 방법, 비유사성 측도, 군집화 방법 등을 지정한다. 이 경우 지역별 인구수의 단위 차이가 크고, 인구 구성비 즉, 형태적인 유사성에 기초한 군집화가 목적이기 때문에 '상관계수(거리)'를 이용한다. 상관계수 거리는 단위에 영향을 받지 않기 때문에 표준화는 하지 않는다.

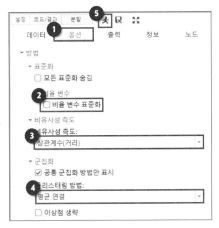

그림 7.19 | 군집화 옵션 설정

❶ [옵션] 탭으로 이동
❷ [비율 변수 표준화] 체크 박스 해제
❸ [비유사성 측도]에서 [상관계수(거리)] 선택
❹ [클러스터링 방법:]을 [평균 연결]로 변경
  → 다른 방법을 사용해도 상관없음
❺ 🏃 버튼을 눌러 작업을 실행

4 | 결과

작업을 실행하면 〈그림 7.20〉과 같은 표와 그래프가 출력된다. 표와 그래프는 모두 군집이 만들어지는 과정을 나타낸다.

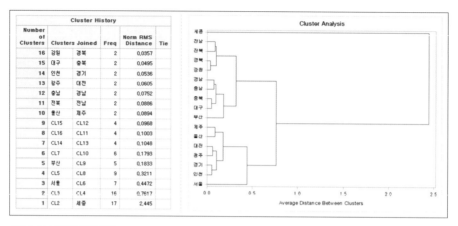

Cluster History					
Number of Clusters	Clusters Joined		Freq	Norm RMS Distance	Tie
16	강원	경북	2	0.0357	
15	대구	충북	2	0.0495	
14	인천	경기	2	0.0536	
13	광주	대전	2	0.0605	
12	충남	경남	2	0.0752	
11	전북	전남	2	0.0886	
10	울산	제주	2	0.0894	
9	CL15	CL12	4	0.0968	
8	CL16	CL11	4	0.1003	
7	CL14	CL13	4	0.1048	
6	CL7	CL10	6	0.1793	
5	부산	CL9	5	0.1833	
4	CL5	CL8	9	0.3211	
3	서울	CL6	7	0.4472	
2	CL3	CL4	16	0.7617	
1	CL2	세종	17	2.445	

그림 7.20 | 군집화 출력 결과

〈그림 7.20〉 왼쪽의 표는 각 시도가 묶인 순서대로 나열되어 있다. 'Number of Clusters'는 군집 번호를 나타낸다. 군집 변호는 군집이 만들어진 순서의 역순으로 부여된다. 먼저 16번 군집을 살펴보면, '강원, 경북'이 묶인 것을 알 수 있다. 다음으로 11번 군집을 살펴보면 '전북, 전남'이 묶여 있다. 이 두 군집은 다시 9번 군집에서 'CL16, CL11'이라는 이름으로 묶인 것을 알 수 있다. 이와 같은 군집화 과정을 시각적으로 나타낸 것이 〈그림 7.20〉 오른쪽의 덴드로그램이다. 적당한 군집의 개수는 활용 방법이나 상황에 따라 덴드로그램을 보고 판단하여 결정한다.

4

No Code Data Analysis

k-평균 군집화

k-평균 군집k-means clustering은 분할적 군집화 방법으로, 관측치를 미리 정한 k개 군집에 할당한다. 이 방법은 계층형 군집과 달리 한 관측치는 한 군집에만 속한다. k-평균 군집은 계층형 군집에 비해 관측치가 많은 경우도 수행이 빠르기 때문에 실무에서 자주 쓰인다. 하지만 k-평균 군집은 k-값을 미리 정해야 하고, k-값에 따라 군집 모양 크게 바뀐다. 그 때문에 k-값을 잘 정하는 것이 중요하다. 여기서는 k-평균 군집 방법을 알아보자.

1

군집화 방법

k-평균 군집 수치형 변수로 유클리드 거리를 계산하고 거리가 가까운 관측치를 묶는 방법이다. 유클리드 거리는 단위에 영향을 많이 받는다. 그렇기 때문에 변수 표준화를 먼저 수행하는 것이 일반적이다. 이후 초기 군집을 할당하고, 군집을 각 관측치들을 보다 최적의 군집으로 할당하면서 군집을 형성해 나간다. 만들어진 군집은 몇몇 지표들을 이용해 평가할 수 있다.

1 | 표준화

표준화 방법은 앞서 설명한 계층형 군집과 같다. [k-평균 군집화] 작업은 표준화 방법으로 '범위, 표준편차, 표준화 안 함' 세 가지 옵션을 지원한다. 범위의 경우 최대-최소 변환을 의미하며, 표준편차는 평균과 표준편차를 이용한 일반적인 표준화이다. 간혹 데이터가 가진 성질을 유지한 채로 군집을 만들어야 하는 경우가 있다. 그 때문에 표준화를 하지 않는 경우도 선택지에 포함되어 있다.

2 | 군집화 과정

■ 초기 군집 선택

k-평균 군집은 군집 중심을 기준으로 각 중심과 가까운 관측치를 해당 군집에 소속된 것으로 판단한다. 따라서 초기 군집을 선택한다는 의미는 군집의 중심을 결정한다는 의미이다. k-평균 군집화 방법은 k개의 군집을 고정해두고, 각 관측치를 군집에 할당한다. 그렇기 때문에 k개의 군집 중심을 먼저 결정한다. 결정 방법에는 관측 순서대로 k개를 할당하는 방법, 임의로 k개를 할당하는 방법, 군집 중심들 간 거리를 고려하여 k개를 할당하는 방법 등이 있다. 보통은 임의로 k개를 할당하는 방법이 많이 쓰인다.

■ 초기 군집 형성

초기 군집 중심이 결정되면, 각 중심과 관측치들 간 유클리드 거리를 계산한다. 그리고 이중 거리가 가장 가까운 군집을 해당 관측치의 군집으로 결정한다. 모든 관측치가 특정 군집에 할당되었다면, 각 군집에 속한 관측치들의 평균(각 변수들의 평균)으로 각 군집의 중심을 변경한다.

■ 군집 갱신

군집 중심을 다시 구하면, 각 관측치와 군집 중심들 간의 거리 역시 바뀌게 된다.

따라서 다시 거리를 계산하고, 각 관측치의 군집을 각 군집 중심과의 거리가 가장 가까운 군집으로 다시 할당한다. 이 과정을 군집의 변화가 없거나, 그 변화가 미리 정한 기준보다 적거나, 사전에 정한 횟수를 초과할 때까지 반복한다.

2 k-값의 결정

k-평균 군집은 군집의 개수를 먼저 정한 다음, 군집 개수에 맞춰 유사한 관측치들을 모으는 방법이다. 따라서 k를 어떻게 결정하는지에 따라 군집 분석 결과가 크게 바뀌는 특징 있다. k-값은 어떻게 결정하는 것이 좋을까? 이번엔 그 방법을 알아보자.

1 | 군집화 변수가 두 개인 경우

군집 분석은 간단히 설명하면, 가까운 관측치들을 묶는 방법이다. 따라서 군집의 개수를 결정하는 가장 쉬운 방법은 관측치들이 모여 있는 그룹이 몇 개나 되는지를 눈으로 보고 찾는 방법이다. 〈그림 7.21〉은 두 변수로 X와 Y로 산점도를 그린 결과이다.

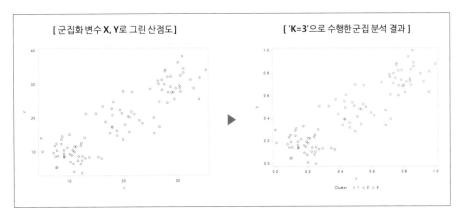

그림 7.21 | 산점도

〈그림 7.21〉을 살펴보면 관측치들이 대체로 세 그룹으로 뭉쳐 있는 것을 확인할수 있다. 따라서 이 경우 적당한 군집 개수는 세 개가 된다. 실제 이 데이터로 군집분석을 수행한 뒤, 만들어진 군집이 〈그림 7.21〉 오른쪽이다. 이 산점도를 살펴보면 예상과 같이 군집 세 개가 만들어진 것을 확인할 수 있다.

2 | 군집화 변수가 셋 이상인 경우

군집화 변수가 둘인 경우 산점도로 데이터들 간 거리를 확인할 수 있었다. 그리고이 결과를 활용하여 k-값을 결정했다. 하지만 군집화 변수가 셋 이상이라면, 산점도로 데이터들 간 거리를 알기 어렵다. 이 경우 데이터가 가진 고유 정보는 유지하면서 변수 두 개로 데이터를 표현할 수 있는 차원 축소를 이용한다. 군집 개수 탐색은 먼저 군집화 변수로 주성분 분석을 수행한다. 그 다음 가장 많은 정보를 가지고 있는 제1 주성분과 제2 주성분을 두 축으로 한 뒤, 산점도를 그려본다.

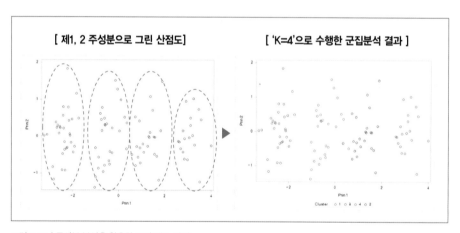

그림 7.22 | 주성분 분석을 활용한 군집 개수 결정

그러면 〈그림 7.22〉 왼쪽과 같이 산점도를 얻을 수 있다. 이 산점도를 '군집화 변수가 두 개인 경우'에서 알아본 방법을 그대로 이용해 군집 개수를 결정한다. 이경우 적당한 군집 개수는 4개로 보인다. 이 군집 개수를 적용하여 얻은 군집 분석결과는 〈그림 7.22〉 오른쪽과 같다. 결과를 살펴보면 주성분 분석 결과로 그린산점도에서 예상한 것과 유사하게 군집이 할당된 것을 알 수 있다.

3 | 지표를 이용한 방법

지표를 활용한 방법은 반복 시행을 통해 적정 군집 개수를 알아보는 방법이다. 산점도를 이용한 방법으로 대략적인 군집 개수를 파악했다면, 지표를 활용해 최적의 군집 개수를 파악하는 것도 좋은 접근이 될 수 있다. 예를 들어 그래프로 군집 4개가 적당해 보인다면, k값을 3~5 정도 조정해가면서 이후 소개할 Pseudo-F, R^2, CCC가 어떻게 변하는지 확인해보는 것이다.

1 Pseudo-F

Pseudo-F 통계량은 분산의 비를 이용한 지표이다. 이 지표는 관측치 수 n, 군집 개수 k, 각 개체 군집의 평균과 전체 평균 간의 거리 제곱합 R^2, 각 개체와 그 개체가 속한 군집 평균과의 거리 제곱합 $1-R^2$을 이용해 얻을 수 있다. 보통 지역 최고점이 있는 지점에 대응되는 군집 수가 적절한 군집의 개수가 될 수 있다.

$$Pseudo-F = \frac{R^2/(k-1)}{(1-R^2)/(n-k)}$$

2 R-Squared

이 통계량은 데이터의 전체 분산 중 군집이 설명하는 분산을 나타낸다. 이 값이 클수록 군집이 잘 형성되었음을 의미한다. 다만, 회귀 분석의 R-Squared와 비슷하게 군집 개수가 증가하면, 이 값도 조금씩 증가하게 된다. 따라서 여러 k값에 대한 R-Squared 값을 그래프로 그린 뒤, 증가폭이 완만해지기 시작하는 지점까지를 좋은 군집 개수로 생각해야 한다.

3 Cubic Clustering Criterion

Cubic Clustering Criterion(이하 CCC)는 군집 개수 결정에 유용하게 쓰이는 지표이다. 이 지표는 각 조건에 따라 의미가 다르다. 조건에 따른 CCC의 의미를 요약하면 다음과 같다.

- 'CCC > 2 (또는 3)'인 구간의 경우 CCC가 지역 최고점local peck인 군집 수
- '0 < CCC < 2'인 구간에 지역 최고점이 있으면, 적절한 군집 수는 이 구간에 있을 수 있음

CCC는 데이터의 구조와 표본 수 등에 영향을 받는다. CCC는 계층적인 구조를 이루는 데이터에서는 지역 최고점이 여러 개일 수 있으며, 비 계층적 데이터에서는 지역 최고점 이전에는 급격한 증가를 보이다가 이후부터 완만하게 감소하게 된다. 또한 CCC는 각 군집의 표본수가 10개 이하인 경우, 변동성이 큰 특징이 있다. 마지막으로 군집 개수가 2개 이상이고, CCC가 음수이며 점점 줄어드는 형태를 보인다면, 단봉 분포unimodal distribution을 의미한다.

3 군집 분석의 주요 이슈

1 | 척도 차이

군집 분석에 앞서 먼저 고려해야할 것은 활용 변수의 척도scale 차이이다. 군집 분석은 거리distance를 기반으로 군집을 형성하기 때문에 활용 변수의 척도 차이가 큰 경우 단위가 큰 변수에 가중치가 부여되어 군집이 왜곡될 수 있다. 따라서 각 변수의 척도 차이가 존재하면 분석에 앞서 정규화normalization 또는 표준화standardization를 수행해야 한다.

2 | 이상치 문제

군집 분석 방법은 보통 데이터 변동에 민감하다. 때문에 관측치를 하나만 제거해도 군집이 달라질 수 있다. 그런데 k-평균 군집 방법이나 계층적 군집 방법 모두 모든 관측치에 군집을 할당한다. 만약 데이터 수집 오류 또는 이상현상으로 발생

한 데이터 즉, 이상치outlier가 포함된 경우 어디에도 속하지 않지만 알고리즘에 의해 불가피하게 군집에 속하게 되는 관측치가 발생할 수 있다. 군집 분석은 데이터에 변동에 민감하기 때문에, 이 경우 해당 관측치로 인해 군집이 왜곡될 수 있다. 모든 관측치에 군집을 할당하는 것이 적절하지 않을 수 있다. 이런 경우 혼합 모델 mixture model을 이용해 문제를 개선할 수 있다. 또한 사전 데이터 탐색을 통해 이상 데이터를 찾아 제거 또는 처리하는 방법을 사용할 수 있다.

3 | 군집 검증

군집 분석을 통해 얻은 그룹이 데이터 내 실제 하위 그룹을 대표하는지 아니면 단순히 우연에 의한 것인지 확인하는 작업이 필요하다. 예를 들어, 군집 형성에 기여하지 않은 별도의 관측치들이 있다면 이 관측치들에서도 유사한 군집이 발견되는지 확인해 볼 수 있다. 군집이 우연히 만들어진 것인지 확인하기 위해 군집에 p-value를 할당하는 다양한 기법이 존재한다.

4 | 결과 해석 방법

군집 분석 결과는 군집의 수, 연결법, 비유사성 측도 등의 설정에 따라 달라질 수 있다. 결과 해석도 다양한 시도를 통해 지속적으로 나타나는 패턴이 있는지 확인하는 것이 좋다. 결과에 대한 확인을 위해 사전에 데이터를 분할하여 각 데이터에서의 군집 패턴이 유사한지를 확인하는 절차가 필요하다. 군집 분석 결과는 절대적인 것은 아니다. 군집 분석 결과는 과학적 가설 개발의 출발점으로 생각하고, 독립적인 자료를 바탕으로 추가 연구를 진행하는 것이 좋다.

실습에서는 '구매 빈도, 최근성, 구매 금액' 세 가지 지표로 만든 세 점수를 이용하여, 고객 5,000명을 k-평균 군집화 방법으로 군집화 한다. 군집화는 [k평균 군집화] 작업으로 진행하며, 실습은 'k값 결정, 군집화, 결과 확인' 세 단계로 진행한다. k값은 주성분 분석으로 차원을 줄인 뒤, 산점도를 그려 결정한다. 군집화 방법은 k-평균 군집화 방법을 이용한다. 마지막으로 결과 확인은 군집화 결과로 출력된 도표와 산점도를 활용하여 확인한다. 실습 데이터는 다음과 같다.

데이터 7.4 | 고객 5,000명의 구매 빈도(F_SCR), 최근성(R_SCR), 구매 금액(M_SCR) 데이터

ID	F_SCR	R_SCR	M_SCR
1	15	0	108.9
2	10	9	69.0
3	6	16	67.8
4	6	0	126.0
5	15	0	120.6
…	…	…	…
4995	10	8	76.2
4996	6	0	106.2
4997	6	30	37.2
4998	21	0	111.6
4999	15	0	105.3
5000	6	28	39.3

이 데이터는 한 달간 수집한 데이터를 집계한 결과이다. 먼저 구매 빈도(F_SCR)는 한 달간 고객이 매장에 방문한 빈도를 의미한다. 최근성 지표(R_SCR)는 지난 한 달

내 고객이 마지막으로 방문한 날부터 현재까지 경과한 일수를 의미한다. 예를 들어, 이 값이 0이라면 고객은 어제 마지막으로 방문한 것을 의미한다. 그리고 이 값이 31이라면, 고객이 최근 한 달 내에 방문한 이력이 없는 경우이다. 구매 금액(M_SCR)은 최근 한 달간 고객이 구매한 구매 총액을 의미하며, 단위는 만 원 단위이다. 예를 들어 ID=3번 고객은 최근 한 달간 약 67.8만 원을 쓴 것이다.

1 | k값의 결정

◼ 실습 데이터와 작업 가져오기

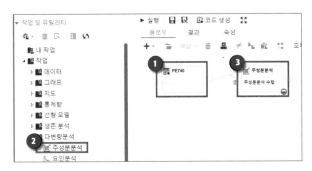

그림 7.23 | PE740 데이터와 주성분분석 작업 가져오기

❶ 실습 데이터 'PE740'을 플로우로 이동
❷ [작업]의 [다변량분석]에서 [주성분분석] 작업을 선택하여 플로우로 이동
❸ 작업과 데이터를 연결하고, [주성분분석] 작업을 더블 클릭

◼ 작업 설정 및 실행

실습 데이터의 세 변수를 활용하여, 제1,2 주성분을 추출한다. 그리고 추출한 주성분을 'WORK.RFM_PCA'라는 이름으로 저장하여 산점도를 그리는 데에 이용한다.

그림 7.24> | 분석변수 할당 및 출력 설정

❶ [분석변수:]에 'F_SCR, R_SCR, M_SCR'을 할당

❷ [출력] 탭으로 이동

❸ [출력 데이터셋]의 [성분 스코어 데이터셋 생성] 체크

❹ [데이터셋 이름:]에 'WORK.RFM_PCA' 할당

❺ 🏃 버튼을 눌러 작업을 실행

❸ 주성분 산점도

주성분 분석을 실행하면, 'WORK.RFM_PCA' 데이터가 생성된다. 이 데이터에는 'Prin1, Prin2, Prin3' 변수가 있는 것을 알 수 있다. 이 변수들은 각각 제1 주성분, 제2 주성분, 제3 주성분을 의미한다. 이 중 제1 주성분과 제2 주성분을 두 축으로 하여, 산점도를 그린다.

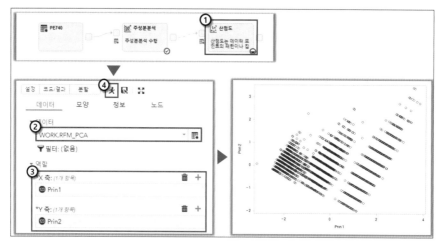

그림 7.25 | 제1,2주성분으로 산점도 그리기

❶ [작업]의 [그래프]에 있는 [산점도] 작업을 플로우로 이동하고, 연결

❷ 'WORK'에 있는 'RFM_PCA' 데이터를 [데이터]에 할당

❸ [역할]의 X축과 Y축에 각각 'Prin1, Prin2' 할당

❹ 🏃 버튼을 눌러 작업을 실행

주성분으로 그린 산점도를 살펴보면, 데이터가 크게 3개의 군집을 이루고 있는 것을 알 수 있다. 따라서 실습에서는 k 값을 3으로 결정한다.

2 | k-평균 군집화

▣ 작업 가져오기

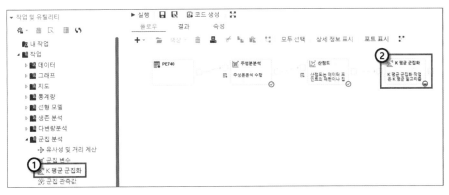

그림 7.26 | k 평균 군집화 작업 가져오기

❶ [작업]의 [군집 분석]에서 [K 평균 군집화] 작업을 선택한 뒤, 플로우로 이동

❷ K 평균 군집화 노드 더블클릭

② 작업 설정

군집화에는 앞서 주성분 분석 결과로 얻은 'WORK.RFM_PCA' 데이터를 이용한다. 왜냐하면 이 데이터에는 제1,2 주성분 변수가 포함되어 있어, 군집화 결과를 검증하는 데에 활용할 수 있기 때문이다. 옵션에서는 앞서 정한 k값 3을 할당하고, 최대 반복 횟수를 100회 정도로 늘려준다.

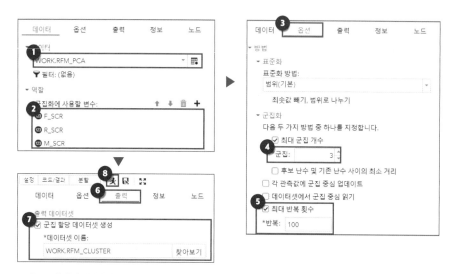

그림 7.27 | 작업 데이터 할당 및 세부 옵션 조정

❶ [데이터]에 'WORK.RFM_PCA'를 할당

❷ [역할]의 [군집화에 사용할 변수:]에 'F_SCR, R_SCR, M_SCR'을 할당

❸ [옵션] 탭으로 이동

❹ [군집화]의 [군집:]을 3으로 변경(k 값)

❺ [최대 반복 횟수]를 체크하고, [반복:]을 100으로 변경

❻ [출력] 탭으로 이동

❼ [출력 데이터 셋]의 [군집 할당 데이터셋 생성]을 체크하고, [데이터 이름:]을 원하는 이름으로 변경 (이 경우, 'WORK.RFM_CUSTER'로 지정)

❽ 🏃 버튼을 눌러 작업을 실행

〈그림 7.27〉 왼쪽의 [표준화]는 군집화 변수의 표준화 방법을 지정한다. 군집 분석은 입력 변수의 단위에 영향을 많이 받기 때문에 기본값이 [범위] 표준화로 설정

되어 있다. [최대 반복 횟수]는 군집 중심을 최대 몇 번이나 더 할당할지를 결정하기 위한 옵션이다. 이 값을 100으로 지정한다고 해서 항상 100번 실행하는 것은 아니며, 군집 중심 변화가 크지 않은 경우 군집 재할당을 멈춘다. 다만 기본값이 1로 설정되어 있기 때문에, 보다 큰 값으로 변경해 주는 것이 좋다.

3 | 결과 확인

1 k-평균 군집화 결과

〈그림 7.28〉은 군집화를 위한 초기 설정 정보와 군집화 과정에 대한 정보를 제공한다. 이 정보를 통해 군집화가 어떻게 진행되었는지 확인할 수 있다.

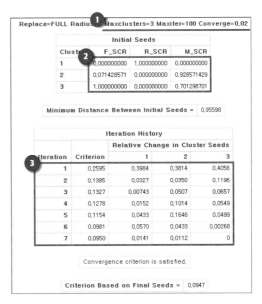

그림 7.28 | 군집 생성 과정에 대한 결과

❶ k-평균 군집의 초기 설정 값들이 나열되어 있는 항목이다. 이 항목의 'Maxclusters='는 k값을 의미한다. 그래서 값이 3인걸 알 수 있다. 'Maxiter'는 최대 반복 수를 의미한다. 마지막으로 'Converge'는 반복을 중단하기 위한 기준 컷오프 값이다. 이 값은 군집 중심의 변화가 없을 때, 0이 된다.

❷ 'Initial Seeds'각 군집의 군집 중심의 초기값이다. 예를 들어 1번 군집 중심은 '0, 1, 0'으로 할당되었다. 이 중심과 각 데이터 간 거리를 계산하여, 거리가 가까운 군집으로 관측치가 할당된다.

❸ 'Iteration History'는 군집화 과정을 순차적으로 나타낸 표이다. 초기 군집이 할당된 다음, 각 관측치는 군집 중심과 거리가 가까운 군집으로 할당된다. 각 군집의 관측치들의 평균은 다시 그 군집의 중심으로 갱신하게 된다. 이 경우 이 과정을 총 7번 거쳤다. 앞서 100번으로 설정했지만, 7번째 반복에서 기준 컷오프를 만족했기 때문에 중단되었다.

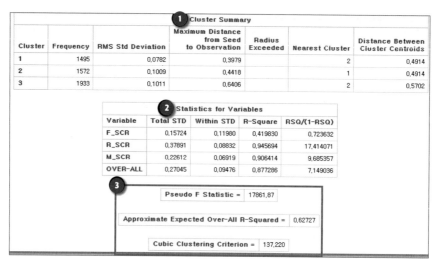

① Cluster Summary

Cluster	Frequency	RMS Std Deviation	Maximum Distance from Seed to Observation	Radius Exceeded	Nearest Cluster	Distance Between Cluster Centroids
1	1495	0.0782	0.3979		2	0.4914
2	1572	0.1009	0.4418		1	0.4914
3	1933	0.1011	0.6406		2	0.5702

② Statistics for Variables

Variable	Total STD	Within STD	R-Square	RSQ/(1-RSQ)
F_SCR	0.15724	0.11980	0.419830	0.723632
R_SCR	0.37891	0.08832	0.945694	17.414071
M_SCR	0.22612	0.06919	0.906414	9.685357
OVER-ALL	0.27045	0.09476	0.877286	7.149036

③

Pseudo F Statistic =	17861.87
Approximate Expected Over-All R-Squared =	0.62727
Cubic Clustering Criterion =	137.220

Cluster Means

Cluster	F_SCR	R_SCR	M_SCR
1	0.1177257525	0.8913798684	0.2567447046
2	0.2300072701	0.4813059181	0.5031173237
3	0.3640036459	0.0001835689	0.7782073936

Cluster Standard Deviations

Cluster	F_SCR	R_SCR	M_SCR
1	0.0581661055	0.1077643252	0.0578261646
2	0.1038903482	0.1171480981	0.0775787384
3	0.1603905737	0.0059140120	0.0700127410

그림 7.29 | 군집화 결과 요약

❶ 'Custer Summary'는 군집화 결과를 요약해 놓은 표이다. 이 표에는 각 군집에 속한 관측치 수(Frequency), 군집 중심과 관측치 간 최대 거리(Maximum distance…)등의 정보가 포함되어 있다. 이 결과를 통해 군집이 얼마나 잘 구성되었고, 어떤 군집과 가까운지 등의 정보를 알 수 있다.

❷ 'Statistics for Variables'는 군집화에 사용된 각 변수의 변동을 표현한 표이다.

❸ ③번 영역에는 앞서 설명한 'Pseudo F 통계량, R2, CCC' 통계량이 출력되어 있다. <그림 7.29>는 각 군집의 평균과 표준편차를 나타낸 표이다. 이 표를 살펴보면, 1번군집은 평균 구매 빈도와 금액이 상대적으로 작은 것을 알 수 있고, 평균적으로 방문한지 오래된 고객이 모여 있는 것을 알 수 있다. 이 결과를 토대로 1, 2, 3번 군집에 속한 고객을 각 '일반, 우수, VIP'와 같이 명명할 수 있을 것으로 보인다.

② 산점도로 결과 확인

k-값을 정할 때, 주성분을 활용한 산점도를 이용했다. 이번에는 산점도로 예측했던 것과 군집화 결과가 일치하는지 확인하는 방법을 알아보자.

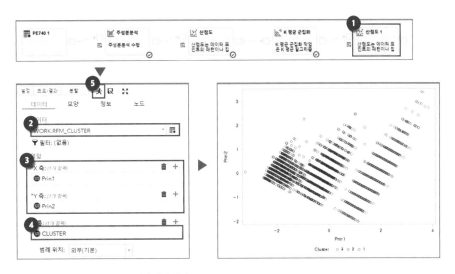

그림 7.30 | 산점도를 활용한 군집화 결과 확인

❶ [산점도] 작업을 플로우로 가져와 [K 평균 군집화]와 연결

❷ [데이터]에 'WORK.RFM_CLUSTER'를 할당

❸ [역할]에 X축과 Y축에 각각 'Prin1, Prin2'를 할당

❹ [그룹:]에 'CLUSETR' 할당

❺ 🏃 버튼을 눌러 작업을 실행

작업 실행 결과를 살펴보면, 앞서 k값 결정에서 예상했던 것과 비슷하게 군집이 할당된 것을 알 수 있다. 이처럼 주성분 분석을 활용해 k값을 정하는 경우, 같은 방법으로 군집 할당 결과를 확인할 수 있는 장점이 있다.

이제 여러분은 데이터 분석을 위한 기본 여정을 마쳤습니다. 데이터 과학의 프레임워크를 이해하고, 지도 학습과 비지도 학습을 망라한 데이터 분석의 주요 방법론들을 학습하였습니다. 구체적으로 여러분은 통계 학습의 기초가 되는 추정과 검정, 변수 간 관계를 익혔으며, 회귀, 분류, 차원 축소, 그룹화의 주요 방법론에 대한 이론 학습과 예제 실습을 마쳤습니다.

이를 통해 여러분은 인공지능 시대에 적합한 데이터 분석가가 되었습니다. 여러분은 이제 어떤 인공지능 도구를 사용하더라도 데이터 분석을 위한 적합한 지시를 내릴 수 있으며, 그 결과물을 해석할 수 있게 되었습니다. 여러분께서 실무 경험을 통해 제조, 유통, 금융, 헬스케어 등 해당 산업분야에 대한 노하우를 더한다면 완벽한 데이터 사이언티스트로 성장할 것입니다.

이제 여러분께서 고민하고, 노력해야 할 부분은 더 많은 실전 데이터 분석 경험입니다. 이를 위해 주변의 데이터 분석가들과 경험과 사례를 공유하고, 분석 결과에 대해 토론하기를 권장합니다. 더불어 여러분께서 데이터 분석가로서 자신감을 갖고 실전에 임하시길 희망합니다. 이 책을 통해 여러분은 교과서 3~4권 분량을 이론을 학습하였으며, 최신의 주요 방법론에 대해 두루 경험하였습니다.

두 명의 저자는 긴 학습 여정을 마치신 여러분께 다시 한 번 박수 갈채를 보내며, 여러분의 앞날에 행복이 가득하시길 기원합니다.

No
Code
Data
Analysis

Foreign Copyright:
Joonwon Lee   Mobile: 82-10-4624-6629

Address: 3F, 127, Yanghwa-ro, Mapo-gu, Seoul, Republic of Korea
             3rd Floor
Telephone: 82-2-3142-4151
E-mail: jwlee@cyber.co.kr

코딩 없이 배우는
데이터 분석

2024. 11. 11 초판 1쇄 인쇄
2024. 11. 20 초판 1쇄 발행

지은이 | 황보현우, 한노아
펴낸이 | 최한숙
펴낸곳 | BM 성안북스

주 소 | 04032 서울시 마포구 양화로 127 첨단빌딩 3층(출판기획 R&D 센터)
         10881 경기도 파주시 문발로 112 파주 출판 문화도시(제작 및 물류)

전 화 | 02) 3142-0036
         031) 950-6300

팩 스 | 031) 955-0510
등 록 | 1973. 9. 18. 제406-1978-000001호
출판사 홈페이지 | www.cyber.co.kr
이메일 문의 | smkim@cyber.co.kr
ISBN | 978-89-7067-458-2 (13320)
정가 | 35,000원

이 책을 만든 사람들
총괄·기획·진행 | 김상민
편집·교정·교열 | 김상민
본문·표지 디자인 | 디박스
홍 보 | 김계향, 임진성, 김주승, 최정민
국제부 | 이선민, 조혜란
마케팅 | 구본철, 차정욱, 오영일, 나진호, 강호묵
마케팅 지원 | 장상범
제 작 | 김유석

■ 도서 A/S 안내

성안북스에서 발행하는 모든 도서는 저자와 출판사, 그리고 독자가 함께 만들어 나갑니다.
좋은 책을 펴내기 위해 많은 노력을 기울이고 있습니다. 혹시라도 내용상의 오류나 오탈자 등이
발견되면 **"좋은 책은 나라의 보배"**로서 우리 모두가 함께 만들어 간다는 마음으로 연락주시기
바랍니다. 수정 보완하여 더 나은 책이 되도록 최선을 다하겠습니다.
성안북스는 늘 독자 여러분들의 소중한 의견을 기다리고 있습니다. 좋은 의견을 보내주시는 분께는
성안당 쇼핑몰의 포인트(3,000포인트)를 적립해 드립니다.

잘못 만들어진 책이나 부록 등이 파손된 경우에는 교환해 드립니다.